Emil Kraepelin

Psychiatrie

Erster Band - allgemeine Psychiatrie

Verlag
der
Wissenschaften

Emil Kraepelin

Psychiatrie

Erster Band - allgemeine Psychiatrie

ISBN/EAN: 9783957008503

Auflage: 1

Erscheinungsjahr: 2016

Erscheinungsort: Norderstedt, Deutschland

Hergestellt in Europa, USA, Kanada, Australien, Japan
Verlag der Wissenschaften in Hansebooks GmbH, Norderstedt

Erster Band:

Allgemeine Psychiatrie.

PSYCHIATRIE.

EIN LEHRBUCH

FÜR

STUDIRENDE UND AERZTE

VON

Dr. EMIL KRAEPELIN,
PROFESSOR AN DER UNIVERSITÄT HEIDELBERG.

———

SECHSTE, VOLLSTÄNDIG UMGEARBEITETE AUFLAGE.

I. BAND.
ALLGEMEINE PSYCHIATRIE.

LEIPZIG,
VERLAG VON JOHANN AMBROSIUS BARTH.
1899.

Dem Andenken

Bernhard von Gudden's

gewidmet.

Vorwort zur sechsten Auflage.

Der Fortschritt unserer in raschem Flusse befindlichen klinischen Anschauungen hat auch in der vorliegenden Auflage dieses Buches eine ganze Reihe von Umwälzungen und Neubearbeitungen nothwendig gemacht. Im allgemeinen Theile ist namentlich die Lehre von den Erscheinungen des Irreseins vielfach erweitert worden; freilich tritt dadurch nur immer klarer hervor, wie viel hier noch zu thun ist. Von den klinischen Gruppen sind die Dementia praecox, das manisch-depressive Irresein, das infectiöse Irresein zum grössten Theile neu geschrieben, aber auch an zahlreichen anderen Punkten wird man mehr oder weniger einschneidende Aenderungen und Zusätze finden. Möglichst eingehend wurde überall die Differential-diagnose behandelt.

Trotz dieser Umgestaltungen freue ich mich, aussprechen zu können, dass die wesentlichen Grundlagen des klinischen Lehrgebäudes unverändert geblieben sind, da sie sich mir, je länger, je mehr, wissenschaftlich wie praktisch als durchaus brauchbar und zuverlässig erwiesen haben. So lange nichts Besseres an die Stelle zu setzen ist, werden Forscher wie Lernende immerhin mit dieser Be-

trachtungsweise arbeiten können. Der Umfang des Buches hat mich
veranlasst, dasselbe in zwei Theile zu zerlegen. Die Tafeln sind
zum Theile durch neue ersetzt worden, deren Urbilder ich, wie
schon früher, zumeist Nissl verdanke. Durch das Entgegenkommen
des Herrn Verlegers ist es möglich gewesen, alle mikroskopischen
Bilder auf dem kostspieligen Wege des photographischen Verfahrens
wiederzugeben.

Heidelberg, den 4. Oktober 1898.

E. Kraepelin.

Inhaltsverzeichniss.

Seite

Einleitung   1

I. Die Ursachen des Irreseins 12

A. Aeussere Ursachen 14

1. Körperliche Ursachen 15
Hirnkrankheiten 15
   Blutandrang — Anaemie — Drucksteigerung — Stauung — Zer-
   störungen — Kopfverletzungen — Localisation der psychischen
   Störungen.
Nervenkrankheiten 27
   Periphere Nervenkrankheiten (Reflexpsychosen, Schmerzdelirien)
   — Multiple Neuritis — Allgemeine Neurosen (Migräne, Chorea,
   Tetanie, Epilepsie, Hysterie).
Vergiftung und Erschöpfung (Hunger, Schlaflosigkeit) 29
Infectionskrankheiten 33
   Acute Infectionskrankheiten (Fieber, Erschöpfung) — Chronische
   Infectionskrankheiten (Tuberculose, Syphilis).
Stoffwechselkrankheiten 39
   Diabetes, Karcinome, Leukaemie, Chlorose — Selbstvergiftungen
   (Kohlensäurevergiftung, Uraemie, Cholaemie) — Myxödem —
   Basedow'sche Krankheit.
Vergiftungen 43
   Ergotismus — Pellagra — Alkohol — Morphium — Cocain —
   Andere giftige Genussmittel — Arzneimittel — Quecksilber,
   Blei, Phosphor, Arsen — Kohlenoxydgas, Schwefelkohlenstoff.
Organerkrankungen 53
   Sinnesorgane (Ohren, Augen) — Lungenleiden — Herzleiden —
   Gefässerkrankungen — Erkrankungen der Verdauungswerk-
   zeuge — Nierenleiden — Genitalerkrankungen (Ausschweif-
   ungen, Onanie, Enthaltsamkeit, Menstruationsstörungen,
   Klimakterium, Castration, Frauenkrankheiten).
Schwangerschaft, Wochenbett und Säugegeschäft 62

	Seite
2. Psychische Ursachen	66
Gemüthsbewegungen	67
Acute und chronische Affecte.	
Ueberanstrengung	70
Gefangenschaft	72
Krieg	73
Psychische Ansteckung	74
Epidemien — Zwillingsirresein — Irresein nach hypnotischen Versuchen.	
B. Innere Ursachen (*Praedisposition*)	76
1. Allgemeine Praedisposition	77
Lebensalter	77
Kinderpsychosen — Entwicklungsalter — Lebensböhe — Rückbildung — Greisenalter.	
Geschlecht	84
Volkscharakter und Klima	86
Allgemeine Lebensverhältnisse	88
Stadt und Land — Culturfortschritte.	
Beruf	90
Civilstand	91
2. Persönliche Praedisposition	92
Erblichkeit	92
Entwicklungsstörungen	97
Erziehung	98
II. Die Erscheinungen des Irreseins	101
A. Störungen des *Wahrnehmungsvorganges*	102
Sinnestäuschungen	102
Elementare Trugwahrnehmungen — Wahrnehmungstäuschungen (Hallucination und Illusion) — Reperception — Einbildungstäuschungen (Doppeldenken) — Auffassungstäuschungen — Reflexhallucinationen — Gesichts-, Gehörs-, Geruchs-, Geschmacks-, Gefühlstäuschungen.	
Trübungen des Bewusstseins	119
Störungen der Auffassung	120
Unbesinnlichkeit — Desorientirtheit — Ablenkbarkeit (Zerstreutheit) — Fesselung der Aufmerksamkeit.	
B. Störungen der *Verstandesthätigkeit*	126
Störungen des Gedächtnisses	127
Störungen der Merkfähigkeit — Erinnerungslosigkeit (Retrograde Amnesie) — Gedächtnissschwäche — Partielle Amnesie (Amnestische Aphasie) — Störungen der zeitlichen Ordnung — Erinnerungsfälschungen (Paramnesien, Erinnerungshallucinationen).	

Seite

Störungen in der Bildung der Vorstellungen und Begriffe . . . 135
   Allgemeinvorstellungen, Begriffe (Sprache) — Erschwerte und
   verschwommene Begriffsbildung.

Störungen des Gedankenganges 139
   Vorstellungsverbindungen (Coexistenz, sprachliche Uebung, Klangassociationen. Subsumtionen, praedicative Verbindungen) —
   Lähmung des Gedankenganges — Denkhemmung — Zielvorstellungen — Zwangsvorstellungen — Haften der Vor-
   stelluugen — Einförmigkeit — Umständlichkeit — Ablenkbarkeit (Ideenflucht, Weitschweifigkeit) — Zerfahrenheit — Verwirrtheit.

Störungen des Urtheils und der Schlussbildung 159
   Wissen und Glaube — Irrthum und Wahnidee — Entstehungsbedingungen der Wahnideen — Localisation derselben —
   Deliriöse, schwachsinnige, fixirte, systematisirte Wahnideen —
   Kleinheits- und Grössenideen (Versündigungs-, Verfolgungswahn, Eifersuchtswahn, Telepathie, Verwandlungswahn, hypochondrischer Wahn, Grössenwahn).

Störungen in der Schnelligkeit des Vorstellungsverlaufes . . . 177
   Verlangsamung und Beschleunigung.

Störungen der geistigen Arbeitsfähigkeit 180
   Psychische Grundeigenschaften — Uebungsfähigkeit — Uebungsfestigkeit — Anregbarkeit — Ermüdbarkeit — Erbolungsfähig-
   keit (Schlaftiefe) — Ablenkbarkeit — Gewöhnungsfähigkeit.

Störungen des Selbstbewusstseins 183

C. Störungen des Gefühlslebens 185
   Herabsetzung der gemüthlichen Erregbarkeit (Theilnahmlosigkeit,
   Beeinflussbarkeit) — Steigerung der gemüthlichen Erregbarkeit
   (Stimmungswechsel).

Krankhafte Gemüthsbewegungen 190
   Traurige Verstimmung — Angst (Erregung und Spannung) —
   Zwangsbefürchtungen — Heitere Verstimmung (Euphorie,
   Humor, Verzückung) — Gesteigertes Selbstgefühl.

Störungen der Gemeingefühle 199
   Müdigkeit, Hunger, Ekelgefühle, Schmerz, geschlechtliche Gefühle.

D. Störungen des Wollens und Handelns 202

Herabsetzung der Willensantriebe 203

Steigerung der Willensantriebe 205
   Unruhe — Thatendrang — Bewegungsdrang.

Störungen in der Auslösung der Willensantriebe 207
   Psychomotorische Hemmung — Willenssperrung — Erleichterte
   Auslösung von Willensantrieben.

Erhöhte Beeinflussbarkeit des Willens 209
   Willensfreiheit — Bestimmbarkeit — Willenlosigkeit (Befehls-

automatie, Hypnose, Flexibilitas cerea, Nachahmungsautomatie,
Echolalie, Echopraxie) — Ablenkbarkeit des Willens (Unstetigkeit, Entgleisung) — Stereotypie — Manieren.

Verminderte Beeinflussbarkeit des Willens 216
Negativismus — Widerstreben — Eigensinn — Unlenksamkeit.

Zwangshandlungen 220
Triebhandlungen 221
Krankhafte Triebe 222
Conträre Sexualempfindung — Sadismus, Masochismus, Fetischis-
mus — Stehltrieb, Brandstiftungstrieb.

Störungen der Ausdrucksbewegungen 228
Geberden — Sprache (Sprachverwirrtheit, Verbigeration, Wortneubildungen) — Schrift — Literatur und Kunst.

Handeln aus krankhaften Beweggründen 236
Leistungsfähigkeit — Dispositionsfähigkeit — Zurechnungsfähigkeit.

III. Verlauf, Ausgänge und Dauer des Irreseins 240
A. Verlauf des Irreseins 240
Beginn der Erkrankung 241
Höhe der Erkrankung 242
Genesung 245
Körpergewicht.

B. Ausgänge des Irreseins 248
Heilung 248
Krankheitseinsicht — Einfluss fieberhafter Krankheiten.
Unvollständige Heilung 252
Unheilbarkeit 255
Verblödung.
Tod 256
Sterblichkeit — Selbstmord.

C. Dauer des Irreseins 258

IV. Die Erkennung des Irreseins 260
A. Krankenuntersuchung 260
Vorgeschichte 261
Zustandsuntersuchung 263
Körperliche Untersuchung (Allgemeinzustand, Nervensystem,
einzelne Organe, Blut, Ausscheidungen) — Psychischer Zu-
stand — Feinere Untersuchungen (Auffassung, Zeitmessungen,
Aufmerksamkeitsschwankungen, Gedächtniss, Vorstellungsver-
bindungen, Willensbewegungen, Ergographenversuche, psychi-
sche Grundeigenschaften).
Beobachtung 282
Leichenbefund 283

B. Grenzen des Irreseins 285
    Krankhafte Vorgänge und Zustände — Grenzgebiete (Beschränkt-
    heit, sittliche Schwäche).

C. Verstellung und Verleugnung 291

V. Die Behandlung des Irreseins 295

  A. Vorbeugung 295
    Heirathen Geisteskranker — Erziehung — Ueberbürdungsfrage
    — Berufswahl — Irrenfürsorge — Aerztlicher Unterricht.

  B. Körperliche Behandlung 302
    Arzneimittel 302
      Narkotica (Opium, Morphium, Codein, Hyoscin, Hyoscyamin,
      Duboisin, Haschisch) 302
      Schlafmittel (Chloralhydrat, Paraldehyd, Amylenhydrat, Sulfonal,
      Trional, Alkohol) 306
      Chloroform, Aether, Bromaethyl 310
      Bromsalze 310
      Amylnitrit, Digitalis 313
      Thyrooidin, Tuberculin, Bakterium coli 313
    Physikalische Heilmethoden 314
      Wasserbehandlung (Dauerbäder, Wicklungen) — Kälte — Elektro-
      therapie — Massage.
    Diätetische Massregeln 317
      Ernährung — Mastcur — Bettlagerung — Isolirung — Mecha-
      nische Beschränkung.

  C. Psychische Behandlung 322
    Allgemeine Regeln — Beschäftigung — Suggestion.

  D. Behandlung einzelner Krankheitserscheinungen 331
    Psychische Erregung — Angst — Schlaflosigkeit — Selbst-
    mordneigung — Zerstörungssucht — Unreinlichkeit — Mastur-
    bation — Nahrungsverweigerung (Sondenernährung, Koch-
    salzinfusion, subcutane Ernährung).

  E. Die Irrenanstalt 341
    Geschichtliches — Wirkung der Anstalt — Verbringung in die
    Anstalt — Irrenärzte, Pflegepersonal — Stadtasyle (Wach-
    abtheilung) — Colonien — Familiäre Verpflegung — Ent-
    lassung aus der Anstalt.

Einleitung.

Psychiatrie ist die Lehre von den psychischen Krankheiten und deren Behandlung. Ihren Ausgangspunkt und ihre Grundlage bildet die wissenschaftliche Erkenntniss des Wesens der Geistesstörungen. In der Lösung dieser Aufgabe waren schon die Aerzte des Alterthums so weit vorgeschritten, dass sie das Irresein mit gewissen körperlichen Störungen in Verbindung brachten, namentlich mit dem Fieber und mit Veränderungen der Körpersäfte. Leider gingen diese bereits zu Lehrgebäuden entwickelten Anschauungen mit dem Zusammenbruche der alten Cultur fast völlig wieder verloren. Dafür drangen im Mittelalter einerseits scholastisch-philosophische, andererseits religiös-abergläubische Vorstellungen in die Auffassung des Irreseins ein und verdrängten rasch die vorhandenen Ansätze eines naturwissenschaftlichen Verständnisses. Die Geistesstörung war nicht mehr Krankheit, sondern Werk des Teufels, Strafe des Himmels, bisweilen auch göttliche Verzückung. Nicht der Arzt beschäftigte sich mehr mit der Erforschung und Behandlung des Seelengestörten, sondern der Priester suchte ihm die bösen Geister zu vertreiben; das Volk betete ihn als Heiligen an, und die Hexenrichter liessen ihn in der Folterkammer wie auf dem Scheiterhaufen für seine vermeintlichen, wahnhaften Sünden büssen.

Mit der Wiedererneuerung der Wissenschaften und insbesondere mit dem Aufschwunge der Medicin begann allmählich auch das Interesse der Aerzte sich wieder den Geisteskranken zuzuwenden. Allein es dauerte Jahrhunderte, bevor die klare Erkenntniss sich überall Geltung zu erringen vermochte, dass die Seelenstörungen nur vom ärztlichen Standpunkte aus richtig erforscht und erkannt werden können. Noch Kant vertrat die Anschauung, dass zur Beurtheilung krankhafter Geisteszustände mehr der Philosoph als der Arzt berufen sei. Erst die Errichtung besonderer Anstalten für Geisteskranke unter ärztlicher Aufsicht begann allmählich die Entwicklung einer wirklich wissenschaftlichen Betrachtungsweise des Irreseins anzubahnen. Wenn wir von vereinzelten Vorläufern absehen, so giebt es erst seit dem Ende des 18. Jahrhunderts wirkliche Irrenärzte. Seit jener Zeit hat sich die Psychiatrie trotz gewaltiger innerer und äusserer Schwierigkeiten überraschend schnell zu einem kräftigen Zweige der medicinischen Wissenschaft fortentwickelt.

Allerdings waren, namentlich bei uns in Deutschland, zunächst noch schwere Kämpfe zu überstehen.*) Zwar hatte der auf die Autorität der Bibel sich stützende Besessenheitsglaube bereits seine Macht verloren, wenn er auch heute noch hier und da im Verborgenen zu blühen scheint. Dagegen erstand der jungen psychiatrischen Wissenschaft, wie sie damals gerade von Esquirol an der Hand einer reichen klinischen Erfahrung begründet wurde, ein gefährlicher Feind in den moraltheologischen Auffassungen des Irreseins, die in den ersten Jahrzehnten unseres Jahrhunderts von Heinroth, Beneke u. A. in die Lehre vom Irresein hineingetragen wurden. Nach diesen Anschauungen sollte die Geistesstörung wesentlich eine Folge der Sünde sein, welche durch eigene Verschuldung Gewalt über den Menschen gewinne und am Ende Leib und Seele verderbe. Gegen diese und ähnliche, mit grossem Scharfsinn ausgeklügelten Anschauungen kämpften mit den Waffen der naturwissenschaftlichen Forschung die „Somatiker", an ihrer Spitze Nasse und Jacobi**), welche das Irresein für den Ausdruck körperlicher Störungen erklärten.

Ihnen ist es gelungen, Sieger zu bleiben. Was noch vor sechzig bis siebzig Jahren mühsam erstritten werden musste, ist heute die selbstverständliche Grundlage unserer Wissenschaft geworden. Niemand wagt es mehr, zu bezweifeln, dass Geistesstörungen Krankheiten sind, die der Arzt zu behandeln hat. Wir wissen jetzt, dass wir in ihnen nur die psychischen Erscheinungsformen mehr oder

---

*) Friedreich, Historisch-kritische Darstellung der Theorien über das Wesen und den Sitz der psychischen Krankheiten. 1836.

**) Jacobi, Beobachtungen über die Pathologie und Therapie der mit Irresein verbundenen Krankheiten. 1830.

weniger feiner Veränderungen im Gehirne, insbesondere in der Rinde des Grosshirns, vor uns haben. Mit dieser Erkenntniss hat die Psychiatrie bestimmte, klare Ziele gewonnen, denen sie mit den Hülfsmitteln und nach den Grundsätzen naturwissenschaftlicher Forschung entgegenstrebt.

Vor allem wird uns die Beobachtung am Krankenbette eine möglichst umfassende und eingehende Kenntniss der klinischen Krankheitsformen zu liefern haben. Wir müssen lernen, aus der fast unübersehbaren Mannigfaltigkeit der Einzelerfahrungen nach und nach das Regelmässige und Wesentliche herauszuschälen und auf diese Weise zu einer Abgrenzung und Gliederung der zusammengehörigen Beobachtungsreihen gelangen. Gerade diese Aufgabe hat sich auf unserem Gebiete bisher als ganz besonders schwierig erwiesen. Krankheitsbilder, die ihrem Wesen nach von einander völlig verschieden sind, können zeitweilig die grösste äusserliche Uebereinstimmung darbieten, und umgekehrt fassen wir heute mit gutem Rechte Zustände als Aeusserungen eines und desselben Krankheitsvorganges auf, die zunächst durchaus unvereinbar, ja als schärfste Gegensätze erscheinen.

Was man mit Recht vom Arzte verlangt, ist die Vorhersage des Kommenden. Sobald wir im Stande sind, aus dem gegenwärtigen Zustande eines Kranken die weitere Entwicklung seines Leidens mit Wahrscheinlichkeit vorauszubestimmen, ist der erste wichtige Schritt zu einer wissenschaftlichen und praktischen Beherrschung des Krankheitsbildes geschehen. Wir werden daher gut thun, dieser Aufgabe zunächst unsere volle Aufmerksamkeit zu widmen. Die meisten übrigen Zweige der Heilkunde haben mit derselben im wesentlichen bereits abgeschlossen. Wir wissen recht genau, wie ein Typhus oder ein Beinbruch verlaufen wird, und kennen alle die Zwischenfälle, die den Heilvorgang durchkreuzen können. In der Psychiatrie besitzen wir höchstens die ersten Ansätze zu einer derartigen Kenntniss. Wohl erwirbt sich der einzelne Irrenarzt im Laufe seiner persönlichen Erfahrung die Fähigkeit, aus gewissen Zeichen Schlüsse auf die Heilbarkeit oder Unheilbarkeit seiner Kranken zu ziehen. Dagegen fehlt es, abgesehen etwa von der Gruppe der Paralyse, noch fast vollständig an zuverlässigen und lehrbaren Sätzen über die voraussichtliche klinische Weiterentwicklung des einzelnen Krankheitsfalles.

Der Hauptgrund für diese Unvollkommenheit unserer Wissenschaft liegt in der ungemein langen Dauer der Geisteskrankheiten. Einerseits giebt es viele unheilbare Formen, die in allmählichem Wechsel der Zustände das ganze Leben ausfüllen; andererseits aber sehen wir bei einigen Hauptgruppen des Irreseins das Leiden in abgegrenzten, weit auseinander liegenden Anfällen verlaufen oder doch Jahre lang Stillstand machen, so dass die innere Zusammengehörigkeit der einzelnen Anfälle oder Nachschübe nur bei genauer Kenntniss der ganzen Vergangenheit überblickt werden kann. Jeder Irrenarzt erlebt zahlreiche Ueberraschungen, sobald er in die Lage kommt, die späteren Lebensschicksale seiner einstigen Kranken verfolgen zu können. Namentlich wird er stets erkennen, dass die überwiegende Mehrzahl der rasch und günstig verlaufenden Geistesstörungen nichts Anderes sind, als die Aeusserungen eines dauernden, aber oft lange Zeit schlummernden krankhaften Zustandes. Gerade diese trügerischen Augenblicksbilder sind es, welche uns die Klärung der klinischen Erfahrung so sehr erschweren. Die Feststellung dessen, was wirklich vorkommt, muss daher noch auf längere Zeit hinaus unsere erste Aufgabe bleiben. Vor allem ist es wichtig, den gesammten Lebenslauf unserer Kranken durch Jahrzehnte hindurch im Auge zu behalten; öfters wird es erst dann möglich sein, den richtigen Standpunkt für die klinische Beurtheilung zu gewinnen.

Ganz besondere Vorsicht ist ferner bei der Feststellung der Krankheitsursachen geboten. Der Laie ist geneigt, ohne weiteres irgend ein zufälliges Ereigniss, eine gemüthliche Erregung, einen Misserfolg, ein körperliches Leiden, eine Ueberanstrengung für den Ausbruch des Irreseins verantwortlich zu machen. Die weiterblickende klinische Erfahrung lehrt indessen, dass die ursächliche Bedeutung derartiger äusserer Einflüsse eine verhältnissmässig recht geringe ist. Sehr häufig werden sogar die ersten Erscheinungen des beginnenden Irreseins fälschlicher Weise für dessen Ursachen gehalten. Wenn wir sehen, dass die gleichen Krankheitsfälle, die heute durch einen bestimmten Anstoss erzeugt zu werden scheinen, bei demselben Kranken ein anderes Mal, und ebenso in zahllosen anderen Fällen regelmässig, ganz ohne jeden Anlass sich einstellen, so werden wir auch gegen die erste, anscheinend so beweisende Beobachtung misstrauisch werden. Auch auf diesem Gebiete ist noch ausserordentlich viel zu thun. Die gleichen Ursachen müssen auch bei dem Vorgange der psychischen Erkrankung überall die gleichen Wirkungen haben. Begegnen uns, wie so häufig, vermeintliche Abweichungen von jenem Gesetze, so sind zweifellos entweder die Ursachen oder die Wirkungen nicht wirklich gleich gewesen. Nach beiden Richtungen hin wird eine geduldige Häufung zuverlässiger und namentlich vollständiger Beobachtungen allmählich Klarheit bringen.

Ist es uns gelungen, die klinischen Erfahrungen soweit zu verarbeiten, dass wir Krankheitsgruppen mit bestimmten Ursachen, bestimmten Erscheinungen und bestimmtem Verlaufe aufstellen können, so wird es unsere Aufgabe sein, in das Wesen des einzelnen Krankheitsvorganges einzudringen. Ein wichtiger und auch bereits vielfach betretener Weg zu diesem Ziele ist derjenige der pathologischen Anatomie. Leider hat uns diese Wissenschaft, der die übrige Medicin so viel verdankt, erst verhältnissmässig wenige Aufschlüsse zu liefern vermocht, weil unsere Kenntnisse von dem Bau der gesunden und den Veränderungen der kranken Hirnrinde noch immer viel zu lückenhaft sind. Das Gehirn ist ein so verwickeltes Organ, dass selbst der Nachweis ausgebreiteter Zerstörungen, wie er für die Paralyse bereits gelungen ist, unser Verständniss für den Krankheitsvorgang nicht in dem erhofften Maasse gefördert hat. Die Schwierigkeiten, welche der Deutung und Verwerthung pathologisch-anatomischer Befunde in der Psychiatrie entgegenstehen, können, wie ich glaube, nur auf dem Wege der Thierversuche überwunden werden. Vor allem sind es die Vorgiftungen, deren Studium uns fördern muss. Wir kennen eine ganze Reihe von Stoffen, welche leichtere oder schwerere Geistesstörungen zu erzeugen im Stande sind. Die Wirkung dieser Stoffe auf das Nervengewebe vermag der Thierversuch uns aufzudecken. Hier sind wir in der Lage, durch Häufung der Erfahrungen unter eindeutigen Bedingungen mit Sicherheit den Zusammenhang zwischen Ursache und Wirkung festzulegen. Dadurch endlich wird sich uns die Möglichkeit eröffnen, auch im Krankheitsfalle die wesentlichen Züge des Leichenbefundes von den zufälligen zu scheiden und die gesetzmässigen Beziehungen der klinischen Erscheinungen zu den körperlichen Veränderungen sicherzustellen.

Weit weniger, als die pathologische Anatomie, vermag einstweilen die Physiologie der Hirnrinde zur Vertiefung unserer

Kenntnisse von den Geistesstörungen beizutragen, so werthvoll ihre Lehren auch für die Erforschung und Behandlung der gröberen Hirnerkrankungen geworden sind. Das Irresein beruht höchst wahrscheinlich auf ausgebreiteten Störungen in der Hirnrinde und dürfte schwerlich an eng umschriebene Gebiete derselben geknüpft sein. Zudem sind die Eingriffe, die uns Aufschlüsse über die örtliche Vertheilung der Hirnverrichtungen geliefert haben, unter allen Umständen weder ihrer Art noch ihrer Ausbreitung nach den feinen und weitschichtigen Abweichungen irgendwie vergleichbar, die wir als die Grundlage der Geisteskrankheiten vermuthen müssen. Andererseits ist die Psychiatrie leider der Gefahr nicht immer entgangen, die aus den Localisationsversuchen gewonnenen Vorstellungen ohne weiteres auf das unendlich verwickeltere Gebiet der psychischen Störungen zu übertragen und damit einer rohen und zugleich unfruchtbaren Schematisirung der klinischen Erfahrungen Vorschub zu leisten.

Das konnte um so leichter geschehen, je weniger wir thatsächlich von dem Getriebe und den Gesetzen unserer psychischen Vorgänge wissen. Gerade die speculative Psychologie mit ihren dürren Gedankenspielereien hat die Entwicklung der Seelenheilkunde zu einer klinischen Wissenschaft am stärksten gehindert. Diese Erkenntniss musste zu einer kräftigen Gegenströmung führen, welche das Schwergewicht der psychiatrischen Forschung auf die körperlichen und, wegen der Erfolge in anderen medicinischen Gebieten, auf die anatomisch nachweisbaren Veränderungen legte. Es ist indessen klar, dass uns auch die vollkommenste Kenntniss der Hirnrindenstörungen beim Irresein, der Nachweis aller sich dort vollziehenden Abweichungen in Form und Verrichtung, durchaus im Unklaren darüber lassen würde, ob und welche Beziehungen zwischen jenen Störungen und den psychischen Krankheitserscheinungen bestehen. Ja, wir könnten das eindringendste Verständniss für alle in der Hirnrinde sich abspielenden körperlichen Vorgänge besitzen, ohne an sich auch nur einen Augenblick zu der Vermuthung gezwungen zu werden, dass wir in jenem Gewebe den Träger des Seelenlebens vor uns haben. Aus diesen Erwägungen ergiebt sich die Nothwendigkeit, ausser den körperlichen Zuständen der Hirnrinde auch die psychischen Erscheinungsformen jener letzteren gesondert zu erforschen. Wir erhalten auf diese Weise zwei Reihen innig mit einander verbundener, aber ihrem Wesen nach unvergleichbarer Thatsachen, das körperliche und das psychische Geschehen. Aus den gesetzmässigen Beziehungen beider zu einander geht das klinische Krankheitsbild hervor.

Wir müssen es daher als unsere Aufgabe betrachten, auch jene Gesetze kennen zu lernen, welche den Ablauf der psychischen Vorgänge beherrschen, namentlich aber auf das sorgfältigste den Abhängigkeitsverhältnissen nachzugehen, die zwischen körperlichen und seelischen Zuständen bestehen. Glücklicher Weise hat sich aus dem Schoosse der Physiologie heraus, namentlich in den letzten Jahrzehnten, auch die Psychologie zu einer Erfahrungswissenschaft entwickelt, die auf dem Wege der Naturforschung ihren Gegenstand erfolgreich zu bearbeiten begonnen hat. Es ist, wie schon die bisherige Arbeit gezeigt hat, nicht unmöglich, mit Hülfe jener jungen Wissenschaft zu einer Physiologie der Seele zu gelangen, die auch der Psychiatrie eine brauchbare Grundlage zu liefern vermag. Sie wird uns einerseits dazu dienen können, verwickelte Erscheinungen in ihre einfacheren Bestandtheile zu zerlegen. Wir werden aus der Zergliederung des gesunden Seelenlebens die Anhaltspunkte für die Beurtheilung und Erklärung krankhafter Störungen gewinnen, und wir werden auch in der Lage sein, in geeigneten Fällen das Hülfsmittel des psychologischen Versuches unmittelbar zur genaueren Erforschung von Krankheitszuständen heranzuziehen.

Andererseits aber dürfen wir von einer wissenschaftlichen Psychologie werthvolle Ergänzungen unserer Vorstellungen über die Entstehung des Irreseins erwarten. Vor allem sind es wieder die Gifte, deren Einwirkung auf den Ablauf unserer psychischen Vorgänge wir schon heute mit ziemlicher Genauigkeit in ihre Einzelzüge zu zerlegen im Stande sind. Die hier noch im Bereiche des Gesunden gewonnenen Erfahrungen können uns dann das Verständniss auch für die klinischen Krankheitserscheinungen eröffnen, wie sich das bereits für einzelne Gifte gezeigt hat. Auch eine Reihe anderer Einflüsse, denen wir gewöhnt sind, Wirkungen auf unser Seelenleben zuzuschreiben, lassen sich in ganz ähnlicher Weise untersuchen. Wir können die Veränderungen, die durch den Hunger, mangelhaften Schlaf, geistige und körperliche Ueberanstrengung im Verhalten unserer psychischen Vorgänge hervorgerufen werden, von ihren leisesten Anfängen an genau verfolgen und aus den geringeren

Gleichgewichtsschwankungen beim sonst gesunden Menschen Schlüsse auf die Deutung der ausgeprägteren Störungen im Krankheitszustande ableiten. Namentlich wird gerade die psychologische Zergliederung vielleicht noch am besten geeignet sein, uns über die Eigenthümlichkeiten jener vielgestaltigen Formen krankhafter Veranlagung Aufklärung zu verschaffen, die man unter dem gemeinsamen Namen der Entartungszustände zusammenzufassen pflegt.

Die wissenschaftliche Erkenntniss der Geistesstörungen bildet die unentbehrliche Grundlage für die Lösung der ausserordentlich wichtigen praktischen Aufgaben, welche die Psychiatrie zu lösen hat. Zunächst wird es sich dabei um die Verhütung des Irreseins handeln. Die Gesichtspunkte für diesen Zweig der Gesundheitspflege können naturgemäss nur aus der Lehre von den Ursachen geistiger Erkrankungen gewonnen werden. Bedeutsame Fortschritte jener letzteren werden daher vielfach auch Ausblicke auf vorbeugende Massregeln zu eröffnen im Stande sein. So wird unsere Kenntniss von der Rolle, die Erblichkeit, Alkohol, Syphilis bei der Entstehung des Irreseins spielen, dem Arzte eine gewisse Richtschnur für sein Handeln geben, mag der thatsächliche Erfolg seiner Bemühungen auch heute noch ein bedauernswerth geringer sein.

Leider ist auch der Nutzen, den die Behandlung der Geistesstörungen aus der Erkenntniss ihrer Ursachen zieht, bisher noch nicht sehr gross. Wo uns die Ursachen bekannt sind, vermögen wir sie meistens nicht zu beseitigen, wie z. B. bei der erblichen Entartung. Darum muss hier die Erfahrung am Krankenbette selbst unsere Lehrmeisterin werden. Sie hat uns in verhältnissmässig kurzer Zeit einen weiten, weiten Weg geführt. Von dem Zeitpunkte an, in welchem Aerzte die Fürsorge für die Geisteskranken übernahmen, seitdem sie in der Lage waren, klinische Beobachtungen zu sammeln, hat sich das Loos unserer Kranken stetig gebessert. Die Entwicklung unseres ganzen Anstaltswesens, einer der grossartigsten Schöpfungen menschlichen Mitleids, ist auf das engste verknüpft gewesen mit den Fortschritten in unserem Verständnisse des Irreseins. Je klarer sich die Ueberzeugung Bahn brach, dass die Irren Kranke sind, dass ihren Störungen bestimmte körperliche Veränderungen zu Grunde liegen, um so mehr haben sich die Irrenanstalten in ihren ganzen Einrichtungen denjenigen anderer Krankenhäuser genähert, so dass heute ein Asyl für frisch

Erkrankte fast vollständig einer Abtheilung für körperlich Kranke zu gleichen pflegt.

Ein Punkt ist es allerdings, welcher den Geisteskrankheiten eine besondere Stellung gegenüber allen übrigen Leiden anweist, das ist ihre ausserordentliche sociale Bedeutung. Das Irresein gehört unter allen Umständen zu den schwersten Erkrankungen, die es überhaupt giebt. Dazu kommt aber, dass der Geisteskranke in der Regel nicht im Stande sein wird, selbständig für sich zu sorgen. Man kann ihn in seinem Handeln nicht nach seinem Belieben gewähren lassen, sondern er bedarf fremder Aufsicht und Fürsorge. Aus dieser Thatsache erklärt es sich, dass dem Irrenarzte noch eine Reihe von Aufgaben zufallen, welche anderen Gebieten der Heilkunde fremd sind. Die Verbringung des Geisteskranken in die Anstalt geschieht nicht auf seinen eigenen Wunsch, sondern auf Veranlassung seiner Angehörigen oder der Behörden. Er wird behandelt und festgehalten ohne und nach Umständen selbst gegen seinen Willen. Die gesetzliche Regelung der hier erwachsenden, sehr schwierigen Fragen hat von jeher die Aufmerksamkeit der Irrenärzte auf das ernsthafteste beschäftigt. Wie die Erfahrung lehrt, sind die Fälle, in denen Geisteskranke schwerstes Unheil über sich und ihre Angehörigen bringen, so häufig, dass unsere Tageszeitungen geradezu von ihnen wimmeln. Darum ist rasches Einschreiten beim Ausbruche geistiger Erkrankung mit Rücksicht auf den Kranken selbst wie auf seine Umgebung dringend geboten, um so mehr, als die Heilungsaussichten unter solchen Umständen am günstigsten sind. Andererseits giebt es nicht wenige Kranke, die nur mit grösstem Widerstreben in der Anstalt bleiben, ja zweifellos unter der Freiheitsentziehung leiden. Es leuchtet ein, dass es schwer genug ist, zwischen den widerstrebenden Wünschen des Kranken und den Forderungen der öffentlichen Sicherheit jederzeit entscheiden zu müssen.

Für die richtige Würdigung der Rolle, die das Irresein im Gemeinwesen spielt, ist es wichtig, sich zu vergegenwärtigen, dass sich im Jahre 1890*) in den Irrenanstalten des Deutschen Reiches nicht weniger als etwa 56000 Kranke befanden. Es kam somit

---

*) Lähr, Die Heil- und Pflegeanstalten für Psychisch-Kranke des deutschen Sprachgebietes. 1891.

1 Anstaltskranker auf 813 Einwohner. Nach allgemeiner Erfahrung beträgt die Anzahl der überhaupt vorhandenen Geisteskranken mindestens das Dreifache, so dass wir mit einer Zahl von nahezu 170 000 derartiger Kranker im Deutschen Reiche zu rechnen haben. Ob damit die Wahrheit bereits erreicht ist, müssen wir freilich dahin gestellt sein lassen. In einzelnen Gegenden Deutschlands bieten heute die Anstalten schon Raum für einen Kranken auf 5—600 Gesunde, ja man hat in der Schweiz sogar auf je 200 Einwohner einen Platz in der Irrenanstalt gefordert! Jedenfalls bedeutet die gewaltige Zahl der Geisteskranken, welche ausser Stande sind, ihr Leben selbständig zu führen, vielfach sogar einer sehr sorgfältigen und kostspieligen Pflege bedürfen, eine schwere Belastung unseres Volkes, namentlich der Gemeinden, die meistens für die unbemittelten Kranken einzutreten haben. Die zweckmässige Gestaltung dieser umfassenden Fürsorge ist eine ebenso wichtige wie umfangreiche praktische Aufgabe unserer Wissenschaft.

Noch verwickelter fast und schwieriger sind die Beziehungen unserer Kranken zu den verschiedenen Zweigen der Rechtspflege. Das Strafgesetz aller Culturvölker betrachtet höhere Grade geistiger Erkrankung als Strafausschliessungsgrund; das bürgerliche Gesetzbuch spricht den Handlungen des Irren die rechtliche Verbindlichkeit ab. Nach beiden Richtungen hin hat das Gutachten des Irrenarztes sehr gewichtige Folgen für das Lebensglück der Betroffenen. Wenn irgendwo, so gilt hier der Satz, dass die Entscheidung solcher Fragen nur auf der Grundlage einer tiefgehenden Sachkenntniss geschehen kann. Auf Schritt und Tritt tauchen Schwierigkeiten auf, die ausschliesslich durch vollkommenste Beherrschung aller Einzelheiten der klinischen Erfahrung überwunden werden können. Ja, nicht selten entdeckt erst der Wissende dort Schwierigkeiten, wo sie dem Unerfahrenen verborgen bleiben. Unter allen Umständen wird derjenige der beste Gutachter sein, welcher der beste Kliniker ist. Mit vollster Entschiedenheit muss ich daher auch die verbreitete Ansicht bekämpfen, dass für die Bedürfnisse der Rechtspflege im einzelnen Falle der Nachweis der Geistesstörung im allgemeinen ohne bestimmte Krankheitsdiagnose genüge. Das ist ein zweifelhafter Nothbehelf, der allenfalls durch den Hinblick auf die augenblicklichen Entwicklungskämpfe entschuldigt, aber niemals zum Grundsatze erhoben werden darf.

In der That ist die Psychiatrie von der endgültigen Lösung der im Vorstehenden gekennzeichneten Aufgaben nur allzu weit noch entfernt. Sie ist eine junge, im Werden begriffene Wissenschaft, die sich in harten Kämpfen langsam die Stellung erobern muss, welche ihr nach Massgabe ihrer wissenschaftlichen und praktischen Bedeutung gebührt. Kein Zweifel, dass sie sich dieselbe erringen wird — stehen ihr doch dieselben Waffen zu Gebote, die sich auf den übrigen Gebieten der Medicin so glänzend bewährt haben: die klinische Beobachtung, das Mikroskop und das Experiment.

H. Emminghaus, Allgemeine Psychopathologie zur Einführung in das Studium der Geistesstörungen. 1878.
Maudsley, The pathology of mind. 1895.
Ausführliche Darstellungen der allgemeinen Psychiatrie enthalten auch die meisten der im zweiten Theile dieses Buches aufgeführten Lehrbücher.

--

I. Die Ursachen des Irreseins.[*]

Die Entstehungsgeschichte einer geistigen Erkrankung ist fast immer eine sehr verwickelte. Nur recht selten finden wir hier einfache und durchsichtige Beziehungen zwischen greifbaren Ursachen und entsprechenden Wirkungen vor; fast immer sind wir in der Lage, mit einer ganzen Reihe von verschiedenen Möglichkeiten rechnen zu müssen, deren besondere Bedeutung im einzelnen Falle wir oft kaum annähernd abzuschätzen vermögen.

Die Lehre von der Entwicklung des Irreseins kennt daher nur ausnahmsweise einen unverbrüchlichen Zusammenhang zwischen bestimmter Krankheitsursache und Krankheitsform; vielmehr pflegen wir allgemein den gleichen äusseren Einwirkungen die Erzeugung mannigfaltiger Formen des Irreseins zuzuschreiben und andererseits die gleichen psychischen Erkrankungen aus einer Anzahl der verschiedenartigsten Ursachen herzuleiten. Dieser Widerspruch mit dem naturwissenschaftlichen Grundgesetze, der sich übrigens bei allen unentwickelten Erfahrungswissenschaften wiederfindet, beruht zunächst darauf, dass wir auf unserem Gebiete vielleicht noch mehr als irgendwo sonst die beiden grossen Gruppen der äusseren und inneren Ursachen auseinander zu halten haben.

Unser Gehirn ist ein überaus reich und vielseitig entwickeltes Werkzeug und zeigt daher eine ausserordentlich mannigfaltige Ausbildung bei verschiedenen Personen. Aus diesem Grunde werden wir bei der Entstehung des Irreseins der Eigenart des einzelnen Menschen eine besonders hohe Bedeutung einräumen müssen. Die gleiche Schädlichkeit wird bei der Einwirkung auf verschiedenartige Naturen nothwendiger Weise auch verschiedenartige Krankheitserscheinungen nach sich ziehen müssen. Während sie in einem

*) Toulouse, les causes de la folie, prophylaxie et assistance. 1896.

Falle an der inneren Widerstandsfähigkeit des Betroffenen ohne weiteres abprallt, kann sie ein anderes Mal vielleicht eine heftige, aber kurze Erschütterung des psychischen Gleichgewichtes erzeugen, bei einem Dritten etwa eine schlummernde Krankheitsanlage wecken, die nun ihrerseits zu langdauerndem geistigem Siechthume führt. Ueberall wird dabei der Satz Geltung haben, dass äussere und innere Ursachen in einem gewissen Ergänzungsverhältnisse zu einander stehen. Je weniger ein Mensch zum Irresein veranlagt ist, um so stärker muss der äussere Reiz sein, der ihn krank macht, und umgekehrt giebt es Personen, die schon unter dem Einflusse der kleinen Reize des täglichen Lebens geisteskrank werden, weil ihre Widerstandsfähigkeit zu gering ist, um selbst diese ohne tiefere Störung ertragen zu können.

Dazu kommt, dass wir heute überall wesentlich nur die rohen, nicht aber die wahren Ursachen und Wirkungen zu berücksichtigen vermögen. Wäre z. B. eine bestimmte chemische Veränderung in der Zusammensetzung des Blutes die wahre Ursache einer bestimmten Geistesstörung, so könnten sehr verschiedene rohe Ursachen, etwa eine Krebskachexie, häufige Blutungen, chronische Malariavergiftung, Erkrankungen der blutbildenden Organe u. s. f. neben anderen Wirkungen gerade den gemeinsamen Erfolg haben, dass die Ernährungsflüssigkeit nach der hier in Betracht kommenden Richtung hin untauglich wird. Noch wichtiger vielleicht ist es, dass umgekehrt psychische Störungen, die der äusserlichen Betrachtung völlig verschieden erscheinen, in Wahrheit doch nahe verwandt, etwa nur verschiedene Entwicklungsstufen oder Stärkegrade eines und desselben Krankheitsvorganges sind. So wird man vielleicht den Grössen- und den Kleinheitswahn des Paralytikers zunächst als Anzeichen völlig entgegengesetzter Störungen anzusehen geneigt sein, bis man entdeckt, dass sie beide in der psychischen Schwäche sowie in der Benommenheit der Kranken eine gemeinsame Grundlage haben. Aus diesen Ueberlegungen ergiebt sich, dass eine brauchbare Ursachenlehre die genaue Kenntniss der klinischen Krankheitsformen voraussetzt. So lange wir nicht am Krankenbette Wesensgleiches zusammenzufassen und Verschiedenes zu trennen vermögen, werden auch unsere ätiologischen Anschauungen nothwendig unklar und widerspruchsvoll bleiben. Dennoch beginnt sich schon jetzt allmählich die Auffassung Bahn zu brechen, dass dem Ueberwiegen der äusseren oder der inneren Ursachen im allgemeinen zwei grosse Gruppen von Geistesstörungen entsprechen, die von Möbius als exogene und endogene Erkrankungen auseinandergehalten worden sind. Jene erstere Gruppe zeigt wesentlich abgerundete Verlaufsarten von bestimmtem Gepräge mit einer gewissen Gleichförmigkeit der gesammten Entwicklung; dieser letzteren dagegen ist vielfacher Wechsel der Krankheitserscheinungen nach Stärke und Art, schwankender, unregelmässiger Verlauf oder Fortbestehen der Störungen durch das ganze Leben hindurch eigenthümlich. Es liegt indessen auf der Hand, dass eine strenge Scheidung auf diesem Gebiete nicht überall durchgeführt werden kann. Vielmehr muss es naturgemäss alle möglichen Mischungen in dem Verhältnisse der äusseren zu den inneren Ursachen geben können. Das Gewicht des gleichen äusseren Anstosses kann je nach dem uns wesentlich unbekannten inneren Zustande ein sehr verschiedenes sein. Auf diese Weise entstehen praktisch die mannigfaltigsten Beziehungen zwischen rohen äusseren Ursachen und klinischen Formen des Irreseins, so dass die zu Grunde liegenden Gesetzmässigkeiten thatsächlich überaus schwer zu entwirren sind. Immerhin sind uns auch heute schon gewisse Anhaltspunkte in den Krankheitsbildern selbst gegeben. Wir wissen von einer ganzen Reihe klinischer Formen aus vielfältiger Erfahrung, dass sie überwiegend äusseren oder inneren Ursachen ihre Entstehung verdanken, und wir können daher aus der Art der Krankheitszeichen nicht selten auch dann die exogene oder endogene Natur des einzelnen Falles mit grösster Wahrscheinlichkeit feststellen, wenn uns der grobe Augenschein zunächst zu einer falschen Auffassung zu verführen drohte.

A. Aeussere Ursachen.

Die grosse Klasse der äusseren Ursachen des Irreseins pflegt man zur besseren Uebersicht weiter in die beiden Gruppen der körperlichen und der psychischen Ursachen auseinander zu trennen. Die ersteren greifen unmittelbar in den körperlichen Bestand unseres Seelenorganes ein, die anderen erst durch Vermittlung psychischer Vorgänge, durch Erzeugung von Vorstellungen oder Gemüthsbewegungen. Eine grundsätzliche Verschiedenheit zwischen beiden Gruppen besteht selbstverständlich nicht, da nach den überall festzuhaltenden Grundanschauungen jeder Veränderung auf psychischem Gebiete durchaus eine Störung im Ablaufe der körperlichen Vorgänge entspricht.

1. Körperliche Ursachen.

Hirnkrankheiten. Unter den körperlichen Ursachen sind die nächstliegenden jene Störungen, welche das Centralorgan unseres Bewusstseins, die Hirnrinde, betreffen.*) In gewissem Sinne sind hierhin alle wahren Ursachen des Irreseins überhaupt zu rechnen, da höchst wahrscheinlich die letzte Grundlage aller Formen des Irreseins ohne Ausnahme in krankhaften Vorgängen oder Zuständen der Rinde des Grosshirns gesucht werden muss. In der That haben sich schon bei einer grossen Reihe von psychischen Störungen mehr oder weniger schwere Erkrankungen der Rindenzellen nachweisen lassen, wenn auch ihre Deutung und ihre gesetzmässige Beziehung zu den klinischen Erscheinungen meist noch recht unklar ist. Wie Untersuchungen von Hoch gezeigt haben, scheinen sogar jene kurz dauernden Trübungen des Bewusstseins, die den Todeskampf begleiten, regelmässig auf deutlich erkennbaren Veränderungen der Rindenzellen zu beruhen; wenigstens wurden in der Rinde einer ganzen Anzahl nicht geisteskranker Menschen die Anzeichen einer zweifellos kurz vor dem Tode einsetzenden acuten Störung aufgefunden. Wir wissen aber ferner, dass unter den uns bisher bekannten Gehirnerkrankungen zumeist diejenigen mit ausgeprägteren psychischen Erscheinungen verlaufen, welche entweder gerade in der Rinde ihren Sitz haben, oder welche doch durch Erhöhung des Hirndruckes, Störungen der Blutvertheilung u. dergl. die Rinde in Mitleidenschaft ziehen. Es kommt indessen vor, dass selbst greifbare Rindenerkrankungen, wenn sie umschrieben sind und sich langsam entwickeln, die psychischen Leistungen, wenigstens anscheinend, völlig unbeeinflusst lassen. Zur Erklärung derartiger

---

*) **Nothnagel**, Topische Diagnostik der Gehirnkrankheiten. 1879; **Wernicke**, Lehrbuch der Gehirnkrankheiten. 1881; **Gowers**, Vorlesungen über die Diagnostik der Gehirnkrankheiten, deutsch v. **Mommsen**. 1886; **Henschen**, Klinische und anatomische Beiträge zur Pathologie des Gehirns. 1892; v. **Monakow**, Gehirnpathologie. 1897.

Thatsachen ist vielleicht die Möglichkeit einer theilweisen Stellvertretung gesunder Rindenpartien für erkrankte, namentlich aber der Umstand in Erwägung zu ziehen, dass eine ganz allmählich eintretende leichte Verminderung der psychischen Leistungsfähigkeit mit unseren heutigen unvollkommenen Hülfsmitteln sehr schwer aufzufinden und genau zu bestimmen ist.

Ihren psychischen Ausdruck finden die krankhaften Störungen unserer Hirnthätigkeit einerseits in dem Auftreten von Reizungs- oder Lähmungserscheinungen, andererseits aber in dauernder Herabsetzung der psychischen Leistungsfähigkeit oder Widerstandsfähigkeit. Als eine der einfachsten Ursachen der Hirnreizung pflegt man den Blutandrang zu betrachten, wie er bei den verschiedensten Anlässen sich zu entwickeln pflegt, unter denen das Fieber, die Wärmebestrahlung des Kopfes, gewisse Gemüthsbewegungen, manche Herzfehler und Störungen der Gefässinnervation vielleicht die wichtigsten sind. In der That ist es nicht unwahrscheinlich, dass die unter solchen Verhältnissen beobachteten psychischen Reizerscheinungen zum Theil auf die Blutüberfüllung des Schädelinhaltes zu beziehen sind, ebenso die ersten Anzeichen einiger schwereren Erkrankungen des Hirns und seiner Häute, die erfahrungsgemäss mit vermehrtem Blutreichthum in der Rinde einhergehen, namentlich die verschiedenen Formen der Meningitis an der Hirnoberfläche. Andererseits ist indessen nicht ausser Acht zu lassen, dass hier vielfach auch chemische Wirkungen eine sehr wesentliche Rolle spielen. Ausgiebigere Reizerscheinungen können ferner ausgelöst werden durch den örtlichen Druck rasch entstehender Ausschwitzungen, frischer Blutungen (eitrige Meningitis, Pachymeningitis interna hämorrhagica, Rindenapoplexien), schnell wachsender Geschwülste, sowie namentlich durch manche Gifte, die das Hirngewebe unmittelbar beeinflussen (Narkotica, Infectionsstoffe).

Die psychischen Krankheitszeichen, welche derartigen Reizeinwirkungen entsprechen, sind im allgemeinen Unruhe, Schlaflosigkeit, in den höheren Graden Delirien, Ideenflucht, Sinnestäuschungen, ängstliche oder heitere Verstimmung, Unruhe, heftige motorische Erregung. Mit diesen psychischen Erscheinungen verbinden sich dann die nervösen Störungen auf motorischem oder sensorischem Gebiete, welche von dem besonderen Sitze und der Art der Reizursache abhängig sind.

Lähmende Wirkungen auf das Gehirn werden durch alle jene Ursachen erzeugt, die eine erheblichere Beeinträchtigung der Hirnernährung herbeizuführen im Stande sind. Der einfachste Fall ist durch das plötzliche Abschneiden der Blutzufuhr, durch die acute Hirnanämie gegeben. Künstlich können wir die höchsten Grade derselben mit rasch eintretender Bewusstlosigkeit durch den Versuch beiderseitiger Carotidencompression hervorrufen. Aehnlich wirkt das Erhängen, doch scheint dabei öfters auch eine starke psychische Wirkung mitzuspielen, die sich in dem Auftreten hysterischer Krämpfe und Dämmerzustände bei wiederbelebten Erhängten kundgeben kann.*) Weiterhin kommt Blutleere des Gehirns namentlich durch Herzschwäche, grosse Blutverluste und diejenigen Gemüthsbewegungen (Schreck) zu Stande, welche mit einem Krampfe der Arterien des Kopfes einhergehen. Möglicherweise sind hierher auch die unmittelbaren Wirkungen der sog. Hirnerschütterung zu rechnen. Im Erfolge der Blutleere gleichwerthig sind Stauungen, z. B. nach dauernden Hyperämien (Feuerarbeiter), bei Gefässerkrankungen oder bei Herzfehlern, da auch sie die mangelhafte Zufuhr leistungsfähigen Blutes bedeuten. Ebenso wirken selbstverständlich alle chemischen Veränderungen der Ernährungsflüssigkeit, welche dieselbe zur Erfüllung ihrer Aufgabe mehr oder weniger untauglich machen. Freilich gesellen sich hier überall noch die Wirkungen schädlicher Zerfallstoffe oder anderer im Blute kreisender Gifte hinzu.

Häufige Ursachen schwerer Ernährungsstörungen des Gehirns sind ferner alle erheblicheren allgemeinen Drucksteigerungen in der Schädelkapsel, wie sie namentlich durch Geschwülste oder durch entzündliche Vorgänge hervorgerufen werden. Wie wir durch Grashey's Untersuchungen**) wissen, führt jede Erhöhung des Druckes im Schädel über ein bestimmtes persönliches Maass hinaus sehr rasch zur Compression der Hirnvenen in ihren peripheren Theilen, weiterhin aber zur Entstehung von Gefässschwingungen mit erheblicher Verlangsamung der Kreislaufsgeschwindigkeit und deren Folgezuständen (Stauungen, Oedeme). Die grössere oder geringere Leichtigkeit, mit welcher eine derartige Drucksteigerung im einzelnen Falle

---

*) Wagner, Jahrbücher f. Psychiatrie, VIII. 313; Möbius, Neurologische Beiträge I. 55; Lührmann, Allgem. Zeitschr. f. Psychiatrie LII, 185.

**) Experimentelle Beiträge zur Lehre von der Blutcirculation in der Schädel-Rückgratshöhle. 1892.

zu Stande kommt, hängt wesentlich ab von der Ausbildung, welche die Abflussbahnen der Cerebrospinalflüssigkeit besitzen. Vermag diese letztere bei einer Vermehrung des Schädelinhaltes rasch nach allen Richtungen hin auszuweichen, so bleibt der Druck im Schädel unverändert und die Blutversorgung erleidet keine Störung. Sind aber die Ausgleichsvorrichtungen mangelhaft, so genügt schon eine mässige Zunahme des Schädelinhaltes, um das Auftreten der Gefässschwingungen zu veranlassen und damit das erste Stadium einer schweren Ernährungsstörung einzuleiten. Vielleicht verdient gerade nach dieser Richtung die von Thoma festgestellte Thatsache besondere Beachtung, dass von sämmtlichen Gefässen des Körpers das Gebiet der Carotis interna bei weitem am meisten der Erkrankung an Arteriosklerose in Folge von Ueberdehnung der Gefässwand ausgesetzt ist. Weit günstiger liegen bei einer Zunahme des Schädelinhaltes die Verhältnisse dann, wenn sie sich langsam, allmählich einstellt, so dass die Abflussbahnen sich bis zu einem gewissen Grade den wachsenden Anforderungen anzupassen vermögen. Hier kann die lähmende Wirkung auf die Hirnrinde ziemlich lange hintangehalten werden: jede rasche Vermehrung des Schädelinhaltes dagegen hat unausbleiblich die Erstickung der Hirnrinde zur Folge. Umgrenzte derartige Ernährungsstörungen werden durch die Vorgänge der Embolie und Thrombose bedingt; ob hier eine Lähmung der psychischen Verrichtungen eintritt, hängt ebenso wie bei den örtlichen Druckwirkungen kleinerer Geschwülste (z. B. Cysticerken) von der Ausdehnung und auch von dem Sitze der Störung ab.

Alle diese Erkrankungen haben indessen, soweit sich das heute übersehen lässt, für die Psychiatrie verhältnissmässig wenig Bedeutung, zum Theil wegen ihrer Seltenheit, zum Theil wegen der Einförmigkeit oder der geringen Ausbildung der psychischen Begleiterscheinungen. Weit wichtiger sind diejenigen Krankheitsvorgänge, welche mehr oder weniger ausgebreitete Zerstörungen des Hirnrindengewebes selbst herbeiführen. Schon jetzt kennen wir eine ganze Reihe derartiger Erkrankungen, von denen als Beispiele nur die progressive Paralyse, der Altersblödsinn, die multiple Sklerose, endlich die verschiedenen Formen der Encephalitis genannt werden sollen, wie sie die häufigste Ursache der Idiotie bilden. Ohne jeden Zweifel wird sich aber gerade dieses Gebiet mit der Verbesserung unserer anatomischen Untersuchungsmethoden erheblich ausdehnen. Ich muss es nach den vorliegenden Ergebnissen für sicher halten, dass sich zum mindesten bei denjenigen Formen des Irreseins, die zu einer dauernden psychischen Schwäche führen, schon in absehbarer Zeit bestimmte anatomische Veränderungen in der Hirnrinde werden auffinden lassen. Die Untersuchung des chronischen Alkoholismus einerseits, des Myxödems, des Cretinismus, der Dementia praecox andererseits erscheint in erster Linie geeignet, den Kreis der greifbaren Grundlagen psychischer Störungen zu erweitern.

Der psychische Ausdruck einer plötzlichen allgemeinen Lähmung der Hirnrinde ist eine rasch eintretende tiefe Bewusstlosigkeit, die entweder unmittelbar in den Tod übergeht oder nach einiger Zeit wieder schwindet, wenn die Wirkung der anämisirenden Ursache abnimmt. Ganz anders gestalten sich die psychischen Erscheinungen bei langsamer Entwicklung der Rindenlähmung oder dann, wenn im Anschlusse an eine rasch eintretende Hirnlähmung, eine Kopfverletzung, einen Schlaganfall u. dergl. nach dem Ausgleiche der augenblicklichen Störung eine dauernd wirkende Krankheitsursache zurückgeblieben ist. Hier kommt es gewöhnlich zu einer Mischung von psychischen Reizungs- und Lähmungserscheinungen. Wir dürfen uns wol vorstellen, dass fast überall die Reizung des Nervengewebes seiner Zerstörung durch den krankhaften Vorgang vorausgeht, und dass bis zum völligen Abschlusse dieser letzteren jederzeit in den verschiedenen Theilen der Rinde sehr verschiedene Entwicklungsstufen des Leidens nebeneinander bestehen. Regelmässig aber tritt allmählich mehr und mehr die Abnahme der psychischen Leistungen in den Vordergrund, Erschwerung der Auffassung und Verarbeitung äusserer Eindrücke, Unbesinnlichkeit, Gedächtnissschwäche, Gedankenarmuth und Verlangsamung des Vorstellungsverlaufes, Urtheilslosigkeit, bei höherer Ausbildung geradezu Schlafsucht, traumartige Benommenheit, Blödsinn, ferner gemüthliche Stumpfheit, verdriesslich weinerliche oder kindisch heitere Stimmung, Bestimmbarkeit oder Eigensinn, endlich völliges Erlöschen der Willensregungen. Die Reihenfolge, in der die einzelnen Störungen sich ausbilden, und der Grad, den sie erreichen, wechselt nach der Art des Krankheitsvorganges, ein Umstand, der auf eine verschiedene Wirkung der Krankheitsursachen, vielleicht auch auf verschiedene Angriffspunkte der Schädlichkeiten im Rindengewebe hindeuten

könnte. Leider wissen wir über diese Dinge noch sehr wenig,
doch sei hier beispielsweise daran erinnert, wie in der Paralyse
besonders die schwere Störung des Gedächtnisses, bei der Dementia
praecox die gemüthliche Theilnahmlosigkeit und die Verkehrtheiten
des Handelns, im alkoholischen Schwachsinn die sittliche Stumpfheit
und Haltlosigkeit das Krankheitsbild zu beherrschen pflegen. Dazu
kommen dann oft noch mannigfache nervöse Störungen, die ebenfalls der Reizung oder Lähmung dieser oder jener Hirntheile ihre
Entstehung verdanken und in ihrer besonderen Zusammensetzung
als Anhaltspunkte für eine örtliche Umgrenzung der Erkrankung
zu dienen vermögen. Die genauere Schilderung jener letzteren
Krankheitszeichen gehört dem Gebiete der Hirnpathologie im engeren
Sinne an.

Als eine letzte Art von psychischen Veränderungen, die durch
Hirnerkrankungen bedingt werden kann, hatten wir die Erzeugung
eines dauernden Zustandes verminderter psychischer Widerstandsfähigkeit bezeichnet. Diese Störung scheint sich vor allem
im Anschlusse an schwere Kopfverletzungen*) zu entwickeln, bisweilen erst nach längerer Zwischenzeit. Sie ist gekennzeichnet
durch eine raschere geistige Erschöpfbarkeit, erhöhte Ablenkbarkeit
und Zerstreutheit, grosse gemüthliche Reizbarkeit und Empfindlichkeit gegen die verschiedenartigsten, das Hirn treffenden Schädlichkeiten, insbesondere gegen den Alkohol. Sehr gewöhnlich gesellen
sich dazu noch die Erscheinungen verminderter Leistungsfähigkeit,
Erschwerung der Auffassung und des Verständnisses, Urtheilsschwäche, Interesselosigkeit, Stumpfheit, Abnahme der Arbeitskraft.
Bisweilen ist dieser Zustand nur das erste Anzeichen tiefer greifen-
der organischer Hirnerkrankungen, die dann in ihrem weiteren Verlaufe allmählich andersartige psychische Krankheitsbilder erzeugen,
namentlich eigenthümliche, noch ungenügend bekannte Formen des
fortschreitenden Blödsinns mit Lähmung und epileptische Erkrankungen. Die Grundlage dieser Störungen bilden zweifellos schwere
Veränderungen an den Nervenzellen der Hirnrinde, wie sie Nissl
bei Kaninchen durch häufiges Beklopfen des Schädels künstlich erzeugen konnte.

Die regelmässige Verbindung gröberer und ausgedehnterer Er-

---

*) Guder, Die Geistesstörungen nach Kopfverletzungen. 1886.

krankungen der Hirnrinde mit greifbaren psychischen Störungen
legt im Hinblicke auf die neuerdings so sehr in den Vordergrund
des Interesses gerückten Localisationsuntersuchungen*) die Frage nahe,
wie weit wir etwa jetzt schon im Stande sind, aus bestimmten psychischen Erscheinungen allein Rückschlüsse auf den Sitz der ihnen
zu Grunde liegenden Ernährungsstörung in der Hirnrinde zu ziehen.
Die allgemeine Möglichkeit einer derartigen örtlichen Umgrenzung
kann bei dem heutigen Stande der Localisationsfrage nicht wol
mehr in Zweifel gezogen werden, ja es liegen klinische wie experimentelle, wenn auch nur sehr vereinzelte Thatsachen vor, welche
Ausblicke nach der angedeuteten Richtung hin zu eröffnen scheinen,
auch wenn wir hier vollständig absehen von den Störungen der
rein sinnlichen Wahrnehmung und der Bewegungen. So dürfen wir
vielleicht daran denken, unsere Erfahrungen über Worttaubheit und
Asymbolie, über Paraphasie und Parapraxie auf ähnliche Störungen bei Geisteskranken zu übertragen, auf die Verständnisslosigkeit in Zuständen von schwerer Verworrenheit, auf die Sprachverwirrtheit der Katatonischen, gewisse Störungen des Handelns bei
Paralytikern. Da wir ein Recht haben, den Sitz der Veränderung
bei jenen Krankheitszeichen mit ziemlicher Wahrscheinlichkeit in
bestimmte Gegenden der Hirnrinde zu verlegen, so lässt sich vermuthen, dass auch den ähnlichen Störungen bei eigentlichen Geisteskrankheiten eine entsprechende Beziehung zu örtlichen Krankheitsvorgängen zukommt. Ganz besondere Wahrscheinlichkeit hat dieser
Schluss für die Paralyse, welche ja klinisch und anatomisch das
Bindeglied zwischen den gröberen Hirnerkrankungen und jenen
feineren, auf die Rinde beschränkten Veränderungen bildet, die wir
als Grundlage des Irreseins betrachten. Leider fehlt uns im Augenblicke noch viel zu sehr die Kenntniss der Krankheitsvorgänge in
der Rinde einerseits, das tiefere Verständniss der klinischen Zeichen
andererseits, als dass wir über die allgemeine Vermuthung einer
näheren Verwandtschaft gewisser Erscheinungen des Irreseins mit
Störungen von bekanntem Sitze in der Hirnrinde hinauszukommen
vermöchten. Aehnliches gilt für die von Charcot und Wilbrand
mitgetheilten Fälle mit Verlust der optischen Phantasiebilder. Die-

---

*) Luciani u. Seppilli, die Functionslocalisation auf der Grosshirnrinde,
deutsch v. Fränkel. 1886.

selben legen im Zusammenhalte mit vielfachen Erfahrungen an operirten Thieren nahe, die Ursache ähnlicher Störungen bei Geisteskranken in der Hinterhauptsrinde zu suchen. Endlich hat bekanntlich Goltz die interessante Beobachtung gemacht, dass Verlust der vorderen Rindengebiete bei Hunden neben anderen Veränderungen grosse Reizbarkeit und planlose Unruhe erzeugt, während Entfernung der Hinterhauptslappen im Gegentheil Trägheit und Stumpfheit selbst bei vorher bösartigen Thieren zur Folge hat. Auch diese Ergebnisse würden sich etwa mit den bekannten klinischen Erscheinungen erregter und apathischer Schwachsinnsformen einigermassen in Verbindung bringen lassen.

Wenn demnach die Anhaltspunkte für die Anknüpfung psychischer Vorrichtungen und Störungen an bestimmte Gebiete unserer Hirnrinde zur Zeit noch ungemein dürftige sind, so liegen doch eine ganze Reihe von Thatsachen vor, die eine Verlegung seelischer Vorgänge in umgrenzte Rindenabschnitte wahrscheinlich machen. Dahin gehört vor allem die ausserordentliche Verschiedenheit der Nervenzellen, die wir als Träger unseres Seelenlebens betrachten müssen. Durch Nissl's Untersuchungen wissen wir nicht nur, dass der Bauplan jener Zellen kein einheitlicher ist, sondern auch, dass dort, wo wir ihre Verrichtungen kennen, ähnliche Formen wiederkehren. Mit anderen Worten, der Verschiedenheit im Bau entspricht eine Verschiedenheit in der Function, ein Satz, der für alle anderen Körperzellen ganz selbstverständlich erscheint und nur auf dem Gebiete des Nervengewebes sich auffallend schwer Geltung verschafft. In der That, wenn man die zahlreichen, gesetzmässigen Verschiedenheiten in Grösse, Umriss und innerem Aufbau der Nervenzellen betrachtet, so wird es völlig unmöglich, darin etwas anderes zu sehen, als den Ausdruck einer verschiedenen Bestimmung. Dafür spricht auch die Anordnung der Zellen in der Rinde. Fast überall finden wir kleinere oder grössere Mengen gleichartiger Rindenbestandtheile zu einheitlichen Gruppen und Schichten verbunden; seltener mischen sich Zellen verschiedener Bauart untereinander. In der Thierreihe bietet der Bau der Rindenzellen wie ihre Anordnung die grössten Verschiedenheiten dar. Während gewisse Formen der Nervenzellen, wie die grossen Gebilde der motorischen Centren, schon bei niederen Wirbelthieren, wenn auch nicht in der Rinde, auftreten, erscheinen die kleinen Zellen der zweiten Schicht erst beim Affen und vor allem beim Menschen. Hier bilden sie eine riesige Schicht, von der beim Kaninchen auch nicht eine Spur vorhanden ist. Aber auch die grossen Pyramidenzellen zeigen beim Menschen einen durchaus eigenartigen Bau; sie sind zudem durchschnittlich kleiner, als z. B. die entsprechenden Zellen des Kaninchens. Wir werden kaum zweifeln können, dass diese freilich noch fast ganz unbekannten Unterschiede in irgend einer Beziehung zu der verschiedenen Ausbildung des Seelenlebens stehen müssen. Endlich hat Nissl*) gezeigt, dass verschiedene Zellarten durch Gifte in verschiedener Weise beeinflusst werden können. Während z. B. der Alkohol die meisten Bestandtheile der Hirnrinde auf das schwerste schädigt, lässt er die grossen Zellen des Ammonshorns fast gänzlich unberührt; das Blei vernichtet ebenfalls den grössten Theil der Rindenzellen, verändert aber nur in sehr geringem Maasse die Spinalganglien. Auch beim Menschen lässt sich zeigen, dass allgemeine Krankheitsursachen (Infectionen, Fieber) die verschiedenen Bestandtheile der Rinde in sehr verschiedenem Grade schädigen. Alle diese Erfahrungen deuten in gleicher Weise darauf hin, dass den Verschiedenheiten im Bau der Nervenzellen eine tiefere Bedeutung zukommt, und diese Bedeutung kann nur in ihrer verschiedenen Verrichtung liegen. Die Lehre von der Localisation der psychischen Vorgänge wird demnach vor allem die örtlichen Verschiedenheiten der Rindenzellen zu berücksichtigen haben.**)

Wie eine Durchmusterung der Hirnrinde unter diesem Gesichtspunkte lehrt, setzt sich dieselbe aus unabsehbar vielen einzelnen Theilen zusammen, die sich durch die Art ihrer Nervenzellen von einander abgrenzen. Der Bau der Hirnrinde ist demnach nichts weniger als einförmig, wie etwa derjenige der Leber, sondern sie enthält eine Menge neben und über einander gelagerter Organe von sehr verschiedener Ausdehnung und nicht minder verschiedenartigem Aufbau. Bis jetzt wissen wir allerdings über die Zahl, Beschaffenheit und gegenseitige Lage dieser Organe, deren Gesammtheit wir als Hirnrinde bezeichnen, verzweifelt wenig. Nur die ganz grobe Sonderung der Rinde in eine Reihe von über einander gelegenen Schichten und die allergreifbarsten örtlichen Unterschiede in dieser

---

*) Allg. Zeitschr. f. Psychiatrie, LIV, 1.
**) Nissl, Archiv f. Psychiatrie, XXIX, 1025.

Schichtung sind seit längerer Zeit bekannt. Schon aus diesen Thatsachen aber lässt sich mit aller Bestimmtheit der Schluss ableiten, dass der Querschnitt der Hirnrinde keine Einheit darstellt, sondern überall eine Reihe von Organen mit vielleicht völlig verschiedener Leistung enthält. Jedenfalls ist die schichtweise Gliederung der Hirnrinde die bei weitem auffallendste; sie zeigt uns unmittelbar über einander Bestandtheile von denkbar grösster Verschiedenheit des gesammten Bauplanes.

Die Geschichte der Localisationsbestrebungen lehrt, dass dieser nächstliegende Unterschied kaum jemals für die örtliche Abgrenzung der Hirnverrichtungen verwerthet worden ist. Der Fehler, der zu den Zeiten Galls begreiflich war, ist bis auf den heutigen Tag immer wiederholt worden. Nahezu alle Versuche einer strengeren Localisation haben den Rindenquerschnitt als Einheit behandelt und ausschliesslich die Oberfläche „landkartenartig“ in verschiedene Gebiete eingetheilt. So konnte es geschehen, dass ausgedehnten Abschnitten der Stirnrinde keine andere Bestimmung zugeschrieben wurde, als die willkürliche Beherrschung der Rumpfmuskeln. Auch heute noch pflegt als „motorische Region“ die ganze Gegend der vorderen Centralwindung betrachtet zu werden, obgleich die nachweisbaren motorischen Leistungen höchst wahrscheinlich nur den kleinen, in der 4. und 5. Schicht eingestreuten Nestern von motorischen Zellen zukommen, während alle übrigen, weit zahlreicheren Bestandtheile der Rinde gar nichts damit zu thun haben brauchen.

Auch die neueste Eintheilung der Hirnrinde von Flechsig*), mit ihrer Abgrenzung von Sinnescentren und Associationscentren, baut sich nicht auf der grundlegenden Schichtung im Rindenquerschnitte, sondern nur auf den noch recht unvollkommen bekannten örtlichen Verschiedenheiten dieses letzteren auf. Die anatomischen Thatsachen, auf die sie sich stützt, beweisen jedoch in Wirklichkeit nichts anderes, als dass die Sinnesorgane mit ganz bestimmten Stellen der Hirnrinde zunächst in Verbindung treten. Für die weitere Behauptung, dass gerade jene Rindengegenden nichts als Sinnescentren, die übrigen Gebiete dagegen „Associationscentren“ darstellen, liegt offenbar auch nicht die leiseste Berechtigung vor.

*) Gehirn und Seele, 2. Auflage. 1896.

Im Gegentheil spricht der überall anscheinend gleichmässige Bau der kleinzelligen Schicht weit mehr dafür, dass wir es in ihr mit einem einheitlichen, fast über die ganze Rindenoberfläche sich erstreckenden Organ zu thun haben, in dem vom anatomischen Standpunkte heute keinerlei landkartenartige Abgrenzung möglich ist. Erst in den tieferen Schichten prägen sich die örtlichen Verschiedenheiten stärker aus. Gerade die kleinzellige Schicht aber ist für das höhere Seelenleben wahrscheinlich die wichtigste, weil sie erst beim Menschen ihre hohe und eigenartige Entwicklung erlangt.

Die einzige Localisationslehre, welche dem geschichteten Bau der Hirnrinde gerecht zu werden versucht, ist diejenige von Wernicke, der sich vorstellt, dass „eine Art schichtenweiser Ablagerung der Vorstellungen, ähnlich den Sedimentbildungen der jüngsten Erdschichten" im Gehirn stattfinde. Er vermuthet weiter, dass der Reihe nach von innen nach aussen in den Zellenschichten „das Bewusstsein der Körperlichkeit", dasjenige „der Aussenwelt" und endlich jenes „der Persönlichkeit" seinen Sitz habe. Wollten wir hier auch von der Schwierigkeit absehen, wie diese schichtweise Ablagerung zu denken sei, so wäre nicht recht zu verstehen, wie gerade die genannten drei Vorstellungsgruppen sich an so grundverschiedene Nervenzellen knüpfen sollen, während doch jede einzelne dieser „Bewusstseinsarten" viel weiter auseinanderweichende Bestandtheile enthält. Sodann aber ist die angenommene Dreitheilung psychologisch völlig unhaltbar. An diesem Punkte liegt aber die Schwäche der bisherigen Localisationsversuche überhaupt. Alle derartigen Bestrebungen, die über die einfachsten Sinnesempfindungen und Bewegungen hinausgreifen, müssen nothwendig an der Unvollkommenheit unserer psychologischen Kenntnisse Schiffbruch leiden. Auch die gewöhnlichsten psychischen Vorgänge erweisen sich bei genauerer Betrachtung als so ungemein verwickelt, dass wir gut begreifen, warum das Werkzeug unseres Seelenlebens einen so hoffnungslos unentwirrbaren Aufbau besitzt. Kennten wir wirklich alle die vielen Organe, aus denen sich die Hirnrinde zusammensetzt, so wüssten wir immer noch nicht, was eine psychische „Function" ist, wie wir sie dem einzelnen Zellenverbande zuschreiben dürften. Erst dann, wenn wir nicht nur die körperliche Grundlage des Seelenlebens, sondern auch die psychischen Vorgänge selbst in ihre einfachsten Bestandtheile zerlegt haben, können wir hoffen, Beziehungen zwischen beiden aufzufinden; bis dahin hat jeder Versuch einer Localisation der verschiedenen psychischen Leistungen in der Hirnrinde keinen anderen Werth, als den eines unbeweisbaren und unwiderlegbaren Einfalles.

Einen sehr klaren Beweis für die Nothwendigkeit der Vereinigung psychologischer Zergliederung mit der anatomischen Betrachtung haben uns die neueren Versuche von Ewald über den Muskelsinn geliefert. Man wusste längst, dass die Beeinträchtigung der Bewegung, die nach Ausschneidung der motorischen Centren eintritt, sich ziemlich rasch wieder verliert, in Folge vicariirenden Eintretens anderer Zellengruppen, wie man annahm. Ewald hat aber gezeigt, dass hier keineswegs die Verrichtung der zerstörten Theile als solche von anderen übernommen wird, sondern dass die Herrschaft über die Bewegungen drei von einander unabhängige Hülfsmittel besitzt, den Labyrinthsinn, die Gelenkempfindungen und das Auge. Die Lösung derselben Aufgabe erfolgt also auf drei ganz verschiedenen Wegen und mit ganz verschiedenen Werkzeugen. Jedes derselben kann für die anderen nur insofern eintreten, als der gleiche Zweck erreicht wird; dagegen ist die einmal vernichtete Leistung selbst unwiederbringlich verloren. Gerade diese Erfahrungen dürften sehr für eine schärfere örtliche Umgrenzung der Hirnleistungen sprechen, während früher der rasche Ausgleich der Bewegungsstörungen als ein wichtiger Beweis für die „functionelle Indifferenz" der Hirnrindentheile betrachtet wurde.

Die schichtweise Anordnung und flächenhafte Ausbreitung der Rindenorgane trägt die Schuld, warum uns in diesen Fragen weder krankhafte noch künstliche Zerstörung sicheren Aufschluss über den Zusammenhang von anatomischem Gebilde und psychischer Verrichtung zu geben vermag. Es erscheint so gut wie ausgeschlossen, dass einmal ein Krankheitsvorgang oder ein Eingriff nur ein einziges Organ und zugleich dieses wirklich vollständig zerstören könne. Damit fehlen uns aber gerade diejenigen Hülfsmittel, die uns bei der Localisation auf subcorticalen Gebieten so sicher geführt haben. Soviel ich sehe, bleibt uns zur Zeit, ausser den Schlussfolgerungen der vergleichenden Anatomie und Physiologie, nur eine einzige Möglichkeit, diese Fragen mit Aussicht auf Erfolg in Angriff zu nehmen, die Vergiftung. Durch psychologische Versuche haben wir gelernt, dass gewisse Gifte nur einzelne, ganz bestimmte

Seiten unseres Seelenlebens beeinflussen, andere unberührt lassen; andererseits scheint die Untersuchung der Nervenzellen vergifteter Thiere darzuthun, dass auch die verschiedenen Arten der Rinden-bestandtheile nicht in gleichem Maasse dem Gifte zugänglich sind. Vielmehr dürfte eine Auswahl stattfinden, entsprechend etwa der ver-schiedenen chemischen Zusammensetzung und damit vielleicht auch der Function der Zellen. Hier wäre also eine ferne Aussicht, nebeneinander die Veränderung im Ablaufe der psychischen Vorgänge und im Ver-halten ihrer körperlichen Grundlage festzustellen. Unterstützt werden könnten wir dabei durch die Untersuchung solcher Geistesstörungen, die ebenfalls auf Vergiftungen beruhen. Je weniger ausgebreitet dabei die Veränderungen auf psychischem wie körperlichem Gebiete sind, desto sicherer wird der Schluss auf den Zusammenhang beider. Gerade darum erscheint die Paralyse am wenigsten geeignet, uns in der Erkenntniss der Localisation psychischer Vorgänge zu fördern.

Nervenkrankheiten. Weniger unmittelbar, als bei den Er-krankungen des Schädelinhaltes selbst, gestaltet sich der ursächliche Zusammenhang mit psychischen Krankheiten bei denjenigen Leiden, denen als nächster Angriffspunkt andere Theile des Nervensystems dienen. Von hier ab erst haben wir es mit Krankheitsursachen im landläufigen Sinne zu thun, während die Erkrankungen der Hirn-rinde vielmehr einfach als die körperlichen Grundlagen des Irre-seins selbst anzusehen waren. Sehr vielfach handelt es sich übrigens auch bei den Nervenkrankheiten nicht um wirklich ursächliche Be-ziehungen, sondern um eine Verbindung des auffallenderen nervösen Leidens mit mehr oder weniger selbständigen Veränderungen in der Hirnrinde. Vor allem unterliegt es für die bei Tabes beobachteten Seelenstörungen wol kaum einem Zweifel, dass sie nur die Anzeichen jener fortschreitenden Hirnerkrankung sind, welche nicht so selten zu dem Rückenmarksleiden sich hinzugesellt und mit der Paralyse, wenn nicht identisch, so doch ausserordentlich nahe verwandt ist.

Durch die Annahme reflectorischer Circulationsstörungen in Folge von heftigen Reizungen peripherer Nervengebiete hat man zum Theil jene Fälle psychischer Erkrankung zu erklären versucht, welche sich bisweilen an schwere Operationen oder Nerven-verletzungen anschliessen und unter dem Namen des Delirium trau-maticum zusammengefasst worden sind. Allein es handelt sich hier zumeist wol um alkoholische, in anderen Fällen um septicämische oder auch Erschöpfungsdelirien, deren Eintreten gelegentlich noch durch hohes Alter oder krankhafte Veranlagung begünstigt wird. Dagegen sind vereinzelte Beobachtungen bekannt, in denen durch sehr heftige Schmerzen eigenthümliche, rasch vorübergehende Zustände deliriöser Verworrenheit hervorgerufen wurden, welche man durch Fortleitung der starken Nervenerregung auf entferntere Gebiete der Hirnrinde zu erklären gesucht hat (Schmerzdelirien*)). Ferner sollen hie und da durch die dauernde Zerrung von Nerven, welche in Narben eingeheilt waren (meist Quintusäste), chronisch verlaufende psychische Störungen hervorgerufen worden sein (Reflexpsychosen). Dieselben bestanden in einer gewissen Benommenheit mit zeitweiligen Anfällen gewaltthätiger Aufregung, auch Sinnestäuschungen, welche durch Druck auf die schmerzhafte Narbe ausgelöst werden konnten. Nur dort, wo das Ausschneiden dieser letzteren zur Heilung führt, ist natürlich die Annahme eines wirklich ursächlichen Zusammenhanges zwischen ihr und dem Irresein statthaft. Derartige Beobachtungen erinnern auch klinisch sehr an die bekannten Beziehungen der Epilepsie zu peripheren Nervenreizungen und sind wahrscheinlich geradezu unter diesem Gesichtspunkte zu erklären. Möglicherweise handelt es sich überall um eine Reizwirkung lebhafter Schmerzen auf ein zu epileptoiden Störungen besonders geneigtes Gehirn, bisweilen wol auch um hysterische Zufälle.

Eine eigenartige Form des Irreseins ist von Korsakow, Tiling und Anderen bei multipler Neuritis beschrieben worden. Sie soll gekennzeichnet sein durch grosse Ermüdbarkeit, Unfähigkeit zur Auffassung und Verarbeitung äusserer Eindrücke, schwere Gedächtnissstörungen, Erinnerungsfälschungen, deliriöse oder ängstliche Erregungszustände, Sinnestäuschungen. Bisweilen kommt es zu tiefer Bewusstseinstrübung mit völliger Verwirrtheit. Dazu gesellen sich die körperlichen Zeichen der neuritischen Erkrankung. Dieses Bild soll sich am häufigsten bei der alkoholischen, aber auch bei anderen Formen der Neuritis entwickeln können. Offenbar wäre hier überall die Geistesstörung nicht die Folge der neuritischen Erkrankung, sondern nur die Wirkung der gleichen Schädlichkeit auf das Gehirn, welche die peripheren Nerven ergriffen hat. Leider habe ich selbst

---

*) Laquer, Archiv f. Psychiatrie XXVI, 3; v. Krafft-Ebing, Arbeiten aus d. Gesammtgebiete d. Psychiatrie u. Neurologie I, S. 81.

bisher keine Gelegenheit gehabt, hierher gehörige Fälle genauer zu beobachten.

Eine sehr grosse ursächliche Bedeutung wird zumeist jenen allgemeineren Erkrankungen des Nervensystems zugeschrieben, die man als Neurosen bezeichnet. In der That pflegen dieselben ganz gewöhnlich mit leichteren psychischen Störungen, häufig genug aber auch mit schweren und schwersten Formen des Irreseins einherzugehen. Allein es ist gewiss zutreffender, die verschiedenartigen bei ihnen beobachteten Geistesstörungen nicht sowol als die Folge der Neurosen, sondern vielmehr als die Wirkungen einer und derselben Ursache aufzufassen, welche die Hirnrinde in Mitleidenschaft zieht. So werden bei der Migräne, besonders bei den schwereren, mit Augenerscheinungen einhergehenden Formen, bisweilen rasch verlaufende Dämmerzustände mit deliriösen Sinnestäuschungen und Wahnbildungen beobachtet, die durchaus den epileptischen Erkrankungen gleichen. Wir dürfen daher wol annehmen, dass in solchen Fällen Migräne und psychische Störung nur die Zeichen eines epileptischen, bisweilen vielleicht auch hysterischen Grundleidens darstellen*). Bei der Chorea**) sieht man erhöhte psychische Reizbarkeit, kindisches, launenhaftes Wesen, raschen Stimmungswechsel, Schlaflosigkeit, in schweren Fällen verwirrte Aufregungszustände etwa ähnlich dem Collapsdelirium oder der Amentia; in den Entwicklungsjahren sind choreaähnliche Krämpfe bisweilen Begleiterscheinungen der Dementia praecox. Bei der Tetanie habe ich ebenso wie Frankl-Hochwart vorübergehende deliriöse Zustände mit Sinnestäuschungen sowie ängstliche Verstimmungen beobachtet, die wol als Vergiftungszeichen aufgefasst werden dürfen. Die Epilepsie endlich und die Hysterie verbinden sich nicht nur regelmässig mit einer mehr oder weniger ausgeprägten Charakterentartung, sondern sie bilden auch die Grundlage für eine ganze Reihe verschiedenartiger, mehr vorübergehender psychischer Störungen, welche im klinischen Theile eingehendere Besprechung finden werden.

Vergiftung und Erschöpfung. Die schädigende Wirkung aller nicht im Nervensystem selbst gelegenen körperlichen Ursachen des

---

*) Möbius, Die Migräne, S. 76; v. Krafft-Ebing, Arbeiten, S. 110, 135.

**) Köppen, Archiv für Psychiatrie, XX, 3; Zinn, ebenda, XXVIII, 411; Bernstein, Allgem. Zeitschr. f. Psychiatrie, LIII, 538.

Irreseins lässt sich, wie ich glaube, unter zwei allgemeine Gesichtspunkte unterordnen, diejenigen der Vergiftung und der Erschöpfung. In die erste Gruppe von Krankheitserzeugern gehören alle jene Umwälzungen der Lebensvorgänge, bei denen irgend welche Stoffe in das Blut und damit auch in das Nervengewebe eindringen, die unmittelbar zerstörend auf dieses letztere einwirken. Mit solchen Vergiftungen haben wir es zu thun bei allen Infectionskrankheiten, bei den Blutentmischungen, bei der Einfuhr nicht organisirter Gifte. Grundsätzliche Unterschiede zwischen diesen einzelnen Vorgängen dürften kaum bestehen, nachdem es wahrscheinlich geworden ist, dass wir die Wirkung der Infection in letzter Linie auf die giftigen Erzeugnisse der Krankheitserreger zurückzuführen haben.

Die psychischen Erscheinungen der Vergiftung hängen einmal von der Art des Giftes, dann aber auch von der Schnelligkeit ab, mit der es seine Wirkung entfaltet. Alle rasch eintretenden Vergiftungen des Gehirns pflegen sich in Zuständen deliriöser Verwirrtheit mit mehr oder weniger lebhaften Sinnestäuschungen und vielfach auch mit Aufregung zu äussern, während bei langsamer Zerstörung durch das Gift mehr die Zeichen der psychischen Lähmung in den Vordergrund treten. Natürlich wird das klinische Bild im einzelnen sehr wesentlich durch die besonderen Eigenschaften des Giftes bestimmt. Nach den bisher, namentlich von Nissl, angestellten Versuchen ist es durchaus wahrscheinlich, dass jedem Gifte ein eigenthümlicher Erkrankungsvorgang im Nervengewebe entspricht, dessen besondere Kennzeichen wir in den ersten Stadien wol auch anatomisch werden auseinanderhalten lernen. Auch die Untersuchung der psychischen Giftwirkungen, soweit sie bis jetzt genauer durchgeführt wurde, hat uns für jedes Gift eine besondere Vertheilung der Wirkung auf die verschiedenen Gebiete des Seelenlebens kennen gelehrt. Ebenso sind wir endlich klinisch im Stande, in zahlreichen Fällen die Natur der Vergiftung aus ihren Zeichen zu erkennen. Nur bei den selteneren Formen, bei den meisten Selbstvergiftungen und bei manchen sehr schleichend verlaufenden Giftwirkungen ist ein bündiger Rückschluss aus den psychischen Erscheinungen auf die Krankheitsursache heute noch nicht möglich.

Als Erschöpfung bezeichnen wir die Zerstörung der körperlichen Träger unseres Seelenlebens in Folge zu starken Verbrauches oder ungenügenden Ersatzes. Während wir uns die Ermüdung lediglich durch die Anhäufung lähmend wirkender Zerfallsproducte im Blute zu erklären pflegen, würde die Erschöpfung dann beginnen, wenn der Verbrauch im Nervengewebe den Ersatz bis zur dauernden Gefährdung des Bestandes überschreitet. Die Ermüdung wäre eine Narkose, die wir zu Zwecken der Behandlung auch wol durch andere ähnliche Narkosen ersetzen können; die Erschöpfung dagegen ist der erste Schritt zu einer Selbstvernichtung des Nervensystems durch die eigene Thätigkeit. Die Ermüdung führt zum Schlafe; sie ist eine Art Selbstschutz gegen den Eintritt der Erschöpfung.

Im Schlafe werden die Ermüdungsstoffe aus den Geweben herausgeschafft und unschädlich gemacht; ausserdem wird der Verbrauch herabgesetzt. Der Ersatz des Verbrauchten dagegen kann nur durch die Nahrungsaufnahme geschehen. So wenig wir durch Sparsamkeit allein ohne Einnahmen ein Vermögen in seinem Bestande erhalten können, so wenig vermag der Schlaf uns die verbrauchten Kräfte zu ersetzen. Als die eigentliche Ursache der Erschöpfung haben wir daher die mangelhafte Ernährung zu betrachten. Freilich tritt das Missverhältniss zwischen Verbrauch und Ersatz natürlich um so rascher hervor, je flotter verbraucht, je weniger gespart wird. So kommt es, dass die drohende Erschöpfung durch äusserste Ruhe lange Zeit hindurch verhütet werden kann, und dass die Gefahr ihres Eintretens bei gleichzeitiger Schlaflosigkeit ganz ausserordentlich gross wird. Im einzelnen Falle kann somit die Erschöpfung auf sehr verschiedene Weise zu Stande kommen. Rascher Verbrauch durch angestrengte Arbeit, Fieber, Blutverluste, ungenügendes Sparen in Folge von Schlafstörungen, endlich Fehlen des Ersatzes durch die Nahrung sind die drei Hauptursachen, welche auf die Entstehung der Erschöpfung hinarbeiten. Beim Hungern und namentlich bei der weit wirksameren Entziehung des Schlafes sind auch bereits eingreifende Veränderungen im Nervengewebe nachgewiesen worden.

Es muss vor der Hand noch dahingestellt bleiben, ob die psychischen Wirkungen aller dieser Ursachen die gleichen sind. Den Einfluss des Hungerns mit und ohne gleichzeitiges Dursten hat Weygandt näher untersucht. Er kam zu dem Ergebnisse, dass die Entziehung der Nahrung, namentlich ohne Flüssigkeitsaufnahme, die geistige Arbeit des Rechnens und Lernens deutlich erschwert, die Ablenkbarkeit steigert und den Gedankengang durch Begünstigung von äusseren und

Klangassociationen verflacht, ohne anscheinend die Wahrnehmung erheblicher zu beeinflussen. Andererseits stellte Aschaffenburg an mehreren Personen fest, welche Veränderungen die Art und Dauer gewisser psychischer Leistungen im Verlaufe einer ohne Nahrungsaufnahme durcharbeiteten Nacht erfuhren. Dabei ergab sich eine allgemeine Abnahme der geistigen Leistungsfähigkeit, Erschwerung der Wahrnehmungen mit gleichzeitigem Auftreten selbständiger Sinneserregungen, Verlangsamung des Gedankenganges, Entstehen ideenflüchtiger Vorstellungsverbindungen*), endlich erleichterte Auslösung von Bewegungsantrieben. Ganz dieselben Grundstörungen finden wir nun interessanter Weise bei denjenigen Formen des Irreseins wieder, welche wir nach ihren Entstehungsbedingungen als Erschöpfungspsychosen aufzufassen berechtigt sind. Solche Formen sind das Collapsdelirium und die Amentia. Je nach der Schnelligkeit, mit welcher die Erschöpfung sich entwickelt, und nach dem Grade, den sie erreicht, dürfen wir vielleicht das stürmisch hereinbrechende Collapsdelirium oder die weit tiefer greifende Amentia erwarten. Patrick und Gilbert**), die drei Personen 90 Stunden lang wachen liessen, fanden Abnahme der Muskelkraft, Verlangsamung der psychischen Zeit, eine sehr starke Störung der Aufmerksamkeit und der Merkfähigkeit, dagegen Zunahme der Sehschärfe und Auftreten massenhafter einfacher Gesichtstäuschungen.

Weniger klare Vorstellungen vermögen wir uns von den Wirkungen der chronischen Erschöpfung zu machen, wie sie durch dauernd ungenügende Ernährung bei schwerer Arbeit erzeugt und durch Schlafmangel, schlechte hygienische Verhältnisse, durch Kummer und Sorge begünstigt wird. Wir können kaum zweifeln, dass alle diese Ursachen in der Entstehungsgeschichte des Irreseins eine gewichtige Rolle spielen, allein wir sind zur Zeit ausser Stande, ihren Einfluss im einzelnen abzuwägen oder in bestimmten Krankheitszeichen wiederzuerkennen. Nur darauf dürfen wir vielleicht hinweisen, dass sich nach Ausweis von Versuchen die durch Hungern und Schlaflosigkeit erzeugten psychischen Störungen erst allmählich wieder ausgleichen. So liess sich die Wirkung einer durcharbeiteten Nacht noch bis zum 4. folgenden Tage in einer abnehmenden Herab-

---

*) Psychologische Arbeiten, II, 1.
**) Psychological Review, Sept. 1896.

setzung der Arbeitsfähigkeit erkennen. Vom klinischen Standpunkte müssen wir daher annehmen, dass die chronische Erschöpfung einen rascheren Verbrauch des Nervengewebes bedingt und damit vielleicht die wichtigste Ursache für das vorzeitige Eintreten der Rückbildungserscheinungen und weiterhin der Greisenveränderungen darstellt. Ausserdem aber bewirkt sie wol sicher eine Herabsetzung der allgemeinen Widerstandsfähigkeit des Körpers und begünstigt auf diese Weise die Entwicklung von Störungen, welche ohne ihre Mitwirkung vielleicht nicht zu Stande gekommen wären.

Infectionskrankheiten[*]). Die soeben gewonnenen Gesichtspunkte werden uns das Verständniss für die ganze Reihe von Schädlichkeiten eröffnen, denen man im einzelnen ursächliche Bedeutung für die Entstehung des Irreseins zugeschrieben hat. So haben wir bei den Infectionskrankheiten ohne Zweifel zunächst mit Giftwirkungen zu rechnen, welche theils unmittelbar die Hirnrinde angreifen, theils durch Erzeugung allgemeinerer Krankheitserscheinungen (Fieber) oder durch Vermittelung von Organerkrankungen das Seelenleben beeinflussen. Im einzelnen gestaltet sich natürlich dieser Zusammenhang ausserordentlich verschieden, je nach der besonderen Beschaffenheit des Krankheitsgiftes und der Art seiner Vertheilung im Körper. Am wichtigsten sind von diesen Krankheiten für die Entstehung psychischer Störungen Typhus, acuter Gelenkrheumatismus, Pneumonie, acute Exantheme, Kopfrose, Influenza[**]), Wechselfieber und Cholera.

Eine unmittelbare Einwirkung der betreffenden Krankheitsgifte auf das Gehirn ist einigermassen sicher bisher nur für den Typhus, die Pocken und das Wechselfieber, vielleicht auch die Influenza, weil nur bei ihnen unzweifelhafte Beobachtungen psychischer Störung während des fieberlosen oder doch sehr gering fieberhaften Verlaufes (im Vorläuferstadium) vorliegen, bevor andere Ursachen haben zur Entwicklung gelangen können. Beim Gelenkrheumatismus kommt aber, wenn auch selten, eine Localisation des Giftes in den Hirnhäuten vor, die dann natürlich ebenfalls psychische Reizungs- und

---

[*]) Kraepelin, Archiv für Psychiatrie, Bd. XI und XII; Adler, Allgem. Zeitschr. f. Psychiatrie, LIII, 740.

[**]) Jutrosinski, Influenzapsychosen, Dissertation, 1890; Kirn, Volkmann's klin. Vorträge, Neue Folge, XIII, 1890.

Lähmungserscheinungen hervorruft. Für den Typhus sind schwere
Veränderungen in der Hirnrinde wiederholt nachgewiesen worden.
Eine weitere wirksame Ursache bei dem Zustandekommen des Irreseins in acuten Infectionskrankheiten ist vielleicht auch das Fieber,
einmal durch die Steigerung der Körperwärme, dann aber möglicherweise durch die Kreislaufsbeschleunigung in der Schädelhöhle. Sehr
häufig sieht man wenigstens die „Delirien" dem Gange des Fiebers
parallel gehen, ein Verhalten, welches sich namentlich deutlich bei
dem regelmässigen Verlaufe der Typhuscurve herauszustellen pflegt.
Freilich ist dabei zu berücksichtigen, dass die Steigerung der Eigenwärme hier wol als Zeichen einer stärkeren Giftzufuhr in die
Blutbahn angesehen werden muss. Diese letztere Annahme gewinnt durch die Erfahrung an Wahrscheinlichkeit, dass bei manchen
anderen Leiden, z. B. bei der Tuberculose, lange dauernde beträchtliche Temperatursteigerungen verhältnissmässig selten mit
psychischen Störungen einhergehen. Eine sehr wichtige Rolle
für die Entstehung der Delirien bei Infectionskrankheiten spielt
endlich zweifellos der Zustand der Kreislaufsorgane, vielleicht auch
der Lungen, da wir jene Störungen nicht nur verhältnissmässig
häufig bei begleitenden Herzerkrankungen (Gelenkrheumatismus),
sondern bei den verschiedensten Formen der Herzschwäche, sogar
neben kaum fieberhaften Temperaturen auftreten sehen (Septicämie).
Wie viel gerade bei den so leicht delirirenden Säufern auf die
Herzschwäche und die Gefässerkrankungen, wieviel auf die dauernden Veränderungen in der Hirnrinde zurückzuführen ist, lässt sich
schwer sagen; wahrscheinlich ist das Verhältniss in den einzelnen
Fällen ein sehr verschiedenes, wie sich auch klinisch alle Uebergangsformen vom ausgeprägten Delirium tremens bis zum gewöhnlichen Fieberdelirium hier beobachten lassen.

Das später genauer zu zeichnende Bild der Fieberdelirien setzt
sich im allgemeinen aus den Erscheinungen der Hirnreizung und
der Lähmung zusammen, die sich in der verschiedenartigsten Weise
mit einander verbinden können und in den schwersten Graden, bei
denen wol immer tiefgreifende Kreislaufsstörungen, Stauungen,
Oedeme sich entwickeln, endlich in völlige Lähmung der Hirnrinde,
in Zustände von Schlafsucht und Ohnmacht übergehen.

Der Wirkungsweise einiger der genannten Infectionskrankheiten
in mancher Beziehung verwandt ist diejenige der Lyssa, insofern

es sich auch hier wol um eine unmittelbare Vergiftung der Hirnrinde handelt. Emminghaus*) führt als einleitende Symptome
traurige Verstimmung und Aengstlichkeit an; auf der Höhe der
Erkrankung wechseln die Erscheinungen höchster psychischer Erregung, heftige Delirien, Sinnestäuschungen, Gewaltthaten mit vorübergehender völliger Klarheit des Bewusstseins ab, bis endlich
mit dem Eintritte psychischer Lähmung das Leiden abschliesst.

Wesentlich anders dagegen, als bei den Fieberdelirien, gestaltet
sich wahrscheinlich der Zusammenhang zwischen Ursache und Wirkung bei jenen eigenartigen Geistesstörungen, die sich nicht auf der
Höhe, sondern nach dem Ablaufe acuter Infectionskrankheiten
entwickeln. Allerdings muss man auch hier wol in manchen Fällen
an die giftigen Nachwirkungen der infectiösen Krankheitsursache
denken, entsprechend etwa den neuritischen Erkrankungen, welche
sich an Pocken, Typhus, Influenza und namentlich an Diphtherie
so häufig anschliessen. Dagegen zeigt eine weitere Gruppe
von Geistesstörungen nach Infectionskrankheiten in ihrem klinischen
Verlaufe eine so grosse Aehnlichkeit mit den durch nicht infectiöse, erschöpfende Einflüsse verursachten Formen des Irreseins,
dass wir genöthigt werden, in der Regel der durch schwere und
andauernde Fieberzustände, durch die allgemeinen Ernährungsstörungen und verschiedenartige Begleiterkrankungen bedingten
Erschöpfung des gesammten Körpers die ursächliche Hauptrolle zuzuschreiben. Dies gilt besonders für Typhus und Gelenkrheumatismus. Auf der anderen Seite sehen wir, namentlich
bei der Lungenentzündung, aber auch nach acuten Exanthemen,
Erysipel, Influenza (Influenzapneumonie!), schweren Anginen, die
psychische Störung sich unmittelbar an einen plötzlichen Abfall der
Körperwärme und der Pulsgeschwindigkeit anschliessen. Endlich
giebt es dann noch eine Anzahl von Fällen im Gefolge des Typhus,
der Variola, der Intermittens, bei denen wir es offenbar mit den
Folgezuständen schwerer, durch das Krankheitsgift bewirkter, sich langsam oder gar nicht mehr ausgleichender Zellveränderungen zu thun
haben. Abgesehen von diesen eigenartigen Formen, kommt übrigens
der krankhaften Veranlagung bei der Entstehung der Erschöpfungspsychosen eine weit grössere Bedeutung zu, als bei den Fieber-

---

*) Archiv der Heilkunde XV, 289; Allg. Zeitschr. für Psychiatrie XXXI, 5.

delirien. Offenbar sind die Erkrankungsursachen im letzteren Falle viel mächtigere; sie überwältigen ohne viel Unterschied auch ein kräftiges Nervensystem, während dort vorzugsweise die weniger widerstandsfähigen Persönlichkeiten den schwächenden Einflüssen unterliegen.

Bis zu einem gewissen Grade spiegelt sich dieser Unterschied der ursächlichen Bedingungen auch in dem klinischen Bilde der Erschöpfungspsychosen wider. Während die Fieberdelirien in der Hauptsache überall die gleichen Gruppen von Erscheinungen erkennen lassen, sehen wir hier, wo die persönliche Anlage stärker hervortritt, die einzelnen Krankheitsbilder sich weit verschiedenartiger und selbständiger entwickeln. Dies gilt natürlich nicht für die mit schwereren Rindenerkrankungen (Schwellung und Zerfall der Ganglienzellen, Pigmentembolien, entzündliche Infiltration) einhergehenden Psychosen, welche einfach eine mehr oder weniger ausgesprochene allgemeine Abnahme der psychischen Leistungen, das Bild des Schwachsinns bis zum tiefsten Blödsinn darbieten. Die vielfach sehr trübe Prognose ist hier an die Möglichkeit oder Unmöglichkeit einer Rückbildung der bestehenden Gewebsveränderungen geknüpft.

Wo die krankmachende Ursache in Form von plötzlichem Sinken der Eigenwärme und der Pulszahl hereinbricht, entstehen unvermittelt rasch verlaufende Collapsdelirien mit Sinnestäuschungen, völliger Verwirrtheit, Ideenflucht und Aufregungszuständen. In anderen Fällen verschwinden die Fieberdelirien mit dem Eintritte der körperlichen Besserung nicht, sondern spinnen sich, wenn auch in veränderter Form, noch einige Zeit hindurch fort. Es hat dabei den Anschein, als ob das geschwächte Gehirn nicht so rasch die auf der Höhe der Krankheit entstandenen Störungen ausgleichen könne. Auch hier liegt natürlich der Verdacht acuter, sich wieder zurückbildender Zellveränderungen sehr nahe. Der gewöhnliche Zustand in der Genesungszeit nach einer schweren fieberhaften Erkankung ist derjenige einer nervösen Erschöpfung. Er bildet den günstigen Boden, auf dem sich, meist in den ersten Tagen oder Wochen nach dem Ablaufe der Erkrankung, oft unter dem Einflusse mehr zufälliger Reize (Gemüthsbewegungen) schwerere geistige Störungen von der Form der Amentia entwickeln können. Auch eine ganze Reihe andersartiger Formen des Irreseins, Melancholien, manische Erregungen, ja selbst Paralysen können sich an die acute Erkrankung anschliessen. In solchen Fällen ist jedoch diese Schädlichkeit nicht als die wahre Ursache der Psychose zu betrachten, sondern sie giebt nur den letzten Anstoss zum Ausbruche der aus inneren Ursachen bereits mehr oder weniger weit vorbereiteten Geistesstörung. Daher ist hier auch der zeitliche Zusammenhang zwischen acuter Krankheit und Irresein häufig ein ziemlich lockerer. In einzelnen Fällen beginnt die Psychose bei dem wenig widerstandsfähigen Reconvalescenten erst Wochen oder gar Monate nach dem Ablaufe der hier eigentlich nur noch vorbereitenden Erkrankung, ja es scheint, dass namentlich nach Typhus unter Umständen selbst Jahre lang eine reizbare Schwäche zurückbleiben kann, welche der Entwicklung späterer Geistesstörungen Vorschub leistet.

Nach ähnlichen Gesichtspunkten darf vielleicht zum Theil die ursächliche Bedeutung mancher chronischer Infectionskrankheiten beurtheilt werden. Namentlich sind hier vielfach die Bedingungen zur Entstehung von Erschöpfungszuständen verwirklicht. Herabsetzung der Arbeitsfähigkeit, grosse Ermüdbarkeit, andererseits Reizbarkeit, Stimmungswechsel, endlich ein Gemisch von Wankelmüthigkeit und Eigensinn sind so häufige Begleiterscheinungen solcher Leiden, dass sie gar nicht als eigentliche psychische Störungen aufgefasst zu werden pflegen. Andererseits spielen unter Umständen wol auch die Krankheitsgifte selbst eine gewisse Rolle.

Bei der Tuberculose*) kommt es hie und da zu acuten Geistesstörungen von der Art der Collapsdelirien mit vorwiegend heiterer Verstimmung, entsprechend der so häufig beobachteten Euphorie der Phthisiker. In anderen Fällen sehen wir hier den Alkoholismus dem Krankheitsbilde seine bestimmte Färbung geben, und endlich können natürlich gelegentlich auch meningitische Prozesse den psychischen (und nervösen) Reizerscheinungen zu Grunde liegen.

Bei der Syphilis**) tritt dagegen, anders als bei der Tuberculose, wol die Wirkung des eigenartigen Krankheitsgiftes ganz in den Vordergrund. Zunächst werden von manchen Beobachtern

---

*) Heinzelmann, Münchner Medicin. Wochenschr. 1894, 5.
**) Heubner, v. Ziemssen's Handbuch, Bd. XI, 1; Rump Die syphilitischen Erkrankungen des Nervensystems. 1887.

Fälle berichtet, in denen hysterische oder neurasthenische Erscheinungen geradezu durch die syphilitische Vergiftung erzeugt
wurden. Mir fehlt es an eigenen derartigen Erfahrungen, doch bin
ich einstweilen geneigt, für solche Fälle der Syphilis höchstens einen
auslösenden Einfluss bei schon bestehender krankhafter Veranlagung
zuzuschreiben, soweit es sich nicht etwa gar um die ersten leisen
Anzeichen der progressiven Paralyse handelt. Jedenfalls liegt die
bei weitem grösste Bedeutung der Syphilis für die Psychiatrie in
dem Umstande, dass sie nur allzuhäufig greifbare Veränderungen
im Centralnervensysteme erzeugt. In Folge dessen sind auch die
eigentlichen syphilitischen Geistesstörungen regelmässig von mannigfaltigen nervösen Erscheinungen begleitet, deren besondere Art häufig
überhaupt erst die Erkennung des Leidens ermöglicht, wo die psychischen Anzeichen zu unbestimmt sind, um eine Abgrenzung von
anderen, nicht luetischen Erkrankungen zu gestatten. Dass nach
dieser Richtung besonders die Störungen der Augenmuskelnerven
Beachtung verdienen, ist hinlänglich bekannt.

Von psychischen Krankheitsbildern soll man nach Heubner's
eingehender Schilderung hauptsächlich drei unterscheiden können, die
sogar an verschiedenartige krankhafte Veränderungen sich zu knüpfen
scheinen. Die erste Form, häufig auf der Reizwirkung gummöser
Neubildungen an der Oberfläche der Hirnrinde beruhend, zeigt anfangs mässige Verstimmung und Gereiztheit bis zu depressiven oder
expansiven Aufregungszuständen, im weiteren Verlaufe Abnahme des
Verstandes, Gedächtnissschwäche, Langsamkeit des Denkens, Oberflächlichkeit und Veränderlichkeit der Gemüthsbewegungen, daneben
aphasische Störungen und epileptische Anfälle, die gewöhnlich auch
das ganze Krankheitsbild einleiten. In der zweiten Gruppe von
Fällen handelt es sich um eine Erkrankung namentlich der basalen
Hirnarterien, die zur Verengerung und weiterhin zum Verschlusse
derselben führt. Hier wird das Krankheitsbild durch schlagartige
Zufälle mit einfachem Schwachsinn und länger dauernden Lähmungen
beherrscht, ein Zeichen häufiger Verstopfung von Endarterien in den
Stammganglien. Der gleiche Vorgang in der Rinde dagegen erzeugt
wegen der hier gebotenen Möglichkeit collateralen Ausgleiches derartiger Störungen nur eigenthümliche rauschartige Zustände halber
Bewusstlosigkeit mit Neigung zu triebartiger Geschäftigkeit und
halbverkehrten Handlungen.

Wenn schon diese klinischen Bilder sich nur sehr unsicher von der grossen Gruppe der paralytischen Geistesstörungen abscheiden lassen, so ist es weiterhin zweifellos, dass zum mindesten die Hauptmasse dieser letzteren ebenfalls in nahen ursächlichen Beziehungen zur Syphilis steht. Wir vermögen uns freilich heute über die Art dieses Zusammenhanges noch keine genauere Vorstellung zu machen. Nur soviel steht fest, dass die Paralyse der syphilitischen Austeckung gewöhnlich erst nach einer längeren Reihe von Jahren folgt, dass sie durch die antiluetischen Curen nicht günstig beeinflusst, geschweige denn geheilt wird, und dass sie daher nicht geradezu als syphilitische Hirnerkrankung im engeren Sinne aufgefasst werden darf. Möbius hat daher hier und bei der offenbar sehr nahe verwandten Tabes von einer „Metasyphilis" gesprochen. Manche Erfahrungen scheinen mir darauf hinzudeuten, dass es sich bei der Paralyse nicht um eine örtliche Erkrankung handelt, wie bei der eigentlichen Hirnsyphilis, sondern dass wir es mit sehr tiefgreifenden und allgemeinen Störungen im gesammten Körper zu hun haben. Die häufigen Nieren- und Herzerkrankungen wie das Aortenatherom der Paralytiker zeugen für eine ausgebreitete Betheiligung der Blutgefässe. Ob diese letztere allein dann weiter die Brüchigkeit der Knochen und die grosse Neigung zum Druckbrand bewirkt, muss zweifelhaft bleiben. Ich möchte indessen vielmehr an Veränderungen im Stoffwechsel und in der Blutzusammensetzung glauben. Dafür würden auch die ganz ausserordentlichen Schwankungen in dem Ernährungszustande der Kranken wie die nicht selten beobachteten andauernden Temperatursenkungen sprechen, die wol zuverlässiger auf schwere Störungen des Allgemeinzustandes, als auf örtliche Beeinflussung der Temperaturregulirungscentren zurückgeführt werden.

Stoffwechselkrankheiten. Gerade diese letzteren Gesichtspunkte sind geeignet, uns von den eigentlichen Infectionskrankheiten zu den Stoffwechselkrankheiten im engeren Sinne hinüberzuleiten, bei denen nicht äussere Krankheitserreger, sondern innere Störungen im Haushalte des Körpers die Schädlichkeit erzeugen, die den Bestand der Hirnrinde oder doch den Ablauf der psychischen Vorgänge beeinträchtigt. Wir dürfen erwarten, dass jede krankhafte Aenderung im Stoffwechsel auch die Ernährung des Nervensystems mehr oder weniger stark in Mitleidenschaft ziehen und unter Umständen Stoffe in die Blutbahn gelangen lassen muss, die geradezu giftig auf dasselbe einwirken können.

Leider wissen wir über die Beeinflussung der Hirnernährung durch derartige Leiden (Diabetes, Karcinome, Leukaemie, Chlorose), durch dauernd ungenügende oder unzweckmässige Nahrungszufuhr, durch wiederholte Blutverluste u. dergl. nur ausserordentlich wenig. Vielfach dürfte es sich in solchen Krankheitszuständen um tiefgreifende chemische Veränderungen des Blutes handeln, welche zwar zumeist nicht rasch erkennbare Störungen des psychischen Gleichgewichtes herbeiführen, aber sicherlich die Widerstandsfähigkeit des Gehirns beträchtlich und nachhaltig herabsetzen. Vom klinischen Standpunkte aus können wir über diese Dinge heute noch nicht viel sagen, da die Feststellung der ursächlichen Beziehungen bei allen chronischen Krankheitsvorgängen naturgemäss sehr unsicher ist. Diabetes scheint nicht so ganz selten bei Paralytikern vorzukommen; auch bei Alkoholismus und bei Melancholie ist er öfters beobachtet worden*). Ferner glaube ich soviel aussprechen zu können, dass wir bei schweren Stoffwechselerkrankungen sehr gewöhnlich eine allgemeine Abnahme der geistigen Leistungen mit mehr oder weniger ausgesprochener reizbarer Schwäche beobachten. Endlich aber können jene Schädigungen wol auch ein besonders frühzeitiges Auftreten gewisser Geistesstörungen zur Folge haben, die wir sonst erst in der Zeit der körperlichen Rückbildung und des beginnenden Greisenalters sich entwickeln sehen. Dahin gehören in erster Linie Melancholien mit hypochondrischer Färbung und ausgeprägten Wahnbildungen.

Wir dürfen jedoch weiterhin hoffen, dass uns eine genauere Kenntniss der chemischen Vorgänge in unserem Organismus als Ursache so mancher bisher dunkler Krankheitsformen das Entstehen von Selbstvergiftungen**) durch ungenügende oder krankhafte Thätigkeit lebenswichtiger Organe aufdecken wird. Schon jetzt haben wir uns daran gewöhnt, die Ermüdung auf die Anhäufung giftiger Zerfallsstoffe im Blute zurückzuführen. Unzulänglichkeit der Kreislaufsorgane bedingt mangelhafte Fortschaffung solcher Stoffe aus den Geweben; ungenügende Athmung erzeugt Kohlensäurevergiftung

---

*) Bond, Journal of mental science, 1896, Januar, April.
**) Jacobson, Allgem. Zeitschr. f. Psychiatrie, LI, 379.

mit den Symptomen rauschartiger Benommenheit und heftigen Angst-
gefühlen, in höheren Graden Bewusstlosigkeit. Mangelhafte Ausscheidung durch die Nieren führt zur Urämie mit deliriösen und
komatösen Zuständen, namentlich bei vorgeschrittener Schwangerschaft; in Folge der Ansammlung von Gallenbestandtheilen im Blute
(Cholämie) kommen Benommenheit und psychische Depression, bei
der acuten gelben Leberatrophie (Icterus gravis) furibunde Delirien
mit starker ängstlicher Erregung und Sinnestäuschungen, im weiteren
Verlaufe Sopor und Koma zur Beobachtung u. s. f.

Am schwierigsten sind natürlich diejenigen Stoffwechselver-
giftungen zu beurtheilen, welche sich ganz allmählich entwickeln.
Das bisher am besten bekannte Beispiel derselben ist jene Vergiftung, welche durch den Ausfall der Schilddrüsenthätigkeit erzeugt wird. Bei jugendlichen Personen bewirkt die Vernichtung
oder krankhafte Umwandlung jener Drüse die cretinistische Entartung
des gesammten Körpers, wie sie von Grützner künstlich bei Thieren
erzeugt worden ist. Dagegen stellt sich beim Erwachsenen nach
Entfernung der ganzen Schilddrüse das Bild der Kachexia strumipriva ein, dessen wesentliche Züge in einem allmählich fortschreitenden
Schwachsinn mit myxödematösen Veränderungen der Haut und gewissen nervösen Reizerscheinungen (Krampfanfälle, Tetanie) bestehen.
Nahe Verwandtschaft zu diesem Krankheitsbilde zeigt dasjenige des
spontanen Myxödems, wie es durch Schrumpfung oder krankhafte
Zerstörung der ganzen Schilddrüse zu Stande kommt. Hier gesellen
sich zu dem leichteren oder schwereren Schwachsinn öfters die Erscheinungen einer psychischen Depression, selbst lebhafte Angstzustände hinzu. Als die gemeinsame Grundlage aller dieser Störungen
sind wol Blutveränderungen anzusehen, welche durch den Ausfall
der Schilddrüsenthätigkeit herbeigeführt werden. Umgekehrt dürfen
wir vielleicht annehmen, dass die beim Morbus Basedowii*) beobachteten Störungen durch krankhafte Vermehrung und wol auch
Veränderung der Schilddrüsenausscheidungen hervorgerufen werden;
zum Theil wenigstens decken sie sich mit denjenigen, die wir nach
Einführung von Schilddrüsenbestandtheilen in den Körper des gesunden und kranken Menschen auftreten sehen. Die psychischen Er-

---

*) Buschan, Die Basedow'sche Krankheit. 1894; Möbius, Die Basedow'sche
Krankheit. 1896, S. 32 ff.; Maude, Journal of mental science 1896, Januar.

scheinungen sind diejenigen einer Herabsetzung der psychischen Widerstandsfähigkeit, erhöhte gemüthliche Reizbarkeit, heitere oder ängstliche Verstimmung, Unruhe, grosse Ermüdbarkeit, Schlaflosigkeit. Einzelne Zeichen der Basedow'schen Krankheit, Zittern, Struma, Exophthalmus, Pulsbeschleunigung, scheinen sich häufiger während der Entwicklung der Dementia praecox einzustellen, wenn mich nicht die allgemeine Neigung zu Schilddrüsenerkrankungen in unserer Gegend täuscht. Diese Thatsachen, die uns die Wichtigkeit eines unscheinbaren Organs für den Stoffwechsel auf das deutlichste darthun, machen es wahrscheinlich, dass wol auch noch von anderen Seiten unter Umständen ähnliche Selbstvergiftungen ausgehen können. So hat bereits Vassale gezeigt, dass Zerstörung der Hypophysis bei Hunden schwere nervöse Störungen und nach wenigen Tagen den Tod zur Folge hat, während beim Menschen Hypophysisgeschwülste bekanntlich häufig mit Akromegalie einhergehen. Ueberall handelt es sich offenbar um Veränderungen des Blutes, um die Entstehung oder mangelhafte Vernichtung von giftigen Stoffwechselerzeugnissen.

Andererseits sehen wir eine schwere Stoffwechselkrankheit, die Osteomalacie, nicht selten heilen, sobald die Eierstöcke, selbst die gesunden, entfernt werden; auch hier tritt uns demnach die enge Beziehung zwischen Drüsenthätigkeit und Stoffwechsel entgegen. Dass es sich bei Geisteskranken wirklich vielfach um tiefgreifende Störungen der gesammten Ernährungsvorgänge handelt, wird unter anderem durch die allerdings noch recht unsicheren Ergebnisse der Untersuchungen über die Giftigkeit des Schweisses und Harnes*), über die bakterientödtenden und giftigen Eigenschaften, über die „Isotonie" des Blutes**) wahrscheinlich gemacht. Nach allen den bezeichneten Richtungen hin hat man Abweichungen von der Norm aufgefunden; leider sind dieselben jedoch einstweilen noch so vieldeutig, dass sie uns einen tieferen Einblick in das Zustandekommen und das Wesen der einzelnen Störungen nicht zu liefern vermögen.

Es ist zur Zeit nicht abzusehen, welche Aufschlüsse uns die Verfolgung der hier sich darbietenden Fragen liefern wird. Mir

---

*) Cabitto, Rivista sperim. di freniatria, XXIII, 36; Pellegrini ebenda, 144; Massaut, Bull. de la société de médec. ment. de Belgique, Décembre 1895.
**) Abundo, Rivista sperim. di freniatria, XVIII, 292.

scheint jedoch schon heute namentlich die grosse Gruppe der Verblödungsprocesse so manche Eigenthümlichkeiten darzubieten, welche die Annahme einer zu Grunde liegenden Selbstvergiftung begründen könnten. Ferner ist für gewisse Formen der Epilepsie schon vielfach die Vermuthung eines Zusammenhanges mit der allmählichen Ansammlung und plötzlichen Ausscheidung von Stoffwechselresten ausgesprochen worden. Auch die Geistesstörungen des Rückbildungsalters dürften vielfach von Umwälzungen im Stoffwechsel und deren Folgen begleitet sein.

Vergiftungen. Unter den Vergiftungen haben wir zuerst derjenigen zu gedenken, welche, ähnlich wie die infectiösen Gifte, durch Organismen erzeugt werden. Dahin gehört namentlich das Mutterkorn, dessen Genuss den Ergotismus zur Folge hat. Diese Krankheit scheint nicht selten von psychischen Störungen*) begleitet zu sein. Bisweilen hat man es dabei vielleicht mit einfachen Vergiftungsdelirien zu thun; in der Mehrzahl der Fälle dagegen ist vielmehr an schwerere Giftwirkungen in der Hirnrinde zu denken. Allerdings ist der Nachweis greifbarer Veränderungen im Gehirn hier noch nicht geführt worden; auch können die Krankheitserscheinungen bei geeigneter Behandlung wieder verschwinden. Die psychischen Anzeichen sind im allgemeinen diejenigen einer Herabsetzung hauptsächlich der Verstandesleistungen, mehr oder weniger ausgesprochene Bewusstseinstrübung bis zur Betäubung, Verlangsamung des Denkens, Gedächtnissschwäche, Verwirrtheit, daneben häufige Angstzustände und tiefes Krankheitsgefühl. Bisweilen treten articulatorische Sprachstörungen ein; ferner sind regelmässig epileptische Krämpfe und die Zeichen einer in mehreren Fällen durch die Leichenöffnung festgestellten, nicht fortschreitenden Rückenmarkserkrankung (Hinterstrangsklerose) vorhanden.

Dem Ergotismus in ursächlicher und klinischer Beziehung offenbar sehr ähnlich ist die hauptsächlich in Oberitalien vorkommende Pellagra**), welche möglicherweise auf den Genuss von verdorbenem Mais zurückzuführen ist und ausser Verdauungsstörungen und Haut-

---

*) Siemens, Archiv für Psychiatrie XI, 1. u. 2; Tuczek, ebenda. XIII, 1; XVIII, 2.

**) Lombroso, La pellagra. 1892; Tuczek, Klinische und anatomische Studien über die Pellagra. 1893.

affectionen auch chronische Rückenmarks- (Hinterseitenstrangsklerose nach Tuczek) und Geisteskrankheiten (psychische Depression mit Selbstmordneigung, seltener Aufregungszustände, schliesslich Blödsinn) zur Folge hat. Es scheint indessen noch zweifelhaft zu sein, ob und wie weit diese psychischen Störungen eine klinische Einheit bilden.

Die bei weitem wichtigste Rolle unter den Giften, welche im Stande sind, Geistesstörungen zu erzeugen, spielt ohne Zweifel der Alkohol*). Die Angaben über die Häufigkeit, mit welcher der Missbrauch dieses Genussmittels zur Aufnahme in die Irrenanstalt führt, schwanken, je nach dem Volksstamm und den besonderen Verhältnissen, zwischen 10—30, ja bis 40 % aller psychisch Erkrankten. Das männliche Geschlecht ist an der Trunksucht mindestens 10 Mal so stark betheiligt, als das weibliche; nur in den niederen Gesellschaftsschichten ist dieses Verhältniss für die Weiber ungünstiger.

Die germanische Race scheint, worauf schon die Schilderungen des Tacitus hinweisen, in ganz besonderem Maasse zum Missbrauche des Alkohols geneigt zu sein. Zu einer rasch anwachsenden Gefahr, ja zu einer Lebensfrage ist der Alkoholmissbrauch geworden, seitdem die fortschreitende Technik immer grössere Mengen billigen und concentrirten Alkohols erzeugt, so dass heute der Schnapsrausch auch dem Aermsten leicht erreichbar ist. Unter diesen Umständen hat der Alkoholverbrauch im Laufe der letzten Jahrzehnte sehr bedeutend zugenommen. Nur die skandinavischen Länder, welche vor etwa 50 Jahren in Folge der ungeheuren Ausbreitung des Alkoholismus am Rande des Abgrundes standen, haben es vermocht, durch geeignete Massregeln den furchtbaren Feind wirksam zu bekämpfen, so dass sie heute in der Trunksuchtsstatistik mit die günstigste Stelle einnehmen. In den meisten übrigen Ländern und namentlich in Deutschland lässt sich leider ein rasches Anwachsen des Alkoholismus nicht verkennen. Eine besonders verderbliche Rolle scheinen in dieser Richtung die grossen Städte mit ihrer zahlreichen Fabrikbevölkerung und ihrem Reichthum an Kneipen aller Art zu spielen, der das ohnedies rasch steigende „Bedürfniss" wo möglich noch zu überflügeln sucht. So kommt es denn, dass in Preussen 1887 für

---

*) Baer, Der Alkoholismus. 1878; Baer, Die Trunksucht und ihre Abwehr 1890; Smith, Die Alkoholfrage. 1895.

Schnaps allein nicht weniger als 221 Millionen Mark, für geistige
Getränke überhaupt aber 867 Millionen Mark ausgegeben wurden,
während die gesammten directen Staatssteuern 150 Millionen Mark,
also nur $^1/_5$ bis $^1/_6$ dieser Summe betrugen! Es giebt nicht wenige
Arbeiter in unserem Vaterlande, welche 17 bis 20% ihres täglichen
Arbeitsverdienstes für Alkohol verbrauchen. Ich kannte einen Sack-
träger, der jährlich etwa 400 Mark für Alkohol ausgab. Als ein
ganz besonders schlimmes Zeichen muss es angesehen werden, dass
in letzter Zeit auch die Betheiligung des weiblichen Geschlechtes an
der Trunksucht erheblich zuzunehmen scheint.

Die bei weitem verderblichste Form alkoholischen Getränkes ist
der Schnaps, besonders der Kartoffelbranntwein, welcher häufig ausser
dem Aethylalkohol auch die noch giftigeren höheren Alkohole,
namentlich den Amylalkohol enthält, und der in Südfrankreich und
Oberitalien verbreitete Absynth (ätherisches Oel der Artemisia Ab-
synthium). Im biertrinkenden Süddeutschland und selbst in den
Weinländern spielt daher der Alkoholismus auch nicht im entferntesten die Rolle, wie etwa in Posen, wo der Kartoffelfusel das
wichtigste alkoholische Genussmittel des Arbeiters bildet. Freilich
wird der geringere Giftgehalt der schwächeren Getränke zumeist
durch die grösseren Verbrauchsmengen so ziemlich wieder ausgeglichen. Dennoch scheint die besondere Wirkung des Alkohols
mit der Concentration des Getränkes abzunehmen. Dafür macht
sich aber bei dem in ungeheueren Mengen genossenen Bier noch
eine andere Schädlichkeit geltend, die Wirkung der übermässigen
Zufuhr kalter Flüssigkeit auf Magen, Kreislaufsorgane und Stoffwechsel.

Die ursächliche Bedeutung des Alkohols für die Erzeugung von
Geistesstörungen beruht vor allem auf der durch ihn herbeigeführten
Vergiftung der Hirnrinde. Thierversuche haben gezeigt, dass
wiederholte Alkoholgaben, die einzeln noch nicht als tödtliche anzusehen sind, ausgebreitete und tiefgreifende Zerstörungen an den
Ganglienzellen der Hirnrinde herbeizuführen vermögen. Dieser Befund steht in Uebereinstimmung mit psychologischen Versuchen,
die von Fürer angestellt worden sind. Bei denselben ergab
sich nämlich, dass sich die Nachwirkung eines mässigen Rausches
wider alles Erwarten in dem psychischen Verhalten der Versuchsperson noch bis zum Abende des zweiten Tages deutlich nachweisen

liess. Sie bestand, ganz wie die acute Alkoholwirkung, in einer
Herabsetzung der geistigen Leistungsfähigkeit, einer gesteigerten
motorischen Erregbarkeit und der Neigung zu gewohnheitsmässigen
und Klangassociationen.

Bei dauerndem Gebrauche des Alkohols müssen sich die Wirkungen der einzelnen Gaben naturgemäss allmählich häufen. In
der That kann es keinem Zweifel unterliegen, dass sich im Gehirne
des Trinkers schliesslich Veränderungen herausbilden, welche den
einzelnen Rausch weit überdauern. Bei einem Trinker konnte ich
eine starke Herabsetzung der Auffassungsfähigkeit, wahrscheinlich
verbunden mit erhöhter psychomotorischer Erregbarkeit, 14 Tage
nach dem Beginne vollständiger Enthaltsamkeit nachweisen. Wie
schnell solche Veränderungen zu Stande kommen, lässt sich von
vornherein schwer sagen; wahrscheinlich wird hier die persönliche
Widerstandsfähigkeit eine erhebliche Rolle spielen. Immerhin hat
Smith den Nachweis geführt, dass eine tägliche Alkoholmenge,
die etwa zwei Litern Bier entsprach, bereits vom zweiten Tage an
eine dauernde Herabsetzung der geistigen Leistungsfähigkeit bewirkte.
Sobald nach 12 Tagen der Alkoholgenuss ausgesetzt wurde, verlor
sich diese Schädigung freilich sofort; allein, als sieben Tage später
von neuem Alkohol genommen wurde, trat nunmehr die Wirkung
des Giftes bereits am ersten Tage mit voller Deutlichkeit wieder
hervor. Diese bei zwei Personen übereinstimmend gefundenen Ergebnisse scheinen mir dafür zu sprechen, dass eine dauernde Nachwirkung des regelmässigen Alkoholgenusses schon nach verhältnissmässig sehr kurzer Zeit sich einstellen kann. Freilich mag dieselbe sehr
lange äusserst geringfügig bleiben; sie mag vielleicht durch eine
allmählich eintretende Gewöhnung sich theilweise wieder ausgleichen
— dennoch dürften die mitgetheilten Versuche geeignet sein, uns
einen Einblick in die ersten leisen Anfänge des chronischen Alkoholismus zu gewähren.

Sie geben uns zugleich, wie ich denke, einen Anhaltspunkt für
die Beantwortung der wichtigen Frage: Wer ist als Trinker zu betrachten? Da die dauernden Wirkungen des Alkohols sich bei regel-
mässigem Gebrauche desselben sofort einstellen, wenn die Zwischenzeit zwischen zwei mittleren Gaben weniger als ein bis zwei Tage
beträgt, so kommen wir zu dem Schlusse, dass wahrscheinlich bei
der Mehrzahl derjenigen Personen, welche täglich Alkohol zu sich

nehmen, sich Andeutungen psychischer Veränderungen werden nachweisen lassen. Dafür spricht auch die Erfahrung, dass vielfach das Aufgeben eines sehr mässigen täglichen Alkoholgenusses bereits eine deutlich merkbare Besserung der gesammten Leistungsfähigkeit und des Allgemeinbefindens zur Folge hat. In demselben Sinne dürfte auch die Thatsache zu deuten sein, dass die Empfindlichkeit gegenüber dem Alkohol bei längerer Enthaltsamkeit zweifellos erheblich zunimmt. Die, bei anderen Giften allerdings viel stärker ausgeprägte, allmähliche Gewöhnung an den Alkohol weist auf dauernde, wenn auch vielleicht sehr geringfügige Nachwirkungen des regelmässigen Genusses geistiger Getränke in unserem Nervengewebe hin.

Bei schwererem und lange dauerndem Alkoholmissbrauche stellen sich regelmässig ausser den Wirkungen auf Gehirn und Seelenleben auch mehr oder weniger ausgebreitete Veränderungen in den verschiedensten Organen des Körpers ein; namentlich die Blutgefässe werden verhältnissmässig früh in Mitleidenschaft gezogen. Es kommt auf diese Weise schliesslich zu einem schweren Siechthum, welches nur sehr langsam und nur bis zu einem gewissen Grade der Rückbildung noch fähig ist. Ganz besonders folgenschwer wird diese Allgemeinerkrankung durch den Umstand, dass sie anscheinend einen äusserst verderblichen Einfluss auf die Nachkommenschaft auszuüben im Stande ist. Demme*) hat zur näheren Beleuchtung dieser Frage im Laufe von zwölf Jahren die Kinder in zwei Gruppen von je 10 Familien untersucht. In der ersten dieser Gruppen waren die Eltern Trinker, in der anderen nüchterne Leute. Auf die Trinkergruppe entfielen insgesammt 57 Kinder; von denselben waren nur 10, also 17,5% völlig normal. Die übrigen litten an verschiedenartigen, auf eine Entartung hinweisenden Leiden, Missbildungen, Zwergwuchs, Veitstanz, Epilepsie, Idiotie; 25 Kinder starben in den ersten Lebensmonaten. Aus den nüchternen Familien gingen 61 Kinder hervor. Von diesen starben nur 5; 4 Kinder litten später an Krankheiten des Nervensystems, 2 an Bildungsfehlern. Der Rest von 50 Kindern dagegen, mithin 81,9%, war und blieb völlig gesund. Diese Erfahrungen zeigen auf das schlagendste, dass die chronische Alkoholvergiftung nicht nur den Einzelnen vernichtet,

---

*) Ueber den Einfluss des Alkohols auf den Organismus der Kinder. 1891.

sondern auch dem kommenden Geschlechte schon im Keime den Stempel der Entartung aufdrückt.

In seiner verhängnissvollen Einwirkung auf den Einzelnen und sein ganzes Geschlecht wird der Alkohol zumeist noch unterstützt durch eine Anzahl ähnlicher Schädlichkeiten, die mit dem Missbrauche jenes Genussmittels Hand in Hand zu gehen pflegen. Der Schnaps ist vorzugsweise das Getränk des armen Mannes, der von ihm Anregung und Erwärmung erwartet, ja dem er zum Theil die Nahrung ersetzen soll; die tägliche Noth des socialen Elendes, der Armuth, ungenügende Ernährung, schlechte hygienische Verhältnisse u. s. f. ebnen seinem Einflusse hier den Weg. So kommt es, dass der anfangs nur aus bestimmtem Anlasse, nach starker Anstrengung, am Lohntage oder in verführerischer Gesellschaft genossene Schnaps allmählich zum Lebensbedürfnisse wird, und der Gewohnheitstrinker nun regelmässig, Tag für Tag, auch allein und nur um des Alkohols willen, zur Flasche greift. Umgekehrt aber ist es gerade der Alkohol, der durch seine vernichtenden Wirkungen auf das körperliche, geistige und sociale Wohlergehen des Trinkers mit Nothwendigkeit den wirthschaftlichen Zusammenbruch herbeiführt und auf diese Weise einen Kreislauf herstellt, aus dem es kein Entrinnen mehr giebt. Die Gefahr, auf diese schiefe Ebene zu gerathen, ist wegen der euphorischen Wirkungen des Alkohols und wegen der überall bereiten, zur Volksunsitte gewordenen Verführung weit grösser, als gemeinhin angenommen wird. Leider können wir unserer Gesetzgebung den schweren Vorwurf nicht ersparen, nahezu unthätig dem Anwachsen der Trunksucht gegenüberzustehen, ja dasselbe durch liebevolle Begünstigung der verschiedenen Alkoholindustrien geradezu zu fördern. Sie folgt damit allerdings nur dem Beispiele der „öffentlichen Meinung", welche in Deutschland das Recht auf den Trunk unter allen Umständen gesichert wissen will. Selbst in den Kreisen der Aerzte, die aus vielfältiger trauriger Erfahrung die zerstörende Wirkung des Alkohols genugsam kennen sollten, wird dieser schlimmste Feind unseres Volkes in unbegreiflicher Gedankenlosigkeit noch immer eifrigst als Stärkungsmittel für Schwache und gar für Kinder angepriesen.

Es mag immerhin zugegeben werden, dass die nachtheiligen Folgen eines mässigen Alkoholgenusses und selbst eines gelegentlichen Uebermaasses von kräftigen Naturen ohne schwerere

Schädigung ertragen werden. Allein die Zahl derjenigen, welche in
Folge ihrer schwächeren Veranlagung oder ungünstiger Verhältnisse
tagtäglich durch den Alkohol um Gesundheit und Lebensglück gebracht werden, ist wahrlich übergross! Die Mitschuld fällt auf uns
Alle. Niemand wird leugnen wollen, dass in den gebildeten Kreisen
kaum weniger als in den breiten Massen unseres Volkes der Alkoholmissbrauch mit einer Nachsicht geduldet, ja mit einem Wohlwollen
gezüchtet wird, welches als eine der wichtigsten Ursachen für die
gewaltige, verderbenbringende Macht jener Volksseuche betrachtet
werden muss. Alljährlich zahlen wir nicht nur an Landstreichern
und Tagedieben oder ähnlich werthlosem Menschenmateriale, sondern
auch an begabten, ja genialen Naturen dem Gifte einen reichen
Tribut. Freilich sind es vorzugsweise haltlose und schwache Persönlichkeiten, die dem Einflusse des Alkohols unterliegen, aber wir
dürfen dabei nicht vergessen, dass dieses Gift gerade selbst den
Willen und die Widerstandskraft des Menschen vernichtet und sich
auf diese Weise die günstigen Bedingungen schafft, welche ihm den
endlichen Sieg ermöglichen.

Die psychischen Störungen, welche der Alkoholmissbrauch erzeugt, sind ausser dem Rausche und dem chronischen Alkoholismus
vor allem das Delirium tremens, ferner der Alkoholwahnsinn, der
Verfolgungswahn der Trinker und der alkoholische Schwachsinn.
Weiterhin steht der Alkoholismus in nahen ursächlichen Beziehungen
zur Epilepsie, und endlich scheint demselben auch bei der Entstehung der Dementia paralytica eine gewisse Rolle zuzukommen.
Ausserdem pflegt der Alkohol ohne Zweifel bei frischen Aufregungszuständen verschiedenster Art, besonders bei manischen
und paralytischen Kranken, eine rasche und sehr erhebliche Verschlimmerung aller Erscheinungen herbeizuführen; bei epileptischer
Veranlagung können unter Umständen selbst mässige Alkohol-
mengen die schwersten psychischen Störungen auslösen. Zu beachten ist indessen, dass häufig die Neigung zum Alkoholmissbrauche nicht sowol die Ursache, sondern vielmehr ein Zeichen des
ausgebrochenen Irreseins darstellt.

Eine dem Alkoholismus in vieler Beziehung durchaus entsprechende und an Häufigkeit noch immer mit erschreckender
Schnelligkeit zunehmende psychische Erkrankungsform haben uns
die letzten Jahrzehnte in der Morphiumsucht kennen gelehrt,

wie sie sich bei lange fortgesetztem Gebrauche von Morphiumein-
spritzungen entwickelt. Auch beim Morphium begegnen wir im allgemeinen einer Verbindung von lähmenden und erregenden Wirkungen des Giftes auf die Hirnrinde; wie es indessen scheint, betreffen die ersteren mehr die Willensantriebe, die letzteren mehr die
Auffassung und die Verstandesleistungen. Da das anfängliche Wohlbehagen schon nach einigen Stunden einer sehr quälenden Erschlaffung und Niedergeschlagenheit weicht, die nur durch das Mittel
selbst wieder beseitigt werden kann, so bildet sich überall dort, wo
dem Kranken das Morphium zugänglich ist, ein beständiger Wechsel
zwischen scheinbarem Wohlbefinden unter dem Einflusse des Giftes
und jenem unangenehmen Nachstadium des morphinistischen Katzen-
jammers heraus. Dazu kommt, dass mit der Zeit eine wachsende
Gewöhnung an das Mittel eintritt, die gebieterisch eine oft ins
Unglaubliche gehende Erhöhung der Gabe fordert. Auf diese Weise
entsteht das Bild des chronischen Morphinismus mit seinen schweren
Folgen für die körperliche, geistige und sittliche Leistungsfähigkeit,
mit dessen Betrachtung im einzelnen wir uns späterhin noch sehr
eingehend zu beschäftigen haben werden.

Zur Milderung der Entziehungserscheinungen bei der Morphium-
entwöhnung ist in neuerer Zeit das Cocain vielfach in Anwendung
gezogen worden. Nur zu bald hat sich indessen herausgestellt, dass
dieses Mittel noch schlimmere Gefahren mit sich führt, als das
Morphium. Der psychische Verfall des Cocainisten schreitet weit
rascher als derjenige des Morphinisten, ja auch des Trinkers fort und
führt sehr bald zu hochgradigster Abschwächung der gesammten
psychischen Leistungs- und Widerstandsfähigkeit mit den Erscheinungen psychomotorischer Erregung. Ausserdem aber entwickelt sich unter dem Einflusse jenes Giftes ein typisches Krankheitsbild, welches die Züge des hallucinatorischen Wahnsinns in
ganz eigenartiger Gestaltung trägt.

In grösster Ausdehnung werden ferner noch das Opium, das
Haschisch, der Fliegenschwamm und eine Reihe ähnlicher
Stoffe in verschiedenen Ländern zur Erzeugung narkotischer Rausch-
zustände gewohnheitsmässig angewandt; alle diese Genussmittel
führen bei dauerndem Missbrauche ähnliche Krankheitszustände
herbei wie die bisher genannten. Auch übermässigen Tabaks-
genuss, namentlich das Kauen von Schnupftabak bei Seeleuten,

wie er zweifellos nervöse Störungen hervorzurufen im Stande ist
(Amblyopie), hat man in ursächliche Beziehungen zum Irresein
gesetzt. Derselbe soll nicht nur unter den Entstehungsursachen der
Dementia paralytica eine gewisse Rolle spielen, sondern eine eigenartige Psychose erzeugen können, die im Beginne mit Sinnestäuschungen und trauriger, später heiterer Verstimmung einhergeht,
schliesslich aber zur allmählichen Verblödung führt. Ich selbst habe
nie etwas derartiges gesehen.

Vereinzelte Beobachtungen gewohnheitsmässigen Missbrauches
liegen endlich für das Antipyrin, das Benzin, das Chloroform
und den Aether vor; der letztere hat in manchen Gegenden Irlands
bereits vollständig die Rolle des Alkohols übernommen. Von anderen,
nicht als Genussmittel gebrauchten Arzneistoffen geben die Bromsalze am häufigsten Anlass zu psychischen Störungen. Zu lange
fortgesetzte Anwendung derselben führt eine Abschwächung der
psychischen Leistungen bis zur völligen Stumpfheit mit gleichzeitigen
nervösen Lähmungserscheinungen herbei. Dazu gesellen sich Verdauungsstörungen, bronchitische Erkrankungen und die bekannte
Acne. Der hie und da beobachtete Missbrauch des Sulfonals führt
zu bedeutender Verlangsamung der Auffassung und des Denkens,
Unbesinnlichkeit, Verworrenheit, Schläfrigkeit; zugleich stellen sich
Schwindel, Ataxie, Schwäche in den Beinen, epileptiforme Anfälle,
Parästhesien, ferner Uebelkeit, Erbrechen und Verdauungsstörungen
ein. Dem Quecksilber, wenn es bei antiluetischen Curen oder
in technischen Betrieben, Bergwerken, Spiegelfabriken u. dergl.
massenhaft aufgenommen wird, schreibt man Geistesstörungen zu
mit sehr erhöhter Reizbarkeit, Schreckhaftigkeit, Verlegenheit, Verwirrtheit, Sinnestäuschungen, ängstlichen Träumen und Schlaflosigkeit.
Auf dieser Grundlage sollen dann weiterhin Aufregungszustände
verschiedener Art oder aber eine allmähliche Abnahme aller psychischen Leistungen zur Entwicklung gelangen, Schwäche des Gedächtnisses und Urtheils, Gemüthsstumpfheit und Willenlosigkeit. Die
bekannten giftigen Wirkungen des Quecksilbers auf die Gewebe,
insbesondere auch die Nervenzellen, legen für solche Fälle die
Annahme greifbarer anatomischer Veränderungen in der Hirnrinde
nahe.

Dasselbe gilt für die psychischen Erkrankungen nach Bleivergiftung; hier hat Nissl auch bereits mit Hülfe des Thierversuches

die eigenartigen Zerstörungen an den Nervenzellen genauer verfolgt. Die Erscheinungen der „Encephalopathia saturnina" bestehen hauptsächlich in vorübergehenden verwirrten, heiteren oder ängstlichen Aufregungszuständen mit Sinnestäuschungen, die nicht selten mit stuporösen oder komatösen, bisweilen sehr schweren Zufällen abwechseln und von epileptiformen Krämpfen begleitet sind. Bei Vergiftungen mit Phosphor und Arsen, welche nach Nissl's Untersuchungen ebenfalls schwere Veränderungen der Nervenzellen herbeiführen können, sind meines Wissens bisher Geistesstörungen noch nicht beschrieben worden. Das erstgenannte Gift scheint nach meinen Beobachtungen in den letzten Lebenstagen deliriöse Zustände mit Verworrenheit, Stimmungswechsel und ausgeprägt paraphasischen Reden unter Uebergang in tiefstes Koma erzeugen zu können. Die Rindenzellen zeigen sich in der Weise verändert, dass sich die nicht färbbare Substanz sehr stark färbt, der feinere Aufbau sich verwischt, der Umriss des Kernes undeutlich wird; schliesslich verschwinden die Zellen ganz, oder sie bleiben als schattenartige Gebilde ohne deutliche Gliederung in ihren früheren Umrissen noch annähernd erkennbar. Weiterhin verfügen wir über eine Reihe von Beobachtungen, in denen Kohlenoxydgas psychische Vergiftungserscheinungen erzeugte. Hier wird bekanntlich der Sauerstoff aus dem Hämoglobin verdrängt; sodann kommt es zu Hirnhyperämie, zu Blutungen und Erweichungsherden. Dabei entwickeln sich zunächst die Anzeichen psychischer Reizung (ängstliche oder ekstatische Aufregungszustände), denen diejenigen der Lähmung (Bewusstlosigkeit) folgen. Eine gewisse Verworrenheit und Schwäche der psychischen Leistungen pflegt die Vergiftung einige Zeit lang zu überdauern, ja, es kommt sogar bleibender Blödsinn zur Beobachtung.

In jüngster Zeit ist auch dem Schwefelkohlenstoff*), der neben Verdauungsstörungen Kopfschmerzen, Schlaflosigkeit, Gedächtnissschwäche und neuritische Erscheinungen hervorzurufen vermag, eine besondere Bedeutung für die Entstehung von Geisteskrankheiten zugeschrieben worden. Eine Reihe verschiedenartiger, zum Theil selbst unheilbarer Psychosen soll durch die Einathmung der Dämpfe jenes

-----

*) Hampe, Ueber die Geisteskrankheiten in Folge Schwefelkohlenstoffvergiftung. 1895; Reynolds, Journal of mental science, XLII, 25.

Stoffes in Gummifabriken erzeugt werden. Die bisherigen Veröffentlichungen haben jedoch den Nachweis in keiner Weise geliefert, dass wir in den mitgetheilten Fällen die Wirkungen jenes Giftes vor uns haben. Immerhin scheinen rasch vorübergehende deliriöse Erregungszustände vorzukommen. Endlich sollen wegen ihres geringen praktischen Interesses nur kurz noch erwähnt werden die gelegentlichen seltenen Vergiftungen mit Hyoscyamus, Atropa, Chinin, Salicylsäure, Jodoform, Chloralhydrat, mit Leuchtgas, Schwefelwasserstoff, Stickstoffoxydul u. a. m. Alle diese Stoffe können vorübergehende deliriöse Verwirrtheit mit heiterer oder ängstlicher Erregung und zuweilen auch Sinnestäuschungen erzeugen; vielfach gesellen sich auch nervöse Störungen, Krämpfe, Zittern, Lähmungen verschiedener Art hinzu. Im einzelnen sind diese psychischen Krankheitsbilder noch sehr wenig bekannt.

Organerkrankungen. Einer der schwierigsten und umstrittensten Abschnitte in der Aetiologie der Psychosen ist die Lehre von dem Einflusse der Organerkrankungen. Hier ist der Zusammenhang naturgemäss stets ein sehr verwickelter, selbst durch grosse Zahlen nicht immer sicher nachweisbarer, so dass die Deutung der einzelnen Erfahrung bis zu einem gewissen Grade zumeist dem persönlichen Ermessen des Beobachters überlassen bleibt. Unter. den Erkrankungen der Sinnesorgane sind es namentlich Ohrenleiden, welchen ein Einfluss auf die Entstehung von Psychosen zuzukommen scheint. Einerseits findet man bei lange dauernden Gehörstäuschungen häufiger alte Mittelohrerkrankungen mit Veränderungen der elektrischen Acusticusreaction, sodass man sich der Annahme eines gewissen Zusammenhanges nicht wol erwehren kann; dann aber sieht man bisweilen bestehende subjective Geräusche mit der Entwicklung psychischer Störungen sich verschlechtern und wieder bessern (gemeinsame Ursache?). Endlich hat man hier und da auch ängstliche Aufregungszustände bei acuteren oder bei Verschlimmerung chronischer Ohrenleiden beobachtet. Augenerkrankungen pflegen, soweit sie nicht Theilerscheinungen eines Gehirnleidens sind, in keiner näheren Beziehung zum Irresein zu stehen. Man hat indessen nach Kataraktoperationen und überhaupt nach längerem Aufenthalte im Dunkelzimmer*) deliriöse Zustände mit lebhaften Sinnestäuschungen,

---

*) v. Frankl-Hochwart, Jahrbücher f. Psychiatrie, IX, 1 u. 2, 1889; Löwy, Allgem. Zeitschr. f. Psychiatrie. LII, 166.

namentlich des Gesichtes, aber auch des Gehörs, seltener reine Gesichtshalluciuationen bei klarem Bewusstsein auftreten sehen, welche eine gewisse Aehnlichkeit mit den in der Einzelhaft beobachteten Störungen darbieten. Hier wie dort scheint der Ausschluss gewohnter Sinnesreize das Auftreten der Trugwahrnehmungen zu begünstigen. Im übrigen sind hier jedoch vor allem das Greisenalter, in zweiter Linie schlechte Ernährung, Gemüthsbewegungen, bisweilen wol auch alkoholische Gewohnheiten als Entstehungsursachen zu berücksichtigen.

Von den Lungenleiden haben wir die Tuberculose und die acuten fieberhaften Erkrankungen schon oben erwähnt; es lässt sich über sie weiter nicht viel sagen, als dass die Verkleinerung der Athmungsfläche mit ihren Folgen für den Gasaustausch, dann aber die Beklemmungsgefühle bei emphysematischen und namentlich asthmatischen Beschwerden wol auch auf den Ablauf der psychischen Vorgänge einigen Einfluss gewinnen können.

Herzleiden*) scheinen bei Geisteskranken etwas häufiger vorzukommen, als sonst; sie dürften einmal (bei Hypertrophie des linken Ventrikels) durch gelegentliche Blutwallungen, dann aber (bei unausgeglichenen Klappenfehlern, bei Perikarditis und Entartung des Herzmuskels) durch venöse Stauungen und allgemeine Abschwächung des Blutkreislaufes von Bedeutung werden. Als Andeutung derartiger Einwirkungen darf wol schon die in der Gesundheitsbreite gelegene, bekannte gemüthliche Reizbarkeit Herzkranker gelten. Dass ausserdem die Beklemmungsgefühle und das Herzklopfen nicht ohne Einfluss sind, ist sehr wahrscheinlich. Andererseits ist nicht ausser Acht zu lassen, dass gewiss viele Störungen der Herzthätigkeit nicht Ursache, sondern Begleiterscheinung oder Folge der Geisteskrankheit sind. So fand Reinhold namentlich bei Melancholischen ungemein häufig leichtere Abweichungen, Fehlen oder Abschwächung des Spitzenstosses, Verbreiterung der Herzdämpfung, Beschleunigung der Herzthätigkeit, Veränderungen an den Herztönen, die er als die Wirkungen des körperlichen Allgemeinleidens auffasst, welches der psychischen Verstimmung zu Grunde

---

*) Witkowski, Allgem. Zeitschr. f. Psychiatrie, XXXII, 347. Karrer in Hagen, Statistische Untersuchungen über Geisteskrankheiten, 1876. Reinhold, Münchener Medicin. Wochenschr., 1894, 16 ff.

liegt. Er denkt dabei geradezu an Vergiftungserscheinungen durch Stoffwechselproducte. Beim Alkoholismus, der noch häufiger derartige Störungen darbietet, haben wir die Entstehung derselben durch ein Gift ohne weiteres vor uns. Ohne Zweifel stellen sich hier auch gröbere Veränderungen an Herz und Gefässen ein. Das gleiche gilt für die Paralyse, bei der wir auf dem Sectionstische ungemein häufig Erkrankungen des Herzmuskels nachzuweisen im Stande sind.

Recht ungenügend studirt ist bisher noch die Bedeutung der Gefässerkrankungen bei Psychosen. Es giebt zwar kaum eine Form des Irreseins, deren Erscheinungen man nicht theoretisch schon durch ein künstliches Zusammenspielen verschiedenartiger Störungen des Kreislaufs und der Gefässmuskelspannung zu erklären gewusst hätte; allein unsere Kenntniss der thatsächlichen pathologisch-anatomischen Verhältnisse lässt noch vieles zu wünschen übrig. Nur bei Lues, Alkoholismus, Dementia senilis, Dementia paralytica sind ausgedehnte und tiefgreifende Veränderungen an den Gefässen beschrieben, die zum Theil als Giftwirkungen aufzufassen sind und wol bei den Zellerkrankungen in der Hirnrinde eine grosse Rolle spielen. Nicht selten gelingt es auch schon im Leben, eine Steigerung der vasomotorischen Erregbarkeit in den Erscheinungen der Dermatographie nachzuweisen, namentlich bei der Paralyse und der Dementia praecox.

Eine sehr weitgehende ursächliche Bedeutung hat man von jeher den Erkrankungen der Verdauungswerkzeuge zugeschrieben; namentlich in der älteren Psychiatrie spielten die Hämorrhoiden, die Stauungen im Pfortadersystem, die „Verstimmungen" der Unterleibsgeflechte eine sehr grosse Rolle. In der That ist der Einfluss schon leichter Verdauungsstörungen auf das allgemeine psychische Wohlbefinden, namentlich bei nervös veranlagten Personen, ein ganz unverkennbarer. Es scheint sich bei diesem Zusammenhange einerseits um die psychische Wirkung unangenehmer, dauernder Organgefühle, dann aber um Selbstvergiftungen oder vielleicht auch um Störungen der allgemeinen Blutvertheilung durch Stauungen im Unterleibe zu handeln. Für letztere Erklärung spricht die bekannte Erfahrung von Nicolai (des „Proktophantasmisten" aus Goethe's Walpurgisnacht), dessen Hallucinationen durch eine Blutentziehung am After verschwanden. Bei chronischen Magen- und Darmleiden kommt als wichtiger Umstand noch die empfindliche Beeinträchtigung der allgemeinen Ernährung hinzu. Verdauungsstörungen, namentlich Verstopfung, sind bei frischen Geisteskrankheiten ungemein häufig besonders in Depressionszuständen aller Art, aber sie sind sicherlich vielfach als Folge der psychisch bedingten Unregelmässigkeiten in der Nahrungsaufnahme und nicht als Ursache derselben anzusehen. Allerdings hat Wagner*) in gewissen Fällen, die er meist der Amentia zurechnet, eine Selbstvergiftung durch Zersetzungsstoffe vom Darm aus angenommen; er fand dann Aceton und eine Reihe weiterer krankhafter Bestandtheile im Harn, auch Vermehrung der Indicanausscheidung. Bei schwerem Darniederliegen aller psychischen Leistungen scheint häufiger Herabsetzung der Salzsäureabscheidung im Magen vorzukommen; auch starke Schwankungen des Salzsäuregehaltes im Magensafte sind bei verschiedenartigen Geistesstörungen nicht selten**). Mangelhafte Verarbeitung der Nahrung müssen wir wol in jenen hie und da beobachteten Fällen annehmen, in denen trotz massenhafter Speisenzufuhr bei wahrem Heisshunger das Körpergewicht durchaus sich nicht heben will. Meist handelt es sich um Paralytiker und Katatoniker. Parasiten im Darm können anscheinend bei Kindern deliriöse Erregungszustände, auch Pruritus in den Genitalien und allerlei Stimmungsanomalien herbeiführen. Im ganzen wissen wir über alle diese Verhältnisse sehr wenig Sicheres.

Unter den Nierenerkrankungen***) dürften hauptsächlich diejenigen in Anschlag zu bringen sein, die eine dauernde Verkleinerung der ausscheidenden Fläche erzeugen und somit zur Entstehung von acuten oder chronischen urämischen Vergiftungen Anlass geben. Von dem Bestehen eines klar gekennzeichneten „urämischen Irreseins", ausser den oben erwähnten deliriösen Zuständen, habe ich mich jedoch noch nicht überzeugen können.

Weitaus die grösste Bedeutung für die Entstehung des Irreseins ist von Seiten der Irrenärzte den mannigfaltigen physiologischen und krankhaften Vorgängen in den Geschlechtsorganen zugeschrieben

---

*) Wiener klinische Wochenschrift. 1896.

**) Leubuscher und Ziehen, Klinische Untersuchungen über die Salzsäureabscheidung des Magens bei Geisteskranken. 1892.

***) Hagen, Allgem. Zeitschr. f. Psychiatrie, XXXVIII, 1; Vassale, Rivista sperimentale di freniatria, XVI, 1890; Auerbach, Allgem. Zeitschr. f. Psychiatrie, LII, 337.

worden. Die nahen Beziehungen, in welchen das Geschlechtsleben zu dem psychischen Allgemeinzustande des Menschen steht, wird ja auf das beste durch die eigenthümlichen Wandlungen der Entwicklungs- und der Rückbildungszeit, durch die Charakterveränderung der Verschnittenen und endlich durch die Schwankungen des gemüthlichen Gleichgewichtes bezeugt, welche schon beim Gesunden den Ablauf der sexuellen Vorgänge begleiten. Es ist daher wol begreiflich, dass Krankheitszustände im Bereiche der Geschlechtsorgane einen entscheidenden Einfluss auf das psychische Leben auszuüben vermögen, wenn auch der Zusammenhang im einzelnen bisher nur mit Hülfe mehr oder weniger wahrscheinlicher Vermuthungen aufgebaut werden kann.

In erster Linie werden als Ursachen des Irreseins geschlechtliche Ausschweifungen und Onanie*) beschuldigt. Aus den zum Beweise herangezogenen Erfahrungen sind natürlich zunächst alle diejenigen Fälle auszuscheiden, in welchen Melancholiker, Neurasthenische, hypochondrische Paralytiker in offenbar krankhafter Weise Jahre oder gar Jahrzehnte zurückliegende „Jugendsünden" als die Ursache ihrer Leiden angeben: die Lectüre einer gewissen Klasse von Schriften, welche die Folgen der Onanie in den grellsten Farben schildern, liefert dazu nicht selten die Anregung.

Dennoch lässt sich die Möglichkeit einer gelegentlichen wirklichen Schädigung des Nervensystems durch die hier besprochenen Ursachen nicht ganz in Abrede stellen, zumal ja auch auf diesem Gebiete ohne Zweifel das Maass der persönlichen Leistungs- und Widerstandsfähigkeit ein äusserst verschiedenes ist. Es wäre denkbar, dass einmal (wol nur bei Männern und im jugendlichen Alter) der Säfteverlust eine gewisse Bedeutung für die Gesammternährung gewinnen kann; es wäre ferner möglich, dass die häufige starke Erregung des Nervensystems die allgemeine Reizbarkeit desselben steigert und seine Widerstandsfähigkeit herabsetzt. Dann ist aber wol auch auf den entsittlichenden Einfluss hinzuweisen, welchen das stete Unterliegen im fruchtlosen Kampfe mit übermächtig angewachsenen Antrieben auf die Willensfestigkeit des Menschen ausübt. Nach allen diesen Richtungen hin dürfte die Masturbation deswegen verderblicher wirken, als der natürliche Ge-

---

*) v. Krafft-Ebing, Allgem. Zeitschr. f. Psychiatrie, XXXI, 4.

schlechtsverkehr, weil sie ihr Ziel viel häufiger und leichter zu erreichen vermag, als der letztere. Beachtenswerth sind übrigens auch jene vereinzelten Beobachtungen, in denen (namentlich bei jungen Frauen) der erste Coitus acute Aufregungszustände herbeiführt. Wahrscheinlich handelt es sich hier regelmässig nur um die Auslösung schon vorbereiteter Erkrankungen aus der Gruppe des manisch-depressiven Irreseins. So waren in einem derartigen Falle meiner Beobachtung die Anzeichen der beginnenden Psychose bereits vor der Hochzeit vorhanden, ja man hoffte thörichter Weise, die Erkrankung durch die Heirath heilen zu können.

In der überwiegenden Mehrzahl der Fälle ist die hartnäckige unausrottbare Neigung zur Masturbation ohne Zweifel ein Zeichen, nicht die Ursache der Geistesstörung; wir haben es einfach mit einer krankhaft gesteigerten geschlechtlichen Erregbarkeit zu thun. Das gilt gewiss für jene Fälle von Idiotie und Schwachsinn, in denen die Masturbation bereits in der frühesten Kindheit beginnt und allen Erziehungsmassregeln trotzt; es gilt aber ferner auch für diejenige Form des Irreseins, welche man bisher als besondere Eigenthümlichkeit der Onanisten betrachtet hat. Die Zeichen desselben sind fortschreitende Abnahme der psychischen Leistungsfähigkeit, Unvermögen zur Auffassung und geistigen Verarbeitung äusserer Eindrücke, Gedächtnissschwäche, Interesselosigkeit, Gemüthsstumpfheit; in anderen Fällen treten mehr die Erscheinungen erhöhter Reizbarkeit in den Vordergrund, barocke Ideenverbindungen, Neigung zu Mysticismus und exaltirter Schwärmerei oder hypochondrische und depressive Verstimmung. Dazu gesellen sich dann mannigfaltige nervöse Störungen, besonders Gemeinempfindungen, aus denen sich nicht selten unsinnige Wahnideen von dämonischer oder geheimnissvoller physikalischer (magnetischer, elektrischer, sympathischer) Beeinflussung herausentwickeln. Wir erkennen darin unschwer das Bild der Dementia praecox, wie sie vorzugsweise den Entwicklungsjahren angehört. Man kann kaum zweifeln, dass diese Krankheit in einer gewissen Beziehung zum Geschlechtsleben steht, wie später näher auszuführen sein wird, aber sie wird keinesfalls durch die Onanie verursacht. Es giebt zahlreiche begeisterte Onanisten, die nicht hebephrenisch werden, und umgekehrt fehlt die Onanie bei Hebephrenischen, namentlich bei weiblichen, nicht selten gänzlich, trotz starker geschlechtlicher Erregung.

Auch die geschlechtliche Enthaltsamkeit ist bisweilen unter den Ursachen des Irreseins aufgeführt worden. Leider sind alle statistischen Belege über die Erkrankungshäufigkeit der Ehelosen u. s. f. für die Entscheidung dieser Frage aus naheliegenden Gründen von nur sehr zweifelhaftem Werthe. Im allgemeinen lehrt indessen die Erfahrung, dass bei gesunden Menschen nach länger dauernder Enthaltsamkeit allmählich die geschlechtliche Erregbarkeit abnimmt, dass die Natur somit selber die hier etwa drohenden Gefahren beseitigt. Etwas anders liegen, wie es scheint, die Dinge bei krankhaft veranlagten Personen. Erzwungene Enthaltsamkeit, namentlich nach vorheriger Gewöhnung an geschlechtliche Befriedigung, verführt leicht zur Onanie und kann auf diese Weise schädigend wirken; andererseits sehen wir freilich bei Menschen mit krankhafter sexueller Reizbarkeit häufig genug die Masturbation neben geregeltem geschlechtlichem Verkehr sich entwickeln. Wo die Enthaltsamkeit eine freiwillige ist, muss sie wol richtiger als Folge und nicht als Ursache einer krankhaften Anlage aufgefasst werden, die ja so oft mit unvollständiger Ausbildung der Genitalorgane und des Geschlechtstriebes einhergeht. Eine nicht unbedeutende Rolle bei der Entstehung mannigfacher nervöser und psychischer Störungen scheinen aber nach vielfachen Erfahrungen für das weibliche Geschlecht häufige sexuelle Reizungen ohne gehörige Befriedigung zu spielen, wie sie mit der Durchführung des „Zweikindersystems" nicht selten verbunden sind.

Beim weiblichen Geschlechte pflegt schon der physiologische Vorgang der Menstruation regelmässig von einer leichten Steigerung der nervösen und psychischen Reizbarkeit begleitet zu sein, die bei einzelnen Personen sogar fast krankhafte Grade (äusserste Verstimmung, lebhafte Erregung) erreichen kann. Am stärksten macht sich dieser Einfluss beim erstmaligen Eintritt der Menses geltend. Hysterische oder epileptische Veranlagung kann sich bei dieser Gelegenheit zum ersten Male in ohnmachtsartigen Anfällen, Aufregungs- oder Dämmerzuständen äussern. Ebenso giebt diese Umwälzung nicht selten Anlass zum Auftreten der ersten leisen Aeusserungen des circulären Irreseins in Form unmotivirter Verstimmung oder leichter manischer Erregung. Friedmann hat ferner auf jene nicht allzu häufigen Fälle hingewiesen, in denen schon vor dem Eintritte der ersten Menses in regelmässigen Zwischenzeiten kurzdauernde verwirrte Aufregungszustände beobachtet werden, die mit der Regelung der Menstruation verschwinden und daher wol unzweifelhaft mit den Vorboten der Geschlechtsentwicklung in ursächliche Beziehung gesetzt werden müssen. Ich bin jedoch einstweilen geneigt, auf Grund bestimmter Erfahrungen an der Vermuthung festzuhalten, dass es sich in solchen Fällen doch nur um den Beginn circulärer Formen handelt, welche später, wenn auch erst nach Jahren, von neuem einsetzen, um sich nun in typischer Weise fortzuentwickeln.

Im Verlaufe psychischer Störungen kommt dem Eintritte der Menstruation und noch mehr vielleicht den Unregelmässigkeiten derselben ohne Zweifel eine erhebliche Bedeutung zu*). Namentlich Erregungszustände aller Art pflegen sich zu diesen Zeiten einzustellen oder zu steigern. Wir kennen sogar Fälle periodischer Tobsucht, welche sich so eng an die Menses anschliessen, dass man geradezu von einem „menstruellen Irresein‟ sprechen kann. Klinisch unterscheiden sich diese Fälle allerdings von anderen Formen des periodischen Irreseins mit kurzen Zwischenzeiten, wie mir scheint, nicht wesentlich. Vielmehr handelt es sich dabei wol nur um eine begünstigende Wirkung der Menses bei ohnedies krankhaft veranlagten Personen. Aussetzen der Menses beobachten wir recht häufig in Depressionszuständen; hier bedeutet das Wiedererscheinen nicht selten das Herannahen der Genesung. Auch während der Entwicklung der Dementia praecox pflegt die Menstruation zu verschwinden. Sie kehrt dann wieder mit dem Eintritt einer Remission des Krankheitsprocesses oder aber mit dem Abschlusse desselben durch die endgültige Verblödung. Ob hier, wie bei den Depressionszuständen, das Ausbleiben der Menses irgendwie eine ursächliche Bedeutung hat oder nur Begleiterscheinung des Krankheitsvorganges ist, entzieht sich zur Zeit noch unserer Kenntniss. Die letztere Annahme dürfte indessen heute die grössere Wahrscheinlichkeit für sich haben.

Einen sehr bedeutenden Einfluss auf die Entwicklung von Geistesstörungen müssen wir endlich dem Klimakterium zuschreiben. Es steht fest, dass in dieser Zeit die Neigung der Frauen, zu erkranken, ausserordentlich gross ist. Allerdings wird man für diese Thatsache in erster Linie wol die allgemeinen Veränderungen ver-

---

*) v. Krafft-Ebing, Archiv f. Psychiatrie, VIII, 1; Powers, Beitrag zur Kenntniss der menstrualen Psychosen, Diss. 1883; Schüle, Allgem. Zeitschr. f. Psychiatrie, XLVII, 1.

antwortlich machen müssen, welche das beginnende Greisenalter, die Rückbildungszeit, einleiten. Dafür spricht vor allem der Umstand, dass wir beim männlichen Geschlechte, wenn auch nicht so häufig, ganz dieselben klinischen Formen des Irreseins im gleichen Lebensalter beobachten. Andererseits scheint dem Ausfall der Geschlechtsvorgänge beim Weibe doch noch ein besonderer Einfluss auf das geistige Leben zuzukommen. Uns werden nämlich Fälle berichtet, in welchen auch das künstliche Klimakterium, die Entfernung der Eierstöcke durch den Arzt, psychische Störungen nach sich gezogen hat. Dabei dürfen wir allerdings nicht vergessen, dass längere Zeit hindurch die Castration vielfach bei bereits psychisch nicht mehr ganz gesunden Personen ausgeführt zu werden pflegte, in der freilich meist getäuschten Hoffnung, dieselben dadurch von ihren Leiden zu befreien.

Ihren Ausgangspunkt hat diese operative Behandlung der Geistesstörungen, insbesondere der Hysterie, von jenen nicht gerade seltenen Erfahrungen genommen, in denen gewisse psychische Krankheitszeichen, Aufregungen, Depression, Anfälle aller Art, durch Behandlung bestehender Erkrankungen der Geschlechtsorgane wesentlich gebessert oder sogar ganz beseitigt wurden*). Man kam zu der Ansicht, dass Lageveränderungen des Uterus, Erosionen am Muttermund, Erkrankungen der Ovarien und Tuben, Pruritus vulvae, Vaginismus unter Umständen geradezu psychische Störungen zu erzeugen im Stande seien. Als der klinische Ausdruck dieser Wirkungen wurde, ja wird heute noch vielfach das formenreiche Krankheitsbild der Hysterie betrachtet. Gerade hier sehen wir eben häufig genug überraschende Besserungen, wahre Wunderkuren, durch Beseitigung der verschiedenartigsten leichteren oder schwereren Störungen eintreten. Es lässt sich nicht in Abrede stellen, dass es sich bei den wohlthätigen Folgen körperlicher Eingriffe öfters um die Beseitigung bestimmter schädlicher Reizwirkungen auf ein krankhaft empfindliches Nervensystem handelt. Wir wissen jedoch andererseits sicher, dass bisweilen der gleiche Erfolg durch ganz

---

*) L. Mayer, Die Beziehungen der krankhaften Zustände und Vorgänge in den Sexualorganen des Weibes zu Geistesstörungen. 1869; Hegar, Der Zusammenhang der Geschlechtskrankheiten mit nervösen Leiden und die Castration bei Neurosen. 1885; Krömer, Beitrag zur Castrationsfrage, Allgem. Zeitschr. f. Psychiatrie, LII, 1.

andere, selbst unsinnige Mittel erreicht werden kann. Daraus geht hervor, dass wir es in derartigen Fällen wesentlich mit psychischen Wirkungen zu thun haben. Auch die Entstehung der Krankheitserscheinungen wird damit natürlich auf das psychische Gebiet verlegt.

In der That können wir heute auf Grund unserer klinischen Erfahrung mit Sicherheit sagen, dass Erkrankungen der weiblichen Geschlechtsorgane nur dann zum Irresein führen, wenn bereits eine krankhafte Veranlagung den Boden genügend vorbereitet hat. Aus diesem Grunde tragen die so entstehenden Geistesstörungen auch durchaus kein einheitliches klinisches Gepräge; dieses letztere ist vielmehr ganz abhängig von der Constitution des Erkrankenden. Meist wird es sich daher um eine der vielen Formen des Entartungsirreseins handeln. Beachtenswerth ist übrigens für diese ganze Frage auch der Umstand, dass die schwersten Erkrankungen der Geschlechtsorgane, die bösartigen Geschwülste, verhältnissmässig selten Anlass zu Geistesstörungen zu geben scheinen. Allenfalls beobachten wir bei ihnen jene Formen des Irreseins, die auch sonst bei schweren Ernährungsstörungen zur Entwicklung kommen. Den Geschlechtsleiden bei Männern scheint eine irgend erhebliche ursächliche Bedeutung für das Irresein nicht zuzukommen.

Schwangerschaft, Wochenbett und Säugegeschäft. Dagegen zeigt sich die hervorragende Rolle, welche das Geschlechtsleben auch für die psychische Persönlichkeit des Weibes spielt, deutlich in jener Gruppe von Geistesstörungen, deren Entwicklung sich im Zusammenhange mit den verschiedenen Vorgängen des Fortpflanzungsgeschäftes, der Schwangerschaft, dem Wochenbett und der Lactation vollzieht*). Die Angaben über die Häufigkeit dieser Ursachen beim Zustandekommen psychischer Erkrankungen gehen ziemlich weit auseinander; im Mittel sind etwa 14% aller in Irrenanstalten beobachteten Geistesstörungen bei Frauen auf dieselben zurückzuführen. Davon kommen 3% auf die Schwangerschaftspsychosen. Der ursächliche Zusammenhang scheint während dieser Zeit hauptsächlich durch die Veränderungen in Mischung (Abnahme der Blutkörperchen und der Salze, Vermehrung des Fibrins) und Circulation der Ernährungsflüssigkeit (Ausbildung des Placentarkreislaufs) ver-

---

*) Fürstner, Archiv f. Psychiatrie, V, 505; Ripping, die Geistesstörungen der Schwangeren, Wöchnerinnen und Säugenden. 1877.

mittelt zu werden, doch dürfte auch, namentlich bei erstmalig und bei unehelich Schwangeren, den psychischen Ursachen (Schweben zwischen Hoffnung und Furcht vor den Gefahren der Geburt, Sorgen u. s. f.) ein gewisser Einfluss zuzuschreiben sein.

Unter klinischem Gesichtspunkte haben wir es hier jedoch sicherlich nicht mit einer einheitlichen Gruppe des Irreseins zu thun, sondern die einzelnen Fälle können eine sehr verschiedene Bedeutung haben. Zunächst kommt es zweifellos nicht selten vor, dass einzelne Anfälle der periodischen Geistesstörungen durch die Umwälzungen der Schwangerschaft ausgelöst werden. So sah ich bei einer Frau in mehreren Schwangerschaften rasch verlaufende deliriöse Aufregungszustände eintreten. Hier werden wir regelmässig weitere Anfälle auch ohne diesen und sogar ohne jeden äusseren Anlass auftreten sehen. Hie und da wird selbst einmal die schlummernde Paralyse während dieser Zeit ihre ersten deutlichen Spuren zeigen können. Weiterhin aber scheint es, dass die Dementia praecox, namentlich die katatonische Form, sich nicht ganz selten während einer Schwangerschaft entwickelt; ich verfüge über mehrere derartige Beobachtungen. Einzelne dieser Fälle habe ich früher als Erschöpfungspsychosen aufgefasst, bin jedoch durch ihren Ausgang in die bekannten, eigenartigen Endzustände davon überzeugt worden, dass die schweren Stuporformen der Gravidität vielmehr der Dementia praecox zuzurechnen und etwa auf Selbstvergiftungen zurückzuführen sind. Endlich bleibt aber noch eine kleine Gruppe von leichten, günstig verlaufenden, in der ersten Zeit der Schwangerschaft einsetzenden Depressionszuständen übrig, die möglicherweise als wirkliche Melancholien, entsprechend denjenigen des Klimakteriums, aufgefasst werden dürfen. Meine eigenen Erfahrungen sind einstweilen noch nicht hinreichend, um diese Frage mit einiger Sicherheit zu entscheiden. Durch die Geburt wird keine der besprochenen Formen des Irreseins erheblich beeinflusst; vielmehr geht jene meist ohne besondere Begleiterscheinungen von statten; zuweilen sieht man eine Verschlimmerung des Zustandes. In einem von mir beobachteten Falle gebar eine stuporöse Frau ihr todtes Kind in den Nachtstuhl, ohne einen Laut von sich zu geben, so dass man erst später durch die Blutung auf das Ereigniss aufmerksam wurde. Keinesfalls kann aus der Geistesstörung etwa die Anzeige zur künstlichen Frühgeburt hergeleitet werden.

Weit häufiger (bei 6,8% aller in die Irrenanstalten aufgenommenen Frauen; unter etwa 400 Wöchnerinnen bei je einer) wird das Wochenbett*) Ursache des Irreseins, hie und da auch einmal ein Abortus mit starkem Blutverluste. Wir haben auch hier wieder zu unterscheiden zwischen solchen Erkrankungen, die wirklich durch das Wochenbett erzeugt, und solchen, die nur durch dasselbe ausgelöst werden. Zu den ersteren sind zunächst jene plötzlichen, äusserst heftigen, deliriösen Erregungszustände zu rechnen, die sich während der Geburt einstellen können und wegen der starken Neigung zu Gewaltthaten eine grosse forensische Bedeutung besitzen; ihre Dauer beträgt meist nur wenige Stunden. Bei ihrer Entstehung spielen einerseits wahrscheinlich die Schmerzen, der Blutverlust, die raschen Kreislaufsänderungen sowie die psychischen Einwirkungen des Geburtsactes selbst und etwaiger Störungen bei demselben eine gewisse Rolle. Eine Wöchnerin meiner Beobachtung stürzte sich in einem derartigen Zustande aus dem Fenster durch das darunter befindliche Glasdach eines Treibhauses. Andere erdrosseln ihre Kinder oder lassen dieselben doch unbeachtet ohne Nahrung und Pflege zu Grunde gehen. Vielleicht handelt es sich hier, was die klinische Form wahrscheinlich machen würde, öfters um epileptische, auch wol hysterische Dämmerzustände, welche durch die besonderen Erschütterungen des Geburtsactes auch bei solchen Personen ausgelöst werden können, die sonst nur geringfügige und leicht übersehene Zeichen krankhafter Veranlagung darbieten.

Eine zweite Gruppe der Puerperalpsychosen kommt durch Gifte zu Stande. Hierher gehören die eklamptischen Delirien mit ihrer urämischen Grundlage, die sich schon während der Geburt einzustellen pflegen. Etwas später, gewöhnlich erst am 5.—10. Tage des Wochenbettes, beginnen diejenigen Geistesstörungen, denen Infectionen zu Grunde liegen, Mastitis, Endokarditis ulcerosa, Parametritis, Perimetritis u. s. f. Sie bieten im wesentlichen das Bild der Fieber- und Infectionsdelirien dar, Benommenheit, Sinnestäuschungen, traumartige Verworrenheit, ängstliche oder heitere Erregung, Neigung zum Uebergang in Schlummersucht und Koma.

---

*) Hansen, Zeitschr. f. Geburtshülfe u. Gynäkologie, XV, 1; Hoppe, Archiv f. Psychiatrie, XXV, 1. Sdarow, die puerperalen Psychosen vom ätiologischen, klinischen und forensischen Standpunkt. 1896 (russisch).

Die eigenartigste Form des Wochenbettirreseins bilden jedoch die Erschöpfungspsychosen. Sie müssen wesentlich mit den mächtigen Umwälzungen der ersten Tage des Wochenbettes (Ausscheidungen, Gewichtsabnahme) in Zusammenhang gebracht werden, denen allerdings meist andere Einflüsse, nervöse Veranlagung, schlechte Ernährung, ungünstige Lebensverhältnisse schon vorgearbeitet haben. Am frühesten und stürmischsten entwickelt sich das rasch verlaufende Collapsdelirium. Allmählicher, meist etwa 1 bis 2 Wochen nach der Entbindung, pflegt die Amentia zu beginnen, nachdem regelmässig bereits allerlei Vorboten, Schlaflosigkeit, Reizbarkeit, Verstimmung, Unruhe, voraufgegangen sind.

Häufiger vielleicht, als alle diese Formen, sind diejenigen Erkrankungen, die durch das Wochenbett nur ausgelöst werden. Namentlich kommen hier manische Anfälle in Betracht, die sich früher oder später auch ohne derartigen Anstoss einstellen. Ihre klinische Form bietet gar keine Besonderheiten. Sie bilden mit den Erschöpfungspsychosen die grosse Masse der sogenannten „Puerperalmanien", die somit keineswegs ein einheitliches Krankheitsbild darstellen, sondern in Entwicklung und Ausgang sehr auseinander weichende Erkrankungen umfassen. Nicht so selten beobachten wir ferner nach dem Wochenbette das Auftreten katatonischer Erkrankungen, ohne dass die Art des inneren Zusammenhanges bisher klar wäre. Ich sah unter anderen einen Fall, in dem eine in Schüben verlaufende Katatonie nach jedem Wochenbette stärker hervortrat, bis endlich der vierte Anfall zur endgültigen Verblödung führte. Erwähnt sei endlich, dass bisweilen auch Paralysen plötzlich im Wochenbette beginnen; ich selbst habe das in einer ganzen Reihe von Fällen gesehen.

In der Mitte zwischen den Geistesstörungen der Schwangerschaft und des Wochenbettes stehen nach ihrer Häufigkeit (4,9%% aller weiblichen Aufnahmen in Irrenanstalten) die psychischen Erkrankungen der Lactationszeit. Körperliche Erschöpfung durch Wochenbett und Säugegeschäft, ferner örtliche Erkrankungen der Geschlechtsorgane sind hier wol als die wesentlichen ursächlichen Schädlichkeiten zu betrachten. Ausserdem aber 'spielt die krankhafte Veranlagung eine massgebende Rolle. Unter den Krankheitsformen begegnen uns neben der Amentia und der Dementia praecox wesentlich Anfälle des manisch-depressiven Irreseins sowie Verschlimmerungen constitutioneller psychischer Krankheitszustände. Vielleicht giebt es aber auch in der Lactationszeit wirkliche Melancholien. Die Zeit des Ausbruchs der Störung ist meist der 3. bis 5. Monat nach der Entbindung.

2. Psychische Ursachen.

Schon wiederholt haben wir in unserer bisherigen Darstellung Gelegenheit gehabt, neben der unmittelbaren, körperlichen Einwirkung der besprochenen Krankheitsursachen auch ihres psychischen Einflusses zu gedenken. Man hat von diesem Gesichtspunkte aus auch wol die „gemischten" Ursachen als eine Zwischengruppe zwischen den körperlichen und den psychischen hingestellt. Abgesehen von der aus unserer Grundanschauung sich mit Nothwendigkeit ergebenden allgemeinen Forderung, dass alle Störungen der psychischen Leistungen an solche der Hirnthätigkeit geknüpft sein müssen, ist die eigentliche Wirkungsweise der psychischen Ursachen noch völlig unbekannt; nur einzelne Glieder des vermutheten Zusammenhanges können wir mit grösserer oder geringerer Wahrscheinlichkeit namhaft machen. So geht namentlich der Einfluss der Gemüthsbewegungen regelmässig mit Veränderungen der Herzthätigkeit, des Blutkreislaufs und der Athmung einher, welche ja die sphygmographische Untersuchung schon bei den leichtesten Gemüthsbewegungen ohne Schwierigkeit nachweisen lässt; auch Verdauungsstörungen scheinen durch psychische Ursachen sehr häufig hervorgerufen zu werden, wie die alltägliche Erfahrung des Appetitmangels nach heftigem Aerger oder bei grossem Kummer darthut. Das wichtigste Bindeglied bei der Entstehung des Irreseins aus psychischen Ursachen ist aber wol ohne Zweifel die hier niemals fehlende Beeinträchtigung des Schlafes, um so mehr, als dieselbe regelmässig auch eine Veränderung der Nahrungsaufnahme nach sich zieht. Wo die lebhafte Erregung des Gehirns die Möglichkeit des Ruhens und weiterhin eines gehörigen Ersatzes der verbrauchten Ernährungsstoffe ausschliesst, da müssen sich mit Nothwendigkeit krankhafte Veränderungen im Sinne der fortschreitenden Erschöpfung herausbilden. Zu der Wirkung psychischer Schädlichkeiten pflegt sich aber fast immer noch diejenige mannigfacher körperlicher

Schwächungen durch Elend, Entbehrungen, schlechte Ernährung, unregelmässige Lebensweise, Ausschweifungen aller Art hinzuzugesellen, so dass es im Einzelfalle gänzlich unmöglich ist, den Antheil der verschiedenen Ursachen an dem Zustandekommen des krankhaften Gesammtergebnisses auch nur annähernd festzustellen. Griesinger ist der Ansicht, dass im allgemeinen die psychischen Ursachen bei der Entstehung des Irreseins ziemlich bedeutend die Rolle der körperlichen überwiegen. Dem gegenüber möchte ich meinerseits den psychischen Ursachen, abgesehen vielleicht von ihrem Einflusse auf die gesammte Widerstandsfähigkeit, mehr eine auslösende und beschleunigende Bedeutung zuschreiben. Bei bestehendem Irresein sehen wir freilich psychische Eindrücke nicht selten eine sehr deutliche Wirkung auf das Befinden unserer Kranken ausüben; namentlich die Verschlechterungen der Melancholiker durch Besuche ihrer liebsten Angehörigen sind dafür ein lehrreiches Beispiel.

Nirgends vielleicht spielt die persönliche Eigenart, die Empfindlichkeit des Betroffenen, eine grössere Rolle, als bei der Entstehung des Irreseins aus psychischen Ursachen. Allerdings wissen wir, dass auch die körperliche Widerstandsfähigkeit verschiedener Menschen innerhalb recht weiter Grenzen schwankt, aber die Erfahrung lehrt, dass auf psychischem Gebiete die Unterschiede vielleicht noch um ein beträchtliches grösser ausfallen. Sind es doch gerade diese Verschiedenheiten in der Vorarbeitung der wechselnden Eindrücke des Lebens, in welchen sich uns die fast unabsehbare Mannigfaltigkeit der psychischen Persönlichkeiten, der „Naturen", „Charaktere" und „Temperamente" ausdrückt! So kommt es, dass psychische Ursachen allein im allgemeinen bei gesund entwickelten, rüstigen Persönlichkeiten wol nur äusserst selten wirkliche Geistesstörungen zu erzeugen im Stande sind, während sie auf dem Boden einer krankhaften Anlage zweifellos zu den wichtigsten Veranlassungen des Irreseins gerechnet werden müssen.

Gemüthsbewegungen. Am mächtigsten wirken natürlich solche Eindrücke auf die psychische Persönlichkeit ein, welche mit lebhaften Schwankungen der gemüthlichen Gleichgewichtslage verbunden sind. Drückt sich doch gerade in der Stärke der Gefühle, die einen Eindruck begleiten, der Grad des inneren Antheils aus, welchen der Mensch an demselben nimmt! Die äussere Ursache der Gemüthsbewegung ist dabei an sich gleichgültig; „jedes Geschlecht, jeder

Stand, jedes Individuum" sagt Griesinger, „holt sich seine geistigen Wunden auf dem Kampfplatze, den ihm die Natur und die äusseren Umstände angewiesen haben, und Jeder hat wieder einen anderen Punkt, auf dem er am verletzlichsten ist, eine andere Sphäre, von der am leichtesten heftige Erschütterungen ausgehen, der Eine sein Geld, der Andere seine äussere Werthschätzung, der Dritte seine Gefühle, seinen Glauben, sein Wissen, seine Familie u. dergl. m." Fast ausschliesslich sind es die traurigen Gemüthsbewegungen, die wir hier in Betracht zu ziehen haben; wir wissen ja auch, dass gerade sie die mächtigsten und dauerndsten Stürme im Menschen zu erzeugen vermögen, während selbst die höchsten Grade der Freude rasch in das ruhige Gefühl des gesicherten Glückes überzugehen pflegen. Angst vor einem bevorstehenden Unglück, Schreck über ein unerwartetes Ereigniss, Zorn über ein widerfahrenes Unrecht, Verzweiflung über einen erlittenen Verlust — das sind die gewaltigsten plötzlichen Erschütterungen, welchen unser psychisches Gleichgewicht ausgesetzt ist, und die daher verhältnissmässig häufig als Ursachen tieferer und länger dauernder Störungen aufgeführt werden. Gerade hier dürften die regelmässig vorhandenen körperlichen Begleiterscheinungen für die Entstehung des Irreseins wesentlich mit ins Gewicht fallen.

Trotzdem ist es heute kaum möglich, bestimmte klinische Krankheitsformen in ursächliche Beziehung zu heftigen Gemüthsbewegungen oder gar zu den einzelnen Arten derselben zu setzen. Man hat zwar vielfach von „Emotionspsychosen" gesprochen und denselben eine klinische Sonderstellung eingeräumt, allein ich wäre aus eigener Erfahrung nicht im Stande, dieselben genauer zu kennzeichnen. Nur für die sogenannte traumatische Neurose steht es fest, dass sie zunächst durch plötzliche, heftige Gemüthserschütterungen, insbesondere den Schreck, hervorgerufen wird, so dass sie deswegen zweckmässiger als „Schreckneurose" bezeichnet wird. Ausserdem spricht Manches dafür, dass sehr starke Affecte unter Umständen ähnlich wirken können wie die Erschöpfung. Für gewisse Fälle von Collapsdelirien und Amentia dürfte die Möglichkeit einer derartigen Entstehung nicht von der Hand zu weisen sein. In der Regel sehen wir jedoch nach schweren Affecten solche Störungen auftreten, denen wir sonst gelegentlich auch ohne derartigen Anlass begegnen. Namentlich hysterische Zufälle leichterer und schwererer Art werden häufig durch heftige Gemüthsbewegungen ausgelöst. Ich sah ein junges Mädchen in einen mehrtägigen hysterischen Aufregungszustand mit allgemeiner Chorea verfallen, als sie bei einem geschlechtlichen Abenteuer ertappt worden war. Ferner schliessen sich die einzelnen Anfälle des manisch-depressiven Irreseins gar nicht selten an Gemüthserschütterungen an. Dabei ist die klinische Färbung des Anfalls von derjenigen des auslösenden Affectes ganz unabhängig. Heitere, manische Erregung kann sich sehr wol an einen traurigen Anlass anschliessen; umgekehrt sah ich eine Dame mit verwirrten Angstzuständen und peinigenden Sinnestäuschungen erkranken, anscheinend in der Freude über die glückliche Verlobung ihrer Tochter. Auch hier war jedoch schon vor langer Zeit eine ähnliche Erkrankung vorausgegangen. Bei den Melancholien, deren Entstehung nicht selten an wirkliche trübe Anlässe anknüpft, scheint eine engere innere Beziehung zwischen gesunder und krankhafter Verstimmung zu bestehen, doch ist auch hier Vorsicht in der Deutung am Platze, da sich die anscheinend ursächlichen Gemüthsbewegungen bei nachträglicher Betrachtung häufig als bereits krankhafte erweisen.

In höherem Grade vielleicht, als die plötzlichen Erschütterungen dürfte ein dauernder gemüthlicher Druck im Stande sein, krankhafte Störungen des Seelenlebens herbeizuführen. Wahrscheinlich vermag auch unsere psychische Persönlichkeit im allgemeinen den Einfluss schnell eintretender, aber kurz dauernder Schädlichkeiten leichter zu verwinden, als jene langsamen, nachhaltigen Einwirkungen, welche eine beständige Trübung des Stimmungshintergrundes herbeiführen, mit immer stärkerem Drucke allmählich jede freiere, freudige Regung zurückdrängen und das Gefühl des Unglücks bis zur Unerträglichkeit anwachsen lassen. Schlaflosigkeit, schleichende Verdauungs- und Kreislaufsstörungen mögen hier als die körperlichen Einflüsse angesehen werden, deren Wirkung sich mit derjenigen der psychischen Ursachen vergesellschaftet. Hierher gehört namentlich die Sorge in ihren mannigfaltigen quälenden Formen, der Kummer über erlittene Enttäuschungen, unglückliche Liebe, Trennung von geliebten Personen und Versetzung in ungewohnte, peinigende Verhältnisse (Heimweh), endlich die Reue über begangene Fehltritte. Wie mir scheint, ist indessen die Wirkung auch dieser Schädlichkeiten zumeist nur eine unterstützende; sie bereiten den Boden für andere Krankheitsursachen vor. Ein besonders fruchtbares Feld für die Wirkung derartiger Schädlichkeiten bietet auch hier wieder die hysterische Veranlagung; so werden die Stimmen immer zahlreicher und gewichtiger, die einen grossen Antheil an dem erschreckenden Anwachsen der schweren psychischen Veränderungen nach Unfällen, die der Hysterie jedenfalls nahe verwandt sind, auf den erbitternden und aufreibenden Kampf um die Rente zurückführen. Auch die übrigen Formen des Entartungsirreseins werden in Auftreten und Verlauf sehr wesentlich durch gemüthliche Erregungen beeinflusst, insbesondere die constitutionelle Verstimmung und das Zwangsirresein. Die Annahme eines unmittelbar krankmachenden Einflusses liegt am nächsten bei den Melancholien. Bisweilen scheint dieselbe hier wirklich zuzutreffen, doch ist der Zusammenhang gewiss kein unverbrüchlicher, da wir ebenso häufig oder gar noch häufiger jene Erkrankungen auch ohne jeden psychischen Anlass entstehen sehen.

Ueberanstrengung*). Geistige Thätigkeit und Gemüthsbewegung beruhen auf den Lebensvorgängen in unserer Hirnrinde; das aus ihnen entspringende Lebensgefühl ist eine der wichtigsten Grundlagen unseres Wohlbefindens. Dennoch kann ein Uebermaass jener Vorgänge unter Umständen Schädigungen unserer geistigen Gesundheit herbeiführen. Freilich haben wir hier von vornherein auf einen grundlegenden Unterschied zwischen Verstandes- und Gemüthsleistung hinzuweisen. Die einfache geistige Arbeit führt nach einer gewissen Zeit zur Ermüdung. Die subjective Begleiterin derselben, die Müdigkeit, erzwingt in wachsender Stärke schliesslich Einstellung der Thätigkeit, erzeugt Schlaf und schafft damit von selber die günstigen Bedingungen für den Ersatz des verbrauchten Nervengewebes. Dem gegenüber verscheucht die gemüthliche Erregung das Warnungssignal der Müdigkeit trotz thatsächlich vorhandener Ermüdung. Die Arbeitsleistung kann daher unter ihrem Einflusse bis zur Erschöpfung, bis zur unmittelbaren Schädigung der körperlichen Grundlagen unseres Seelenlebens fortgesetzt werden. Bis zu einem gewissen Grade geschieht das schon bei jeder geistigen Arbeit, die wir mit sehr lebhaftem „Interesse" verrichten. Hier kann die Ermüdungsabnahme der Leistungsfähigkeit einige Zeit lang durch wiederholte starke Willensanstrengung, durch den „Antrieb", ausgeglichen werden, ja wir sehen unter solchen Umständen in den

---

*) Manacéine, le surmenage mental dans la civilisation moderne. 1890.

ersten Stadien der Erschöpfung neben dem entschiedenen Sinken der Arbeitsleistung die Zeichen der psychischen Erregbarkeitssteigerung durch den Affect deutlich genug hervortreten.

Es ist demnach in erster Linie die mit gemüthlicher Erregung einhergehende Arbeit, welche die Gesundheit zu gefährden vermag. Je lebhafter von vornherein die Gefühlsbetonung einer Arbeitsleistung, und je ausgeprägter überhaupt die gemüthliche Erregbarkeit des Arbeiters ist, desto grösser wird im einzelnen Falle die Gefahr sein, dass die Zeichen des Ruhebedürfnisses verwischt werden und damit eine wirkliche Ueberanstrengung zu Stande kommt.

Vollzieht sich dieser Vorgang häufiger oder gar gewohnheitsmässig, so werden die Folgen der Ueberanstrengung durch die alltäglichen Ruhepausen nicht mehr vollständig ausgeglichen: es kommt zu einer dauernden Steigerung der gemüthlichen Erregbarkeit, Ausbleiben der Ermüdungsnarkose und erheblicher Herabsetzung der geistigen Leistungsfähigkeit in Folge von chronischer Erschöpfung. Das klinische Bild, welches sich bei krankhafter Ausdehnung dieser Störungen entwickelt, ist dasjenige der Neurasthenie. Es setzt sich zusammen aus den Erscheinungen erhöhter psychischer Reizbarkeit, Schlaflosigkeit, Launenhaftigkeit, Verstimmung, hypochondrischen Befürchtungen, verbunden mit mannigfaltigen „nervösen" Störungen; dazu kommen Zerstreutheit, Unfähigkeit zu geistiger Anstrengung, wachsendes Ruhebedürfniss und Entschlusslosigkeit. Die leichtesten dieser Zustände kann wol ein Jeder gelegentlich einmal an sich beobachten, wenn irgend eine Lebenslage erhöhte Anforderungen an seine psychischen Leistungen stellt (Examen). Im praktischen Leben können wir trotz der oben angedeuteten Uebergänge dennoch deutlich die wesentlich geistige von der gemüthlichen Ueberanstrengung abscheiden. Der ersteren Form begegnen wir namentlich bei Schülern, Studenten, Gelehrten, der zweiten dagegen, der Ueberbürdung mit Pflichten verschiedener Art, bei Krankenpflegerinnen, Erzieherinnen, Eisenbahnbeamten u. s. f. Uebermässige Verstandesarbeit birgt ernstere Gefahren wol nur für jugendliche oder krankhaft veranlagte Personen; in der Regel pflegen sich die etwa auftretenden neurasthenischen Erscheinungen bei längerer Ruhe leicht wieder zu verlieren. Wo dagegen die geistige Ueberanstrengung von beständiger gemüthlicher Anspannung, vom Gefühle schwerer Verantwortlichkeit und vielleicht noch von körperlichen Strapazen, besonders Nachtwachen, begleitet wird, begegnen wir zumeist schwereren und länger dauernden psychischen Erkrankungen. Solche Thätigkeit ist es, welche den Menschen rasch verbraucht, seine Leistungs- und Widerstandsfähigkeit dauernd herabsetzt, ihn stumpf und reizbar zugleich macht. Am besten sehen wir das vielleicht bei dem Wartpersonal in Irrenanstalten, welches nach langjährigem Anstaltsdienste fast regelmässig die Zeichen einer dauernden Schädigung der gesammten Persönlichkeit darbietet. Ohne Zweifel bilden derartige Veränderungen den günstigen Boden für das Auftreten weiterer psychischer Erkrankungen, einerseits der hysterischen Formen, andererseits der Rückbildungspsychosen; auch für die Entstehungsgeschichte der Paralyse scheint die gemüthliche Ueberanstrengung eine gewisse Bedeutung zu haben.

Gefangenschaft. Eine ganze Reihe von psychischen Ursachen findet sich vereinigt in der Gefangenschaft, namentlich in der Einzelhaft, die erfahrungsgemäss nicht selten Geistesstörungen erzeugt*). In der überwiegenden Mehrzahl der Fälle besteht hier schon eine mehr oder weniger schwere krankhafte Veranlagung, theils auf Grund angeborener Entartung, theils durch mannigfache Lebensschicksale (uneheliche Geburt, schlechte Erziehung, Krankheiten, Traumata, Alkoholismus) erworben. Dazu kommen die besonderen hygienischen Verhältnisse des Gefängnisslebens (einförmige, knappe Kost, ungenügende Bewegung, Mangel frischer Luft), die Nachwirkungen der Untersuchungshaft, der Verlust der persönlichen Freiheit und vor allem die Einsamkeit, welche dem Eingesperrten zur grübelnden Beschäftigung mit den eigenen Gedanken gründliche Musse giebt und ihn die Angst vor der Zukunft, die Reue über das Begangene um so lebendiger empfinden lässt, je weniger ihn sein Bildungsgrad und sein Charakter zur sittlichen Selbsterziehung befähigt. Der Ausbruch der Psychose erfolgt bisweilen schon in den ersten Tagen oder Wochen (Untersuchungshaft), häufiger nach einigen Monaten, selten nach Ablauf des ersten Jahres. Bei weitem am häufigsten werden in der Stille der Isolirzelle hallucinatorische Krankheitsbilder, namentlich acut auftretende, rasch verlaufende

---

*) Gutsch, Allgem. Zeitschr. f. Psychiatrie, XIX, 1; Kirn, ebenda XLV, 1.

Formen, meist mit Verfolgungswahn, seltener Grössenideen, mit Sinnestäuschungen, heftigen Angstzuständen und Selbstmorddrang beobachtet. Diese, zum Theil von ihm als acute hallucinatorische Melancholie bezeichneten Zustände hält Kirn für die eigenartige Psychose der Einzelhaft. Auch mir steht die häufige Entstehung hallucinatorischer Erregungszustände in der Gefangenschaft ausser Zweifel, doch bin ich bisher noch nicht sicher, ob jene Erkrankungen einheitliche und ob sie nur dieser Entstehungsursache eigenthümlich sind. Wenn wir absehen von den Epileptikern mit ihren zeitweisen Erregungen („Zuchthausknall"), von den gelegentlichen Paralytikern, von Alkoholisten und Verrückten, namentlich Querulanten, so sind mir aus den Gefängnissen hauptsächlich katatonische und solche Kranke mit verworrenen Wahnbildungen und Sinnestäuschungen zugegangen, welche innerhalb weniger Jahre vollkommen verblödeten. Es scheint sich demnach vielfach um Formen zu handeln, die unseren bekannten Verblödungsprocessen wenigstens nahe verwandt sind. Ich gestehe indessen gern, dass ich die Frage, ob es nicht doch noch eine eigene Form des Gefangenschaftsirreseins giebt, zur Zeit nicht für spruchreif halte.

Krieg. Ganz besonders reich an psychischen Ursachen des Irreseins ist der Krieg. Wenn Sommer*) den Nachweis geliefert hat, dass der Militärdienst im Frieden wesentlich nur psychopathisch veranlagte Personen krank macht und keinesfalls mehr Opfer an Geistesstörungen fordert, als in der entsprechenden bürgerlichen Bevölkerung beobachtet werden, so pflegen doch Kriegsjahre**) regelmässig mit einer mächtigen Steigerung der psychischen Erkrankungen in der Armee einherzugehen. Der Grund dieses Verhaltens liegt zum Theil in der grösseren Häufung von Gelegenheitsursachen, namentlich von Kopfverletzungen und acuten Krankheiten, hauptsächlich aber in der mehr chronischen Erschöpfung durch körperliche Ueberanstrengungen, Schlaflosigkeit und tiefgreifende, anhaltende gemüthliche Erregungen. Die klinischen Bilder sind demgemäss einmal schwere neurasthenische Zustände und Schreckpsychosen, andererseits Gehirnerschütterungspsychosen, Erschöpfungspsychosen,

---

*) Allgemeine Zeitschr. f. Psychiatrie, XLIII, 13.
**) Sanitätsbericht über die deutschen Heere im Kriege gegen Frankreich 1870/71, Bd. VII.

Epilepsie und ganz besonders die Paralyse, deren Entstehung wi
wesentlich auf Rechnung der im Feldzuge so vielfach erworbenen
Syphilis zu setzen haben. Häufig genug entwickelt sich das Irresein
(namentlich die Paralyse) in Folge der genannten Schädigungen erst
nach längerer Zeit, um dann meist einen schleichenden und ungünstigen Verlauf zu nehmen.

Psychische Ansteckung. Zum Schlusse haben wir noch des
Vorganges der uneigentlich so genannten „psychischen Contagion" zu
gedenken, der Ausbreitung psychischer Störungen durch „Ansteckung".
Dass gewisse einfache unwillkürliche Bewegungen, das Gähnen,
Lachen, Räuspern, Husten, Erbrechen, durch Nachahmung, d. h. durch
die Erzeugung der Vorstellung dieser Bewegungen, hervorgerufen
werden, ja dass sogar Ohnmachten (Soldaten beim Impfen) und
Krämpfe (Mädchenschulen) auf gleiche Weise ausgelöst werden
können, ist eine sehr bekannte Thatsache. Die Geschichte der Medicin berichtet uns ferner von dem endemischen Auftreten religiöser
Aufregungszustände in grösserem Massstabe, offenbar ebenfalls unter
dem Einflusse der Nachahmung*), und anscheinend ganz ähnliche
Vorgänge werden unter verschiedenen Bezeichnungen noch heute
bei gewissen leicht erregbaren Völkerstämmen und religiösen Secten
beobachtet. Die letzte derartige Epidemie in der Gegend von Kiew
hat Sikorski**) eingehend beschrieben; ihr Urheber war ein Mann
mit religiösem Grössenwahn, dem sich zunächst einige unzweifelhaft
kranke Personen, weiter aber eine grosse Schaar einfach unwissender
und leichtgläubiger Bauern hinzugesellte. Sie alle glaubten an die
göttliche Sendung des Sectenstifters, an die von ihm gethanen
Wunder, den von ihm ausgehenden himmlischen Geruch. Die Bewegung nahm erst ein Ende, als die Hauptpersonen in die Irrenanstalt gebracht worden waren. Endlich zeigen uns die Erfahrungen
an Hypnotischen, in welcher Weise man absichtlich eine willenlose
Abhängigkeit des Vorstellungsverlaufes und der Handlungen eines
Menschen von gewissen äusseren Eindrücken herstellen kann.

So kommen denn auch Fälle zur Beobachtung, in denen mehrere
mit einander in Berührung lebende Personen gleichzeitig oder kurz

---

*) Hecker, Die grossen Volkskrankheiten des Mittelalters, herausgegeben
von Hirsch. 1865.
**) Allgem. Zeitschr. für Psychiatrie, L, 4 u. 5, S. 778.

nach einander unter ihrem gegenseitigen Einflusse in der gleichen Weise psychisch erkranken (inducirtes Irresein *), folie à deux); ich selbst hatte Gelegenheit, im Zeitraum von acht Tagen drei mit religiöser Aufregung und Sinnestäuschungen erkrankte Geschwister in die Anstalt aufzunehmen. Die Psychose kann dabei entweder einfach durch die gemüthliche Erregung, welche sie bei der Umgebung erzeugt, als Gelegenheitsursache krankmachend wirken, oder aber es werden geradezu gewisse Krankheitserscheinungen durch eine Art von Suggestion dauernd oder vorübergehend von einer Person auf die andere übertragen. Nur in diesem letzteren Falle hat man das Recht, von einer psychischen Ansteckung zu reden. Das Lieblingsgebiet dieser letzteren ist aus naheliegenden Gründen die Paranoia mit ihren festsitzenden, geistig verarbeiteten Wahnbildungen bei völliger Besonnenheit. Gerade solche Kranke werden ja ohnedies häufig genug verkannt und für völlig gesund gehalten. Namentlich bei religiös Verrückten und bei Querulanten macht man aber weiterhin nicht selten die Beobachtung, dass sie die eine oder andere Person ihrer Umgebung gänzlich in ihre Wahnideen hineinziehen und dieselbe von der Berechtigung ihrer Ansprüche vollständig überzeugen. Die secundär Erkrankten sind in solchen Fällen regelmässig krankhaft veranlagte, beschränkte Personen mit sehr geringer psychischer Widerstandsfähigkeit, vorzugsweise Frauen. Meist pflegt jedoch bei ihnen keine selbständige weitere Verarbeitung der Wahnideen stattzufinden. Vielmehr nehmen sie einfach urtheilslos auf, was eine stärkere Persönlichkeit ihnen aufdrängt; sie kommen wieder in ihr altes Geleise, sobald sie deren übermächtigem Einflusse entzogen werden. Hie und da aber sieht man auch eine wahre Geistesstörung mit den gleichen, von aussen aufgenommenen Wahnbildungen, aber in durchaus selbständiger Entwicklung zu Stande kommen. Diese Fälle sind es, wie Schönfeldt zutreffend ausgeführt hat, welche im eigentlichen und engsten Sinne als Irresein durch psychische Ansteckung zu bezeichnen wären. Endlich giebt es noch Beobachtungen, in denen Geschwister (namentlich Zwillinge) unabhängig von einander, sogar auch ohne persönliche

---

*) Lehmann, Archiv f. Psychiatrie, XIV, 1; Jakowenko, Wjestnik Psychiatrii, 1887; Werner, Allgem. Zeitschr. f. Psychiatrie, XLIV, 4 u. 5; Wollenberg, Archiv. f. Psychiatrie, XX, 1; Schönfeldt, ebenda, XXVI, 202.

Berührung, an der gleichen Geistesstörung mit gelegentlich geradezu verblüffender Uebereinstimmung in den Einzelzügen erkranken. Hier ist der innere Zusammenhang nur noch durch die gemeinsame krankhafte Veranlagung gegeben.

Eine gewisse Verwandtschaft mit dem Vorgange der psychischen Ansteckung zeigen die in der neueren Zeit mehr beachteten Erfahrungen von geistigen Störungen im Anschlusse an hypnotische Versuche. Die Gefahr liegt hier einmal in dem Umstande, dass bei wenig widerstandsfähigen Naturen sich durch sehr lange fortgesetzte übermächtige Beeinflussung anscheinend eine Art willenloser Abhängigkeit vom Hypnotiseur herausbilden kann, die bisweilen die Grenze des Krankhaften erreicht oder selbst überschreitet. Auch hier sind weibliche Personen vorzugsweise gefährdet. Weiterhin aber ist bei unsachgemässer Anwendung der Hypnose die Entwicklung autohypnotischer Zustände möglich, welche sehr schwere Folgen nach sich ziehen kann, wie ich es in einem schliesslich mit Selbstmord endenden Falle zu beobachten Gelegenheit hatte. Die Hauptursache der Psychose liegt auch hier wol immer in der krankhaften, namentlich hysterischen Anlage, doch mahnen solche Vorkommnisse jedenfalls zu grosser Vorsicht in der praktischen Handhabung des Hypnotismus. Unter keinen Umständen sollte die Anwendung dieses mächtigen ärztlichen Hülfsmittels Laien oder auch nur solchen Aerzten gestattet werden, welche nicht mit den Gefahren vertraut sind, die Ungeschick und Unkenntniss über ihre Opfer heraufzubeschwören vermag.

B. Innere Ursachen (Prädisposition).

Mit der Betrachtung der krankhaften Veranlagung betreten wir jenes zweite grosse Gebiet der ätiologischen Forschung, welches sich mit den in der Persönlichkeit des Erkrankten selbst gelegenen Ursachen beschäftigt. Die Forderung, ein vollständiges Verständniss für die Entstehung der Erkrankung zu gewinnen, weist uns zurück auf die gesammte Entwicklungsgeschichte der gegebenen psychischen Persönlichkeit und führt uns zur Untersuchung aller jener inneren und äusserlichen Einwirkungen, welche an der eigenartigen Ausprägung derselben mitgearbeitet haben. Der Uebersichtlichkeit wegen pflegt man diese Einflüsse in zwei Hauptklassen abzutrennen, in allgemeine und persönliche, je nachdem sie sich auf grössere Gruppen von Menschen insgesammt erstrecken, oder je nachdem sie nur einzelne Mitglieder derselben betreffen und somit diesen letzteren eine Sonderstellung gegenüber ihrer Umgebung verleihen.

1. Allgemeine Prädisposition.

Zwei verschiedenartige Bedingungen sind es, die man zumeist unter der Bezeichnung der allgemein prädisponirenden Ursachen zusammenfasst, nämlich einmal die Herabsetzung der psychischen und körperlichen Widerstandsfähigkeit, wie sie durch die besondere Veranlagung oder die besonderen Lebensverhältnisse einer Gruppe von Personen begründet wird, dann aber auch die von den gleichen Umständen abhängige grössere oder geringere Häufigkeit der äusseren Ursachen psychischer Erkrankung. Streng genommen kann natürlich nur im ersteren Falle von einer wirklichen Prädisposition die Rede sein, doch empfiehlt es sich aus praktischen Gründen, auch die Betrachtung der letztgenannten Verhältnisse hier anzuschliessen.

Lebensalter. Von den anthropologischen Eigenschaften, welche die Ausbildung der psychischen Persönlichkeit entscheidend beeinflussen, sind die wichtigsten das Lebensalter und das Geschlecht. Das Gehirn des Neugeborenen ist in gewisser Beziehung ein leeres Blatt; es ist wol die Anlage vorhanden, die dasselbe zu seinen späteren verwickelten Leistungen befähigt, und es bestehen gewiss auch Anlagen, welche die Entwicklung dieser Leistungen in eine bestimmte Bahn zwingen, aber der Inhalt des Bewusstseins ist noch äusserst dürftig, die Verknüpfung der einzelnen psychischen Vorgänge unvollkommen und die Erinnerungsfähigkeit in Folge dessen überaus beschränkt; es ist noch keine feststehende, den Bewusstseinsinhalt und die Triebbewegungen beherrschende, von der Aussenwelt abgegrenzte psychische Persönlichkeit vorhanden.

Allerdings wird dieser Mangel sehr rasch ausgeglichen durch die grosse Leichtigkeit, mit der sich im kindlichen Gehirne jene functionellen Verbindungen ausbilden, die wir als die Grundlage der psychischen Vorgänge anzusehen pflegen. Indessen dieses Verhalten

schliesst zugleich eine Gefahr für das psychische Leben des Kindes
in sich. Die Möglichkeit einer so raschen Bereicherung des Bewusst-
seinsinhalts beruht auf einer grösseren Empfänglichkeit und hat
somit auch eine geringere Widerstandsfähigkeit gegen äussere Eindrücke zur Folge. Die grössere Erregbarkeit des Interesses geht
naturgemäss mit einer leichteren Ablenkbarkeit und Zerstreutheit
desselben einher; die Leichtigkeit, mit der sich die Vorstellungen an
einander knüpfen, schliesst den Hang zu phantastischer Auffassung
und „märchenhafter Belebung" der Aussenwelt in sich. Dazu gesellt
sich eine grosse Unbeständigkeit der Gemüthsbewegungen und Stimmungen sowie die Neigung zu raschem, unüberlegtem Handeln. Physio-
logisch drückt sich diese Eigenthümlichkeit des Kindesalters, wie wir
durch Soltmann's Untersuchungen wissen, in der geringeren
Ausbildung der hemmenden Einflüsse im Nervensystem aus.

Man sollte daher erwarten, dass diese geringere Widerstandsfähigkeit des kindlichen Gehirns, wie sie auch im psychischen Leben
hervortritt, eine entschiedene Neigung zu geistiger Erkrankung mit
sich bringe. In der That spricht für diese Ansicht die tägliche Beobachtung, indem sie uns zeigt, wie gewisse Schädlichkeiten, die der
Erwachsene ohne Störung erträgt, z. B. leichte fieberhafte Erkrankungen, im Kindesalter alsbald ausgeprägte psychische Veränderungen
herbeizuführen pflegen. Allein die unerschöpfliche Spannkraft der
kindlichen Constitution ermöglicht gerade in diesem Alter offenbar
einen rascheren und vollständigeren Ausgleich der Störungen, so
dass die Dauer wenigstens der heilbaren Formen in der Regel nur
eine kurze zu sein pflegt. Sie entgehen aus diesem und anderen
Gründen meist der psychiatrischen Zählung. Dazu kommt, dass
eine ganze Reihe jener Schädigungen, die im Laufe des späteren
Lebens als die wichtigsten Ursachen des Irreseins angesehen werden
müssen (Alkohol, Syphilis, Geschlechtsvorgänge, Ueberanstrengung,
Sorgen) im Kindesalter so gut wie ausgeschlossen sind. Trotz der
an sich geringeren Widerstandsfähigkeit sind daher psychische
Störungen nach der Angabe aller Beobachter in den ersten Lebensjahren verhältnissmässig selten*); alle genauen Zahlenangaben ver-
bieten sich wegen der unsicheren statistischen Grundlagen von selbst.

------

*) Emminghaus, Die psychischen Störungen des Kindesalters. 1887;
Moreau, la folie chez les enfants, deutsch von Galatti. 1889.

Für die richtige Würdigung dieser Verhältnisse ist indessen noch ein weiterer Umstand in Betracht zu ziehen, nämlich die klinische Form der Kinderpsychosen. Der Mangel einer geschlossenen psychischen Persönlichkeit und die geringe Ausbildung der höheren Geistesthätigkeit machen es begreiflich, dass in der ersten Lebenszeit die Psychopathologie sich mit der Hirnpathologie mehr oder weniger vollständig deckt; wir haben höchstens triebartige Aufregungszustände als psychische Begleiterscheinungen der Hirnerkrankungen zu verzeichnen. Auch im späteren Kindesalter sind es ast ausschliesslich gemüthliche Schwankungen, ängstliche oder expansive Erregung, wol meist als erste Vorläufer späterer circulärer Erkrankungen, ferner Delirien mit Sinnestäuschungen und traumhaft verworrenen Wahnbildungen, aus denen sich die eigentlichen Krankheitsbilder zusammensetzen. Jenen letzteren begegnen wir namentlich während und nach den so häufigen fieberhaften Kinderkrankheiten; ausserdem haben wir noch die eigenartigen Dämmerzustände der Kinder auf epileptischer oder hysterischer Grundlage zu erwähnen. Dieser verhältnissmässig geringe Formenreichthum wird indessen weit mehr als ausgeglichen durch das ausgedehnte Gebiet der angeborenen oder in den ersten Lebensjahren erworbenen psychischen Schwächezustände bis zur Idiotie herab. Jede Entwicklungshemmung, jede ernstere Erkrankung des Gehirns, sobald sie die geistige Ausbildungsfähigkeit verringert oder gar vernichtet, wird hier um so leichter das klinische Bild des Schwachsinns oder Blödsinns erzeugen, als noch kein Erwerb aus gesunden Tagen vorhanden ist, der die Unfähigkeit zur Aufnahme neuer Erfahrungen auch nur einigermassen verdecken könnte.

Mit der fortschreitenden Ausbildung der psychischen Persönlichkeit und mit dem gleichzeitigen Hervortreten mannigfacher neuer Krankheitsursachen nimmt die Häufigkeit und Verschiedenheit der Geistesstörungen allmählich zu. Wir machen dabei die Beobachtung, dass im allgemeinen die Entstehung des Irreseins aus äusseren Ursachen wesentlich durch die Ausbreitung jener Ursachen in den einzelnen Lebensabschnitten bestimmt wird, während der Ausbruch endogener Geistesstörungen sich ganz vorwiegend an gewisse Altersstufen knüpft. Allerdings müssen wir bei dieser Betrachtung auch diejenigen Erkrankungen als endogen gelten lassen, welche zwar nicht durch äussere Einwirkungen, aber doch durch Störungen der

Lebensvorgänge ausserhalb des Nervensystems hervorgerufen werden. Dahin gehören z. B. vor allem die mächtigen körperlichen und psychischen Umwälzungen während der Entwicklungszeit*).

Ich muss es für sehr wahrscheinlich halten, dass gerade in diesen Vorgängen wesentliche Entstehungsursachen für jene Form des Irreseins zu suchen sind, die wir mit dem Namen der Dementia praecox zu bezeichnen pflegen. Dafür spricht nicht nur der Umstand, dass diese Krankheit hauptsächlich während der Entwicklungsjahre einsetzt, sondern namentlich auch die bereits von Hecker betonte Anlehnung des klinischen Bildes an die gewöhnlichen psychischen Veränderungen in jener Zeit. Dahin gehören die lebhafte Thätigkeit der Einbildungskraft, die eigenthümlichen Stimmungsschwankungen, die Reizbarkeit, die Neigung zu Schwärmerei und Empfindsamkeit, die geschlechtliche Erregbarkeit, die Antriebe zu allerlei unvermitteltem und unüberlegtem Handeln. Alle diese Züge finden sich in krankhafter Ausprägung bei den verschiedenen klinischen Formen der Dementia praecox wieder, um freilich bald genug durch den regelmässig sich entwickelnden Schwachsinn vernichtet zu werden. Dieser Schwachsinn selbst kann nur durch greifbare Veränderungen in der Hirnrinde erklärt werden, deren Nachweis in einer kleinen Anzahl von Fällen auch bereits gelungen ist. Wie ich glaube annehmen zu dürfen, haben wir es hier mit einer Selbstvergiftung zu thun, deren Quelle vielleicht irgendwie mit den Geschlechtsvorgängen in Beziehung steht. Eine genauere Vorstellung von dem etwaigen Zusammenhange vermag ich mir allerdings zur Zeit noch nicht zu bilden.

Ausser der Dementia praecox treffen wir in diesem Alter häufig auf die ersten Anfänge des manisch-depressiven Irreseins in Form von leichteren oder schwereren Aufregungs- und Depressionszuständen. Ihre Entstehung ist vielleicht in Verbindung zu bringen mit der bekannten grösseren gemüthlichen Erregbarkeit dieses Lebensalters, welche gerade hier die günstigen Bedingungen für das erste Auftreten jener vorwiegend im Bereiche der Gefühle und des Handelns sich abspielenden Geistesstörungen liefert. Insbesondere die nahen statistischen Beziehungen dieser Altersstufen zu den Leidenschaftsverbrechen, zu Körperverletzungen und Widerstand, weisen auf

---

*) W. Wille, Die Psychosen des Pubertätsalters. 1898.

eine Steigerung der psychomotorischen Erregbarkeit, auf eine erleichterte Auslösung von Bewegungsantrieben hin, wie wir sie später als eine der Grundstörungen der manischen Erregung kennen lernen werden.

Auch andersartige krankhafte Veranlagungen pflegen sich in dieser Zeit verminderter Widerstandsfähigkeit zum ersten Male deutlicher zu zeigen. Namentlich epileptische und hysterische Krankheitserscheinungen in ihren mannigfaltigen Formen treten vielfach jetzt hervor, ebenso die vielgestaltigen Anfechtungen des Entartungsirreseins. Endlich aber beginnen nunmehr auch eine Anzahl von äusseren Schädlichkeiten ihren Einfluss zu entfalten, da allmählich der Schutz des elterlichen Hauses mit einer grösseren Selbständigkeit der Lebensführung vertauscht wird. Allerlei Verführungen und Kämpfe treten an die noch unfertige Persönlichkeit heran; die Schädigungen, welche der Kampf ums Dasein mit sich bringt, äussern ihre ersten Wirkungen.

Dabei macht sich die Unzulänglichkeit der persönlichen Anlage allmählich stärker geltend. Jene psychischen Krüppel, die dem Kampfe ums Dasein nicht gewachsen sind, beginnen nunmehr durch ihre eigenthümliche Entwicklungsrichtung, durch unzweckmässige Verarbeitung der Lebensreize und geringere Widerstandsfähigkeit sich deutlicher auszusondern. Für das männliche Geschlecht wird jetzt ganz besonders der Alkohol gefährlich, für das weibliche das Fortpflanzungsgeschäft. Acute Krankheiten, heftige Gemüthserschütterungen, vielleicht auch einmal Ueberanstrengung können in diesem Alter verhältnissmässig leicht Erschöpfungspsychosen erzeugen. Gleichwol ist die Häufigkeit psychischer Erkrankungen hier noch keine allzu grosse.

Die grösste statistische Häufigkeit der Geistesstörungen fällt in die Zeit der vollen Kraftentfaltung vom 25. bis zum 40. Lebensjahre. Sicherlich ist der Grund nicht die besondere Verletzlichkeit der entwickelten körperlichen und geistigen Persönlichkeit, sondern lediglich die Zahl der von aussen auf dieselbe einstürmenden Krankheitsursachen. Die Widerstandsfähigkeit ist in diesem Alter zweifellos am grössten, aber die Schädlichkeiten sind in rascherem Fortschritte angewachsen, als jene. Die Schwierigkeiten der Lebensführung vergrössern sich mit der zunehmenden Selbständigkeit und der Sorge um Weib und Kind; aus der weiter

reichenden Verantwortlichkeit entspringen ernstere Kämpfe und
Sorgen; die höher gestellten Hoffnungen bringen Enttäuschungen
mit sich, und die dauernde Anspannung aller körperlichen und
geistigen Kräfte im Daseinskampfe wird nicht lange ohne Ermüdung
und Erschöpfung ertragen. Dazu gesellen sich die vielfachen
Erkrankungen, denen die rücksichtslose Arbeit den Menschen aussetzt,
die verhängnissvollen Vorgänge des Geschlechtslebens beim Weibe,
ganz besonders auch die verderbliche Wirkung der Ausschweifungen
in Trunk und Liebe, nebst deren tückischer Begleiterin, der Syphilis. Eine Reihe verschiedenartiger Formen des Irreseins gewinnen
daher in diesem Alter ihre weiteste Verbreitung. Entschieden im
Vordergrunde jedoch steht die Paralyse und der Alkoholismus,
namentlich beim männlichen Geschlechte; bei den Frauen treten
dem gegenüber die einzelnen, nunmehr sich häufenden Anfälle des
manisch-depressiven Irreseins stärker hervor. Ausserdem pflegt in
dieser Zeit auch, wenn nicht schon etwas früher, jene eigenartige Umwandlung der psychischen Persönlichkeit zu beginnen, die wir als
Paranoia bezeichnen.

In dem Jahrfünft vom 36. bis zum 40. Lebensjahre ist die Zahl
psychischer Erkrankungen auf ihrem Höhepunkte angelangt. Von
da ab wird das Irresein allmählich seltener, vielleicht deswegen, weil
nunmehr das Ziel einer gesicherten Lebensstellung in der Mehrzahl
der Fälle erreicht ist und damit eine Anzahl von Sorgen und Aufregungen in Wegfall kommt, andererseits, weil das reifere Alter der
Verführung zu Ausschweifungen weniger zugänglich ist und beim
Weibe die Gefahren des Fortpflanzungsgeschäftes zurücktreten. Dazu
kommt, dass im nunmehr beginnenden Greisenalter die Empfindlichkeit
für gemüthliche Erschütterungen zweifellos bedeutend abnimmt.
Endlich aber ist dieses Lebensalter gewissermassen bereits „durchseucht";
die grosse Mehrzahl der Gefährdeten ist schon früher den verderblichen Einflüssen der Krankheitsursachen unterlegen. Aus allen
diesen Gründen lässt die Häufigkeit psychischer Erkrankungen mit
zunehmendem Alter zuerst ein langsames, von der Mitte der 50er
Jahre aber ein rasches Sinken erkennen.

Andererseits jedoch hat nicht selten die aufreibende Arbeit des
Lebens hier eine neue, erworbene Prädisposition geschaffen, indem sie
die Widerstandsfähigkeit des durch dauernde Ueberanstrengung verbrauchten Gehirns untergraben hat. Hier wird das Alter selbst zur Krank-

beit, der bis zu einem gewissen Grade schliesslich ein Jeder erliegen muss. Die Aufnahmefähigkeit des Greises, seine geistige Beweglichkeit nimmt ab; er beginnt allmählich, fremd in seiner Umgebung und in Zeit zu werden. Sein Gedächtniss wird unzuverlässig, namentlich seiner für die jüngste Vergangenheit; der Gesichtskreis verengt sich wegen der Unzugänglichkeit für neue Anregungen; der Vorstellungsschatz verarmt, da der fortschreitende Verlust an Vorstellungen nicht mehr durch neuen Erwerb ausgeglichen wird. Auch auf gemüthlichem Gebiete kommt es zu einer gewissen Verödung, zu einer Einschränkung der Gefühlsregungen auf die allernächsten und unmittelbarsten Interessen. Ohne Zweifel liegen dieser psychischen Umwandlung bestimmte körperliche Veränderungen zu Grunde. Wir erinnern nur an das Klimakterium der Frauen und die entsprechenden, freilich weit weniger einschneidenden Vorgänge beim Manne, ferner an die augenfälligen Rückbildungen in den gesammten Organen des alternden Körpers. Besondere Bedeutung für die senilen Geistesstörungen hat man, vielleicht mit Recht, von jeher den Veränderungen an den Blutgefässen zugeschrieben, die in der That nicht nur sehr stark in die Augen zu fallen pflegen, sondern sicherlich auch schwere Störungen der Hirnernährung herbeizuführen im Stande sind. Ausserdem aber fehlt es auch nicht an eigenartigen, von der Blutversorgung unabhängigen Altersveränderungen des Hirngewebes.

Als klinischen Ausdruck des Rückbildungsalters können wir vor allem die verschiedenen Formen der Melancholie betrachten. Ausserdem scheint sich die Herabsetzung der psychischen Widerstandsfähigkeit in diesem Lebensabschnitte darin zu verrathen, dass jetzt noch gewisse Geistesstörungen beginnen können, die wir sonst auf eine ursprüngliche krankhafte Veranlagung zurückzuführen pflegen. Dahin gehört das circuläre Irresein, welches nicht selten jetzt erst einsetzt, bisweilen nach einem vereinzelten ersten Anfalle im Entwicklungsalter. Auch gewisse Formen der Paranoia sehen wir zu dieser Zeit beginnen; bei ihnen kann es zweifelhaft sein, ob sie als eigentliche Rückbildungskrankheiten oder als späte Erzeugnisse einer krankhaften Veranlagung zu betrachten sind; mir ist die erstere Auffassung wahrscheinlicher.

Mit dem Eintritte des eigentlichen Greisenalters gewinnen die Geistesstörungen immer mehr den gemeinsamen Grundzug der psychischen Schwäche. Abnahme des Gedächtnisses, Unfähigkeit

zur Auffassung und Verarbeitung neuer Eindrücke, Verwirrtheit
und Zerfahrenheit, Oberflächlichkeit der Gemüthsbewegungen, hypochondrische Befürchtungen, nächtliche Unruhe, dabei Neigung zu
rascher Verblödung sind die hervorstechendsten Züge der hierher
gehörigen Krankheitsbilder, unter denen neben dem einfachen,
mehr oder weniger hochgradigen Altersblödsinn die senilen
Melancholien mit unsinnigen Wahnbildungen im Vordergrunde stehen.
Seltener sind dauernde Verwirrtheit und deliriöse oder läppische
Erregungszustände. Vereinzelt begegnen wir noch den letzten Aus-
läufern des manisch-depressiven Irreseins. Bemerkenswerth ist
überall die Häufigkeit von Gehirnerscheinungen, Schwindel, aphasischen Störungen, Schlaganfällen, Krämpfen und Lähmungen.

Geschlecht. Die Frage nach der Veranlagung der beiden
Geschlechter zu psychischer Erkrankung ist auf Grund statistischer
Erhebungen vielfach verschieden beantwortet worden. Ohne
weiteres Eingehen auf die Würdigung der Fehlerquellen derartiger
Angaben sei hier nur bemerkt, dass die statistische Häufigkeit des
Irreseins im allgemeinen keine erheblichen und sicheren Unterschiede
zwischen beiden Geschlechtern erkennen lässt. In Wirklichkeit
dürfte es kaum zweifelhaft sein, dass das Weib mit seiner zarteren
Veranlagung, mit der geringeren Ausbildung des Verstandes und dem
stärkeren Hervortreten des Gefühlslebens weniger Widerstandsfähigkeit gegen die körperlichen und psychischen Ursachen des
Irreseins besitzt, als der Mann. Allein die Bedeutung dieser Veranlagung für die wirkliche Häufigkeit psychischer Erkrankungen
wird ausgeglichen durch die verhältnissmässig geschützte Stellung, die
das Weib dem unvergleichlich mehr gefährdeten Manne gegenüber
einnimmt. Alle jene Schädlichkeiten, die der Kampf ums Dasein
mit sich bringt, treffen in erster Linie und vorwiegend den Mann,
dem die Sorge für die Familie obliegt, wenn auch die Mühsalen des
Lebensunterhaltes für das unverheirathete Weib vielfach weit grösser
sein mögen. Ferner ist vor allem auf die Wirkung der Ausschweifungen
nach den verschiedensten Richtungen hinzuweisen, Gefahren, denen
ganz vorzugsweise der Mann wegen der gesellschaftlichen und wirthschaftlichen Unabhängigkeit seiner Stellung ausgesetzt ist, während
das Weib, durch Erziehung und Sitte gebunden, stets ein eintönigeres,
regelmässigeres und ruhigeres Leben zu führen gezwungen ist. Wo
dieser Zwang einmal durchbrochen und der Leidenschaftlichkeit der

weiblichen Natur freier Spielraum gegeben ist, bei Prostituirten, sehen wir daher sofort die geringere Widerstandsfähigkeit des weiblichen Geschlechtes in erschreckenden Procentsätzen des Irreseins und der Selbstmorde zum Ausdruck gelangen*). Allerdings dürfte gerade hier die verhältnissmässige Häufigkeit ursprünglicher krankhafter Veranlagung wesentlich in Rechnung zu ziehen sein.

Die Entstehung der eigenthümlichen Geistesstörungen des Weibes wird durchaus beherrscht durch die Vorgänge des Geschlechtslebens. Die Bedeutung der Sexualerkrankungen, der Schwangerschaft, des Wochenbettes, des Säugegeschäftes ist schon früher berührt worden; sie tragen die Schuld, dass zwischen dem 16. und 35. Lebensjahre thatsächlich die Gefährdung des weiblichen Geschlechtes eine etwas höhere ist, als diejenige des Mannes. Nach jenem Zeitpunkte zeigt dieselbe an sich und verhältnissmässig eine Abnahme, bis mit den mannigfachen Umwälzungen und Störungen im Rückbildungsalter, etwa von Mitte der 40er Jahre bis Mitte der 50er Jahre, die Zahl der psychischen Erkrankungen beim Weibe wieder etwas überwiegt. Ja, zwischen dem 61. und 65. Lebensjahre lässt sich sogar geradezu eine Zunahme der Geistesstörungen beim weiblichen Geschlechte nachweisen, die allerdings im späteren Alter wieder einer rascheren Abnahme Platz macht. Dennoch erscheint das Weib von da ab dauernd mehr gefährdet, als der Mann.

Den Verschiedenheiten in den ursächlichen Verhältnissen bei beiden Geschlechtern entspricht auch das Vorwalten der einzelnen Krankheitsformen bei ihnen. Die Dementia paralytica, die Vergiftungspsychosen, insbesondere der Alkoholismus, das epileptische Irresein, die Verrücktheit mit ihrer vorzugsweise intellectuellen Störung, die erworbene Neurasthenie überwiegen beim männlichen Geschlechte. Beim Weibe begegnen wir dagegen auffallend häufig den mit lebhaften Stimmungsschwankungen einhergehenden manischdepressiven Geistesstörungen, für welche vielfach auch die periodischen Umwälzungen im Geschlechtsleben den günstigen Boden abgeben. Ferner beobachten wir hier häufiger die Erschöpfungspsychosen, meist im Zusammenhange mit den Vorgängen des Fortpflanzungsgeschäftes, während das Klimakterium beim Weibe in höherem Maasse die Neigung zu melancholischen Erkrankungen erzeugt. Weniger sicher

---

*) v. Oettingen, Moralstatistik. 3. Auflage. 1882, S. 767 ff.

ist, wie früher ausgeführt, der Zusammenhang der beim Weibe ebenfalls weit mehr verbreiteten hysterischen Erkrankungen mit den besonderen geschlechtlichen Eigenthümlichkeiten. Von den Verblödungsprocessen scheinen die einfachen Formen das männliche, die katatonischen das weibliche Geschlecht etwas zu bevorzugen.

Volkscharakter und Klima. Sehr wenig Sicheres lässt sich bei dem jetzigen Stande der Statistik und der grossen Schwierigkeit der Frage über die Neigung der einzelnen Volksstämme zu geistiger Erkrankung aussagen. Man kann eben nicht ermitteln, wie weit die sich herausstellenden zahlenmässigen Unterschiede nicht vielmehr durch Verschiedenheiten in den äusseren Lebensbedingungen verursacht sind. Nur dort können wir vergleichen, wo verschiedene Volksstämme unter annähernd gleichen Verhältnissen zusammenwohnen. Wirklich verwerthbar sind daher nur die Angaben über das Verhalten der Juden gegenüber der umgebenden Bevölkerung anderen Stammes. Dieser Vergleich ergiebt, dass wenigstens in Deutschland die Juden in erheblich höherem Maasse zu geistiger und nervöser Erkrankung veranlagt sind, als die Germanen. Vielleicht spielt dabei eine gewisse Rolle die Vorliebe der Juden für Verwandtenheirathen, von denen wir wissen, dass sie eine bestehende Krankheitsanlage in bedenklicher Weise fortzubilden im Stande sind. Weiterhin giebt es übrigens Thatsachen, die, auch abgesehen von der oben erwähnten Fehlerquelle, einen sehr entschiedenen Einfluss der Stammeseigenthümlichkeiten auf die Gestaltung des Irreseins andeuten. Dahin gehört die sehr verschiedene Neigung der einzelnen Völker zum Alkohol. Die germanischen Stämme zeigen jene Neigung sämmtlich in ausgeprägtester Weise, während die Romanen im Genusse geistiger Getränke fast durchgängig sehr mässig sind. Dadurch werden die Formen des Irreseins natürlich bedeutend beeinflusst. Grosse Unterschiede bietet auch die Häufigkeit der progressiven Paralyse. In Irland, Spanien, Nordafrika, in Abessynien und Japan soll sie weit seltener sein als bei uns, obgleich dem nicht überall auch eine geringere Häufigkeit der Syphilis zu entsprechen scheint. Ein anderes, kaum weniger auffallendes Beispiel bietet uns die Selbstmordstatistik*). Die Unterschiede nicht nur der grossen

---

*) Morselli, Der Selbstmord, deutsch von Kurella. 1881; Durkheim, le suicide, étude de sociologie. 1897.

Volksstämme, sondern auch der einzelnen kleineren Gruppen untereinander sind so beträchtliche, dass sie schlechterdings nicht allein oder auch nur hauptsächlich auf die verschiedenen Lebensbedingungen zurückgeführt werden dürfen. Wer Gelegenheit gehabt hat, die ausserordentliche Selbstgefährlichkeit der Geisteskranken in Sachsen kennen zu lernen, wird erstaunt sein, in Bayern etwa oder in der Pfalz eine unvergleichlich geringere Selbstmordneigung anzutreffen. Dass dieselbe bei den Romanen noch weit mehr in den Hintergrund tritt, ist bekannt. Auch hinsichtlich der Gewaltthätigkeit der Kranken bestehen sehr grosse Verschiedenheiten. In Deutschland stehen nach meinen Erfahrungen Ober- und Niederbayern in dieser Beziehung bei weitem oben an, während die sächsischen Kranken im allgemeinen eine sehr geringe Neigung zu Gewaltthätigkeiten zeigen. Leider gestattet der heutige Stand unserer klinischen Diagnostik keine vergleichende Untersuchung über die Häufigkeit der einzelnen Krankheitsformen; wenigstens muss ich alle bisher darüber vorliegenden Angaben für völlig werthlos halten. Es scheint mir jedoch durchaus möglich, dass sich uns die Verschiedenheit der Volksstämme einmal auch in ihrer verschiedenen Neigung zu bestimmten Krankheitsformen kundgeben wird.

Höchst wahrscheinlich hat auch das Klima auf die Häufigkeit und Form des Irreseins einen gewissen Einfluss, wenn auch genaueres darüber kaum bekannt ist. Für jene Annahme sprechen indessen zunächst die Erfahrungen, die man über die Abhängigkeit der Selbstmorde und Verbrechen von Jahreszeiten und Klima gemacht hat. Ferner habe ich den Eindruck, als ob die Aufregungszustände unserer Kranken im Sommer meist heftiger verlaufen, als im Winter; bei circulären Fällen sieht man nicht selten die Depression gerade in den Winter fallen. In Italien scheinen plötzliche triebartige Erregungszustände häufiger vorzukommen, als bei uns; andererseits sind mir bei den Esten keine wesentlichen Abweichungen gegenüber unseren Kranken aufgefallen. Rasch*) hat neuerdings über den Einfluss des Tropenklimas auf eingewanderte Europäer berichtet. Er kommt zu dem Ergebnisse, dass sich im Laufe der Jahre allmählich Schlaffheit, Gleichgültigkeit, Abnahme des Gedächtnisses, Verlust der gemüthlichen Widerstandsfähigkeit,

---

*) Allgem. Zeitschr. f. Psych. LIV, 745.

Reizbarkeit und Empfindlichkeit, endlich Schwinden der Thatkraft einstelle.

Allgemeine Lebensverhältnisse. Es kann nicht zweifelhaft sein, dass die gesammten Lebensbedingungen, unter denen ein Volk sich befindet, einen nachhaltigen Einfluss auch auf die Häufigkeit des Irreseins gewinnen müssen; hängt doch von ihnen nicht nur die allgemeine Widerstandsfähigkeit, sondern auch die Verbreitung der besonderen Krankheitsursachen ab. Wie es scheint, nimmt die Zahl der Geistesstörungen mit steigender Gesittung zu. Zwar sind die Angaben über die Seltenheit des Irreseins bei Naturvölkern mit grosser Vorsicht aufzunehmen, da es uns noch gänzlich an wirklich zuverlässigen Nachrichten über diesen Punkt fehlt. Weiterhin aber scheint es, dass in dem höher entwickelten Westeuropa das Verhältniss der Geisteskranken zur Bevölkerung ein ungünstigeres ist, als im Osten. Allein auch dieses Ergebniss hat wegen der ungleichen Sicherheit der Irrenstatistik in den einzelnen Ländern einstweilen nur einen sehr zweifelhaften Werth. Dagegen lassen regelmässige Zählungen bei uns mit Bestimmtheit eine rasche Zunahme der Geisteskranken erkennen, welche das allgemeine Anwachsen der Bevölkerung weit übersteigt. Zum Theil ist diese Zunahme sicher durch die grössere Sorgfalt der Zählung, durch die bessere Kenntniss der Geistesstörungen bedingt. Dennoch können wir, wie ich glaube, nicht wol mehr daran zweifeln, dass wir thatsächlich mit einer recht bedeutenden Zunahme des Irreseins zu rechnen haben. Dafür spricht ausser dem erschreckend schnellen Anwachsen der Zahlen die gleichzeitige Steigerung der Selbstmordhäufigkeit, dann aber auch der eigenthümliche Gegensatz, der sich zwischen Stadt- und Landbevölkerung herausstellt. Gerade die grossen Städte mit ihren erhöhten Anforderungen an die geistige und sittliche Kraft des Einzelnen, mit ihrer Erschwerung der Lebensbedingungen und ihren mannigfachen Verführungen zu Ausschweifungen aller Art sind es, welche bei weitem den grössten Beitrag zu der raschen Vermehrung der Geisteskrankheiten und des Selbstmordes liefern. Dort sind die Umwälzungen, die unser Zeitalter in den gesammten Lebensverhältnissen herbeigeführt hat, am schärfsten ausgeprägt. Die vollständige Umgestaltung des Arbeitsbetriebes durch Dampf und Elektricität, die Vernichtung des Handwerks, die Entwicklung des Fabrikwesens, der ins Ungeahnte gesteigerte wirthschaftliche und geistige Verkehr stellen heute Anforderungen an die Leistungsfähigkeit des Einzelnen, die weit über das früher Gewohnte hinausgehen. Alle diese Wandlungen sind mit so unerhörter Schnelligkeit vor sich gegangen, dass wol nur die anpassungsfähigsten Naturen denselben völlig haben folgen können. Wir leben in einer Uebergangszeit, in welcher sich der Kampf um's Dasein naturgemäss ganz besonders heftig und aufreibend gestaltet. Das ist, wie ich meine, der Hauptgrund, warum die Anzahl derer so unheimlich zunimmt, die den allzu rasch gesteigerten Anforderungen unseres heutigen Lebens nicht genügen und in dem friedlichen Ringen kampfunfähig werden. Ein neues, heranwachsendes Geschlecht wird in diesen Kampf von vornherein mit frischer Kraft und besseren Waffen eintreten und sich damit auch den veränderten Lebensbedingungen anpassen lernen.

Wir dürfen dabei nicht vergessen, dass jedem Uebel am Körper der Menschheit alsbald auch das Heilmittel zu erwachsen pflegt. Das hastige Leben unserer Zeit ist gleichzeitig auch reicher geworden; die Noth hat auch die Hülfsbereitschaft vermehrt. Allmählich werden die vielfachen Bestrebungen zur Linderung des Elends, zur Erziehung des Volkes für seine neuen Aufgaben ihre segensreiche Wirkung entfalten können und auch die Schwachen stützen, die aus eigener Kraft der neuen Zeit nicht zu folgen vermögen. Ja, in gewissem Sinne können wir sogar sagen, dass gerade die stärker erwachende Menschenliebe einen nicht unwesentlichen Antheil an der Zunahme der Geistesstörungen hat, indem sie eine grosse Anzahl von geistigen Krüppeln pflegt und erhält, die ohne sie unrettbar frühem Untergange anheimfallen würden. Eine kräftige Triebfeder erhält diese Fürsorge allerdings durch den Umstand, dass die verwickelten Lebensverhältnisse der grossen Städte heute die häusliche Pflege vieler Geisteskranker unmöglich machen, die sonst vielleicht der Anstalt noch gar nicht bedürfen würden.

Auf der anderen Seite ist jedoch leider nicht zu verkennen, dass einige der wichtigsten Ursachen des Irreseins auch ohne unmittelbaren Zusammenhang mit der Umgestaltung unserer gesammten Lebensverhältnisse in rascher Verbreitung begriffen sind, vor allem der Alkoholmissbrauch und die Syphilis. Beide Ursachen werden erfahrungsgemäss besonders in den Grossstädten gezüchtet, in denen sie, sehr mässig gerechnet, etwa die Hälfte der Geistesstörungen erzeugen. Will man die Ausbreitung der Trunksucht und der Geschlechtskrankheiten als Gradmesser der Gesittung betrachten, was vielleicht nicht unberechtigt wäre, so müsste man allerdings zu dem trostlosen Schlusse kommen, dass wir durch den Fortschritt unserer Cultur mit Nothwendigkeit dem Untergange durch körperliche und geistige Entartung entgegengetrieben werden.

Beruf. Die Prädisposition einzelner Berufsarten zum Irresein ist natürlich zumeist nur in der grösseren Häufigkeit und Wirksamkeit der mit ihnen verknüpften Schädlichkeiten begründet; höchstens könnte man aus der Wahl mancher künstlerischer Berufsarten, z. B. des dichterischen und schauspielerischen, einen bisweilen zutreffenden Rückschluss auf eine stärkere gemüthliche Empfänglichkeit und Erregbarkeit machen. Ferner dürfte die Berufslosigkeit (Landstreicher, Gewohnheitsverbrecher u. s. f.) vielfach durch unvollkommene oder krankhafte Entwicklung der Persönlichkeit bedingt werden. Erfahrungsgemäss findet sich unter den Insassen der Gefängnisse und Zuchthäuser eine bedeutende Zahl von mehr oder weniger ausgeprägt Geisteskranken; die Angaben schwanken um 2—4% herum, gehen bei den Männern jedoch erheblich höher. Am häufigsten scheinen Trinker zu sein, die freilich nur mit Vorbehalt als krank angesehen zu werden pflegen; in Preussen sollen sie über 40% der Strafanstaltsbevölkerung ausmachen. Auch Epileptiker sind nicht selten, besonders unter den Landstreichern und Leidenschaftsverbrechern. Bei ihnen spielt meist der Alkohol nebenbei noch eine bedeutende Rolle. Endlich dürften sich nach meinen Erfahrungen unter den Gewohnheitsbettlern und den harmloseren Unverbesserlichen unerkannt eine ganze Anzahl von hebephrenisch Schwachsinnigen befinden. Ob wir auch die eigentlichen Gewohnheitsverbrecher mit angeborenem, unausrottbarem Triebe zu verbrecherischen Handlungen dem Gebiete der krankhaften Veranlagungen zurechnen dürfen, ist zur Zeit mindestens streitig. Immerhin sehen wir nicht ganz wenige von ihnen späterhin noch unzweifelhaft geistig erkranken.

Im übrigen sind es entweder psychische oder körperliche Ursachen, welche, an eine bestimmte Art der Lebensführung sich knüpfend, eine grössere Häufigkeit des Irreseins zur Folge haben. Geistige Ueberanstrengung kann bei Gelehrten oder im jugendlichen Alter bei Schülern prädisponirend wirken oder auf anderweitig

vorbereitetem Boden dem Ausbruche des Irreseins Vorschub leisten.
Gerade die Erkrankungen an Dementia praecox sieht man auffallend häufig bei jungen Leuten, die wegen besonderer Fortschritte
in der Schule dazu bestimmt werden, einen Beruf zu ergreifen, der
höhere Anforderungen an ihre geistige Leistungsfähigkeit stellt.
Gemüthliche Erregungen spielen bei Militärs im Kriege, bei Börsen-
männern, bei Künstlern, bei Erzieherinnen ihre verderbliche Rolle.
Matrosen, Schankwirthe, Prostituirte sind dem Einflusse der Ausschweifungen, dem Trunke und der Syphilis ausgesetzt, während
der Fluch der Noth, der Entbehrung, der Nahrungssorgen, hygieni-
scher Missstände hauptsächlich die handarbeitenden Massen der Bevölkerung drückt. Körperliche Ueberanstrengung, Strapazen, Nachtwachen sind die Schädlichkeiten, welche der Militärdienst mit sich
bringt; im Verein mit den vielleicht nicht ganz gleichgültigen beständigen Erschütterungen des Fahrens treffen sie den Eisenbahn-
bediensteten. Wärmebestrahlung, Kopfverletzungen, Vergiftungen
verschiedener Art (Blei, Quecksilber) sind weitere Gelegenheitsursachen, denen wieder andere Berufsarten vorzugsweise ausgesetzt
zu sein pflegen. Der klinische Ausdruck dieser Berufsprädisposition
wird natürlich wesentlich durch die besondere Art der vorherrschen-
den Ursachen bestimmt; wir können daher in dieser Beziehung auf
die frühere Besprechung der betreffenden ursächlichen Verhältnisse
zurückverweisen.

Civilstand. Ein nicht unerheblicher Einfluss auf die Häufigkeit
des Irreseins muss, wie es im Hinblicke auf statistische Zusammen-
stellungen den Anschein hat, dem Civilstande zugeschrieben werden.
Allerdings hat Hagen mit Recht darauf hingewiesen, dass die zunächst sich ergebenden Unterschiede vor allem auf die verschiedene
Morbidität des durchschnittlichen Lebensalters zurückzuführen sind,
in welchem sich die Ledigen und die Verheiratheten befinden. Haben
wir doch oben gesehen, dass psychische Erkrankungen zwischen
dem 20. und 40. Lebensjahre überhaupt häufiger zu sein pflegen,
als in späterem Alter. Auf der anderen Seite ist es unzweifelhaft,
dass in einer grossen Zahl von Fällen die Ehelosigkeit schon als
die Folge einer unvollkommenen psychischen Entwicklung, einer
bestehenden oder (namentlich beim weiblichen Geschlechte) überstandenen Geistesstörung anzusehen ist. Endlich aber kann auch
der Ehe selbst trotz der aus dem Fortpflanzungsgeschäfte erwachsen-

den Gefahren, trotz der Sorgen, die sie mit sich bringt, dennoch
wegen der grösseren Befriedigung und Sicherheit des gemeinschaft-
lichen Lebens und auch wol wegen der geringeren Verführung zu
Ausschweifungen eine gewisse schützende Bedeutung nicht abgesprochen werden. Am meisten gefährdet scheinen die Verwittweten
und Geschiedenen zu sein; haben sie doch häufig fast alle Sorgen
und Gefahren der Ehe zu tragen, ohne deren schützende und sichernde
Wirkungen zu geniessen.

2. Persönliche Prädisposition.

Wenn uns die bisherige Betrachtung gezeigt hat, wie den verschiedenen Gruppen von Menschen entweder nach ihrer allgemeinen
Anlage eine geringere Widerstandsfähigkeit gegen schädigende Einflüsse zukommt, oder wie sie nach ihrer eigenthümlichen Veranlagung und den besonderen Lebensverhältnissen einer grösseren
oder geringeren Zahl von Gefahren ausgesetzt sind, so werden uns
ähnliche Gesichtspunkte einen Einblick in das zweifache Wesen jener
vielgestaltigen Krankheitsursachen verschaffen, die man unter dem
Namen der persönlichen Prädisposition zusammenzufassen pflegt.
Erblichkeit. Die Zergliederung der einzelnen Persönlichkeit
weist uns auf die Entstehung derselben und damit über das indivi-
duelle Leben hinaus auf dasjenige der Erzeuger zurück, welches uns
über die erste und in mancher Beziehung wichtigste Frage Aufschluss
zu geben hat, über die Frage nach dem Einflusse der Erblichkeit.
Die Bedeutung dieser Verhältnisse in der Entstehungsgeschichte
psychischer Krankheiten ist jederzeit und von allen Irrenärzten auf
das einmüthigste betont worden, so sehr auch bei den naheliegenden Fehlerquellen einer Statistik über diesen Punkt die Zahlenangaben im einzelnen auseinandergehen*) (von 4 bis 90%). Der
Grund für diese grossen Unterschiede liegt hauptsächlich in der
verschieden weiten Fassung des Begriffes der Erblichkeit, in der
grösseren oder geringeren Genauigkeit der Vorgeschichte und in der
Besonderheit des verarbeiteten Krankenmaterials. Wenn man be-

---

*) Legrand du Saulle, Die erbliche Geistesstörung, übersetzt von Stark.
1874; Ribot, Die Vererbung, deutsch v. Kurella. 1895; Orschansky, étude sur
l'hérédité normale et morbide. 1894; Grassmann, Allgem. Zeitschr. f. Psych. LIL
060; Turner, Journal of mental science, Juli 1896.

rücksichtigt, dass nicht nur eigentliche Geistesstörungen, sondern eine Reihe von verwandten Zuständen, Alkoholismus, Neurosen, auffallende Charaktere, verbrecherische Neigungen und dergl., als Erscheinungsformen krankhafter Veranlagung angesehen und somit bei der Feststellung der Erblichkeitsverhältnisse in Rechnung gebracht werden müssen, so lässt sich im Mittel bei mindestens 60 bis 70% aller psychisch Erkrankten unter den nächsten Anverwandten das Bestehen derartiger Abweichungen nachweisen. Für die Würdigung dieses rein statistischen Ergebnisses ist es indessen sehr wichtig, zu bedenken, dass einmal das Zusammentreffen psychopathischer Züge bei Gliedern derselben Familie noch keinen nothwendigen ererbten Zusammenhang zwischen diesen Störungen erweist, und dass uns ferner gänzlich der statistische Nachweis für die Häufigkeit einer derartigen erblichen Veranlagung bei der grossen Masse nicht geisteskranker Personen mangelt. Allerdings hat eine auf meine Veranlassung von Jost in der Strassburger medicinischen Klinik angestellte Nachforschung über die psychopathische Belastung nicht geisteskranker Personen überraschender Weise bei nicht mehr als 3% das Vorkommen von Geistesstörungen in der Familie ergeben. Da es sich indessen nur um etwa 200 Personen handelte, bedarf diese Feststellung weiterer Nachprüfung. Müssen wir somit auch die Erblichkeitszahlen beim Irresein lediglich als Erfahrungsthatsachen ansehen, ohne in ihnen zunächst etwa den Ausdruck eines „Gesetzes" zu erblicken, so steht dennoch die allgemeine Bedeutung der Erblichkeit in der Entstehungsgeschichte des Irreseins über allem Zweifel fest, so wenig wir uns auch von dem tieferen Zusammenhange der Vorgänge hier eine irgendwie genügende Vorstellung machen können.

Wie die Erfahrung lehrt, kann die Vererbung entweder eine unmittelbare, von den Eltern ausgehende, oder eine mittelbare sein. Im letzteren Falle lässt sich wieder die atavistische, von den Grosseltern hergeleitete, und die collaterale unterscheiden, die sich auf psychopathische Zustände in einer Seitenlinie (Onkel, Grosstante, Vetter u. s. f.) zurückbezieht. Am stärksten wirkt sicherlich die unmittelbare Vererbung, namentlich wenn beide Eltern (gehäufte Vererbung), und wenn sie schon bei der Zeugung des Kindes geisteskrank waren; doch kann auch auf ein vor dem Ausbruche des Irreseins erzeugtes Kind die schon früher bestehende krankhafte Veranlagung übertragen werden. Der Einfluss des Vaters scheint bei der Vererbung im allgemeinen mächtiger zu wirken, als derjenige der Mutter; in Uebereinstimmung damit steht die Erfahrung, dass die weiblichen Familienglieder wegen der so häufigen gekreuzten Vererbung nicht unerheblich stärker gefährdet sind, als die männlichen.

Die Wirkung der Erblichkeit lässt je nach Art und Stärke gewisse Verschiedenheiten erkennen. Wo die krankhaften Einflüsse sich häufen, wie das namentlich bei Verwandtschaftsheirathen in neuropathisch veranlagten Familien der Fall zu sein scheint, da entsteht schliesslich eine „organische Belastung“, da treten bei der Nachkommenschaft die schwereren Formen psychischer Entartung sowol auf geistigem wie auf sittlichem Gebiete hervor. Morel*) stellt für diese fortschreitende erbliche Entartung das folgende allgemeine Gesetz auf: 1. Generation: nervöses Temperament, sittliche Unfähigkeit, Ausschweifungen. 2. Generation: Neigung zu Schlaganfällen und schweren Neurosen, Alkoholismus. 3. Generation: psychische Störungen, Selbstmord, geistige Unfähigkeit. 4. Generation: angeborene Blödsinnsformen, Missbildungen, Entwicklungshemmungen. Es würde also diese Art der Züchtung von selbst mit Nothwendigkeit den Untergang des entarteten Geschlechtes herbeiführen. Von einer so einfachen Regelmässigkeit ist natürlich bei diesen ungemein verwickelten und nur in den gröbsten Umrissen bekannten Verhältnissen keine Rede. Vor allem ist dabei zu berücksichtigen, dass neben den verschlechternden Einflüssen überall auch entgegengesetzte Strömungen wirksam sind, welche auf den Ausgleich der Störungen und auf eine gesunde Fortentwicklung hinarbeiten. Wäre das nicht der Fall, so wäre längst das ganze Menschengeschlecht zu Grunde gegangen. Thatsächlich kommt es daher nur unter sehr ungünstigen Umständen zu einer derartigen absteigenden Stufenleiter; in zahllosen entarteten Familien sehen wir durch die Mischung mit gesundem Blute die Spuren der krankhaften Veranlagung sich bei den Nachkommen wieder verwischen. Immerhin dürfte gerade das häufigere Auftreten angeborener Schwächezustände, bisweilen neben hervorragender Begabung bei anderen Familiengliedern, die schwersten Grade erblicher Belastung ankündigen.

*) Traité des dégénérescences physiques, morales et intellectuelles de l'espèce humaine. 1857.

Von sonstigen psychischen Erkrankungen sind es namentlich das manisch-depressive Irresein in seinen verschiedenen Formen, die epileptischen, hysterischen Geistesstörungen und die mannigfaltigen Gestaltungen des Entartungsirreseins, endlich wol auch die Verrücktheit, welche am häufigsten gerade auf ererbter Grundlage sich entwickeln. Verhältnissmässig wenig durch die Erblichkeitswirkungen beeinflusst zeigen sich die Infectionspsychosen, die Erschöpfungszustände, das Irresein des Rückbildungsalters und die progressive Paralyse, während die Dementia praecox, die Idiotie und die chronischen Vergiftungen eine Art Mittelstellung einnehmen. Es ergiebt sich somit, dass erblich belastete Personen im allgemeinen die Neigung haben, constitutionell, dauernd oder doch in häufiger wiederkehrenden Anfällen zu erkranken. Je mehr die eigentliche Ursache des Irreseins in der Gesammtanlage des Menschen selber ihren Sitz hat, desto geringfügiger braucht eben auch hier der äussere Anstoss zu sein, um eine dauernde und in der Regel unheilbare Störung der gesammten Persönlichkeit herbeizuführen. Nicht selten erscheint dabei die Störung, rein nach ihren Erscheinungen beurtheilt, als eine verhältnissmässig geringe, da wir es mehr mit einem eigenartig entwickelten, aus der Art geschlagenen Menschen, als mit einem Krankheitsvorgange von umgrenztem Ablaufe zu thun haben. Gerade die Mischung ausgeprägter Krankheitserscheinungen mit brauchbaren oder selbst bedeutenden psychischen Leistungen, wie sie auf diese Weise zu Stande kommt, darf bis zu einem gewissen Grade als kennzeichnend für das Irresein auf erblicher Grundlage angesehen werden.

Nur bei den schwersten Formen der erblichen Entartung werden krankhafte Zustände als solche vererbt; in der Regel findet nur die Uebertragung einer Krankheitsanlage, einer geringeren Widerstandsfähigkeit des Seelenlebens statt, welche erst dann zu wirklichem Irresein führt, wenn ungünstige Einflüsse auf dem Boden der ererbten Anlage ihre verderbliche Wirksamkeit entfalten. So erklärt es sich, dass der Beginn der Geistesstörung bei erblich Belasteten besonders gern in jene Lebensabschnitte zu fallen pflegt, in denen aus inneren oder äusseren Gründen das psychische Gleichgewicht stärkeren Schwankungen ausgesetzt ist, namentlich in das Entwicklungsalter und in die Zeit der Rückbildungsvorgänge. Wenn wir diesen Erfahrungen gegenüber bei „rüstigen", nicht erblich belasteten

Menschen im allgemeinen Geistesstörungen nur durch sehr eingreifende Schädlichkeiten entstehen und dann entweder in Genesung oder aber in mehr oder weniger schweres geistiges Siechthum ausgehen sehen, so bedarf es kaum besonderer Betonung, dass es natürlich zwischen diesen beiden Grenzfällen alle möglichen Uebergänge geben muss. Das erklärt sich eben aus dem sehr verschiedenen Gewichte, mit welchem die erbliche Veranlagung die Entstehung der einzelnen klinischen Formen des Irreseins beeinflusst. Ebenso ist es selbstverständlich, dass die Beziehungen zwischen Erblichkeit und bestimmten psychischen Krankheitsbildern zunächst nur statistische sind, dass also im gegebenen Falle die erbliche Veranlagung zweifellos auch durch eine Häufung andersartiger ungünstiger Einflüsse ersetzt werden, und dass umgekehrt auch ein hochgradig erblich belasteter Mensch an einer exogenen, nicht periodischen, heilbaren Geistesstörung erkranken kann.

Die klinische Form wie der Verlauf der psychischen Störung wiederholen in einzelnen Fällen mit grösster Treue das Krankheitsbild des Vorfahren, von dem sich die Vererbung herleitet (gleichartige Vererbung). Mehrere Geschlechtsfolgen können auf diese Weise nach einander mit Selbstmord endigen, oder es kann bei gleichen Anlässen, im gleichen Lebensalter dieselbe Erkrankung bei Vorfahren und Nachkommen zur Entwicklung gelangen. So schienen nach Sioli's sorgfältigen Untersuchungen die affectiven Formen des Irreseins einerseits und die Verrücktheit andererseits bei der Vererbung bis zu einem gewissen Grade einander auszuschliessen*). Ja, ich möchte noch einen Schritt weiter gehen und annehmen, dass eine Anzahl noch engerer Gruppen sich abtrennen lässt, welche eine ausgesprochene Neigung zu gleichartiger Vererbung darbieten. Eine derartige Gruppe dürften z. B. die manisch-depressiven Geistesstörungen unter sich bilden, eine weitere die Psychosen des Rückbildungsalters. Ferner stehen Epilepsie und Alkoholismus ohne Zweifel auch in Bezug auf die Erblichkeitsverhältnisse in näherer Verwandtschaft, ebenso die Hysterie und die verschiedenen Gestaltungen des Entartungsirreseins. Andererseits beobachten wir aber auch nicht selten eine umwandelnde Vererbung, welche im einzelnen die verschiedensten Richtungen einschlagen kann. Alle jene oben

---

*) Sioli, Archiv für Psychiatrie XVI.

genannten Erscheinungsformen der krankhaften Veranlagung treten
unter Umständen als Glieder derselben Erblichkeitskette neben einander auf. Gemeinsam ist allen Gestaltungen der Vererbung die
krankhafte Grundlage, während die Ausbildung der Störungen im
einzelnen durch verschiedenartige zufällige Ursachen bestimmt zu
werden scheint.

Als körperliche Anzeichen der erblichen Entartung (stigmata
hereditatis) pflegt man gewisse Entwicklungsfehler zu betrachten
welche sich mit einiger Häufigkeit bei erblich belasteten Personen
vorfinden. Dahin gehören Verbildungen des Schädels, der Zähne,
des Gaumens, der Ohren*), der Augen, Asymmetrien, Innervations-
störungen, mangelhafte Ausbildung der Genitalien, umschriebenes
Ergrauen der Haare, andererseits örtliche Krampf- oder Lähmungserscheinungen, Sprachfehler und ähnliches. Das Zusammentreffen
derartiger Abweichungen mit psychischer Entartung hat gewiss ein
nicht unbedeutendes wissenschaftliches Interesse; für die praktische
Beurtheilung des einzelnen Falles ist es wegen des Fehlens einer
durchgreifenden Gesetzmässigkeit nahezu werthlos.

Entwicklungsstörungen. Fast gänzlich unbekannt ist bisher der
Einfluss solcher Schädlichkeiten auf die seelische Veranlagung, welche,
ohne erbliche zu sein, die erste Zeit der Entwicklung betreffen,
obgleich dieselben höchst wahrscheinlich bisweilen von sehr ein-
schneidender Bedeutung sein können. So wird angegeben, dass Berauschtheit während des Zeugungsvorganges Epilepsie der Nachkommen zur Folge haben, dass heftige Gemüthsbewegung der Mutter
während der Schwangerschaft eine psychopathische Veranlagung des
Kindes hervorrufen könne. Dass ferner allerlei körperliche Ursachen,
ungenügende Ernährung, hohes oder sehr jugendliches Alter der Eltern,
endlich Krankheiten dieser letzteren oder des Fötus für die Hirnentwicklung und damit auch für die psychische Anlage des Kindes
eine grosse, wenn auch noch nicht im einzelnen bestimmbare Wichtigkeit erlangen dürften, bedarf keiner weiteren Ausführung. Alle
die zahlreichen Fälle von Idiotie, die vor der Geburt entstehen,
beruhen zu einem Theile auf Entwicklungshemmungen, zum andern
dagegen auf fötalen Hirnrindenerkrankungen; die tieferen Ursachen
sind freilich im einen wie im anderen Falle gleich dunkle. Dagegen

---

*) Binder, Archiv f. Psychiatrie, XX, 1889, 514.

muss es heute, namentlich im Hinblicke auf die Verhältnisse bei
Thieren, zum mindesten als recht zweifelhaft gelten, ob wirklich,
wie man vielfach gemeint hat, nahe Verwandtschaft der Eltern an
sich schon eine Entartung der Kinder zur Folge hat. Die anscheinend
in diesem Sinne sprechenden Erfahrungen lassen sich vielmehr
höchst wahrscheinlich auf eine gehäufte Vererbung von Krankheits-
anlagen in bereits entarteten Familien zurückführen. Eine derartige
Inzucht scheint in der That auf die kommenden Geschlechter ungemein verderblich einzuwirken, wie durch das Beispiel namentlich
vieler jüdischer Familien sowie mancher Adelsgeschlechter und
Fürstenhäuser dargethan wird. Wo dagegen beide Eltern völlig
gesund sind, wird die Entwicklung der Nachkommenschaft durch
die Blutsverwandtschaft schwerlich in krankmachender Weise beeinflusst.

Erziehung. Unserem unmittelbaren Verständnisse leichter zugänglich erscheint die Bedeutung der Erziehung für die Entwicklung der psychischen Persönlichkeit. Allerdings wissen wir heute
noch nicht, wie weit die Erziehung überhaupt in das Wesen des
Menschen einzugreifen und dasselbe umzugestalten vermag. Die
Anschauungen über diesen Punkt schwanken zwischen achselzucken-
dem Zweifel und hoffnungsvoller Vertrauensseligkeit vielfach hin und
her. Die einfache Erfahrung scheint mir zu lehren, dass hier die
verschiedenartigsten Verhältnisse in der Natur wirklich vorkommen.
Auf der einen Seite giebt es zweifellos gewisse, ganz allgemeine
Eigenschaften, welche von vornherein die Eigenart des Einzelnen
kennzeichnen. Dafür spricht neben vielen anderen Gründen die
überraschende Deutlichkeit, mit welcher sich öfters schon bei ganz
kleinen Geschwistern Verschiedenheiten in der Veranlagung herausstellen, die späterhin durch die mannigfachsten Lebensschicksale in
keiner Weise verwischt werden. So kennen wir Menschen, die von
vornherein auf die psychische Erkrankung unrettbar zutreiben, während Andere schon von den ersten Kinderjahren an in Denken und
Handeln eine vertrauenerweckende Sachlichkeit an den Tag legen,
die sie durch das ganze Leben begleitet. Offenbar handelt es sich
hier um sehr tief begründete Unterschiede, zu deren Erklärung man
nach Belieben Abweichungen in den Grössenverhältnissen der einzelnen Organe untereinander, in der chemischen Zusammensetzung
der Gewebe oder ähnliches herbeiziehen mag.

Andererseits aber wird man kaum in Abrede stellen können dass dennoch die Art der Jugenderziehung für die weitere Ausbildung der einmal gegebenen Anlagen und damit auch für die gesammte Gestaltung der Lebensschicksale von eingreifender Bedeutung werden kann. Wir erkennen das nicht nur aus der starken Betheiligung der unehelich Geborenen und Verwahrlosten am Verbrechen, am Selbstmord und Irresein, sondern auch an der Ausbildung von Menschentypen je nach den Eindrücken der Kindheit. Die Gegensätze zwischen Stadt- und Landbevölkerung, die Eigenthümlichkeiten der Strand-, Gebirgs- und Grenzbewohner verwischen sich auch dann nicht, wenn die Menschen später in ganz andere Verhältnisse hineingeworfen werden. Allerdings ist hier überall, wie bei den Verbrecher-, Gelehrten- und Künstlerfamilien, der Einfluss der Erblichkeit von demjenigen der Erziehung schwer abzutrennen.

Die allgemeinen Aufgaben der Erziehung sind einmal die verstandesmässige Ausbildung des Kindes, die dasselbe befähigt, Erfahrungen zu sammeln und zu verarbeiten, dann aber die Begründung eines festen, das Handeln nach einheitlichen, sittlichen Grundsätzen leitenden Charakters. Nach beiden Richtungen hin kann die Erziehung hinter den Anforderungen zurückbleiben, die der Kampf des Lebens an die Leistungs- und Widerstandsfähigkeit des Einzelnen stellt. Vernachlässigung der Verstandesbildung giebt denselben allen Gefahren der Urtheilslosigkeit und des Aberglaubens Preis und erschwert ihm die Ueberwindung jener Schwierigkeiten, welche die Erringung einer selbständigen Lebensstellung bietet. Andererseits kann aber auch die Ueberanstrengung des jugendlichen Gehirns schwere Schädlichkeiten mit sich führen, indem sie es frühzeitig erschöpft und damit seine volle Ausbildung unmöglich macht. Dies gilt namentlich für solche Kinder, die etwa schon von Hause aus grosse Erregbarkeit oder rasche Ermüdbarkeit mitbringen. Behinderung der freien persönlichen Entwicklung durch übermässige Strenge und Peinlichkeit macht den Menschen engherzig und verschlossen und erstickt im Keime jene gemüthlichen Regungen des Wohlwollens und der Menschenliebe, von deren Stärke vor allem die sittliche Ausbildung des Willens abhängig ist. Verzärtelung endlich durch weichliche Nachgiebigkeit lässt die augenblicklichen Launen und Begierden zur unbezwinglichen Herrschaft

über das Handeln gelangen und verhindert dadurch die Entwicklung eines abgeschlossenen und einheitlichen, fest in sich selbst ge-
gründeten Charakters.

Den Einflüssen der Erziehung schliessen sich diejenigen der
späteren Lebenserfahrungen an, bald bessernd und veredelnd, bald
zerrüttend und untergrabend, was jene schuf. Alle die schon früher
aufgezählten körperlichen und psychischen Ursachen, Verletzungen,
Krankheiten und Vergiftungen aller Art, erschöpfende Einflüsse,
Ueberanstrengungen, Gemüthsbewegungen, Ausschweifungen u. s. f.
können hier, soweit sie nicht geradezu eine psychische Erkrankung
herbeiführen, umwandelnd und vorbereitend auf den Einzelnen einwirken. Auch hier zeigt uns die typische Gestaltung, welche die
verschiedenen Stände, Berufsarten und sonstigen gesellschaftlichen
Gruppen ihren Mitgliedern in der gesammten Weltauffassung, in
ihren sittlichen Anschauungen, in der Lebensführung und selbst in
allen möglichen Aeusserlichkeiten aufprägen, dass nicht nur die Anlage des Einzelnen seine Lebensschicksale bestimmt, sondern dass
umgekehrt auch eine Rückwirkung dieser letzteren auf die besondere Entfaltung seiner persönlichen Eigenart stattfindet. Freilich
fehlt uns heute noch jeder Anhaltspunkt für die genauere Beurtheilung
des Einflusses, den etwa die Erziehung durch das Leben auf die
Häufigkeit und die Gestaltung des Irreseins im einzelnen Falle ausübt.

II. Die Erscheinungen des Irreseins.

Die Gesammtheit der klinischen Erscheinungen, welche durch
den Krankheitsvorgang des Irreseins hervorgebracht werden, bezeichnen wir als die Symptome desselben. Von diesen Krankheitszeichen bedürfen nur diejenigen hier einer eingehenderen allgemeinen
Betrachtung, welche uns als psychische Veränderungen entgegentreten. Die verschiedenen körperlichen Krankheitserscheinungen,
nervöse Reizungs- und Lähmungssymptome aller Art, vasomotorische,
trophische Störungen u. s. f., gehören ihrer Natur nach dem Gebiete
der Nervenheilkunde an. Sie besitzen zwar für die Erkennung des
besonderen, im einzelnen Falle vorliegenden Krankheitsvorganges
vielfach eine ganz hervorragende Bedeutung, aber sie gehören nicht
zu den Erscheinungen des Irreseins als solchen und werden daher
erst später, bei der Darstellung der klinischen Krankheitsformen,
nähere Berücksichtigung finden.

Drei Hauptrichtungen sind es im grossen und ganzen, in denen
sich die psychischen Lebenserscheinungen bewegen, die Aufnahme
und geistige Verarbeitung des Erfahrungsstoffes, die
Schwankungen des gemüthlichen Gleichgewichts und die
Umsetzung der Vorstellungen in Willensantriebe und
Handlungen. Auf diesen drei Gebieten werden wir daher die
Grundstörungen der psychischen Leistungen aufzusuchen haben, aus
deren verschiedenartiger Verbindung wir die einzelnen klinischen
Krankheitsbilder hervorgehen sehen. Bei weitem die grösste Mannigfaltigkeit der Erscheinungen bietet dabei unserer Zergliederung diejenige Gruppe von psychischen Vorgängen dar, welche die Sammlung
sinnlicher Eindrücke, die Verarbeitung derselben zu Vorstellungen
und Begriffen, endlich die Ausbildung der höheren Verstandesleistungen in sich schliesst.

A. Störungen des Wahrnehmungsvorganges.

Die Wahrnehmung eines äusseren Sinnesreizes ist im allgemeinen von zwei verschiedenen Bedingungen abhängig, nämlich einmal von Bau und Leistung des gesammten peripheren und centralen Sinnesgebietes, dann aber von dem Zustande des Bewusstseins, welches den zugeführten Eindruck in sich aufnehmen soll. Alle Störungen, welche das eine oder das andere dieser beiden Gebiete in krankhafter Weise verändern, müssen auch im Stande sein, die Wahrnehmung der Aussenwelt in mehr oder weniger hohem Grade zu beeinträchtigen. Wo die äusseren reizaufnehmenden Organe leistungsunfähig geworden sind (Blindheit, Taubheit), oder wo sich unüberwindliche Leitungshindernisse entwickelt haben, welche die Fortleitung der Reize unmöglich machen, fallen bestimmte Arten von Sinnesvorstellungen in dem Erfahrungsschatze einfach aus. Hier hängt es von der allgemeinen psychologischen Wichtigkeit derselben sowie von der Möglichkeit einer Stellvertretung durch andere Sinne ab, wie weit dadurch die Gesammtausbildung der psychischen Persönlichkeit zurückgehalten wird. Die bei weitem grösste Bedeutung für die geistige Entwicklung scheint dem Gehörssinn zuzukommen, offenbar wegen seiner innigen Beziehungen zur Lautsprache, der wir ja in erster Linie die Uebermittlung des geistigen Erwerbes vergangener Geschlechter verdanken. Wenn auch vereinzelte Fälle bekannt sind, in denen durch eine überaus mühevolle Erziehung sogar der Verlust des Gesichtes und Gehörs mit Hülfe des Tastsinnes einigermassen wieder ausgeglichen werden konnte, so bleiben doch nicht unterrichtete Taubstumme lebenslänglich auf der Stufe des Schwachsinns stehen, auch dann, wenn nicht, wie so häufig, die Taubheit nur Begleiterin einer allgemeineren Hirnerkrankung ist. Blinde dagegen pflegen in ihrer geistigen Entwicklung durch den Ausfall der Gesichtswahrnehmungen durchaus nicht in höherem Grade gehindert zu werden.

Sinnestäuschungen. Ein weit grösseres klinisch-psychiatrisches Interesse nehmen indessen diejenigen Störungen des Wahrnehmungsvorganges in Anspruch, welche nicht auf dem vollständigen Fehlen, sondern auf krankhaften Vorgängen im Gebiete der Sinnesbahn beruhen, durch die somit nicht ein Ausfall von Sinneserfahrung, sondern eine qualitative Veränderung, eine Verfälschung derselben erzeugt wird. Jedes Sinneswerkzeug wird durch irgend welche Reize in einer ihm eigenthümlichen, „specifischen" Weise erregt. Es muss daher überall, wo der Reiz, der einen Eindruck erzeugt, nicht der gewohnte, dem getroffenen Sinne angemessene ist, eine Täuschung über die Natur der Reizquelle entstehen. So ist, streng genommen, der Lichtblitz, die Klangempfindung bei elektrischer Durchströmung des Auges und Ohres, der Geschmackseindruck bei mechanischer Reizung der Chorda tympani als eine Trugwahrnehmung anzusehen, wenn wir dieselbe auch auf Grund unserer physiologischen Erfahrungen und mit Hülfe der Ueberlegung sogleich als solche erkennen, so dass eine weitere Verfälschung unseres Bewusstseinsinhaltes daraus nicht hervorgeht. Dennoch können unter Umständen bei Geisteskranken (namentlich bei stärkerer Bewusstseinstrübung) die subjectiven Lichterscheinungen in Folge von Blutüberfüllung des Auges, das Brausen und Klingen in den Ohren die Vorstellung drohender Feuers- und Wassersgefahren und dergl. wachrufen und auf diese Weise das Zustandekommen einer wirklichen, nicht ausgeglichenen Täuschung vermitteln. Derartige peripher bedingte Sinnestäuschungen hat man elementare genannt, weil sie eben wegen ihres Entstehungsortes in den reizaufnehmenden Flächen die Kennzeichen einfacher, nicht zusammengesetzter Sinnesempfindungen tragen. Wir könnten sie auch als Sinnestäuschungen im engeren Sinne den weiterhin zu besprechenden Wahrnehmungs- und Einbildungstäuschungen gegenüberstellen.

Verfolgen wir indessen die Bahn der Sinnesnerven weiter gegen die Hirnrinde zu, so gelangen wir an diejenigen Organe, in denen sich die einzelnen Wahrnehmungsbestandtheile, wie sie vom Sinneswerkzeuge geliefert werden, zu einem Gesammteindrucke verbinden, der sodann als Sinnesvorstellung ins Bewusstsein gelangt. Ueber die anatomische Lage dieser Centren können wir freilich bisher nichts Sicheres aussagen; am wahrscheinlichsten ist es jedoch, namentlich im Hinblick auf die klinischen und experimentellen Erfahrungen über die „Seelenblindheit", dass, wenigstens beim Menschen und bei höheren Thieren, die sog. centralen Sinnesflächen, d. h. die nächsten Endstätten der Sinnesbahnen in der Rinde, als solche zu betrachten sind. Es ist ohne weiteres klar, dass auch hier nicht sinnliche Reize, also z. B. Veränderungen in der Blutversorgung, Gifte und dergl.

Erregungszustände hervorzurufen vermögen, welche den gewohnten Reizungen durch Sinneseindrücke sehr ähnlich sind, um so leichter, wenn die Erregbarkeit der betreffenden Hirnstelle im gegebenen Augenblicke durch irgend welche Einflüsse ohnedies gesteigert ist. Unter solchen Umständen kann daher irgend eine mehr oder weniger zusammengesetzte Sinnesvorstellung in das Bewusstsein eintreten, die nicht durch einen sinnlichen Reiz, sondern durch physiologische oder krankhafte Erregungszustände im Verlaufe der betreffenden Sinnesbahn hervorgerufen wurde. Da dieselbe gleichwol auf einen äusseren Gegenstand bezogen wird, so haben wir es demnach hier mit einer Fälschung des Wahrnehmungsvorganges zu thun, die auf einer Täuschung über den wahren Ursprung der Sinnesreizung beruht*).

Diese Gruppe der Sinnestäuschungen, die man wegen ihrer vermuthlichen Entstehung in den „Perceptionscentren“ vielleicht als **Perceptionsphantasmen** (Wahrnehmungstäuschungen) bezeichnen kann, ist es, welche der gewöhnlichen Wahrnehmung am nächsten steht. Allerdings pflegen diese Täuschungen beim gesunden Menschen, bei dem sie sich häufig vor dem Einschlafen einstellen (hypnagogische Hallucinationen), nur ganz ausnahmsweise (im Bereiche des Gehörs) eine grössere Lebhaftigkeit zu gewinnen. Unter krankhaften Verhältnissen dagegen werden die Gegenstände wirklich gesehen, die Stimmen wirklich gehört u. s. f.; eine Berichtigung der Fälschung ist nur mit Hülfe der anderen Sinne möglich. Vom sonstigen Gedankengange sind sie im allgemeinen unabhängig und treten auch deswegen dem Bewusstsein als etwas Fremdes, Selbständiges, von aussen Kommendes gegenüber, dessen subjective Entstehung ihm völlig verborgen bleibt. Aus demselben Grunde haben sie auch meist einen ziemlich gleichförmigen, wenig wechselnden Inhalt (stabile Hallucinationen **Kahlbaums**): Wiederholung derselben, bisweilen sinnlosen Worte, häufiges Wahrnehmen desselben Geruches, Sehen bestimmter Figuren, Thiere und dergl. Da sie auf centralen Erregungszuständen beruhen, so sind sie nicht an die Thätigkeit

---

*) **Johannes Müller**, Ueber die phantastischen Gesichtserscheinungen. 1816; v. **Krafft-Ebing**, Die Sinnesdelirien. 1864; **Kahlbaum**, Allgem. Zeitschrift für Psychiatrie, XXIII; **Hagen**, ebenda XXV; **Kandinsky**, Kritische und klinische Betrachtungen im Gebiete der Sinnestäuschungen. 1885; **Parish**, Ueber die Trugwahrnehmung. 1894; **Berze**, Jahrbücher f. Psychiatrie, XVI, 285.

der äusseren Sinneswerkzeuge gebunden und kommen auch bei gänzlicher Vernichtung der Sinnesnerven und ihrer ersten Endigungen, der Nervenkerne, zur Beobachtung.

Es hat jedoch den Anschein, dass auch periphere Einwirkungen bisweilen in den höheren Abschnitten der Sinnesbahn unmittelbar oder mittelbar Erregungszustände auszulösen vermögen, die zur Entstehung von Sinnestäuschungen führen. Dies geschieht offenbar um so leichter, je grösser die Reizbarkeit jener Hirntheile ist. Unter krankhaften Verhältnissen genügen bisweilen schon die gewöhnlichen Lebensreize, um die besprochenen Fälschungen des Wahrnehmungsvorganges zu erzeugen; in anderen Fällen treten sie sogleich hervor, wenn sich etwa die Aufmerksamkeit auf das betroffene Sinnesgebiet richtet und die leisen Erregungszustände in demselben über die Schwelle des Bewusstseins erhebt, oder wenn eine Gemüthsbewegung vorübergehend die Reizempfänglichkeit steigert. Sie schwinden daher auch, sobald der Kranke sich beruhigt oder durch ein Gespräch, geistige oder körperliche Beschäftigung, die Versetzung in eine neue Umgebung u. dergl. abgelenkt wird. Für die Mitwirkung von Reizzuständen in den Sinnesorganen spricht ferner das gelegentlich beobachtete Vorkommen von einseitigen Gehörstäuschungen sowie der Nachweis, dass bei alten Gehörshallucinanten häufiger chronische Erkrankungen des Mittelohrs und Abweichungen in der elektrischen Reaction des Acusticus*) vorhanden sind. Ausser der einfachen Hyperästhesie findet man hie und da paradoxe Reaction des nicht armirten Ohres und namentlich auch die schwerste Form der Störung, die Umkehrung der Formel für die einfache Hyperästhesie. Wie Jolly gezeigt hat, gelingt es hier gar nicht selten, durch elektrische Reizungen des Acusticus die Täuschungen hervorzurufen. Aehnlich war Liepmann im Stande, bei Alkoholdeliranten durch leichten Druck auf die geschlossenen Augen selbst nach Ablauf der stürmischeren Krankheitserscheinungen deutliche Gesichtstäuschungen zu erzeugen, welche in ihrer bunten Gestaltung durchaus den sonst bei jener Krankheit vorkommenden Trugwahrnehmungen glichen. Bonhöffer, der ähnliches auch im Gebiete des Hautsinnes beobachtete, legt nach seinen Erfahrungen

---

*) Jolly, Archiv f. Psychiatrie, IV; Buccola, Rivista di freniatria sperimentale, XI, 1885; Redlich u. Kaufmann, Wiener klinische Wochenschrift, 1896, 33.

das Hauptgewicht hier auf das Einreden. Ohne Zweifel gewinnen solche Täuschungen ihre feste Gestalt nur mit Hülfe von Erinnerungsbildern. Immerhin aber dürften dabei Erregungszustände in der Netzhaut eine Rolle spielen. Darauf weist auch der Umstand hin, dass bisweilen schon das einfache Verhängen des Auges mit einem Tuche genügte, um die Täuschungen hervorzurufen; anscheinend kamen durch den Lichtabschluss die leisen Eigenerregungen der Netzhaut besser zur Geltung. Wir werden durch diese Erfahrungen an den Bericht von Nägeli erinnert, welcher nach einer Verbrennung seiner Hornhaut mit heissem Spiritus an sich selbst längere Zeit ausgeprägte Gesichtstäuschungen von vollkommener sinnlicher Deutlichkeit beobachten konnte.

In der Regel pflegt es nur ein einzelnes Sinnesgebiet zu sein, auf welchem sich in dieser Weise Fälschungen der äusseren Erfahrung vollziehen. Am häufigsten sind sicherlich solche Störungen im Gebiete des Gehörs und Gesichts, seltener in demjenigen der drei übrigen Sinne und in dem dunklen Bereiche jener Wahrnehmungen, die wir unter dem Sammelnamen des Gemeingefühls zusammenfassen.

Für die klinische Betrachtung hat Esquirol und nach ihm aus praktischen Gründen die Mehrzahl der Forscher zwei Arten von Sinnestäuschungen unterschieden, solche nämlich, bei denen eine äussere Reizquelle gar nicht vorhanden ist: Hallucinationen, und solche, die nur als die Verfälschung einer wirklichen Wahrnehmung durch eigene Zuthaten zu betrachten sind: Illusionen*). Im Einzelfalle ist diese Trennung nicht selten äusserst schwierig oder gänzlich unmöglich. So sind wir namentlich bei den Berührungssinnen (Geruch, Geschmack, Hautsinn) fast niemals im Stande, mit Sicherheit das Vorhandensein irgend einer äusseren Reizursache (Zersetzungsvorgänge in Mund- oder Nasenhöhle, Veränderungen der Blutfüllung, Schwankungen der Eigenwärme u. dergl.) auszuschliessen, noch weniger natürlich bei den Störungen des Gemeingefühls. Auch beim Gesicht geben häufiger nicht nachweisbare Reize, z. B. das Eigenlicht der Netzhaut, beim Gehör entotische Geräusche u. s. f. gewissermassen den Rohstoff für die Ausbildung der Trugwahrnehmungen ab. In anderen Fällen jedoch ist die verschiedenartige Entstehungs-

---

*) Sully, Die Illusionen. Internat. wissenschaftliche Bibliothek. 1883.

weise ohne weiteres klar. Der Furchtsame, der ragende Baumstämme, wallende Nebel für Gespenster hält („Erlkönig"), der Kranke, der aus dem Läuten der Glocken, dem Kritzeln der Feder, dem Bellen der Hunde, dem Knarren der Wagen Schimpfworte und Vorwürfe heraushört — sie haben zweifellos „Illusionen", während wir die allbekannten Gesichtstäuschungen des Alkoholisten, die „Stimmen", welche den Sträfling im stillen Zellengefängnisse quälen oder beglücken, höchst wahrscheinlich als Hallucinationen zu bezeichnen haben. Zwischen beiden Formen giebt es alle möglichen Uebergänge; ist doch die Illusion im Grunde nichts anderes, als eine vielfach wechselnde Mischform von gesunder Sinneswahrnehmung mit täuschenden Zuthaten.

Die gemeinsame Eigenthümlichkeit dieser ganzen Gruppe von Sinnestäuschungen liegt in der vollkommen sinnlichen Deutlichkeit derselben. Der Erregungszustand im Gehirn entspricht durchaus demjenigen beim gewöhnlichen Wahrnehmungsvorgange, und die entstehende Trugwahrnehmung ordnet sich daher unterschiedslos in die Reihe der übrigen Sinneseindrücke ein. Die Kranken glauben nicht nur, zu sehen, zu hören, zu fühlen, sondern sie sehen, hören, fühlen wirklich.

Ein in vieler Beziehung abweichendes Verhalten bieten dagegen diejenigen nur uneigentlich so genannten Sinnestäuschungen dar, die nichts anderes sind, als Vorstellungen von besonderer sinnlicher Kraft. Das Wiederauftauchen eines früheren Eindruckes pflegt in der Regel niemals die unmittelbare Deutlichkeit der Sinneswahrnehmung selbst zu erreichen, sondern sich jederzeit ganz unzweideutig durch die geringere Lebhaftigkeit und Schärfe von jener zu unterscheiden. Indessen bestehen in dieser Beziehung bedeutende persönliche Verschiedenheiten. Während von manchen Beobachtern den Erinnerungsbildern jede genauere Ausprägung nach Farbe und Form abgesprochen wird, versichern andere, besonders bildende Künstler, dass dieselben bisweilen an sinnlicher Kraft der unmittelbaren Wahrnehmung nur sehr wenig nachgeben.

Unter krankhaften Verhältnissen können offenbar auftauchende Vorstellungen und Erinnerungsbilder bisweilen einen so hohen Grad von sinnlicher Deutlichkeit erreichen, dass sie von den Kranken als wirkliche Wahrnehmungen besonderer Art aufgefasst werden. Eine ganze Reihe von Forschern ist sogar der Ansicht, dass alle Trugwahrnehmungen unmittelbar als Einbildungsvorstellungen von aussergewöhnlicher sinnlicher Lebhaftigkeit aufzufassen seien. Allein der Umstand, dass bei Hallucinanten durchaus nicht alle, sondern nur bestimmte Gruppen von Vorstellungen in den Sinnestäuschungen eine Rolle zu spielen scheinen, und dass neben diesen letzteren stets auch Vorstellungen von der gewöhnlichen, abgeblassten und gestaltlosen Art zu verlaufen pflegen, deutet darauf hin, dass noch eine besondere Ursache hinzukommen muss, wenn eine Vorstellung die greifbare Deutlichkeit der Wahrnehmung erhalten soll.

Die nächstliegende und zumeist anerkannte Erklärung dieses Verhaltens ist die Annahme einer gleichzeitigen rückläufigen Erregung der Sinnesflächen im Gehirn. Wir haben früher gesehen, dass die Erregungszustände dieser letzteren die Form sinnlicher Wahrnehmung annehmen müssen, weil ja alle Sinneseindrücke eben nur durch Vermittelung jener Erregungen auf unser Bewusstsein einwirken können. Wenn es demnach diese Hirnabschnitte sind, durch deren Erregung die Wahrnehmung ihre sinnliche Eigenart erhält, so liegt es nahe, eine grössere oder geringere Betheiligung derselben an dem Vorgange der lebhaften Wiedererneuerung früherer Eindrücke zu vermuthen. Eine derartige Anschauung würde namentlich gut die Thatsache erklären, dass zwischen der Sinnestäuschung von vollkommenster sinnlicher Deutlichkeit und der abgeblasstesten Erinnerung eine ununterbrochene Reihe von Uebergangsstufen liegt, ein Verhalten, das sich durch die Annahme einer stärkeren oder schwächeren Miterregung der Sinnesflächen am ungezwungensten erklären lassen würde. Möglich, dass sogar beim gewöhnlichen Denken die rückläufige Reizung, die „Reperception", wie Kahlbaum sie genannt hat, in sehr geringer Stärke immer stattfindet. und dass erst dann, wenn dieser Vorgang eine krankhafte Ausdehnung gewinnt, oder wenn die Sinnesflächen sich in einem Zustande erhöhter Erregbarkeit befinden, die Lebhaftigkeit des Erinnerungsbildes derjenigen der sinnlichen Wahrnehmung sich annähert. Es würde somit gewissermassen ein bestimmtes Verhältniss zwischen der Stärke der Reperception und der Reizbarkeit der Sinnesflächen bestehen: Je grösser die Reizbarkeit dieser letzteren, desto leichter würden die Erinnerungsbilder das Gepräge der sinnlichen Deutlichkeit erhalten, desto schwächer brauchte die rück-

läufige Erregungswelle zu sein, um dieselben auszulösen, und desto
unabhängiger würden sie vom Vorstellungsverlaufe sein. Der Grenzfall wäre in den früher besprochenen, auf örtlichen Reizungsvor-
gängen beruhenden Wahrnehmungstäuschungen gegeben, die dem
Kranken ganz fremdartig, als etwas von aussen sich Aufdrängendes
gegenüberstehen.

Den Grenzfall nach der entgegengesetzten Seite bilden jene
Fälle, in denen es sich deutlich erkennbar gar nicht um eigentliche
Sinnestäuschungen, sondern lediglich um Vorstellungen von grosser
Lebhaftigkeit handelt. Bei genauerem Eingehen gelingt es, die zunächst auf Trugwahrnehmungen deutenden Aeusserungen der Kranken
dahin zu begrenzen, dass die Eindrücke nicht eigentlich sinnliche,
sondern „innerliche“ gewesen sind, die aber dennoch wegen ihrer
aufdringlichen Deutlichkeit von den gewöhnlichen Vorstellungen
unterschieden werden. Hier würde man sich etwa die Reperception
sehr stark entwickelt, aber die Reizbarkeit der Sinnesflächen nicht
erhöht vorzustellen haben. Für diese Auffassung spricht der Umstand, dass diese letztgenannte Gruppe der Einbildungstäuschungen, die man auch als psychische Hallucinationen
(Baillarger). Pseudohallucinationen (Hagen) oder Apper-
ceptionshallucinationen (Kahlbaum) bezeichnet hat, zumeist
mehrere oder alle Sinnesgebiete in zusammenhängender Weise umfassen, und dass sie stets in nahen Beziehungen zu dem sonstigen
Bewusstseinsinhalte stehen, während die an der entgegengesetzten
Seite unserer Stufenreihe befindlichen Wahrnehmungstäuschungen
begreiflicher Weise in der Regel nur einem einzelnen Sinnesgebiete
anzugehören pflegen und dem Vorstellungsverlaufe gegenüber sich
durchaus selbständig verhalten.

Eine interessante Erläuterung erhält die Auffassung der Sinnestäuschungen durch eine eigenthümliche Störung, die man als „Doppeldenken“ bezeichnet hat. Sie besteht wesentlich im „Lautwerden“*)
der Gedanken des Kranken. Unmittelbar an die auftauchende Vorstellung schliesst sich eine deutliche Gehörswahrnehmung des ge-
dachten Wortes. Am häufigsten tritt dieses Mithalluciniren beim
Lesen, etwas seltener beim Schreiben auf, also dann, wenn eine
sprachliche Vorstellung sich mit einer gewissen Stärke ins Bewusst-

----

*) Klinke, Archiv f. Psychiatrie, XXVI, 147.

sein drängt. Leises oder lautes Aussprechen der Worte bringt die hallucinatorischen Nachklänge in der Regel zum Verschwinden. Stets bestehen ausserdem noch anderweitige Gehörstäuschungen. Zur Erklärung dieser Erscheinung wäre etwa eben wegen der Hallucinationen eine erhöhte Reizbarkeit der centralen Sinnesflächen anzunehmen, die sehr wol unter dem Einflusse der Reperception zur fortlaufenden Entstehung von Trugwahrnehmungen führen könnte, welche dem in Sprachvorstellungen fortschreitenden Gedankengange inhaltlich Schritt für Schritt folgen. Die Ablenkung jener Erregungszustände auf Willensbahnen scheint dann die rückläufige Reizung der Sinnesflächen durch den Vorstellungsverlauf und somit die Entstehung des Doppeldenkens bis zu einem gewissen Grade verhindern zu können.

Die Schwierigkeit, Einbildungsvorstellungen von fast sinnlicher Lebhaftigkeit scharf von der wirklichen Wahrnehmung zu trennen, ist die Ursache, warum bei Geisteskranken gerade die Vermischung von Sinneseindrücken mit selbst gelieferten, dem eigenen Vorstellungsschatze entstammenden Bestandtheilen eine so verhängnissvolle Quelle der Verfälschung ihrer Erfahrung wird. Dieser Vorgang, den wir als Apperceptionsillusion (Auffassungstäuschung) den früher berührten Formen der Illusion gegenüberstellen können, ist in geringerem Umfange schon unter gewöhnlichen Verhältnissen überaus häufig. Niemandem kann es entgehen, wie sehr auch die Wahrnehmung des Gesunden unter dem Einflusse der Erwartung, der vorgefassten Meinung steht, namentlich dann, wenn lebhafte Gemüthsbewegungen die klare und sachliche Auffassung unserer Umgebung trüben. Auch der ruhigste naturwissenschaftliche Beobachter ist nicht immer ganz sicher, dass seine Wahrnehmungen sich nicht unmerklich den Anschauungen anpassen, mit denen er an seinen Gegenstand herantritt; der eifrige Leser ergänzt und verbessert die Versehen des Setzers aus dem Schatze seiner Vorstellungen, ohne ihrer nur gewahr zu werden, und die Gemüthsbewegungen sind bekanntlich im Stande, in unserer Gesammtauffassung der Umgebung eine so rasche und durchgreifende Umwandlung herbeizuführen, dass die einzelnen Eindrücke in sehr stark veränderter, mit eigenen Zuthaten verfälschter Gestalt in unser Bewusstsein gelangen. Bei Geisteskranken sind aber die Bedingungen für die Entstehung von Auffassungsverfälschungen häufig ausserordentlich günstige: starke gemüthliche Erregungen, grosse Lebhaftigkeit der Vorstellungen und endlich — ein später noch näher zu berücksichtigender Umstand — Unfähigkeit zu einer verständigen Sichtung und Berichtigung der Erfahrungen. So kommt es, dass hier vielfach die sinnlichen Eindrücke in der Auffassung des Kranken ganz abenteuerliche Formen annehmen und auf diese Weise auch dort, wo keine eigentlichen Sinnestäuschungen vorhanden sind, die Bausteine zu einer durch und durch verfälschten Anschauung von der Aussenwelt zu liefern im Stande sind.

Am leichtesten kommt natürlich eine derartige Verfälschung der Erfahrung dann zu Stande, wenn die von den Sinnen gelieferten Eindrücke nicht klar und scharf ausgeprägt, sondern unbestimmt und verschwommen sind. Wie wir im gewöhnlichen Leben undeutliche Wahrnehmungen am häufigsten missverstehen, d. h. unwillkürlich durch eigene Beimischungen ergänzen und auslegen, so spielen auch bei Geisteskranken die Auffassungstäuschungen besonders dann eine grosse Rolle, wenn die Deutlichkeit der Sinneseindrücke durch Mängel in den Sinneswerkzeugen oder häufiger durch Störungen des psychischen Gesammtzustandes beeinträchtigt wird. Gerade unter solchen Umständen liegt es für den Beobachter oft sehr nahe, das Bestehen von wirklichen Sinnestäuschungen anzunehmen, während es sich doch nur um die krankhafte Vermischung unbestimmter Wahrnehmungen mit Einbildungsvorstellungen handelt.

In der Regel vollzieht sich dieser Vorgang der Vermischung von Wahrnehmung mit selbsterzeugten Bestandtheilen auf einem und demselben Sinnesgebiete; es giebt indessen auch eine ebenfalls hierher gehörige Gruppe von Störungen, welche in der Auslösung einer Trugwahrnehmung eines Sinnes durch einen wirklichen Eindruck im Bereiche eines anderen bestehen, die von Kahlbaum so genannten Reflexhallucinationen. Man kann sich dabei etwa vorstellen, dass der eindringende Sinnesreiz Erregungszustände hervorruft, die bei ihrer rückläufigen Uebertragung auf eine übererregliche Sinnesfläche dort zur Entstehung der Täuschung Veranlassung geben. Alltägliche Beispiele dieses Vorganges sind alle die sogenannten Mitempfindungen, die Tastwahrnehmung bei einem blinden, gegen uns gerichteten Stosse, die unangenehmen Empfindungen des nicht abgehärteten Zuschauers bei schmerzhaften Operationen u. s. f.

In Krankheitszuständen sind dieselben bisweilen sehr hochgradig und zugleich in sehr absonderlichen Formen entwickelt: die Kranken fühlen sich mit der Suppe „ausgefüllt", von ihrer Nachbarin „eingenäht", „eingestrickt" und ähnliches. Namentlich Bewegungsempfindungen, wie sie sich schon unter gewöhnlichen Verhältnissen so häufig an Sinneseindrücke anschliessen, scheinen vielfach auf diesem Wege zu entstehen[*]). Es giebt Kranke, welche die in ihrer Umgebung gesprochenen Worte in ihrer Zunge fühlen, denen ein Blick, eine Berührung eigenthümliche Spannungs- oder Erschlaffungsempfindungen im Körper erregt. Dabei ist indessen zu berücksichtigen, dass es sich hier vielfach gewiss nicht um die einfache Uebertragung der Sinnesreize auf eine andere Bahn, sondern um lebhafte Einbildungen handelt, die lange vorbereitet sind und auf dem Wege einer mehr oder weniger klar bewussten Ueberlegung sich an irgend eine Wahrnehmung anknüpfen.

Eine sehr bemerkenswerthe Eigenschaft der Sinnestäuschungen, welche einmal auf ihre Entstehungsweise hindeutet, andererseits ihre Wichtigkeit als Krankheitserscheinung kennzeichnet, ist die gewaltige, unwiderstehliche Macht, die sie alsbald über den gesammten Bewusstseinsinhalt des Kranken zu erhalten pflegen. Es ist wahr, dass auch bei geistig völlig gesunden Menschen ausnahmsweise einmal eine ausgesprochene Trugwahrnehmung auftreten kann, und dass im Beginne oder am Ende einer Geistesstörung die Täuschungen wegen ihres unwahrscheinlichen Inhaltes nicht selten als solche erkannt werden. Allein man sieht fast immer, wie andauernde Sinnestäuschungen das gesunde Urtheil überwältigen und wie schon nach kurzer Zeit selbst die unsinnigsten und abenteuerlichsten Annahmen von dem Kranken erfunden werden, um an der Wahrheit der Trugwahrnehmungen allen besonnenen Gegengründen zum Trotz festzuhalten. Ja, wenn etwa in der Genesungszeit die Ueberzeugung von der krankhaften Natur der Täuschungen sich schon zu festigen beginnt, wird der Kranke im Augenblicke ihres Auftauchens selbst doch fast regelmässig wieder von ihnen mit fortgerissen.

Diese eigenartige Erscheinung, die in der Ohnmacht der wirklichen Wahrnehmungen, des offenbaren Augenscheins, gegenüber

---

*) Cramer, Die Hallucinationen im Muskelsinn bei Geisteskranken und ihre klinische Bedeutung. 1889.

der krankhaften Täuschung eine weitere Erläuterung findet, kann eben deswegen natürlich nicht etwa in der sinnlichen Deutlichkeit der Trugwahrnehmung ihren einfachen Grund haben; im Gegentheile scheint die Erfahrung dafür zu sprechen, dass die Macht der Täuschungen mit dem Zurücktreten der alltäglich sinnlichen Beschaffenheit eher wächst, als abnimmt. Jener Grund ist daher vielmehr in dem tiefgehenden, dem Kranken vielleicht selber unbewussten Zusammenhange mit den ihm geläufigen Gedankenkreisen, in der inneren Uebereinstimmung der Täuschungen mit seinen krankhaften Befürchtungen und Wünschen zu suchen. In ganz besonderem Masse pflegen Gemüthsbewegungen und Stimmungen dem Inhalte der Täuschungen die bestimmte Färbung zu geben, wie wir das bei den Wahrnehmungsverfälschungen des gesunden Lebens vielfach erfahren. Gerade so, wie sie das Auftauchen bestimmter Vorstellungsreihen unterstützen, die wirkliche Wahrnehmung und deren Deutung beeinflussen, wirken sie mächtig mit bei der psychischen Gestaltung jener Erregungsvorgänge, die den Sinnestäuschungen zu Grunde liegen. Sehr häufig beobachten wir sogar, namentlich in den Endzuständen der Dementia praecox, dass Täuschungen sich nur in Verbindung mit den hier so häufigen periodischen Stimmungsschwankungen einstellen, in den Zwischenzeiten dagegen völlig zurücktreten. Die Stärke dieses Einflusses auf das Denken und Handeln nimmt erst ab, wenn entweder Genesung eintritt oder mit der Ausbildung fortschreitender Verblödung die gemüthliche Betonung der Täuschungen schwindet. In beiden Fällen können die letzteren zunächst noch fortdauern, aber der Kranke „achtet nicht mehr so darauf"; sie hören auf, eine Rolle zu spielen. So giebt es ungezählte Blödsinnige, die andauernd Stimmen hören, ohne den Inhalt derselben irgend weiter zu verarbeiten, ein Beweis dafür, dass die Macht der Täuschungen ganz von dem Widerhall abhängig ist, den sie im Seelenleben des Kranken finden.

Diese Erwägungen sind es, welche mit grosser Entschiedenheit gegen die verbreitete Auffassung sprechen, dass die Sinnestäuschungen regelmässig oder doch häufig die eigentliche Ursache für die wahnhaften Gedanken, die Gemüthsbewegungen, das Handeln unserer Kranken bilden sollen. Freilich weisen die Kranken in ihren Erzählungen nicht selten geradezu auf die Täuschungen als die Quelle und die Begründung ihrer Krankheitserscheinungen hin, allein es kann doch keinem Zweifel unterliegen, dass die Täuschungen in demselben Hirn entstanden sind wie die übrigen Störungen des psychischen Gleichgewichtes. Thatsächlich verhalten sich die Kranken ja zu den Täuschungen auch ganz anders, als gegenüber wirklichen Wahrnehmungen. Kein Gesunder würde die Worte eines Vorübergehenden: „das ist der Kaiser" sofort auf sich beziehen oder sich nun gar deswegen wirklich für den Kaiser halten — auf den Verrückten, bei dem sie den Schlussstein einer langen Kette geheimer Ahnungen und dunkler Gedankengänge bildet, macht eine derartige hallucinatorische Wahrnehmung den allertiefsten, überwältigendsten Eindruck und lässt unmittelbar die feste Ueberzeugung in ihm entstehen, nicht nur, dass jene Worte wirklich gesprochen seien, sondern dass sie auch die thatsächliche Wahrheit enthalten. Ebenso würden wir Niemanden für entschuldigt halten, wenn er die an ihn wirklich gerichtete Aufforderung: „Tödte Dein Weib!" etwa einfach ausführen würde, während wir beim Kranken der Sinnestäuschung ohne weiteres eine zwingende Kraft zuzuschreiben gewöhnt sind.

Es lässt sich nun zwar nicht von der Hand weisen, dass möglicher Weise die Entstehung einer Sinnestäuschung auf sehr verschiedenem Wege erfolgen kann. Gerade unsere früheren Auseinandersetzungen deuteten schon darauf hin, dass gewisse Formen der Täuschungen vielleicht mehr in den Anfangsgebieten der Sinnesbahn, andere dagegen mehr in denjenigen Hirntheilen ihren Ursprung nehmen, welche den höheren psychischen Leistungen dienen. Man hat daher auch wol von einer primären und secundären Entstehung der Sinnestäuschungen gesprochen, je nachdem dieselben als unabhängige Einflüsse in das Seelenleben eingreifen oder umgekehrt aus demselben hervorwachsen. Wie die Erfahrung lehrt, besitzen jedoch gerade die sogenannten secundären Sinnestäuschungen die bei weitem grösste Macht über Denken, Fühlen und Handeln. Nicht die Thatsache der Sinnestäuschung oder ihr Inhalt an sich ist es demnach, was so überwältigend auf den Kranken wirkt, sondern einzig und allein der Umstand, dass eben die Täuschung nichts anderes ist, als sein eigenstes Erzeugniss. Wir können daher, abgesehen von den oben bereits besprochenen klinischen Unterschieden, keinen besonderen Werth darauf legen, zu entscheiden, ob im einzelnen Falle die Wahnidee, die Stimmung oder die zugehörige Sinnestäuschung sich zuerst geltend gemacht habe. In der überwiegenden Mehrzahl der Fälle, und namentlich dann, wenn die Täuschungen mit dauernden Wahnbildungen einhergehen, sind alle jene Krankheitserscheinungen gewiss nur die Wirkungen einer und derselben gemeinsamen Ursache, die verschiedenartigen Zeichen des gleichen krankhaften Gesammtzustandes.

Die klinischen Formen der Trugwahrnehmungen auf den einzelnen Sinnesgebieten zeigen eine grosse Mannigfaltigkeit. Unter den Gesichtstäuschungen sind am häufigsten nächtliche Erscheinungen, sogenannte Visionen, entweder leuchtende Gestalten, Gott, Christus, Engel, Verstorbene, Blumen, oder schreckhafte Fratzen, Teufel, wilde Thiere und dergl. Diese Erscheinungen werden entweder als übersinnliche Offenbarungen oder täuschende Vorspiegelungen aufgefasst, oder aber sie gleichen in ihren etwas fremdartigen und abenteuerlichen Formen, in ihrem raschen Wechsel und ihrer Vielgestaltigkeit den Trugwahrnehmungen des lebhaften, unruhigen Traumes, besitzen jedoch eine noch grössere Deutlichkeit. Ungleich mehr der wirklichen Wahrnehmung sich nähernd und daher trügerischer sind die seltener zur Beobachtung kommenden Gesichtstäuschungen, die sich am hellen Tageslichte zwischen die übrigen Eindrücke hineindrängen. Dahin gehören die bekannten Täuschungen der Alkoholdeliranten, huschende Ratten und Kobolde, zahlloses kriechendes Ungeziefer, Schmetterlinge und Flocken in der Luft, Münzen am Boden, Drähte und gespannte Fäden, lebhafte, bewegte, bunte Menschenmengen. Bei andern Kranken sind es einzelne, immer wiederkehrende Gestalten, ein schwarzer Hund, Löwenköpfe, die zum Fenster hineinsehen, dunkle Schatten, Gehenkte an einem Baume, Blut, ein Leichenantlitz. Im Essen befinden sich Schimmel, kleine abgeschnittene Köpfe mit beweglichen Augen, wimmelndes Gewürm; die Gegenstände der Umgebung haben ein ganz anderes Aussehen angenommen, zeigen bestimmte Gesichter, Todtenköpfe, bewegen, verändern sich und dergl. Hierhin gehören auch gewisse Fälle von Personenverwechslung, bei welchen die Kranken in fremden Personen ihre Angehörigen zu erblicken glauben oder umgekehrt ihre Angehörigen nicht als solche anerkennen, behaupten, dass dieselben Personen immer andere Gesichter und Gestalten annehmen, Fratzen schneiden u. ähnl. Im allgemeinen sind Gesichtstäuschungen einer Aufklärung durch andere Sinne, namentlich den Tastsinn, verhältnissmässig leicht zugänglich und werden daher von Gesunden unter einigermassen günstigen Verhältnissen auch regelmässig als solche erkannt. Nur wo Verworrenheit, heftige Gemüthsbewegungen, namentlich Angst, oder weit fortgeschrittene psychische Schwäche eine unbefangene Prüfung der Täuschung verhindern, werden selbst gröbere und fremdartigere Verfälschungen der Gesichtswahrnehmung als wirkliche Sinneserfahrungen hingenommen und verarbeitet.

Weit verderblicher pflegen in dieser Beziehung jene Gehörstäuschungen zu sein, welche als „Stimmen" auftreten, ein Ausdruck, den der wahre Gehörshallucinant fast immer sogleich richtig versteht. Der Grund dafür liegt offenbar in der tiefgreifenden Bedeutung, welche die Ausbildung der Sprache für unser Denken besitzt. Da wir zumeist in Worten denken, pflegen die „Stimmen" in sehr innigem Zusammenhange mit dem Gesammtinhalte des Bewusstseins zu stehen, ja sie sind häufig nichts als der sprachliche Ausdruck dessen, was die Seele des Kranken bewegt, und haben daher für ihn eine weit grössere überzeugende Gewalt, als alle sonstigen sinnlichen Täuschungen und insbesondere als die wirklichen Reden der Umgebung selbst. Der Kranke hört, zuerst gewöhnlich hinter seinem Rücken, allerlei unangenehme, aufreizende Bemerkungen, die sich auf ihn beziehen, jede seiner Handlungen begleiten und bespötteln, die geheimsten Vorgänge seiner Vergangenheit offen besprechen, ihn beleidigen und bedrohen. Namentlich nicht ganz deutliche Reden, halblaute Worte, unbestimmte Geräusche fasst er gern in diesem Sinne auf; die Wagen „knarren und ertönen auf ganz ungewöhnliche Weise und liefern Erzählungen, die Schweine grunzen Namen und Erzählungen sowie Verwunderungsbezeugungen, die Hunde schimpfen und bellen Vorwürfe, Hähne krähen solche, selbst Gänse und Enten schnattern Namen, einzelne Redensarten und Bruchstücke von Referaten". Aus dem Schwirren der Stahlfedern, dem Läuten der Glocken tönen dem Kranken Rufe entgegen, oder aus der Wand, aus dem Bette, in dem er liegt, ja aus den eigenen Ohren heraus, im Kopfe, im Unterleibe vernimmt er die quälenden Stimmen. Nicht selten haben dieselben verschiedene Höhe und Klangfarbe und werden daher verschiedenen Personen zugeschrieben; bisweilen ist es eine ganze Schaar, deren einzelne Mitglieder genau unterschieden werden, auch wol Wechselreden führen, bisweilen nur einige wenige oder eine einzige. Die Stimmen der eigenen, von Feinden gemarterten Kinder, diejenigen des rachsüchtigen Liebhabers, eines boshaften Nachbarn, endlich diejenige Gottes oder des Teufels pflegen am häufigsten vorzukommen. Vielfach sind die Stimmen leise, flüsternd oder zischelnd, wie aus der Ferne, von oben herunter, oder dumpf, aus dem Boden heraufkommend; weniger häufig sind sie laut und schreiend, alles andere übertönend. Verhältnissmässig selten sprechen die Stimmen längere zusammenhängende Sätze; vielmehr handelt es sich meist um ganz kurze, abgerissene Bemerkungen. In einzelnen Fällen erfolgen dieselben in eigenthümlich taktmässigem Tonfalle, so dass die Anknüpfung an das leise Ticken des Carotispulses wahrscheinlich wird. Ausser den Stimmen werden hie und da laute schiessende und knatternde Geräusche, Glockenläuten, wirres Geschrei, seltener angenehme Musik, Gesang und dergl. gehört.

Der Inhalt der Gehörstäuschungen ist, wie schon angedeutet, nur selten ein ganz gleichgültiger und dann in der Regel ein völlig unsinniger und eintöniger. Zumeist stehen die Stimmen in sehr nahen Beziehungen zu dem Wohl und Wehe des Hörers, den sie aufreizen und peinigen, seltener beglücken und erheben. Fast immer gehen sie hier mit lebhaften Gemüthsbewegungen einher und gewinnen dadurch einen mächtigen Einfluss auf das Handeln. Die fortwährenden Schmähungen, Beschimpfungen und höhnischen Bemerkungen, der Jammer gemisshandelter Angehöriger machen den Kranken misstrauisch und aufgeregt und bringen ihn zu entrüsteter Abwehr gegen seine vermeintlichen Peiniger; furchtbare Drohungen setzen ihn in Angst und Verwirrung und zwingen ihn zu rastloser Flucht, um den Verfolgern zu entgehen; gebieterische Befehle lassen ihn die unsinnigsten und bisweilen unnatürlichsten Thaten begehen, weil er übernatürlichen Mächten gehorchen zu müssen glaubt.

In anderen Fällen tritt namentlich der übernatürliche Ursprung der gehörten Stimmen stärker hervor; sie sind dann nicht selten von Gesichtstäuschungen begleitet. Gott oder Christus geben dem Kranken einen Auftrag, eine Verheissung oder klären ihn über ein Geheimniss seiner Persönlichkeit auf. Der ganze Vorgang hat hier gewöhnlich etwas Traumhaftes, Uebersinnliches, während die quälenden und verfolgenden Stimmen durchaus die Eigenschaften wirklicher Sinneswahrnehmungen zu besitzen pflegen. Im Fieberdelirium und bei sehr verwirrten Kranken zeigen auch die Gehörstäuschungen den raschen Wechsel und die unklare Verworrenheit der unter gleichen Verhältnissen vorkommenden Gesichtstäuschungen.

Als eine besondere Gruppe der Gehörstäuschungen sind die sogenannten „inneren Stimmen", „Einflüsterungen", die „Weltsprache", das „Telephoniren", „Telegraphiren" und dergl. zu betrachten. Es handelt sich hier um Wahrnehmungen, die von dem Kranken selbst nicht als sinnliche aufgefasst werden. Hier ist vielfach die innige Beziehung zu dem eigenen Gedankengange sehr deutlich. Entweder schliesst sich dieses leise Sprechen in der Art der Rede und Wechselrede im Bewusstsein des Kranken aneinander, so dass die Wahnidee einer förmlichen stillen Unterhaltung mit fernen Personen entsteht. Oder aber die „Gewissensstimmen" begleiten jede Handlung des Kranken mit entsprechenden Bemerkungen, feuern ihn an, kritisiren ihn oder die Umgebung, ertheilen ihm Verbote und können auf diese Weise anscheinend einen sehr erheblichen Einfluss auf sein Thun und Lassen ausüben, während sie in Wirklichkeit nichts sind, als der unwillkürliche sprachliche Ausdruck seiner mehr oder weniger klar bewussten Gedankengänge. In allen diesen Fällen entwickelt sich ebenso wie bei dem früher beschriebenen „Doppeldenken" leicht die Vorstellung, dass die eigenen Gedanken der Umgebung bekannt seien, oder gar, dass sie durch fremde Einwirkung gemacht und beeinflusst würden. „Ich bin durchsichtig," sagte mir ein derartiger Kranker.

Von weit geringerer unmittelbarer Bedeutung, als die Trugwahrnehmungen des Gesichts und Gehörs, deren Gebiet ja vor allem der sinnliche Rohstoff unserer Vorstellungen entnommen wird, sind die Täuschungen im Bereiche der übrigen Sinne für das psychische Leben des Kranken. Der geängstigte Kranke empfindet den Geruch giftiger Dünste, die ihn tödten sollen, oder den Schwefelgestank des Teufels, der ihn bedroht; er schmeckt allerlei unappetitliche und schädliche Dinge, Menschenfleisch, Koth, Arsenik, Canthariden in seinem Essen, die ihm von seinen Feinden beigebracht werden. Diese Trugwahrnehmungen deuten, soweit sie eben in dem Gedankenkreise des Kranken und nicht in Störungen der Sinneswerkzeuge ihre Ursachen haben, vielfach auf eine tiefere Veränderung der gesammten psychischen Persönlichkeit hin. Dasselbe gilt von den entsprechenden Täuschungen im Bereiche des Haut- und Muskelsinnes sowie des Gemeingefühls. Hier ist es ja an sich überaus leicht und einfach, etwaige äussere Einwirkungen auszuschliessen; wo also dennoch die Wahnideen des Elektrisirtwerdens, des Besessenseins, der Umwandlung einzelner Körpertheile, des Verschwindens von Kopf, Mund, Magen, After u. s. f. auftreten, da handelt es sich nicht mehr um einfache Verfälschungen der Wahrnehmung, sondern fast immer um eine gleichzeitige schwere Schädigung der höheren geistigen Leistungen. Zwar können hier gewiss einzelne irreführende Sinneseindrücke auf dem Wege der Täuschung oder Verfälschung sich einschmuggeln, allein dieselben sind dennoch an sich meist zu unbestimmt, um etwa in ähnlicher Weise wie die Gehörs- und Gesichtstäuschungen den Bewusstseinsinhalt beeinflussen zu können. Erst dadurch, dass ein geschwächter Verstand und eine selbstherrliche Einbildungskraft sich dieser verfälschten Wahrnehmungen bemächtigen, um sie zur Grundlage einer veränderten Auffassung des eigenen Ich und seiner Umgebung zu gestalten, gewinnen sie eine Bedeutung für den Vorstellungsschatz und die Weltanschauung, die sie in einem gesunden Bewusstsein niemals erlangen könnten. Alle diese Täuschungen legen daher den Verdacht auf das Bestehen einer bedenklichen psychischen Schwäche sehr nahe.

Trübungen des Bewusstseins. Ausser den Vorgängen in den verschiedenen Abschnitten der Sinnesgebiete ist für die Erwerbung von Erfahrungen noch ein weiterer Umstand von hervorragender Wichtigkeit, nämlich das Verhalten unseres Bewusstseins. Aeussere Reize erzeugen in unserem Innern gewisse eigenthümliche, nicht näher erklärbare Zustandsveränderungen, die wir unmittelbar auffassen und als Vorstellungen, Gefühle, Strebungen und dergl. auseinanderhalten. Diese allgemeinste Thatsache der inneren Erfahrung bezeichnen wir im Anschlusse an Fechner's Anschauungen als das Bewusstsein. Ueberall, wo äussere Eindrücke in psychische Vorgänge umgesetzt werden, ist Bewusstsein vorhanden, denn dasselbe ist eben nichts Anderes, als ein Ausdruck für das Stattfinden dieser Umwandlung. Das Wesen des Bewusstseins ist für uns völlig dunkel, doch wissen wir, dass der Bestand desselben nicht nur im allgemeinen von den Verrichtungen der Hirnrinde abhängig ist, sondern dass auch die einzelnen Erscheinungen des Bewusstseins höchst wahrscheinlich an bestimmte, bisher noch unbekannte physiologische Vorgänge in unserem Nervengewebe gebunden sind.

Wie von der Beschaffenheit der Sinneswerkzeuge die Umsetzung der äusseren Reize in Sinneserregung abhängig ist, so sind weiterhin die Zustände der Hirnrinde für die Umwandlung der physiologischen Erregungen in Bewusstseinsvorgänge von entscheidender Bedeutung. Ob und in welchem Maasse eine solche Umwandlung jeweils stattfindet, das ist bisher im Einzelfalle oft äusserst schwierig zu erkennen, da uns in die innere Erfahrung eines Anderen kein unmittelbarer Einblick, sondern nur ein Rückschluss aus seinem äusseren Verhalten möglich ist. Aus diesem letzteren allein entnehmen wir mit grösserer oder geringerer Wahrscheinlichkeit, ob dasselbe als Ausdruck psychischer Vorgänge zu betrachten ist oder nicht.

Denjenigen Zustand, in welchem die Umsetzung physiologischer in psychische Vorgänge gänzlich aufgehoben ist, bezeichnen wir als Bewusstlosigkeit. Jeder Reiz, der überhaupt über die Schwelle des Bewusstseins treten und somit einen psychischen Eindruck hervorrufen soll, muss eine gewisse Stärke besitzen, die nicht unter einen bestimmten Werth, den sogenannten Schwellenwerth, heruntersinken darf. Allein die Grösse des Schwellenwerthes wechselt je nach den Zuständen unserer Hirnrinde ausserordentlich. Während sie bei gespannter Aufmerksamkeit ihre niedrigsten Werthe erreicht, kann sie in tiefster Ohnmacht unendlich werden, d. h. es genügen hier bisweilen selbst die allerstärksten Reize nicht mehr, um Bewusstseinsvorgänge auszulösen. Man kann demnach je nach der Grösse des Schwellenwerthes verschiedene Helligkeitsgrade des Bewusstseins annehmen, wie sie auch praktisch häufig unterschieden werden; unter ähnlichem Gesichtspunkte hat man bereits versucht, die Festigkeit des Schlafes in seinen einzelnen Abschnitten zu bestimmen. Auch dort, wo äussere Reize keine Bewusstseinsvorgänge auszulösen vermögen, findet übrigens sicherlich nicht selten wenigstens noch ein Wechsel von dunklen Vorstellungen oder Gemeingefühlen statt, welche durch die Zustände des eigenen Innern erzeugt werden. Am deutlichsten sehen wir ja in der alltäglichen Erscheinung des Traumes, dass die Schwellenwerthe für innere und äussere Reize eine sehr verschiedene Grösse besitzen können.

Störungen der Auffassung. Die grosse Mehrzahl der Eindrücke, die wir tagtäglich in uns aufnehmen, ist an sich ziemlich undeutlich und verschwommen; sie werden erst dadurch zu klaren und verwerthbaren Wahrnehmungen, dass sie in den bereitliegenden

Erinnerungsbildern gewissermassen Resonatoren vorfinden, durch deren Miterregung der sinnliche Reiz verstärkt wird. Durch diesen Vorgang, den Wundt als „Apperception" bezeichnet, bildet sich auch sofort die Verknüpfung der einzelnen Wahrnehmung mit unserer Gesammterfahrung, ein Zusammenhang mit zahlreichen anderen Vorstellungen und damit das „Verständniss" des vorliegenden Eindruckes. Dabei finden ungenau erfasste Eindrücke ihre Ergänzung durch auftauchende Erinnerungsbilder, ein Vorgang, der die Empfindlichkeit unserer Auffassung bekannten Eindrücken gegenüber ausserordentlich steigert, zugleich aber auch die Gefahr der Wahrnehmungsverfälschung in sich schliesst. Gerade die Beobachtungen über die tagtäglichen Illusionen zeigen uns am besten, in wie hohem Maasse die sinnliche Erfahrung immerfort durch die Anklänge in unserem Erinnerungsschatze beeinflusst wird.

Sobald diese Mitwirkung unseres früheren geistigen Erwerbes beim Wahrnehmungsvorgange fortfällt, wird derselbe unklar und inhaltlos. Es können sich wol einzelne stärkere Eindrücke in unser Bewusstsein eindrängen, aber sie haften nicht und werden nicht verstanden, da ihnen die Einordnung in den Zusammenhang unserer Vorstellungen und Begriffe mit allen ihren Folgen für die weitere geistige Verarbeitung fehlt. In dieser Lage befinden wir uns z. B. gegenüber dem völlig Unverständlichen, sofern nicht etwa durch besondere Nebenumstände, Erwartungsaffecte und dergl. die Anregung bestimmter Vorstellungen durch die Wahrnehmung vermittelt wird. Die Einzelheiten einer Maschinenausstellung, eines auf dem Kopf stehenden Landschaftsbildes entgehen uns vollkommen, obgleich die sinnlichen Eindrücke an sich ebenso lebhaft auf uns wirken, wie auf den Fachmann, oder wie das aufrechtstehende Bild. Einsilbige und selbst zweisilbige Wörter lesen wir sehr viel schneller, als sinnlose Silben von weit geringerer Buchstabenzahl. Andererseits kann der Verlust der regelmässigen Anknüpfung unserer Wahrnehmungen an die frühere Erfahrung auch durch das allgemeine Verhalten unseres Bewusstseins bedingt sein. Auf diese Weise werden natürlich nicht nur einzelne Wahrnehmungen unverständlich, sondern die Helligkeit des gesammten Bewusstseinsinhaltes nimmt ab: es entwickelt sich eine „Trübung" desselben, ein Dämmerzustand.

Dieser Vorgang vollzieht sich regelmässig, sobald die Ansprechbarkeit unserer Vorstellungen gegenüber äusseren Eindrücken abnimmt. Wenn nur sehr starke oder sehr beziehungsreiche Reize noch Erinnerungsbilder wachzurufen vermögen, bleibt die Mehrzahl der Eindrücke unverstanden und findet keinen Widerhall in unserem Innern. Wo diese Fähigkeit zum Begreifen der Wahrnehmungen zu versagen beginnt, wo die Besonnenheit schwindet, entsteht die Unbesinnlichkeit, bei der höchstens noch durch eine stärkere Anstrengung vorübergehend ein Verständniss äusserer Eindrücke erzwungen werden kann. Wird die Auffassungsstörung noch stärker, so geht die Unbesinnlichkeit in Benommenheit und Schlafsucht über. Alle diese Stufen der Auffassungsstörung begegnen uns bei der einfachen Ermüdung und ihren Uebergängen zum Schlafe, ebenso aber auch bei den krankhaften Zuständen schwerer geistiger Erschöpfung, beim Collapsdelirium und bei der Amentia. Ganz ähnlich sind, soweit die Prüfung durch den psychologischen Versuch reicht, die Beeinträchtigungen der Wahrnehmung zu beurtheilen, die durch eine Anzahl von Schlafmitteln erzeugt werden; bis jetzt ist bei Alkohol, Paraldehyd und Trional eine schwerere Auffassungsstörung nachgewiesen worden. Nach unseren klinischen Erfahrungen ist sie auch bei den Fieber- und Vergiftungsdelirien, ferner bei den epileptischen Dämmerzuständen vorhanden. Allerdings gesellen sich hier überall noch tiefgreifende Störungen auf anderen Gebieten des Seelenlebens hinzu, namentlich auch solche des Gedankenganges. Leichtere, seltener schwere Auffassungsstörungen begegnen uns endlich regelmässig in der Depression des circulären Irreseins, ebenso in den depressiv-manischen Mischzuständen.

Als eine eigenartige, theilweise Unbesinnlichkeit können wir vielleicht auch jene auffallende Störung betrachten, die man als Desorientirtheit zu bezeichnen pflegt. Es ist selbstverständlich, dass bei allgemeiner Unbesinnlichkeit auch die Fähigkeit aufgehoben ist, sich in der räumlichen Umgebung, in den Zeitverhältnissen, in den Personen und in der gesammten Sachlage zurechtzufinden. Wie es scheint, kann indessen eine solche Unfähigkeit in höherem oder geringerem Maasse auch dann bisweilen zu Stande kommen, wenn zahlreiche andere, selbst verwickeltere Sinneseindrücke ganz gut aufgefasst und verarbeitet werden. Das auffallendste Beispiel dafür bieten die Alkoholdeliranten. Umgekehrt kennen wir, wenn auch seltene, Zustände, in welchen das Verhältniss für die eigene Lage, für Personen und räumliche Umgebung annähernd erhalten ist, ohne dass doch die Kranken im Stande wären, etwa den Sinn der an sie gerichteten Fragen und Aufforderungen sich klar zu machen. Diese Erfahrungen sprechen dafür, dass die Aufnahmefähigkeit für gegenständliche und für sprachliche Eindrücke bis zu einem gewissen Grade von einander unabhängig ist. Man könnte, um Unbesinnlichkeit und Desorientirtheit ganz im Groben zu kennzeichnen, sie etwa der Worttaubheit und der Seelenblindheit vergleichen. Freilich ist die Unbesinnlichkeit fast immer mit mangelhafter Orientirung verbunden, nicht aber umgekehrt. Wahrscheinlich sind übrigens jene Störungen weit verwickelter, als es nach diesen kurzen Andeutungen scheinen möchte. Namentlich die Orientirung nach den verschiedenen Richtungen hin erfordert ausser der einfachen Auffassung noch eine weitergehende geistige Verarbeitung, die eben schon bei leichteren Graden der Bewusstseinstrübung zu versagen scheint, als das Verständniss für einzelne Eindrücke und für Anreden. Wir sehen dabei natürlich ab von jener ganz andersartigen Form der Desorientirung, welche nicht auf mangelhaftem Verständnisse, sondern auf wahnhafter Deutung der Eindrücke beruht.

Mannigfache Berührungspunkte mit den Dämmerzuständen bietet das Verhalten des gesunden Bewusstseins während der ersten Zeit seiner Entwicklung dar. So lange hier die Einwirkungen der Aussenwelt noch keine bleibenden Erinnerungsspuren zurückgelassen haben, ist auch jenes Netz von psychologischen Beziehungen noch nicht geknüpft, welches alle kommenden Lebenserfahrungen sofort mit dem geistigen Erwerbe der Vergangenheit in Verbindung setzt. In den schwereren Formen der psychischen Entwicklungshemmungen bleibt dieser Zustand ein dauernder; die Möglichkeit einer fortschreitenden Aufhellung dieses geistigen Dämmerlebens ist für immer abgeschnitten. Das Bewusstsein bleibt von einem unklaren Gemisch einzelner verschwommener Vorstellungen und dunkler Gefühle erfüllt, in welchem keine deutliche Auffassung, keine übersichtliche Ordnung und Gruppirung möglich ist.

Die wichtigste Folge des Einflusses, den allmählich der erworbene Vorstellungsschatz auf die Wahrnehmung erlangt, ist die Möglichkeit einer Auswahl unter den sich darbietenden Eindrücken. Der Bewusstseinsinhalt des Kindes steht in hilfloser Abhängigkeit von der zufälligen Umgebung; es nimmt nur die jeweils stärksten Reize wahr, ohne Rücksicht auf den inneren Zusammenhang der

Dinge, weil ihm jene allgemeinen Vorstellungen fehlen, welche auch die weniger aufdringlichen Wahrnehmungen als wesentliche Glieder in der Kette der Erfahrungen hervortreten lassen. Beim Erwachsenen dagegen wird der Wahrnehmungsvorgang mehr und mehr durch die besonderen Neigungen beherrscht, die sich allmählich aus der persönlichen Lebenserfahrung heraus entwickeln. Wir üben uns darin, einzelne Eindrücke vorzugsweise zu beachten, indem sich die Ansprechbarkeit unserer Vorstellungen für sie fortschreitend verstärkt, so dass schon leise Anklänge genügen, um in unserem Innern lebhaften Widerhall zu finden. Andererseits gewöhnen wir uns daran, alltägliche Reize unbeachtet zu lassen und ihnen keinen Einfluss auf den Ablauf unserer psychischen Vorgänge mehr einzuräumen. Diese Ausbildung bestimmter „Gesichtspunkte“, gewisser Richtungen unseres „Interesses“, führt zu einer ausserordentlichen Veränderlichkeit des Schwellenwerthes, so dass wir im gleichen Augenblicke sehr starke Reize völlig unbeachtet lassen können, wo wir die feinsten Veränderungen irgend eines Gegenstandes mit der grössten Schärfe auffassen.

Natürlich ist die Fähigkeit, die Aufmerksamkeit dauernd einer bestimmten Gruppe von Wahrnehmungen zuzuwenden, sich geistig zu sammeln, für die ganze Verstandesentwicklung von der allergrössten Bedeutung. Von ihrer Ausbildung hängt die Grösse der Ablenkbarkeit ab, die Leichtigkeit, mit der es gelingt, die Richtung der Aufmerksamkeit durch äussere Einwirkungen zu bestimmen und zu ändern. Je ablenkbarer aber ein Mensch ist, je mehr seine Auffassung durch die Zufälligkeiten der äusseren Reize statt durch innere, der eigenen Erfahrung entspringende Beweggründe geleitet wird, desto weniger ist er im Stande, sich eine zusammenhängende und einheitliche Anschauung von der Aussenwelt zu erwerben. Bruchstückweise und unvermittelt werden sich die einzelnen verschiedenartigen Wahrnehmungen aneinander schliessen, ohne jenes innere Band, welches durch die planmässige Auswahl nach Massgabe leitender Allgemeinvorstellungen gebildet wird. Die Auffassung haftet daher immer nur an Einzelheiten, ohne einen Ueberblick über das Ganze zu vermitteln; sie wird oberflächlich und flüchtig und dringt nirgends in den tieferen Zusammenhang der Erscheinungen ein. So ist es zunächst beim Kinde, dem noch der festgefügte Bau eigener Lebenserfahrungen und Allgemeinvorstellungen fehlt, aber in den verschiedensten Abstufungen erhält sich die Oberflächlichkeit und Ablenkbarkeit der Auffassung oft genug auch beim Erwachsenen. Endlich giebt es eine Reihe von Schwachsinnsformen bis zur Idiotie, bei denen zwar die Auffassung des einzelnen Eindruckes keine wesentlichen Störungen darbietet, während doch die Unstetigkeit und Flüchtigkeit der Wahrnehmung, die vollkommene Unfähigkeit, zu beobachten, jedes tiefere Verständniss der Aussenwelt und damit die höhere geistige Ausbildung überhaupt unmöglich macht.

Als vorübergehende Erscheinung beobachten wir die leichtesten Grade erhöhter Ablenkbarkeit in jenem Zustande von Zerstreutheit, wie er sich bei fortschreitender Ermüdung einstellt. Trotz aller Anstrengung sind wir nicht mehr im Stande, einer Reihe von zusammenhängenden Sinneseindrücken planmässig zu folgen, sondern ertappen uns immer wieder darauf, dass wir durch andere Eindrücke oder Vorstellungen abgezogen werden und die Aufgabe nur bruchstückweise erfassen. Stärker finden wir diese Störung ausgebildet bei der chronischen nervösen Erschöpfung, in der Genesungszeit nach schweren geistigen oder körperlichen Erkrankungen, noch stärker bei den eigentlichen acuten Erschöpfungspsychosen, ferner bei der Manie, oft auch bei der Paralyse und der Dementia praecox. Hier genügt vielfach schon ein Zwischenruf, ein einzelnes Wort, ja das Vorzeigen irgend eines beliebigen Gegenstandes, um sofort die Richtung der Aufmerksamkeit abzulenken und ganz andere Vorstellungen anzuregen. Bald sind dabei Gesichtsreize, bald sprachliche Eindrücke wirksamer.

Man hat bisweilen diese erhöhte Ablenkbarkeit als eine Steigerung der Aufmerksamkeit, als „Hyperprosexie", aufgefasst. Da aber die eigenthümliche Leistung der Aufmerksamkeit gerade in der Beschränkung der Auffassung auf einzelne, dann freilich mit höchster Klarheit erkannte Eindrücke liegt, trifft jene Bezeichnung das Wesen der Störung nicht. Thatsächlich können wir uns auch leicht davon überzeugen, dass die ablenkbaren Kranken durchaus nicht mehr oder besser, sondern im Gegentheil weniger und schlechter auffassen. Jeder gesunde Zuschauer nimmt in der gleichen Zeit noch ausserordentlich vieles wahr, was dem Kranken völlig entgeht, aber er nimmt die Mehrzahl der Eindrücke einfach zur Kenntniss, während bei dem ablenkbaren Kranken jede neue Wahrnehmung sofort die Richtung der Aufmerksamkeit und des Gedankenganges entscheidend beeinflusst. Die Ablenkbarkeit ist somit nichts, als ein Zeichen geringerer psychischer Widerstandsfähigkeit.

Weit eher könnte man als Hyperprosexie jene Fesselung der Aufmerksamkeit durch einzelne äussere oder innere Vorgänge bezeichnen, die uns für andere Wahrnehmungen unzugänglich macht. Dahin gehört die fälschlicherweise so genannte Zerstreutheit des Gelehrten, soweit sie auf höchster Einseitigkeit der Aufmerksamkeitsrichtung beruht. Vielleicht haben wir es auch in manchen Krankheitszuständen mit derartigen Vorgängen zu thun. So sind namentlich melancholische Kranke bisweilen derart mit ihren traurigen Vorstellungen beschäftigt, dass sie dadurch für die Eindrücke der Aussenwelt gleichgültig werden, auch wenn die Auffassungsfähigkeit an sich keine erheblichen Störungen darbietet. In manchen deliriösen Zuständen dürfte die schwere Beeinträchtigung der Auffassung zum Theil vielleicht auch durch die Lebhaftigkeit der inneren Vorgänge mit bedingt werden, durch die Sinnestäuschungen und Einbildungsvorstellungen, welche die Aufmerksamkeit ganz in Anspruch nehmen. Nur in sehr geringem Grade dagegen scheint das im katatonischen Stupor der Fall zu sein, bei dem übrigens auch die Auffassungsfähigkeit gar keine oder doch verhältnissmässig unbedeutende Störungen darzubieten pflegt.

B. Störungen der Verstandesthätigkeit.

Der von den Sinnen gelieferte und durch die Aufmerksamkeit geklärte Erfahrungsrohstoff bildet die Grundlage aller weiteren geistigen Arbeit und somit auch des gesammten Vorstellungsschatzes des Menschen. Man begreift daher, dass die aufgeführten Störungen der Sinneserkenntniss, wie sie durch die Sinnestäuschungen, durch Verdunkelung des Bewusstseins, endlich durch die Unfähigkeit zu planmässiger Auswahl der Eindrücke erzeugt werden, nicht ohne die weitreichendsten Folgen für die Gestaltung des Bewusstseinsinhaltes und der psychischen Persönlichkeit bleiben können. Je unvollkommener und verfälschter die Nachrichten von der Aussenwelt zur Wahrnehmung gelangen, desto lückenhafter und unzuverlässiger wird die Anschauung bleiben, welche sich im Bewusstsein des Menschen von seiner Umgebung, vom eigenen Ich und von der

Stellung dieses letzteren zu seiner Umgebung entwickelt. Dazu kommt, dass zu jenen Störungen, welche die Sammlung des Erfahrungsstoffes beeinträchtigen, fast ausnahmslos sich noch solche gesellen, die eine weitere Verarbeitung desselben in krankhafter Weise beeinflussen.

Störungen des Gedächtnisses. Die allgemeinste Grundlage aller geistigen Thätigkeit ist das Gedächtniss*). Jeder einmal ins Bewusstsein getretene Eindruck hinterlässt nach seinem Schwinden aus demselben eine allmählich abnehmende „Disposition" zu seiner Wiedererneuerung, die entweder durch eine zufällige Vorstellungsverbindung oder durch eine Willensanstrengung, das Besinnen, vermittelt werden kann. Diese bleibende Spur, welche die einmal gemachte Wahrnehmung auf längere Zeit hinaus dem Erfahrungsschatze des Menschen einreiht und sie seinem Gedächtnisse zur Verfügung stellt, haftet im allgemeinen um so stärker und länger, je klarer der ursprüngliche Eindruck aufgefasst worden und je allseitiger er zu dem übrigen Bewusstseinsinhalte in Beziehung getreten war, je mehr er, mit anderen Worten, dass Interesse des Menschen erregt hatte. Ferner aber wird die Festigkeit, mit welcher frühere Eindrücke haften, in hohem Maasse durch Wiederholungen derselben verstärkt. Die ungeheure Mehrzahl unserer Vorstellungen und selbst ein grosser Theil der Vorstellungsverbindungen, mit denen wir tagtäglich arbeiten, ist uns so geläufig, dass sie ohne irgend welches Besinnen, von selbst, in uns auftauchen, sobald sich irgend eine Anregung dazu bietet.

Die Betrachtung der Gedächtnissstörungen hat daher zwei ganz verschiedene Leistungen auseinanderzuhalten, die unabhängig von einander beeinträchtigt sein können. Die erste derselben ist die von Wernicke so bezeichnete Merkfähigkeit, die Einprägung und das Festhalten bestimmten, neu dargebotenen Erfahrungsstoffes. Diese Merkfähigkeit ist im allgemeinen am grössten für Eindrücke, die mit möglichster Klarheit aufgefasst und, noch besser, mit Hülfe der auswählenden Aufmerksamkeit nach bestimmten Gesichtspunkten verfolgt wurden. Alle Bedingungen, die geeignet sind, die Stärke und Schärfe der Eindrücke sowie den Widerhall derselben in unserem Seelenleben abzuschwächen, werden somit die Merkfähigkeit herab-

---

*) Ribot, Das Gedächtniss und seine Störungen. 1882.

setzen. Dahin gehören Erschwerungen der Auffassung einerseits, Ablenkbarkeit und Gleichgültigkeit andererseits. Wir beobachten daher jene Störung bei allen ausgeprägteren Bewusstseinstrübungen, in geringerem Grade schon bei der einfachen Zerstreutheit in Folge von Ermüdung, ferner bei manischer Erregung, endlich in jenen Schwächezuständen, die mit einer Abstumpfung der Antheilnahme an der Aussenwelt einhergehen, wie namentlich die Ausgänge der Dementia praecox und der epileptische Schwachsinn. Weiterhin aber scheint das Haften der eingeprägten Eindrücke noch von anderen, uns im einzelnen bisher nicht genügend bekannten Bedingungen abzuhängen. Uns sind eine Anzahl von Krankheitszuständen, vorzugsweise wol bei ausgebreiteten Hirnveränderungen, bekannt, durch welche die Merkfähigkeit auf das schwerste gestört wird, obgleich im Augenblicke die Eindrücke leidlich gut aufgefasst und mit Lebhaftigkeit eingeprägt werden. Dahin gehören besonders die Paralyse und der Altersblödsinn, ferner die bei multipler Neuritis beschriebenen, aber auch sonst hie und da bei Hirnerkrankungen beobachteten Zustände von höchstgradiger Vergesslichkeit bei wenig gestörter Auffassungsfähigkeit.

Wie es scheint, ist hier überall ein Hülfsmittel vernichtet welches uns sonst das Festhalten einmal angeregter Vorstellungen ermöglicht. Es ist vielleicht nicht unnütz, darauf hinzuweisen, dass auch im gesunden Leben häufig unsere Merkfähigkeit für Traumerlebnisse ausserordentlich gering ist. Namentlich Worte und Reden aus dem Traume sind wir gewöhnlich auch dann nicht im Stande, wirklich zu behalten, wenn wir uns schon im Halbwachen durch mehrfache Wiederholung dieselben einzuprägen versucht haben. Da schwere Bewusstseinstrübungen in der Regel zeitlich ziemlich scharf umgrenzt zu sein pflegen, so kann auch die Merkfähigkeit nur für einen bestimmten Zeitabschnitt herabgesetzt oder aufgehoben sein. Auf diese Weise entstehen Erinnerungslücken, aus denen meistens auf eine Aufhebung des Bewusstseins während des betreffenden Zeitabschnittes zurückgeschlossen wird. Ja, streng genommen ist die Erinnerungslosigkeit, die Amnesie, fast der einzige Anhaltspunkt, welcher uns mit einiger Sicherheit die Annahme einer vorangegangenen Bewusstlosigkeit gestattet. Allein die tägliche Erfahrung des Vergessens von Träumen, an die wir bisweilen nur durch einen zufälligen Eindruck wieder erinnert werden, zeigt uns dass sehr wol ein psychisches Leben, also Bewusstsein, bestehen kann, ohne dass doch die Spuren der Eindrücke und Vorstellungen fest genug im Gedächtnisse haften, um ohne Schwierigkeit eine Wiedererneuerung derselben zu gestatten. Ganz ähnlich sind sicherlich jene Bewusstseinsstörungen der Epilepsie, vieler Delirien, des schweren Rausches, des Hypnotismus zu beurtheilen, in denen die klinische Beobachtung häufig genug unzweideutige Anzeichen psychischer Thätigkeit aufzufinden vermag, trotzdem nachher nicht die mindeste Erinnerung an dieselbe besteht oder wachgerufen werden kann. Für diese Auffassung sind besonders wichtig die bisweilen beobachteten Fälle, in denen unmittelbar beim Abklingen der Störung noch eine gewisse Erinnerung an das Vorgefallene möglich ist, die aber späterhin rasch verschwindet. Endlich aber kann durch gewisse krankhafte Vorgänge nachträglich auch noch dauernd oder vorübergehend die Erinnerung an Zeiten ausgelöscht werden, in denen zweifellos keine Bewusstseinsstörung bestand. Eine solche „retrograde Amnesie", ein rückschreitender Erinnerungsverlust, wird nach epileptischen, hysterischen, paralytischen Anfällen, nach Kopfverletzungen, schweren Selbstmordversuchen und Vergiftungen beobachtet. Die Kranken wissen sich nicht nur an den betreffenden Vorfall, sondern auch an die Ereignisse in den Stunden, Tagen und selbst Wochen vorher nicht mehr zu erinnern. Bisweilen taucht späterhin allmählich die Erinnerung wenigstens theilweise wieder auf; in anderen Fällen ist sie für immer verloren gegangen.

Wesentlich verschieden von der Merkfähigkeit für gegenwärtige ist die Erinnerungsfestigkeit vergangener Eindrücke. Sie hängt nicht nur von der Merkfähigkeit in früheren Zeiten, sondern auch von der Häufigkeit der voraufgegangenen Wiederholungen, endlich von der Zähigkeit des Gedächtnisses im allgemeinen ab. Wir pflegen die Gedächtnissfestigkeit zumeist nach der Sicherheit zu beurtheilen, mit welcher früher gut eingelernte Kenntnisse noch zur Verfügung stehen, Lernstoff aus der Schule, wichtige persönliche Erinnerungen u. ähnl. Wie die Erfahrung lehrt, pflegt Herabsetzung der Gedächtnissfestigkeit, Gedächtnissschwäche, gewöhnlich mit einer Verminderung der Merkfähigkeit einherzugehen, nicht aber umgekehrt. Die Merkfähigkeit ist beeinträchtigt ohne Gedächtnissschwäche bei den vorübergehenden Bewusstseinstrübungen. Ferner beobachten wir ein Missverhältniss zwischen starker Störung der Merkfähigkeit und weit geringerer Gedächtnissschwäche namentlich im höheren Alter. Die Auffassung neuer Eindrücke geschieht hier gewohnheitsmässig ohne rechte innere Antheilnahme, und die Erneuerungsfähigkeit bleibt daher für sie eine beschränkte, während so oft die Erinnerungen aus vergangener Zeit, nicht mehr verdrängt durch frischen Erwerb, mit erstaunlicher Lebhaftigkeit und Treue im Vorstellungsverlaufe wiederkehren. Mit dieser Erfahrung steht die Thatsache in bestem Einklange, dass von allen Vorstellungsverbindungen, mit denen wir zu arbeiten pflegen, etwa 70% aus der Jugend stammen. In den krankhaften Störungen des Greisenalters tritt das geschilderte Verhalten oft recht auffallend hervor, wenn auch mit fortschreitender Verblödung mehr und mehr die früheren Erinnerungen gleichfalls verblassen. Aehnlich kann in der Paralyse die Merkfähigkeit zunächst sehr viel stärker gestört sein, bis sich später auch eine rasch zunehmende Gedächtnissschwäche hinzugesellt.

Nur kurz erwähnt soll hier werden, dass ausser den zeitlich begrenzten Erinnerungslücken bekanntlich auch der Verlust bestimmter Gruppen von Vorstellungen aus dem Gedächtnisse beobachtet wird, ein Vorgang, dessen bestgekanntes Beispiel die amnestische Aphasie, die Unfähigkeit zur Wiedererzeugung einzelner oder aller sprachlicher Klangbilder darstellt, und der sich, wie es scheint, in ähnlicher Weise auch auf anderen Gebieten abspielen kann. So hat Wolff Fälle beschrieben, in denen anscheinend ganze Klassen sinnlicher Erinnerungsbilder verloren gegangen waren, während die Allgemeinvorstellungen fortbestanden. Aeusserst merkwürdige Beispiele ganz umschriebenen Vorstellungsausfalls hat ferner Rieger bei der Untersuchung eines Falles von schwerer Hirnverletzung beobachtet. Die Deutung solcher Erfahrungen ist ausserordentlich schwierig. Zumeist pflegt man sie auf die Unterbrechung bestimmter Leitungsbahnen zu beziehen, doch reicht diese Erklärung höchstens für gewisse sehr grobe Störungen aus. Beachtenswerth erscheint es, dass auch unter gewöhnlichen Verhältnissen das Gedächtniss für verschiedene Gruppen von Vorstellungen bei einzelnen Personen sehr verschieden entwickelt ist. Das Orts-, Zahlen- und Namen-, Farben-, Tonhöhen-, Formengedächtniss sind anscheinend in hohem Maasse von einander unabhängig. Manche Erfahrungen sprechen ferner dafür, dass auch die motorischen und sensorischen Bestandtheile der einzelnen Vorstellungen, die sprachliche Bezeichnung und die sinnlichen Elemente mit verschiedener Festigkeit haften können, so dass schliesslich auch eine allgemeinere Störung je nach der besonderen Zusammensetzung der gegebenen Vorstellung eigenthümlich begrenzte Ausfallserscheinungen zur Folge haben könnte. Für die Psychiatrie im engeren Sinne sind jedoch derartige Störungen noch nicht nutzbar gemacht worden.

Die ununterbrochene und allseitige Verknüpfung, welche sich zwischen allen gleichzeitigen und unmittelbar aufeinanderfolgenden Vorgängen in unserem Bewusstsein stetig vollzieht, ist die Ursache, dass sich die ganze Summe unserer Erinnerungen in eine fortlaufende Reihe einordnet, deren Endpunkt der gegenwärtige Augenblick bildet, während das Anfangsglied mehr oder weniger weit in die Vergangenheit zurückreicht. Nur die jüngsten Bestandtheile dieser Reihe sind jeweils in grösserer Vollständigkeit und Klarheit Inhalt unseres Gedächtnisses; je weiter wir nach rückwärts gehen, desto mehr verwischen sich die Einzelheiten, und desto rascher schrumpft die Reihe auf vereinzelte, besonders bedeutsame Erinnerungsthatsachen zusammen, an welche sich ein Gemisch von Einzelreminiscenzen in mehr oder weniger lockerer Weise anknüpft. Jene Marksteine sind es, welche sich in bestimmte Beziehungen zu allgemeineren Ereignissen, insbesondere zur Zeitrechnung setzen und uns damit eine wenigstens annähernde zeitliche Ordnung unserer Erfahrungen in der Vergangenheit ermöglichen.

Störungen dieser zeitlichen Ordnung finden sich bei Geisteskranken häufig genug, vor allem regelmässig mehr oder weniger ausgesprochen in der Paralyse und bei den schwereren Formen des Altersblödsinns. Die Kranken wissen nicht, wann sie in die Anstalt gekommen sind, wann sie zuletzt Besuch gehabt, ja wann sie zu Mittag gegessen haben, auch wenn sie sich der betreffenden Erlebnisse selbst noch leidlich gut erinnern. Die augenblicklichen Eindrücke haften bei ihnen zu locker, um sich zu jener festgegliederten Reihe aneinanderschliessen zu können, welche dem rückschauenden Blicke die Abschätzung der zeitlichen Entfernung von der Gegenwart gestattet. Aehnlich wie wir uns nach einförmigen, reizlosen Wochen des letzten bedeutsamen Ereignisses entsinnen, als sei es „erst gestern" gewesen, so erscheinen auch dem Paralytiker die Monate, die keine bleibende Spur in seiner Erinnerung zurückgelassen haben, wie wenige Tage. Oder aber die Bilder der letzten Vergangenheit verblassen so schnell, dass sie ihm weit zurückzuliegen scheinen und er sich schon Monate in der Umgebung glaubt, in die er gerade erst eingetreten ist. Das gewohnte Maass des Wechsels der Tageszeiten, das uns vor dem unwillkürlichen Schätzungsfehler bewahrt, geht für seine gestörte Aufmerksamkeit verloren, so dass er rathlos, nur auf die Hilfe seines unzuverlässigen Gedächtnisses angewiesen, der Aufgabe einer zeitlichen Entfernungsschätzung gegenübersteht.

Endlich ist es aber auch die Treue der Erinnerung, die inhaltliche Uebereinstimmung des Gedächtnissbildes mit der vergangenen Erfahrung, welche bei Geisteskranken mannigfaltige und erhebliche Störungen darbieten kann. Wir wissen aus Versuchen wie aus alltäglichen Erfahrungen, dass selbst die allereinfachsten Erinnerungsbilder schon unter gewöhnlichen Verhältnissen niemals vollständig den Wahrnehmungen gleichen, sondern sofort, eben durch die Aufbewahrung im Gedächtnisse und die Einordnung in den sonstigen Bewusstseinsinhalt, nicht unbeträchtliche Wandlungen durchzumachen pflegen. Man denke nur daran, wie klein dem Erwachsenen nach langer Abwesenheit die Grössenverhältnisse erscheinen, die ihm als Kind Eindruck machten. Mit der Veränderung des allgemeinen Grössenmassstabes ist hier auch das Erinnerungsbild unvermerkt gewachsen, so dass dann der Widerspruch desselben mit der Wirklichkeit völlig überraschend wirkt. In ähnlicher Weise werden durch die krankhaften Veränderungen der psychischen Persönlichkeit, durch die Gefühlsschwankungen, die Wahnideen sehr häufig nachträglich die Erinnerungen aus der Vergangenheit in krankhafter Weise verfälscht. In besonders hohem Maasse wird die Erinnerung durch gemüthliche Einflüsse, namentlich durch die Regungen der Eigenliebe verändert. Bei Menschen mit lebhafter Einbildungskraft und ausgeprägtem Selbstgefühl erfahren die früheren Erlebnisse ganz unvermerkt sehr tiefgreifende Wandlungen in dem Sinne, dass allmählich die eigene Person immer mehr in den Vordergrund rückt. Die Schatten verwischen sich, und das Licht der eigenen Vortrefflichkeit strahlt heller und heller. Unter Umständen kann es bei diesem unwillkürlichen Bestreben nach Selbstverherrlichung geradezu bis zur Erfindung oder doch sehr freien Ausschmückung wirkungsvoller Geschichten kommen, die am Ende vom Erzähler selbst nahezu für wahr gehalten werden. Sehr hübsch hat Daudet diesen Vorgang bekanntlich in seinem „Tartarin" geschildert. Noch einen Schritt weiter, und wir haben die krankhaften Lügner und Schwindler vor uns, welche so wenig im Stande sind, die Erfindungen ihrer geschäftigen Einbildungskraft zu unterdrücken, dass sie zu jedem zuverlässigen Berichte über ihre Vergangenheit unfähig werden*). Dem Melancholischen erscheint sein ganzes Vorleben als eine Kette von trüben Erfahrungen oder schlechten Handlungen; der Verfolgungs- und der Grössenwahn werfen ihren Schatten zurück auf frühere Zeiten und lassen den Kranken schon in der Jugend die Andeutungen eines feindseligen Verhaltens seiner Umgebung, auffallender Beachtung durch hochgestellte Personen oder hervorragender Leistungsfähigkeit auf den verschiedensten Gebieten menschlichen Könnens ausfindig machen.

In der Regel handelt es sich dabei nur um „Paramnesien", um theilweise Vermischung wirklicher Erlebnisse mit eigenen Zuthaten, also um einen Vorgang, der in gewissem Sinne etwa den Illusionen entsprechen würde. Bisweilen jedoch kommt es auch zu „Hallucinationen der Erinnerung" (Sully), zu völlig freier Erfindung scheinbarer Reminiscenzen, denen gar kein Vorbild in der Vergangenheit entspricht**). Im Traumleben, dann aber namentlich bei der Paralyse und Dementia paranoides, bisweilen auch in der Manie, wird diese Form der Erinnerungsfälschung, das Fabuliren, nicht selten beobachtet. Die Kranken erzählen von fabelhaften Reisen, die sie gemacht, wunderbaren Abenteuern, die sie erlebt, gewaltigen Kämpfen, die sie überstanden, schrecklichen Verwundungen, die sie erlitten haben, und lassen sich durch Zwischenfragen und Einwürfe zu allen möglichen, vielfach einander widersprechenden Einzelangaben verleiten. Meist liegen solche Erlebnisse Jahre, selbst Jahrhunderte oder Jahrtausende zurück; nur von Paralytikern, Neuritiskranken und Altersblödsinnigen hört man völlig erfundene Ereignisse auch in die jüngste Vergangenheit, die letzten Tage oder Stunden verlegen. Hie und da erzählen auch Epileptiker aus ihren Dämmerzuständen erfundene Erlebnisse; ihre Angaben pflegen abenteuerlich

---

*) Delbrück, Die pathologische Lüge und die psychisch-abnormen Schwindler. 1891.

**) Kraepelin, Archiv f. Psychiatrie, XVII u. XVIII.

und nicht so beeinflussbar zu sein. In manchen Fällen werden die Erinnerungsfälschungen nicht frei erzeugt, sondern sie schliessen sich an irgend welche zufälligen äusseren Eindrücke an (associirende Form). Die Kranken (zumeist Verrückte) glauben einzelne Personen oder Gegenstände ihrer Umgebung früher schon einmal gesehen oder von ihnen gehört zu haben, ohne sie doch auf wirkliche Erinnerungsbilder zu beziehen. Sie verkennen daher jene Objecte keineswegs, wie das bei den Auffassungsverfälschungen, bei der Beeinflussung von Wahrnehmungen durch die Erinnerung der Fall war, sondern es vollzieht sich hier der umgekehrte Vorgang: an die vollkommen scharf aufgefasste Wahrnehmung knüpft sich eine durchaus erfundene Erinnerung, deren vermeintliches Vorbild gewöhnlich einige Monate oder seltener Jahre zurückdatirt wird. Dabei pflegt das frühere Erlebniss meist erst nach einigen Stunden oder selbst Tagen aufzutauchen, dann aber rasch volle Deutlichkeit zu gewinnen.

Die letzte Form der Erinnerungsfälschung, der wir hier noch zu gedenken haben, ist am besten von Sander beschrieben worden. Schon im gesunden Leben begegnet es uns bisweilen, namentlich in der Jugend und im Zustande einer gewissen Abspannung, dass sich uns in irgend einer Lage plötzlich die Vorstellung aufdrängt, als hätten wir dieselbe schon einmal in ganz derselben Weise erlebt. Zugleich haben wir eine dunkle Ahnung dessen, was nun voraussichtlich kommen wird, ohne uns jedoch ein klares Bild davon machen zu können. In der That scheint uns irgend ein alsbald eintretendes Ereigniss wirklich unsere Ahnung zu erfüllen. Auf diese Weise stehen wir eine kurze Zeit lang gewissermassen als unthätige Zuschauer dem eigenen Vorstellungsverlaufe gegenüber, der in unbestimmten Andeutungen dem wirklichen Gange der Dinge vorauseilt, bis plötzlich die ganze Erscheinung verschwindet. Gefühle einer peinlichen Unsicherheit und Spannung pflegen sich regelmässig mit derselben zu verknüpfen.

In sehr ausgeprägter Weise wird diese Störung hier und da unter krankhaften Verhältnissen, besonders bei Epileptikern im Zusammenhange mit den Anfällen, beobachtet. Was dieselbe von den früher genannten Formen der Erinnerungsfälschung unterscheidet, ist die völlige Gleichheit der gesammten Situation, unter Einschluss der eigenen Person, mit einer anscheinenden Erinnerung (identificirende Form). Während dort einzelne Eindrücke als von früher her mittelbar oder häufiger unmittelbar bekannt aufgefasst werden, ist hier die ganze Lage mit allen Einzelheiten vermeintlich nur das getreue Abbild eines völlig gleichen Erlebnisses aus der eigenen Vergangenheit. So kommt es, dass in den recht seltenen Fällen, in denen sich diese Fälschung Wochen, Monate, ja durch Jahrzehnte hindurch fortspinnt, mit einer gewissen Nothwendigkeit in dem Kranken die Vorstellung erzeugt wird, dass er ein sich selbst wiederholendes Doppelleben führt. Die Grundlage dieser Störung ist durchaus dunkel. Möglich ist es, dass bisweilen wirkliche verschwommene Erinnerungen, namentlich aus Träumen, auf Grund entfernter Aehnlichkeiten mit der vielfach nur in allgemeinen Umrissen aufgefassten gegenwärtigen Situation fälschlich in Verbindung gebracht werden, doch dürfte diese Erklärung schwerlich für alle Fälle zutreffen. Die unangenehmen Erwartungsgefühle lassen sich wol am wahrscheinlichsten auf das vergebliche Ringen nach einer deutlichen Auffassung des verschwommenen Bewusstseinsinhaltes zurückführen.

Störungen in der Bildung der Vorstellungen und Begriffe. Die einfachsten Vorstellungen enthalten nur Bestandtheile aus einem einzigen Sinnesgebiete. Mit dem Fortschritte der geistigen Ausbildung jedoch entstehen immer verwickeltere Gebilde, deren einzelne Glieder den verschiedensten Gebieten der Sinneserfahrung entstammen. Meistens ist dabei wol der Antheil, welchen die einzelnen Sinne liefern, ein sehr verschiedener. Nicht nur kommt gewissen Gruppen von Wahrnehmungen für die Vorstellungsbildung überhaupt eine weit grössere Bedeutung zu, als anderen, sondern es hat auch den Anschein, als ob je nach der persönlichen Anlage bald mehr diese, bald mehr jene Gebiete der Sinneserfahrung bei diesem Vorgange bevorzugt würden. Während im Vorstellungsleben des Einen diejenigen Bestandtheile überwiegen, die durch das Auge aufgenommen wurden, treten bei Anderen die vom Gehör oder durch die Bewegungsempfindungen gelieferten Eindrücke besonders in den Vordergrund. Bei völligem Ausfall ganzer Sinnesgebiete werden auch die Vorstellungen eine eigenthümliche Einseitigkeit darbieten müssen, ja, es kann der Fall eintreten, dass die gesammten Vorstellungen ausschliesslich aus den Wahrnehmungen des Tast- und Bewegungssinnes sich zusammensetzen müssen. Auch in diesem Grenzfall ist übrigens noch eine hohe Entwicklung des Vorstellungslebens möglich.

Es ist erklärlich, dass unvollkommene Ausbildung und geringe Nachhaltigkeit der sinnlichen Eindrücke die Entwicklung zusammengesetzter Gestaltungen unserer Vorstellungsthätigkeit in hohem Grade beeinträchtigen müssen. Die einzelnen Wahrnehmungsbestandtheile treten in keine näheren Beziehungen zu einander und zu den früheren Erfahrungen; vereinzelt und ohne Anknüpfung nach irgend einer Richtung hin, gehen sie in dem unterschiedslosen Gemenge wechselnder Eindrücke rasch und vollständig wieder verloren. Derartige Zustände haben wir wol bei den schwersten Formen des angeborenen und erworbenen Blödsinns thatsächlich anzunehmen. Hier findet vielfach eine engere Verknüpfung der einzelnen Wahrnehmungen überhaupt nicht statt. Die Glieder der Erfahrungskette schliessen sich nicht aneinander, sondern jeder Eindruck fällt rasch, wie er entstanden war, ungenutzt wieder dem Vergessen anheim.

Mit der reicheren und vielseitigeren Ausbildung der Vorstellungen wird der Bau derselben nothwendigerweise immer verwickelter. Die Zahl und die Verschiedenartigkeit der hier mit einander verknüpften Bestandtheile nimmt zu, so dass schliesslich der ganze Umfang eines derartigen psychischen Gebildes sich nicht mehr ohne weiteres, sondern nur bei der Betrachtung von den verschiedensten Seiten her vollständig ermessen lässt. Gleichzeitig verlieren auch die einzelnen Bestandtheile mehr und mehr ihre sinnliche Bestimmtheit, da sie nicht einem einzelnen Sinneseindrucke, sondern vielfach wiederholten Wahrnehmungen entsprungen sind. Das Zufällige und Nebensächliche der Einzelerfahrungen verwischt sich, während das Wesentliche, immer Wiederkehrende sich stärker ausprägt und befestigt. Auf diese Weise werden eben die ursprünglichen Erinnerungsbilder zu wirklichen Vorstellungen; sie sind nicht mehr der einfache Nachklang einer bestimmten Sinneserfahrung, sondern der allgemeine Ausdruck sämmtlicher Erfahrungen einer gewissen Art, die überhaupt auf das Bewusstsein eingewirkt haben.

Dieser Punkt der Entwicklung ist es, an welchem die sprachlichen Bezeichnungen ihren Einfluss auf das geistige Leben zu entfalten beginnen. Der Umfang und die Vielseitigkeit der Sachvorstellungen macht es unmöglich, im Gedankengange überall den gesammten Niederschlag einer Erfahrungsreihe nach allen Richtungen hin ins Bewusstsein zu rufen. Vielmehr tauchen beim Denken zunächst immer nur die am kräftigsten entwickelten Bestandtheile eines derartigen psychischen Gebildes auf, wenn nicht durch besonderen Anlass andere Seiten der Vorstellung mehr in den Vordergrund gedrängt werden. Bei häufiger Wiederholung dieses Vorganges werden am Ende jene stärker ausgebildeten Theile dauernd zu wirklichen Vertretern der Gesammtvorstellung. Mit ihrer Hülfe sind wir dann auch jeder Zeit im Stande, die verschiedenen anderen Seiten des ganzen psychischen Gebildes ins Bewusstsein zu ziehen und eingehender zu beleuchten.

Die Vertretung der Gesammtvorstellung im abgekürzten Denkverfahren kann an sich natürlich jedem beliebigen Bestandtheile derselben zufallen. Auch hier bestehen ohne Zweifel sehr weit gehende persönliche Verschiedenheiten. Zunächst werden wol überall einzelne sachliche Erinnerungsbilder, bald aus diesem, bald aus jenem Sinnesgebiete, diese Rolle übernehmen, ein Verhalten, welches um so länger und ausgeprägter fortbestehen bleibt, je besser die sinnliche Einbildungskraft entwickelt ist. Im allgemeinen aber treten an die Stelle der sachlichen Erinnerungen immer mehr die sprachlichen Zeichen derselben. Je umfassender die einzelne Vorstellung wird, je allgemeiner ihr Inhalt, desto mehr verblasst ihre sinnliche Färbung, desto grösser wird das Gewicht, welches in ihr die sprachliche Bezeichnung gewinnt. Die höchsten Entwicklungsformen der Verstandesthätigkeit pflegen sich daher zum guten Theile ganz ausserhalb der schwerfälligen Sachvorstellungen zu vollziehen und nur hie und da einmal das Gebiet der sinnlichen Erinnerungen flüchtig zu streifen.

Unter krankhaften Verhältnissen kann der hier geschilderte Entwicklungsgang an irgend einem Punkte zum Stillstande kommen. Bei unvollkommener geistiger Veranlagung bleibt die Ausbildung der Vorstellungen auf der Stufe der sinnlichen Erinnerungsbilder stehen. Die Kranken haften an der Einzelerfahrung, ohne das Gemeinsame aus verschiedenen gleichartigen Eindrücken herausschälen zu können. Sie gewinnen keinen kurzen, geschlossenen Ausdruck für grössere Erfahrungsreihen; das Unwesentliche scheidet sich ihnen nicht vom Wesentlichen, das Allgemeine nicht vom Besonderen. Das gesammte Denken vermag sich daher nicht über das Gebiet des unmittelbar sinnlich Gegebenen hinaus zur Erfassung höherer und weiterblickender Gesichtspunkte zu erheben. Daraus ergiebt sich nothwendig die Beschränkung der gesammten Lebenserfahrung auf den nächsten und engsten Kreis, die Unfähigkeit zur Ausbildung allgemeiner Begriffe, welche als Grundlage einer abstracteren Gedankenarbeit zu dienen vermöchten.

Bei der grossen Bedeutung, welche das vorhandene Wissen für die Sammlung neuer Erfahrungen besitzt, kann die mangelhafte Ausbildung von Allgemeinvorstellungen nicht ohne weitreichende Folgen für den Umfang des Vorstellungsschatzes überhaupt bleiben. Frühere Erfahrungen schärfen unseren Blick für andere ähnliche Eindrücke; Neues wird weit leichter aufgenommen und festgehalten, sobald es sich an Bekanntes anknüpfen, in bestehende Gedankenkreise einordnen kann. Je reicher der Vorstellungsschatz ist, desto aufnahmefähiger wird er für jede neue Bereicherung, weil die Beziehungen des Seelenlebens zur Aussenwelt immer zahlreichere und vielseitigere werden. So kommt es, dass die unvollkommene Entwicklung der Vorstellungen selbst zugleich die Empfänglichkeit für neue Eindrücke herabsetzt. Sie finden keine Anknüpfung im Erfahrungsschatze, werden nicht fest eingegliedert und gehen daher rasch und leicht wieder verloren. Zu der sinnlichen Beschränktheit des Gedankenganges gesellt sich daher regelmässig Enge des Gesichtskreises, Vorstellungsarmuth und Gedächtnissstumpfheit.

Natürlich treten alle diese Störungen in ausgeprägter Form nur dort hervor, wo die krankhafte Grundlage von Jugend auf besteht. Beim erworbenen Schwachsinn wird der Vorrath früherer Erfahrungen die Unfähigkeit zur Aufnahme neuer Eindrücke, zur Bildung neuer Vorstellungen lange Zeit hindurch mehr oder weniger vollständig verdecken können. Im weiteren Verlaufe freilich wird man jene Störungen allmählich immer deutlicher sich geltend machen sehen. Bei der Paralyse, bei der Dementia praecox, beim Altersschwachsinn beobachten wir in gleicher Weise, wie der Vorstellungskreis sich einengt, wie die allgemeineren, begrifflichen Gedankengänge zurücktreten gegenüber dem Greifbaren, Alltäglichen und Naheliegenden. Neue Eindrücke werden nicht mehr aufgenommen und verarbeitet, und die jüngsten Erfahrungen werden schnell vergessen, auch wenn die Erinnerungen aus vergangenen Tagen noch mit überraschender Festigkeit und Treue haften.

Kaum weniger verderblich, als die mangelnde Ausbildung der Vorstellungsverbindungen, pflegt für das Seelenleben die krankhafte Uebererreglichkeit der Einbildungskraft zu werden, welche mit verwegener Leichtigkeit die verbindende Brücke zwischen den verschiedenartigsten Erfahrungen zu schlagen weiss. Hier genügen schon entfernte Aehnlichkeiten und theilweise Uebereinstimmungen, um zwei Vorstellungen in nahe Beziehungen zu setzen; der Mangel an Zwischengliedern wird rasch durch immer bereite Vermuthungen ergänzt, und die Widersprüche werden in mehr oder weniger willkürlicher Umgestaltung verwischt. So entwickelte mir ein kranker Ingenieur einmal an der Hand umfangreicher und sehr eingehender Zeichnungen die Idee, durch die verschiedenartige Anordnung gewisser architektonischer Ornamente ganze Musikstücke in übertragener Form wiederzugeben und auf diese Weise Auge und Ohr gleichzeitig künstlerisch anzuregen. Eine solche Willkürlichkeit der Ideenverbindung, welche die Fühlung mit dem sicheren Boden der Wirklichkeit mehr und mehr verliert, macht natürlich bei der Begriffsbildung eine Auswahl des Zusammengehörigen und die Ausscheidung des Unwesentlichen, Entlegenen, fast gänzlich unmöglich. Die Begriffe müssen auf diese Weise durchaus jener Schärfe und Klarheit entbehren, welche sie zur Grundlage höherer Geistesarbeit tauglich macht; sie werden verschwommene und unklare psychische Gebilde, mit deren Hilfe nur einseitige und verschrobene Urtheile von zweifelhaftem Werthe sowie unbestimmte und unsichere Analogieschlüsse zu Stande kommen können, sobald sich der Gedankengang aus dem Bereiche der unmittelbaren Sinneserfahrung entfernt. Als klinischen Ausdruck der hier geschilderten Störung können wir den Hang zum Schwärmen und Träumen, den Mangel des Sinnes für Thatsachen und Einzelheiten, die Verzettelung der geistigen Arbeitskraft in unausführbaren Plänen und Hirngespinnsten betrachten. Diese Eigenthümlichkeiten bilden das Kennzeichen für gewisse Formen des angeborenen Schwachsinns und der auf ihrem Boden sich mit Vorliebe entwickelnden Verrücktheit; vorübergehend begegnen wir ihnen auch bei manchen erworbenen Schwächezuständen, namentlich bei der Paralyse und der Dementia paranoides.

Störungen des Gedankenganges. Die Verbindung der fertigen Vorstellungen untereinander vollzieht sich nach bestimmten Gesetzen, die uns wenigstens in ihren allgemeinen Zügen bekannt sind. Wir können zunächst zwei grosse Gruppen von Vorstellungsverbindungen auseinanderhalten, die äusseren und die inneren. Bei jenen ersteren wird die Verknüpfung der beiden Vorstellungen nur durch eine rein äusserliche, zufällige Beziehung vermittelt, während wir es bei den inneren Associationen mit sachlichen, aus dem Inhalte der Vorstellungen selbst hervorwachsenden Zusammenhängen zu thun haben. Im einzelnen gliedern sich beide Hauptgruppen noch weiter in Unterformen je nach der Art des verknüpfenden Bandes*). Eine äusserliche Verbindung kann zunächst hergestellt werden durch die Gewöhnung, durch häufige Vergesellschaftung derselben Eindrücke. Dies geschieht z. B. dann, wenn zwei Wahrnehmungen oft oder regelmässig in nahe räumliche oder zeitliche Beziehung zu einander treten. Haus und Fenster, Blitz und Donner entsprechen dieser Bedingung. Ein ganz ähnlicher, aber noch äusserlicherer Zusammenhang kann sich durch die sprachliche Gewöhnung herausbilden. Bestimmte Wort- und Satzverbindungen befestigen sich bei uns durch häufige Wiederholung derart, dass jeder Bestandtheil derselben die übrigen regelmässig auch ins Bewusstsein ruft. Dahin gehören die Wortzusammensetzungen, die stehenden Redensarten, die Citate. Vielfach hat sich in diesen Verbindungen die Denkarbeit früherer Geschlechter niedergeschlagen; dem sprachlichen entspricht zugleich ein sachlicher Zusammenhang. Für uns aber ist diese innere Verbindung längst in den Hintergrund getreten gegenüber der einfachen, gedankenlosen sprachlichen Gewöhnung. In noch höherem Grade ist das der Fall, wenn der einzelne Bruchtheil, wie nicht selten, völlig sinnlos ist und nur durch die mechanische Anfügung des Fehlenden zu einem sinnvollen Ganzen wird. Diese letztere Form der äusseren Vorstellungsverbindungen bildet bereits den Uebergang zu den für die Psychiatrie besonders wichtigen Klangassociationen. Bei diesen handelt es sich um die Verknüpfung zweier Vorstellungen lediglich auf Grund des sprachlichen Gleichklanges. Uebereinstimmung einzelner Buchstaben oder besser Sprachbewegungen, nicht selten in der Form des Reims, genügt hier, die verbindende Brücke zu schlagen, ganz ohne jede Rücksicht auf den Inhalt. Auch hier wird die Eigenart des Vorganges am klarsten in jenen Beispielen in denen der associirte Gleichklang überhaupt keinen sprachlichen Inhalt mehr besitzt, sondern völlig sinnlos ist.

Bei der zweiten grossen Gruppe von Vorstellungsverbindungen,

---

*) **Aschaffenburg**, Experimentelle Studien über Associationen, in **Kraepelin**, Psychologische Arbeiten, I, 2; II, 1.

begegnet uns zunächst die Verknüpfung nach Ueber-, Neben- und Unterordnung. Der Entwicklungsgang der Vorstellungen vollzieht sich ja in der Weise, dass wir von sinnlichen Einzelerfahrungen durch Eingliederung ähnlicher Eindrücke allmählich zu einer Stufenleiter von immer allgemeineren Vorstellungen gelangen. Alle einzelnen Glieder dieser Entwicklung stehen naturgemäss mit einander in näherer oder fernerer Verbindung, so dass unser Gedankengang jederzeit den Schritt vom Besonderen zum Allgemeinen wiederholen kann, mit dem er einstmals seine Ausbildung begonnen hat. Der gleiche Weg ist aber auch in umgekehrter Richtung gangbar, und endlich vermögen wir dauernd den Vorgang zu erneuern, der uns von Anfang an die Verknüpfung innerlich übereinstimmender Erfahrungen unter einander ermöglichte. Alle diese Verbindungen bilden zusammen die psychologische Grundlage derjenigen Urtheile, welche das gegenseitige Verhältniss unserer Vorstellungen zu einander von den sinnlich einfachsten zu den verwickeltsten und allgemeinsten Formen zum Ausdrucke bringen.

Dem gegenüber können wir eine andere Form der inneren Associationen wol als die Vorstufe jener Urtheile auffassen, bei denen es sich um die Bereicherung unserer Vorstellungen durch neue Bestandtheile handelt. Wir bezeichnen diese Vorstellungsverbindungen vielleicht am besten als prädicative. Sie fügen zu einer gegebenen Vorstellung irgend ein Merkmal hinzu, welches nicht nothwendig zur Begriffsbestimmung gehört, sondern eine mehr oder weniger eng begrenzte Gruppe von Einzelerfahrungen aus der Gesammtzahl der Vorstellungsbestandtheile heraushebt. Diese beschränkte Aussage kann dabei sowol gegenwärtigen Eindrücken wie der Erinnerung entnommen werden. Die prädicativen Associationen enthalten demnach meist Eigenschaften, Zustände, Thätigkeiten, durch welche die voraufgehende Vorstellung nach irgend einer Richtung hin näher bestimmt wird. Es werden gewisse Bestandtheile derselben, seien sie längst oder gerade erst erworben, heller beleuchtet, die an sich beim Auftauchen jener Vorstellung nicht mit ins Bewusstsein getreten wären. So wird etwa die Vorstellung Hund in uns neben der sprachlichen Bezeichnung durch die allgemeinen Umrisse des Thieres vertreten; vielleicht werden wir uns dabei noch dunkel dessen bewusst, dass der Hund ein Thier, dass er dunkel gefärbt ist, dass er läuft. Alle diese unklaren Bestandtheile der

Hauptvorstellung können durch den weiteren Verlauf des Gedankenganges zur deutlichen Ausprägung gebracht werden. Nur der erstgenannte aber ist ein nothwendiges Glied der Vorstellung Hund; die beiden letzteren und zahllose andere ähnliche enthalten eine nähere Bestimmung, die nicht auf alle Hunde ohne Ausnahme zutrifft. Folgt daher auf die Vorstellung Hund die Vorstellung Thier, so haben wir es mit einer Association nach Ueberordnung zu thun, während die beiden anderen Anknüpfungen prädicative Bestimmungen enthalten.

Störungen des Gedankenganges sind bei den verschiedenen Formen des Irreseins ungemein häufig, leider jedoch bis jetzt noch sehr ungenügend erforscht. Die einfachste Form derselben ist die Lähmung des Vorstellungsverlaufes durch Herabsetzung der geistigen Regsamkeit. Zunächst entsteht dabei eine mehr oder weniger starke Verlangsamung des Denkens, zu der sich aber weiterhin regelmässig auch noch andere Veränderungen hinzugesellen, namentlich Einförmigkeit und Ablenkbarkeit. Leichtere Grade dieser Störung finden sich bei der Ermüdung, schwerere bei den Vergiftungen mit betäubenden Mitteln. Die geistige Lähmung bildet ferner den gemeinsamen Grundzug der Denkstörung bei den verschiedensten Formen der Verblödung, in der Paralyse, der Dementia praecox, dem Altersschwachsinn u. s. f.

Aeusserlich ihr ähnlich ist die Denkhemmung, die Erschwerung des Denkens durch starke Widerstände. Diese letzteren scheinen mit Aenderungen des Stimmungshintergrundes in Beziehung zu stehen, deren hemmende Wirkung auf den Gedankengang uns schon aus dem gesunden Leben geläufig ist. Bei der Denkhemmung geschieht die Verarbeitung äusserer Eindrücke mühsam und schwerfällig; der Gedankengang ist stark verlangsamt, die Beherrschung des Vorstellungsschatzes äusserst unvollkommen. Bisweilen kann diese geistige Gebundenheit fast bis zum völligen Gedankenstillstande fortschreiten. Auf das Bestehen einer Denkhemmung schliessen wir daraus, dass unter gewissen Bedingungen alle diese schweren Störungen ziemlich plötzlich verschwinden können. Ausserdem wird von den Kranken selbst der Widerstand, mit dem sie zu kämpfen haben, deutlich empfunden. Es fehlt ihnen nicht an der geistigen Regsamkeit; sie sind nicht stumpf und gleichgültig wie die verblödeten Kranken, aber sie vermögen trotz der grössten Anstrengungen nicht, die Gebundenheit und Unfreiheit ihres Denkens zu überwinden. Am ausgeprägtesten begegnen wir dieser Störung in den depressiven und Mischzuständen des circulären Irreseins; vielleicht sind auch gewisse Denkstörungen des epileptischen Stupors hierher zu rechnen.

Die inhaltlichen Störungen des Vorstellungsverlaufes lassen sich, wie mir scheint, am einheitlichsten auffassen als Verschiebungen in dem Verhältnisse zwischen den Zielvorstellungen und den einzelnen Gliedern unseres Gedankenganges. Leider sind wir hier überall in erster Linie auf die Prüfung der sprachlichen Aeusserungen unserer Kranken angewiesen, die naturgemäss nur ein sehr unvollkommenes und häufig verzerrtes Bild ihres wirklichen Vorstellungsverlaufes geben.

Das gesunde Denken wird regelmässig von gewissen allgemeinen Vorstellungen beherrscht, welche jeweils die Richtung des Vorstellungsverlaufes angeben. Von den auftauchenden Vorstellungen werden daher immer diejenigen Bestandtheile besonders kräftig angeregt, die mit den Leitvorstellungen in näherer Beziehung stehen. Aus der grossen Zahl möglicher Anknüpfungen werden auf diese Weise nur diejenigen wirklich zu Stande kommen, welche in einer bestimmten, durch die allgemeinen Ziele des Gedankenganges bedingten Richtung liegen. So entsteht die innere Einheit und Geschlossenheit unseres Denkens, die geistige Freiheit, welche uns in den Stand setzt, unseren Vorstellungsverlauf nach Gesichtspunkten zu lenken, die aus der Entwicklungsgeschichte unserer gesammten psychischen Persönlichkeit hervorgegangen sind.

In Krankheitszuständen kann der einheitliche Fortschritt des Gedankenganges, wie er durch kräftige Ausbildung der Zielvorstellungen gewährleistet wird, auf verschiedene Weise gestört sein. Zunächst kommt es vor, dass einzelne Vorstellungen oder Gedankenreihen mit besonders lebhafter Gefühlsbetonung immer wieder den durch die Zielvorstellungen vorgezeichneten Gedankengang durchbrechen. Im gesunden Leben begegnet uns diese Erscheinung dann, wenn wir durch irgend ein trübes Ereigniss, durch Erwartung oder Befürchtung so sehr beherrscht werden, dass unsere Gedanken trotz aller Bemühungen, sie in andere Richtungen zu zwingen, immer wieder zu demselben Gegenstande zurückkehren. Aber auch andere Vorstellungen, die nicht unmittelbar durch Erlebnisse angeregt werden, vermögen bisweilen eine so aufdringliche Macht über unseren Gedankengaug zu gewinnen, dass wir uns auf das peinlichste durch sie beeinflusst fühlen. Wir erinnern hier an die Erfahrung, dass wir uns in gewissen Stimmungen trotz besserer Einsicht bisweilen des Auftauchens von allerlei Schauer- und Gespenstergeschichten nicht zu erwehren im Stande sind. Sie erwachen im Gegentheil oft um so lebhafter, je angestrengter wir sie in den Hintergrund zu drängen versuchen.

Auf krankhaftem Gebiete kommen derartige, von lebhaften Unlustgefühlen begleitete Vorstellungen, die sich unwiderstehlich dem Bewusstsein aufdrängen, vielfach und in sehr mannigfaltiger Form zur Beobachtung. Wir bezeichnen sie nach v. Krafft-Ebings Vorgang als Zwangsvorstellungen *), weil sie regelmässig mit dem Gefühle des Unterliegens gegen einen übermächtigen Zwang einhergehen. Der Sinn dieser Gedankengänge ist meist ein unangenehmer, quälender, doch können auch Vorstellungen von ursprünglich gleichgültigem oder albernem Inhalte allmählich peinigende Aufdringlichkeit annehmen. Gerade die Furcht vor ihrer Wiederkehr ist es vielleicht in erster Linie, welche den Zwangsvorstellungen ihre Macht verleiht. Wie wir an ein drohendes Ereigniss unablässig denken müssen, auch wenn wir uns gerne ablenken möchten, so richtet die Furcht vor der Zwangsvorstellung selbst immer von neuem die Erwartung auf dieselbe hin und befördert dadurch am wirksamsten ihre Wiederkehr.

Aus diesen Gründen beobachten wir Zwangsvorstellungen fast ausnahmslos auf dem Boden deutlicher gemüthlicher Verstimmungen. In melancholischen Erkrankungen, namentlich aber in den Depressionszuständen des circulären Irreseins begegnen wir denselben häufig. Unter Umständen kann hier das Bewusstsein des krankhaft Aufgedrungenen verloren gehen, so dass ursprüngliche Zwangsbefürchtungen späterhin dauernd oder vorübergehend zu wirklichen Wahnideen werden. Die ausgebildetsten Formen der Zwangsvorstellungen aber entwickeln sich auf der Grundlage angeborener Entartung. Hier werden durch die grosse gemüthliche Erregbarkeit einerseits, durch die erhöhte Empfänglichkeit für allerlei innere und

---

*) Wille, Archiv f. Psychiatrie, XII, 1; Meynert, Wiener klin. Wochenschr. 1888. 5—7.

äussere Beeinflussungen andererseits die günstigsten Bedingungen für das Zustandekommen jener Störungen geschaffen. Eine eingehendere Würdigung der einzelnen klinischen Gestaltungen wird späterhin noch unsere Aufgabe sein.

Während beim Zwangsdenken die sich aufdrängenden Vorstellungen mit starken Unlustgefühlen verknüpft und von gleichartiger Färbung zu sein pflegen, ist eine andere, nur äusserlich ähnliche Störung, das einfache Haften einzelner Vorstellungeu, dadurch gekennzeichnet, dass irgend welche, einmal angeregte Vorstellungen von ganz beliebigem Inhalte sich immer wieder in den Gedankengang einschieben. Auch im gesunden Leben ist dieser Vorgang nicht gerade selten. Im gewöhnlichen Flusse der Gedanken vermag sich keine einzelne Vorstellung längere Zeit hindurch auf voller Höhe zu erhalten, wenn sie nicht durch besondere Ursachen immer von neuem angeregt wird. Unablässig drängen sich neue Eindrücke und Vorstellungen ins Bewusstsein, um das Uebergewicht zu gewinnen, sobald die Lebhaftigkeit vorangegangener Bilder zu verblassen beginnt. Je weniger der Gedankengang fortschreitet, desto leichter und länger sind einzelne Vorstellungen im Stande, ihre Herrschaft zu behaupten. Namentlich Vorstellungsgruppen von rhythmischer Gliederung, einen Vers, eine Melodie können wir bisweilen durchaus nicht wieder loswerden, sondern müssen, vielleicht zu unserem grössten Verdrusse, in steter Wiederholung darauf zurückkommen, bis sie endlich durch andere Vorgänge wieder in den Hintergrund gedrängt werden. Oder aber es tauchen bestimmte Wendungen und Redensarten unwillkürlich immer wieder in unseren schriftlichen oder mündlichen Aeusserungen auf, ohne dass es uns bei grösster Anstrengung gelänge, sie zu vermeiden. Im Gegensatze zum Zwangsdenken bemerken wir jene fortwährenden Wiederholungen vielfach erst nachträglich; das Gefühl des Zwanges, der Ueberwältigung trotz unseres Widerstrebens, fehlt vollständig, so unangenehm wir vielleicht auch von der Zähigkeit der Vorstellungen berührt werden. Wir kennen die Einflüsse noch nicht genauer, die ein solches Kleben der Vorstellungen bewirken; die Erschöpfung scheint nach Aschaffenburg's Untersuchungen diesen Vorgang nicht zu begünstigen. Dagegen treffen wir bei katatonischen Kranken ungemein häufig die Neigung, dieselben Vorstellungen „zu Tode zu hetzen“, bald unter Einflechtung in andere mehr oder weniger zusammenhangslose Gedankenreihen, bald auch ganz allein in unendlicher Wiederholung.

Der Inhalt derartiger haftender Vorstellungen ist dabei ein ganz zufälliger; die eine kann über kurz oder lang von einer anderen abgelöst werden, die dann eben so zähe haftet, oder es schieben sich durcheinander in einen längeren Gedankengang eine Reihe verschiedener, immer wiederkehrender Vorstellungen ein. Offenbar spielt demnach bei dem Vorgange nicht die besondere Eigenschaft der einzelnen Vorstellung, sondern der Gesammtzustand des Seelenlebens die entscheidende Rolle. Vielleicht dürfen wir annehmen, dass der Mangel eines bestimmten, festen Zieles in unserem Gedankengange die häufige Wiederkehr derselben Vorstellungen besonders begünstigt. Dieser Ueberlegung würde die Erfahrung entsprechen, dass wir das Haften der Vorstellungen, die mangelhafte Dämpfung derselben, am häufigsten beobachten, wenn wir uns gehen lassen oder zerstreut sind. Auch bei Katatonikern verbindet es sich in der Regel mit einer Zerfahrenheit des Gedankenganges, die auf ungenügende Ausbildung von Zielvorstellungen hinweisen dürfte. Sehr deutlich tritt das in dem folgenden Beispiele hervor:

„Herr Vetterlieb, es war nicht so, Herr Vetterlieb, es war nicht so, es war nicht so, A Lauer für S Lauer, A Lauer für S Lauer, nur das einzige, A Lauer für S Lauer, Herr Vetterlieb, weil ich für Ihr einziges Kind gebetet habe, wie ich in Tauberbischofsheim. Herr Vetterlieb, lieber Herr Vetterlieb, mein einzig Vetterlieb, ich will sagen, wie es gelebt hat, ein gutes, ein böses, Herr Vetterlieb, M, R, I, S. Herr Vetterlieb, Schnaps gegen Branntwein, Vergiftung gegen Vergiftung. Ich hänge meine Zunge bald so, bald so hinten hinaus, bald vorn hinaus. Herr Vetterlieb (5 mal wiederholt), das war Wucht, Herr Vetterlieb, eine Kupferschlange, durchlöchert, Herr Vetterlieb, wegen des wahren, wegen des wahren, wegen des wahren Willens" u. s. f.

Eine wesentlich andere Bedeutung, als die häufige Wiederkehr derselben Vorstellungen in einem bestimmten Gedankengange hat die gewohnheitsmässige Erneuerung gleichartiger Vorstellungsreihen bei den verschiedensten Gelegenheiten. Während dort der Inhalt der immer wieder auftauchenden Vorstellungen ein ganz zufälliger ist und durch alle möglichen Einflüsse allmählich verändert werden kann, haben wir es hier mit dem erstarrten und darum fast unveränderlichen Niederschlage früherer Erfahrungen zu thun.

Unsere ganze geistige Ausbildung beruht auf dem Umstande, dass sich unsere Vorstellungsverbindungen durch häufige Wiederholung allmählich mehr und mehr befestigen. Das Ergebniss früher geleisteter Gedankenarbeit steht uns auf diese Weise schliesslich fast mühelos jederzeit zu Gebote, so dass wir auf der einmal erarbeiteten Grundlage ohne weiteres fortbauen können. Ja, auch der gesammte Erfahrungs- und Gedankenschatz vergangener Geschlechter wird uns in den festen Formen der Muttersprache als fertiges Werkzeug für jederlei Denkarbeit überliefert. Die Bedeutung dieser gegebenen Formeln im Vorstellungsverlaufe ist natürlich je nach der persönlichen Befähigung zu eigenem Schaffen eine sehr verschiedene; sie kann jedoch kaum überschätzt werden. Wir Alle wissen, dass wir beständig mit einer grossen Zahl von stehenden Wendungen und festen Ideenverbindungen arbeiten, die mit erstaunlicher Unvermeidlichkeit bei gegebenem Stichworte auftauchen und ablaufen, ohne unser Zuthun, ja selbst gegen unseren Willen. Ich konnte nachweisen, dass von einer grösseren Gruppe eingeübter Associationen nach fast zwei Jahren noch etwa 70 % in völlig gleicher Form wiederkehrten.

In Krankheitszuständen wird dieses Verhältniss ohne Zweifel vielfach noch sehr bedeutend überschritten. Namentlich dann, wenn die Fähigkeit zur Sammlung und Verarbeitung neuer Eindrücke durch das Irresein vernichtet wird, pflegen die Vorstellungsüberreste aus gesunden Tagen allmählich in steter Wiederholung zu erstarren. So sehen wir beim Greise, in der Paralyse und bei verschiedenen anderen Verblödungsvorgängen den Vorstellungsverlauf mehr und mehr auf einzelne, immer wiederkehrende Gedankenreihen einschrumpfen, welche keinerlei neue geistige Arbeitsleistung mehr enthalten. Es entwickelt sich auf diese Weise eine mehr oder weniger hochgradige Einförmigkeit der Bewusstseinsvorgänge. Selbstverständlich verbindet sich damit stets eine beträchtliche Verarmung des Vorstellungsschatzes. Was nicht in festgeschlossener, unveränderlicher Verbindung erhalten bleibt, geht rettungslos verloren. Schliesslich können sich die gesammten sprachlichen Aeusserungen einer früher reich entwickelten Persönlichkeit auf wenige Sätze oder gar einzelne, unablässig wiederholte Worte zurückziehen. Von dem Haften der Vorstellungen unterscheidet sich diese Störung sehr wesentlich dadurch, dass wir es dort mit einzelnen Wörtern zu thun haben, die ohne irgend welche Beziehung zum Sinn immer wiederkehren. Hier dagegen sind es bestimmte Gedankengänge, die un-

mittelbar den wirklichen Bewusstseinsinhalt der Kranken wiedergeben. Die folgende Nachschrift von einer altersblödsinnigen Kranken
mag das erläutern:

„Wir haben den ganzen Tag nichts gegessen — Kaffee und Brot -- Kaffee
— die Frau würde gern kochen, wenn sie etwas kriegte, aber den ganzen Tag hat
sie nichts, als Kaffee und Brot — aber das geht nicht; die Frau muss etwas zu
essen haben — das geht nicht; der Mann muss aufhören, zu essen, die Kinder
müssen essen — ei, ei, ei, das ist doch stark; die Kinder nichts mehr zu essen,
nichts wie Kartoffeln — der Vater hat die Kartoffeln gegessen; die Mutter hat
nichts, die Kinder haben nichts — so ist es fortgegangen von einem Tag zum
andern, haben die Kinder nichts gegessen wie Kartoffeln und Kaffee — ach Gott,
da sind wir fertig, da haben wir nichts gegessen, gar nichts, gar nichts; das darf
nicht sein — wo wir hin sind, haben wir den Kaffee fort und die Kartoffeln —
das ist gar nichts — nichts wie Kaffee, Kaffee, Kaffee“ u. s. f.

In nahen inneren Beziehungen zu der Einförmigkeit des Gedankenganges steht eine andere, ihr äusserlich ziemlich unähnliche
Störung, die Umständlichkeit. Wir verstehen darunter jene Gestaltung des Vorstellungsverlaufes, bei welcher nicht nur die wesentlichen und nothwendigen Glieder eines Gedankenganges, sondern
auch eine grössere Anzahl nebensächlicher und zufälliger Begleit-
vorstellungen mit voller Deutlichkeit erzeugt werden. Dadurch wird
einerseits der Abschluss der Vorstellungskette, die Erreichung des
vorgesteckten Zieles, immer wieder hinausgeschoben und verzögert,
andererseits wird der ganze Gedankengang unübersichtlich, da die
Nebendinge sich ebenso in den Vordergrund drängen wie die Haupt-
sachen. Diese Störung beruht demnach auf einer unvollkommenen
Sichtung der Vorstellungen nach ihrer Bedeutung für den jeweiligen
Gedankengang. Erinnerungsbilder sinnlichen Inhalts schieben sich
fortwährend in den Gedankengang ein; Nebenumstände, gleichgültige
Einzelheiten, die nur in ganz zufälliger Verknüpfung mit dem Haupt-
gegenstande stehen, drängen sich auf, nehmen die Aufmerksamkeit
in Anspruch und hindern dadurch den Fortschritt in der Richtung
der Zielvorstellung. Dennoch führen alle Nebenpfade schliesslich
wieder auf den Hauptweg zurück, und das Ziel wird am Ende meist
doch erreicht, wenn auch erst nach unerhörten Umwegen. Offenbar
bleibt immer noch ein gewisser sachlicher Zusammenhang zwischen
Zielvorstellung und Nebenassociationen, der die Rückkehr zum Ausgangspunkte vermittelt.

Den einfachsten Formen der Umständlichkeit begegnen wir in

der Gesundheitsbreite bei ungebildeten Menschen, bei denen die Ordnung der Vorstellungen nach ihrer Wichtigkeit nur unvollkommen durchgeführt wird. v. d. Steinen beobachtete sie in ausgeprägtester Weise bei den Naturvölkern Centralbrasiliens. Je weniger das begriffliche Denken entwickelt ist, je stärker auch in den allgemeineren Vorstellungen noch die sinnlichen Bestandtheile hervortreten, desto grösser wird die Neigung sein, im Gedankengange am Einzelnen und Nebensächlichen festzukleben. Daher die grosse Schwierigkeit, von ungebildeten Leuten knappe, sachliche Antworten zu erhalten, ihre Unfähigkeit, das Unwesentliche aus ihren Erzählungen auszuscheiden, Gesehenes und nur Gedachtes oder Vermuthetes scharf auseinanderzuhalten. Nicht minder bekannt ist ferner die Umständlichkeit des Greisenalters. Sie steht wol in naher Beziehung zu der geistigen Verarmung. Durch den Verlust der Aufnahmefähigkeit und Regsamkeit kommt es zu häufigerer Wiederholung der gleichen Gedankengänge, die sich allmählich mehr und mehr befestigen und daher immer grössere Bedeutung für die gesammte Denkarbeit gewinnen. Längere Reihen von Vorstellungen laufen ganz gewohnheitsmässig ab, sobald sie durch irgend einen Anlass angeregt werden. Diese erstarrten Ketten von Erinnerungsbildern, Lieblingsgedanken, allgemeinen Lebenserfahrungen schiessen überall an die einzelnen Glieder des jeweiligen Gedankenganges an und verhindern den raschen, zielbewussten Fortgang, da sie nicht unterdrückt werden können, sondern erst erledigt werden müssen. Grosse Aehnlichkeit mit dieser Störung, die natürlich beim krankhaften Altersblödsinn am stärksten entwickelt zu sein pflegt, zeigt die Umständlichkeit der Epileptiker. Auch hier dürfte die Verarmung des Vorstellungsschatzes eine wesentliche Rolle spielen. Die Einengung des Gesichtskreises macht es dem Kranken unmöglich, ein fernes Ziel als Richtpunkt dauernd im Auge zu behalten; nur an der Hand des Einzelnen und Nächstliegenden findet er gleichsam tastend seinen Weg. Darum muss er auch immer die gleichen Umwege an den gleichen Merkzeichen vorüber machen, wenn er überhaupt sein Ziel erreichen soll. Ein Beispiel dafür giebt folgende Stelle aus einer sehr umfangreichen Lebensbeschreibung:

„Ehe man etwas glauben thut, was einem andere Leute erzählt haben, oder was man in den Kalendern gelesen hat, man muss sich da erst fest überzeugen und selbst nachsehen, ehe man sagen kann und glauben, die Sache ist schön oder die Sache ist nicht schön, erst untersuchen und selbst mitmachen und nachsehen, und dann, wenn der Mensch alles untersucht hat und selbst mitgemacht hat und alles nachgesehen, dann kann der Mensch erst sagen, die Sache ist schön oder sie ist nicht schön oder nicht gut; desbalb sage ich auch selbst, wenn man über eine Sache eine Auskunft geben oder etwas ganz genau feststellen will oder der Wahrheit gemäss sprechen will, die Sache ist richtig oder die Sache ist nicht richtig, so muss ein jeder Mensch die Sache so untersuchen, wie er es vor dem dreieinigen Gott und vor seiner Majestät, dem Könige von Preussen, Wilhelm der Zweite, und Kaiser von Deutschland zu verantworten gedenkt. Ich will nun wieder an der Erzählung, welche mir die Soldaten mitgetheilt haben, weiter schreiben".

Eine letzte grosse, eigenartige Gruppe von Störungen des Gedankenganges ist durch das Fehlen oder die ungenügende Ausbildung der Zielvorstellungen gekennzeichnet. Die nächste Folge einer mangelhaften Beherrschung des Vorstellungsverlaufes durch bestimmte Gesichtspunkte ist naturgemäss ein häufiger, unvermittelter Richtungswechsel. Die Anregung neuer Vorstellungen wird nicht mehr durch den vorhandenen Bewusstseinsinhalt, sondern durch das launenhafte Spiel des Zufalls bestimmt. Der Gedankengang verliert seine Einheitlichkeit; er steuert nicht planmässig einem bestimmten Ziele zu, sondern geräth immerfort in neue Bahnen, die eben so schnell wieder verlassen werden. Den Anstoss zu solchem Richtungswechsel können äussere und innere Vorgänge geben. Jeder beliebige Eindruck genügt, um den Vorstellungsverlauf zur Entgleisung zu bringen; es besteht eben wegen des Mangels an Leitvorstellungen eine ausserordentliche Ablenkbarkeit des Gedankenganges.

Unter den klinischen Gestaltungen der hier besprochenen Störung sind wir vielleicht im Stande, zwei Hauptformen von wesentlich verschiedener Bedeutung auseinander zu halten. Bei der ersten derselben sind wol Zielvorstellungen vorhanden, aber sie sind ausserordentlich flüchtig und lösen einander sehr rasch ab. Die unmittelbar aufeinander folgenden Glieder des Gedankenganges stehen daher regelmässig noch in einer gewissen, wenn auch nicht immer klar erkennbaren Verbindung, während allerdings der Gesammtverlauf in Folge äusserer und innerer Anstösse die verschiedensten und überraschendsten Richtungsänderungen darbieten kann. Wegen der grossen Flüchtigkeit der angeregten Vorstellungen gelingt es meist nur, auf einfachere Fragen kurze Antwort zu erhalten, auch wenn die Auffassung an sich nicht so sehr gestört ist. Verlangt man die Leistung schwierigerer Denkarbeit, so ist es in der Regel unmöglich, den Kranken genügend lange bei der Aufgabe zu „fixiren", da die angeregten Vorstellungen sofort wieder von anderen in den Hintergrund gedrängt werden. Es sei uns gestattet, diese Form der krankhaften Zusammenhangslosigkeit des Gedankenganges, dieses planlose Umherschweifen des Vorstellungsverlaufes „vom hundertsten ins tausendste" mit dem besonderen Namen der Ideenflucht zu belegen, der allerdings meist in weiterem Sinne gebraucht wird.

Die Gründe für diese Einengung liegen in der eigenartigen klinischen Bedeutung dieses Krankheitszeichens. Dasselbe ist ein Grundzug der manischen Erregungszustände, findetsich allerdings ausserdem auch bei den acuten Erschöpfungspsychosen, bei manchen Vergiftungsdelirien und bei der Paralyse. Vielleicht können wir Andeutungen eines Versagens der Zielvorstellungen schon im gesunden Leben auffinden, wenn wir im süssen Nichtsthun unseren Gedanken freien Lauf lassen, die Fessel lösen, welche sie beim „Nachdenken" in bestimmte Bahnen zwingt. Noch deutlicher wird die Erscheinung im wirklichen Traume. Hier empfinden wir ja gerade die Unmöglichkeit äusserst peinlich, einen Gedanken weiter zu verfolgen, eine auftauchende Vorstellungsreihe festzuhalten. Daher die vielen überraschenden Wendungen in den Traumbildern, die sprunghaften, unvermittelten Aenderungen des ganzen Bewusstseinsinhaltes. Vielleicht trägt auch diese Eigenthümlichkeit unseres Traumbewusstseins mit dazu bei, den wechselnden Bildern das Gepräge wirklicher Erlebnisse zu geben; sie sind unabhängiger von unserem Gedankengange, als es sonst die Schöpfungen unserer Einbildungskraft sein könnten.

Es kann zweifelhaft erscheinen, ob diese Erfahrungen wirklich der Ideenflucht verwandt sind. Dagegen dürften wir in der Ermüdung nicht selten wirklich leichte Grade jener Störung vor uns haben. Auch hier verlieren wir bis zu einem gewissen Grade die Herrschaft über unseren Gedankengang. Wir vermögen das Ziel nicht mehr fest im Auge zu behalten und ertappen uns immer häufiger auf Abschweifungen nach den verschiedensten Richtungen hin, von denen wir uns erst zwingen müssen, zu unserem Ausgangspunkte zurückzukehren. Schliesslich sind wir ganz ausser Stande, länger bei dem gleichen Gegenstande zu bleiben; gleichzeitig geht das zusammenhängende Verständniss für die gestellten Aufgaben mehr und mehr verloren. Ein ganz ähnlicher Vorgang vollzieht sich unter dem

Einflusse des Alkohols. Die ziellosen Faseleien Betrunkener sind ja zur Genüge bekannt. Der Berauschte vermag nicht, einer Auseinandersetzung zu folgen, und er bleibt auch in seinem Denken und Reden keinen Augenblick bei der Stange, sondern verliert immer von neuem den Faden, selbst, wenn man ihn durch wiederholte Hinlenkung auf den Ausgangspunkt im Zusammenhange zu erhalten sucht.

Mit der Bezeichnung Ideenflucht verknüpft sich gewöhnlich die Vorstellung einer beschleunigten Aufeinanderfolge der einzelnen Gedanken. Man hat geradezu von einer Ueberstürzung der Vorstellungsbildung, von einer so massenhaften Erzeugung neuer Vorstellungen gesprochen, dass die Zusammenhangslosigkeit lediglich durch das Ausfallen zahlreicher Zwischenglieder bedingt sein soll, die nicht schnell genug ausgesprochen werden können. Diese Auffassung erweist sich bei genauerer Prüfung als völlig unhaltbar. Zunächst ist der Vorstellungsreichthum des Ideenflüchtigen nichts weniger, als gross, sondern wir begegnen jener Störung sogar häufig genug bei ganz auffallender Gedankenarmuth. Sodann aber ist die Geschwindigkeit der Vorstellungsverbindungen niemals beschleunigt, meist im Gegentheil deutlich verlangsamt. Die Zusammenhangslosigkeit der Kranken beruht also einfach auf dem Mangel jener einheitlichen Beherrschung der Gedankenverbindungen, die alle Nebenvorstellungen unterdrückt und den Fortschritt nur in bestimmter Richtung zulässt. In Folge dessen können sich hier alle möglichen zufällig aufschiessenden Vorstellungen Geltung verschaffen, die im gesunden Bewusstsein durch die Macht der Zielvorstellungen gehemmt sein würden. Nicht die rasche Aufeinanderfolge der Vorstellungen ist es demnach, welche die Bezeichnung Ideenflucht rechtfertigt, sondern die Flüchtigkeit der einzelnen Ideen, die keinen nachhaltigeren Einfluss auf den Ablauf des Gedankenganges zu gewinnen vermögen.

Die Richtung des Gedankenganges bei der Ideenflucht wird im einzelnen durch äussere Eindrücke, ferner durch auftauchende Vorstellungen, endlich aber, wo derartige Durchbrechungen fehlen, durch die associativen Beziehungen der auf einander folgenden Glieder bestimmt. Da keine dauernden Zielvorstellungen die Verknüpfung nach innerem Plane regeln, so können die verschiedensten Bestandtheile der Vorstellungen ihren Einfluss auf die Anregung neuer

Bewusstseinsvorgänge geltend machen. So können wir Zustände, in denen die Ideenverbindung ganz vorzugsweise durch einzelne sinnliche Erinnerungsbilder vermittelt zu werden scheint, im Traume, in gewissen Vergiftungsdelirien, namentlich im Opiumrausche. Lebhafte Einbildungsvorstellungen schliessen sich hier ·n bunter Folge aneinander, entwickeln sich auseinander, losgelöst von dem festgefügten Gerüste der abstracten Vorstellungen. In Folge dessen entsteht eine lockere Reihe reiner Hirngespinnste ohne inneren Zusammenhang und ohne Klärung durch die allgemeineren Lebenserfahrungen, deren schärferes Hervortreten in unserem Bewusstsein sofort die zahlreichen Widersprüche und die innere Unwahrheit der abenteuerlichen Erlebnisse deutlich erkennen lassen würde.

Dieser deliriösen Form der Ideenflucht steht die hypomanische Weitschweifigkeit nahe, bei der die Kranken sich überall durch Nebenvorstellungen, Erinnerungen, Einfälle ablenken lassen, jeder Versuchung zu Zwischenbemerkungen, Einschiebungen und Ausschmückungen unterliegen, immerfort auf Abwege gerathen und nur durch unausgesetzte Einwirkungen zu ihrem Gegenstande zurückgeführt werden können. Ein Beispiel dafür giebt folgendes Bruchstück einer Antwort auf die Frage: „Sind Sie krank?"

— — „in M. hat meine Mutter noch einen Bruder, ein reicher, angesehener Mann; er hat jetzt seine 2. Frau, ja, ich bin nicht so wie Sie meinen; meine Geschwister haben mich um meine Sache immer gebracht, ich bin verkürzt; den Mann, den ich habe, haben sie nicht gemocht; ich bin die älteste, aber auch die kleinste. Von 12 Jahren an habe ich viel schaffen müssen bis 48; ich habe es am härtesten gehabt. Mein Mann lässt mich nach Mariä Einsiedeln wallen, ein rechter Dummer! Wenn ich gewusst hätt', ich käm da herein, nicht für 2000 Mark wär' ich da herein; nach Mariä Einsiedeln hab' ich gewollt; darum ist hier so ein Altar erschienen; ich hab' Aepfel und Birnen haben wollen vom Paradies; der Dr. K. hat von dem Kuchen gegessen und süssen Wein getrunken. Ich habe schwarze Trauben, die sind aufgeplatzt und heruntergefallen; jetzt hab' ich sie ausgedrückt in einem sauberen Tuch und in einen irdenen Krug hinein; jetzt hat es süssen Most gegeben. Es ist Samstag gewesen; auf den Sonntag muss man doch Kuchen haben; früh hab' ich Teig gemacht, das hat unser Bäcker S. in K. gebacken und hat nichts zu backen gekostet, denn ich hol' als meine Weck' beim Bäcker. Da hat der Dr. K. gesagt, seine Frau könnt' nicht so backen; er hätte so ein Luder" u. s. f.

Wenn hier der inhaltliche Zusammenhang trotz der vielen Sprünge im ganzen noch leidlich gut zu erkennen ist, führt das Ueberwiegen der motorischen Sprachvorstellungen zu einer Häufung

sprachlich eingeübter Associationen, gewohnheitsmässiger Wort-
verbindungen, endlich zur Verknüpfung der Vorstellungen nach
reiner Klangähnlichkeit. Diese Störung ist es, die man auch wol
im engeren Sinne als Ideenflucht bezeichnet; vielleicht könnte man
sie der durch inhaltliche Bestandtheile der Vorstellungen vermittelten
„inneren" Ideenflucht als „äussere" gegenüberstellen.

Die Bedingungen für das Zustandekommen dieser Form sind
überall gegeben, wo wir es mit einer Steigerung der motorischen
Erregbarkeit zu thun haben. Gerade diese Form der Ideenflucht
ist es, die sich unter dem Einflusse der Ermüdung, besonders der
körperlichen Anstrengungen und Nachtwachen, sowie im Alkoholrausche einzustellen pflegt. Daher beobachten wir hier besonders
das Einlenken des Gedankenganges in die Bahnen eingeübter Wendungen und stehender Redensarten, in denen der Einfluss der
Sprachvorstellungen deutlich genug über denjenigen des Gedanken-
inhaltes überwiegt. In Krankheitszuständen kann der Redeschwall
den Gedankengang gewissermassen vollständig mit sich fortreissen.
„Der Nagel an der Wand," begann eine solche Kranke, auf einen
Nagel zeigend, fuhr aber sodann fort: „hört seine eigene Schand."
Gleichklänge, Anklänge, Reime, Citate überwuchern hier schliesslich
mehr und mehr alle andersartigen Bindeglieder zwischen den einzelnen Vorstellungen. Ein Beispiel für diese völlige Auflösung des
inhaltlichen Zusammenhanges bietet die folgende, bei einem manischen Kranken gewonnene Nachschrift:

„Fluth-Maul-Mammuth-schwarzweiss-slip-abgehaut den Kopf-schnipp, schnapp-
schnipp, schnapp, schnurr-Orsowa und Gralisca-Pump-Devrient-Kersowa-Kousso-
Odessa-Carmen-Grossmann-Ernestin-zick, zack, zuck-Decluse-Levit-Trier-Trevirau-Tri-
bites-Trevianda-Demimonde-Mandeck-Hirschdreck-Jod-Wasser-Apollinaris-Edinburg-
Gries-Aumüller-Abel-Babel-Babylon-Schlauch-Mauer-Respirator-Bärenfeind-Schuwa-
loff-Rechberg-Cicero-Manuta-Mantua-Kalakaua-Sendelbachergasse-Nauplia-nobel-
Adria-Licht-nach Belt-Grindach-Tegernbach-hintennaus-Sedelmayer-Meer-Au-Rings-
eis-linksum-horch, der Lump hat seine Mutter umgebracht-schwarz werden-ja, sehr
schön-Cacao-Mumps-Kaiser und Reich-Zoroaster-Hansa-33 Köpf-Nicaea-Constanz-
Verbrennung-Huss-Schwager-Dreck-Theriak-pereat mundus-aus-Hansa" u. s. f.

An einigen Stellen (Wasser-Apollinaris, Nicaea-Constanz-Ver-
brennung-Huss), erkennt man noch eine innere Beziehung der auftauchenden Vorstellungen. Meist aber spielen Anklänge die Ver-
mittlerrolle, so weit überhaupt noch eine Verbindung ersichtlich ist.
Da die Reihe in ziemlich langsamem Zeitmaasse vorgebracht wurde,

kann natürlich auch manches Bindeglied unausgesprochen geblieben
sein.

Der eigentlichen Ideenflucht möchten wir hier als zweite Form
einer Lockerung des Gedankenganges die Zerfahrenheit gegenüberstellen, wie sie der Dementia praecox im weitesten Sinne eigenthümlich ist. Da wir von den tieferen Grundlagen dieser Störung
noch nichts wissen, so ist es recht schwierig, ihr Wesen genauer zu
kennzeichnen. Wir haben es hier bei leidlich erhaltener äusserer
Form der Rede mit einem vollständigen Verluste des inneren und
äusseren Zusammenhanges der Vorstellungsreihen zu thun. Der
Gedankengang zeigt durchaus keinen Ariadnefaden, wie bei der inneren Ideenflucht, sondern die verschiedensten Vorstellungen reihen
sich völlig ziellos und unvermittelt an einander an. Dort waren wir
im Stande, zwischen den einzelnen Gliedern der Vorstellungsreihe
einen Zusammenhang, wenn auch oft nur sehr äusserlicher Art, aufzufinden, durch den wir allmählich auf immer andere Gedankenketten
hinübergeleitet werden, bis wir unseren Ausgangspunkt völlig ausser
Augen verloren haben. Hier dagegen sind fast nirgends Bindeglieder zwischen den aufeinander folgenden Vorstellungen erkennbar, so häufig sich auch die Gedankengänge längere Zeit hindurch
in ähnlichen Wendungen bewegen, freilich meist in ganz unklaren
und widerspruchsvollen Formen. Während der Vorstellungsverlauf
bei der Ideenflucht immerfort wechselnden und daher nie erreichten
Zielen zustrebt und stets neue Kreise zieht, findet hier ein Fortschreiten des Gedankenganges nach irgend einer Richtung überhaupt
nicht statt, sondern nur ein planloses Herumfahren in denselben
allgemeinen Bahnen mit zahlreichen, verblüffenden Entgleisungen.
Die Ablenkbarkeit durch innere und äussere Einflüsse ist hier ebenfalls sehr gross, aber die neu erweckten Vorstellungen dienen nicht
sofort als Anknüpfung für andere, sondern schieben sich einfach
zusammenhangslos in die zerfahrenen Gedankengänge ein. Es gelingt
oft ohne Schwierigkeit, durch Fragen mitten in dem Wirrwarr von
Vorstellungen eine Reihe vollständig geordneter Antworten zu
erzielen. Die folgende Nachschrift von einer katatonischen Kranken
mag dazu dienen, diese Eigenthümlichkeiten näher zu erläutern; in
Klammern sind die Fragen des Arztes eingefügt.

(Warum Sind Sie hier?) „Weil ich Kaiserin bin. Die lieben Eltern waren schon
da, und alles war schon da und hat mir die Erlaubniss gegeben; ich habe auch

stenographiren gelernt. Na, David, wie geht's denn? Ja so, als Ersatzreservist. Grössenwahn. Kaiserin. (Gefällt es Ihnen gut?) O, danke, ganz gut, weil die Herrschaft die Erlaubniss dazu gegeben hat, ja, wir wollen wieder die besten Freunde sein. Ach Gott, mein Bruder Carl David der erste und Olga von Mühlhausen. Ach, lasst mich doch auch einmal schreiben. (Warum sind Sie hier?) Irrsinnig, Grössenwahn. (Was?) Altes Fass, von Heidelberg, Studiosus als Kaufmann, für unsern Willy, Kaufmann dürfe auch dazu. Ja so, weiter. Ich will ja nicht schuld sein; ich habe ja Niemand dazu aufgefordert; ach Gott, von damals Abends, wie wir beisammen waren, ja. (Was war da?) Nichts, gar nichts, Heilbronn (lacht) gar nichts. Um Gottes willen, so genau wird das alles genommen. Ja, so. (Wie alt sind Sie?) 22. VII. 1872. (Wollen Sie wieder fort?) Ich weiss nicht; wenn er kommt, bin ich da; ich werd' ihm doch nicht nachlaufen. (Lacht.) Ich muss immer knappen (klappt mit den Zähnen). Ihr dürft mich auch noch einmal über die Backen streichen; ich hab' nichts dagegen. (Greift nach der Uhrkette.) Die Kette ist aber nichts. Jetzt will ich doch einmal nach der Uhr sehen. Ich will mir die Freiheit erlauben; unter Verwandten ist alles erlaubt. Adam und Eva, o, die ist aber nicht von Gold. Was ich gesagt habe, es wäre alles wahr, alles, was zur Verwandtschaft gehört; ich habe ja gesagt von a bis tz; ich kann doch nicht alles mit einmal essen; die war auch nicht schuld; ich will an allem schuld gewesen sein" u. s. w.

Die Ablenkung durch äussere Eindrücke lässt sich hier leicht verfolgen. Die Wiederkehr einzelner Wendungen ist nur angedeutet; stärker tritt dieselbe schon in dem folgenden Beispiele hervor, das einer langen Nachschrift bei einem katatonischen Kranken entnommen ist.

„Gehen Sie weg, so kommt die Kaufmannsfrau und sagt, sie ist reich und ich bin arm; da meint sie, ich wäre der Weinstock; da geht sie hin und betet an den Weinstock. Unter Beten verstehen die Katholiken „oren". Die Frau handelt aber nicht im Bewusstsein der thatsächlich bewussten Handlung. Die haben das Walzertempo in sich; sie hören und hören nicht, weil alles durcheinander ist; der eine spricht französisch, der andere lateinisch. Ich werde in ganz Heidelberg als der grösste Sünder angesehen, bin aber nicht der, für den mich die katholische Kirche hält. Sie verehrt mich als zu ideell. Die Dame, die nach Amerika geflohen ist auf dem untergegangenen Schiff, hat das Eisen und den Farbstoff genommen durch den Händedruck, aber nicht durch den blutigen Händedruck, durch das pulsirende Blut, sondern durch den eisernen Händedruck. Meine Kraft ist vom Eisen abhängig" u. s. f.

In der ganzen, etwa acht Mal so langen Unterredung kehrten in ähnlicher Weise ungezählte Male die Ausdrücke Eisen, Gold, Stahl, Messing, Phosphor, Silber, Geld, Elektricität, Kraft, Thermometer, Handgelenk, Meeresgrün, Topfpflanze, Wurzel, Religion und einige andere wieder, aber nicht unmittelbar hintereinander, sondern an ganz verschiedenen Stellen. Die langsam vorgebrachten Aeusserungen schienen zunächst einen gewissen Sinn zu haben; erst bei genauerer Prüfung stellte sich die gänzliche Zerfahrenheit deutlich genug heraus.

Bei dieser Störung spielt im allgemeinen die Anknüpfung der Vorstellungen nach dem Klange kaum eine Rolle. Dagegen beobachten wir bei sehr hochgradiger Zerfahrenheit, dass sich die sprachlichen Aeusserungen der Kranken in eine Reihe von Silben, Buchstaben oder Lauten auflösen. Während aber bei den schwersten Formen der Ideenflucht die Kette der Gleichklänge einen fortschreitenden Wechsel erkennen lässt, während dort immer noch die Mehrzahl der vorgebrachten Sprachgebilde wirkliche Wörter darstellen, kommt es hier zu einer völlig sinnlosen Wiederholung derselben Bestandtheile mit ganz geringfügigen Abänderungen nach Art des folgenden Beispiels:

„ellio, ellio, ellio altomellio, altomellio — selo, elvo, delvo, helvo — f, f, f, lieber Vater — f, f, f — lieber Vater — e, e, f — alte und neue— f, f — f, f, f — katholische Kirche — w, e, f — katholische Kirche — w, e, f,“ und so zahllose Male in eintöniger Wiederholung.

Offenbar spielt also auch hier der Sprachklang eine grosse Rolle, aber der Gedankengang schreitet nicht durch ihn zu neuen Vorstellungen fort, sondern klebt an ihm fest, ohne jede begleitende Sachvorstellung.

Die gemeinsame Folge aller Störungen, welche den inneren Zusammenhang der Vorstellungen lockern oder zerstören, ist das Auftreten eines sehr häufigen Krankheitszeichens, der Verwirrtheit. Die Entstehungsweise dieser Erscheinung ist, wie wir gezeigt haben, eine vielfach verschiedene. Wo die Lockerung des Gedankenzusammenhanges wesentlich durch Flüchtigkeit der Zielvorstellungen bedingt wird, da entsteht die ideenflüchtige Verwirrtheit mit ihrer Neigung zu äusseren und vielfach zu sprachlichen Associationen. Unvermitteltes Auftauchen ganz verschiedenartiger Vorstellungen ohne Ordnung und Führung durch bestimmte Zielvorstellungen erzeugt die zerfahrene Verwirrtheit, die meist mit dem Kleben an einzelnen Vorstellungen einhergeht. Vielleicht können wir ferner eine traumhafte Verwirrtheit unterscheiden, wie sie den deliriösen Zuständen eigenthümlich ist. Bei ihr dürfte das starke Hervortreten einzelner rein sinnlicher Bestandtheile, die nur theilweise Beleuch-

tung der Vorstellungen, eine gewisse Rolle spielen, insofern sie uns
bunte, abenteuerliche Erlebnisse vorspiegelt, ohne dass wir im Stande
wären, die inneren Widersprüche aufzufassen.

Ueberraschendes Auftauchen massenhafter, locker sich aneinander
schliessender, neuer Gedankenreihen kann zu einer „combinato-
rischen" Verwirrtheit führen; uns schwindelt der Kopf, weil wir
nicht im Stande sind, die plötzlich aufschiessenden Vorstellungen zu
ordnen und zu überblicken. Diese Form der Verwirrtheit findet
sich in jenen Krankheitsformen, in deren weiterem Verlaufe die
rasch entstandenen Einbildungen zu einem dauernden Wahn-
gebäude verarbeitet werden, ähnlich, wie auch wir eine uns anfangs
verwirrende neue Idee allmählich in unsere Gedankenkreise hinein-
arbeiten und dadurch die innere Einheit und den Zusammenhang
derselben wiederherstellen. Ein solcher Kranker bezeichnete mir
dieses verwirrende Anstürmen von Ahnungen und Vermuthungen
als eine wahre „Hunnenschlacht des Geistes". Vielfach wird ferner
das Auftauchen massenhafter Sinnestäuschungen als Ursache einer
hallucinatorischen Verwirrtheit betrachtet, ähnlich wie beim Gesunden die Orientirung verloren geht, wenn er sich plötzlich in ein
unentwirrbares Gemisch neuer, räthselhafter Sinneseindrücke versetzt
sieht. Bei alten Hallucinanten sehen wir allerdings, dass vollkommene
Ordnung der Gedanken trotz zahlreicher Sinnestäuschungen bestehen
kann.

Auch die psychische Hemmung, welche die Verarbeitung
äusserer Eindrücke erschwert und den Fluss der Gedanken immer
wieder unterbricht, scheint eine eigenartige Form der Verwirrtheit
erzeugen zu können, die wir wol am besten als „stuporöse" Verwirrtheit bezeichnen. Vielfach handelt es sich dabei allerdings ohne Zweifel um die Verbindung von Stupor mit Ideenflucht.
Endlich spielen eine sehr wichtige Rolle bei der Entstehung der
verschiedenen Formen der Verwirrtheit die Gemüthsbewegungen.
Den gewaltigen Einfluss derselben auf den klaren Zusammenhang
der Gedanken lehrt uns schon die gesunde Erfahrung, von den
leisesten Regungen der Verlegenheit und Befangenheit an bis zu den
mächtigen Gefühlsschwankungen der Angst, des Zornes und der
Verzweiflung. In Krankheitszuständen mit ihren heftigen Erschütterungen des gemüthlichen Gleichgewichtes ist dieser Einfluss
natürlich noch unvergleichlich viel mächtiger, so dass wir es wahr-

scheinlich sehr häufig mit Hemmungen und Störungen des Gedanken-zusammenhanges durch Gemüthsbewegungen zu thun haben. Im einzelnen vermögen wir heute freilich das Wesen und Zustande-kommen dieser Wirkungen noch nicht zu zergliedern.

Störungen des Urtheils und der Schlussbildung. Die höchsten und verwickeltsten Leistungen auf dem Gebiete des Verstandes sind Urtheil und Schluss. Da sie sich aufbauen auf der Vorarbeit der Wahrnehmung, des Gedächtnisses, der Bildung und Verbindung von Vorstellungen, so ist es natürlich, dass alle Beeinträchtigungen irgend eines dieser Vorgänge regelmässig in mehr oder weniger nachhaltiger Weise das in Urtheil und Schluss sich darstellende Endergebniss der geistigen Arbeit in Mitleidenschaft ziehen müssen. Abgesehen davon jedoch kann eben die verstandesmässige Verarbeitung der Vorstellungen selbst gewissen krankhaften Störungen unterliegen welche für das ganze geistige Leben in der Regel äusserst ver-hängnissvoll werden.

Zwei Wege sind es vornehmlich, auf denen menschliche Er-kenntniss zu Stande kommt, durch unmittelbare Angliederung der Erfahrung und durch freie, selbständige Erfindung. Freilich laufen diese beiden Wege vielfach nebeneinander her. Auch die strengste Erfahrungswissenschaft vermag sich von der Beeinflussung durch bestehende Anschauungen und Erwartungen nicht völlig frei zu halten, und andererseits arbeitet die Einbildung auch in ihren un-abhängigsten Schöpfungen immer mit Einzelheiten, die ursprünglich der Erfahrung entstammen. Indessen zeigt uns die Geschichte der Ver-standesentwicklung beim Einzelnen wie bei der Menschheit, dass mit zunehmender Reife immer schärfer diejenigen Erkenntnisse, die ein getreues Abbild der Welt liefern, sich abscheiden von jenen, die aus der freien Umgestaltung der Erfahrung hervorgegangen sind. Die ersteren bilden den Inhalt unseres Wissens, die letzteren denjenigen unseres Glaubens, soweit sie überall noch als Spiegel der Wirk-lichkeit betrachtet werden. Wie uns die Völkerpsychologie lehrt, erscheinen ursprünglich die beiden verschiedenen Erkenntnissquellen wesentlich gleichwerthig. Naturvölker halten ihre frei erfundenen und ausgeschmückten Ueberlieferungen für ebenso buchstäblich wahr und glaubhaft wie die Erfahrungen ihrer Sinne. Auch bei Kindern können wir bisweilen die unvollkommene Trennung zwischen Er-lebtem und Erdichtetem noch deutlich beobachten. Späterhin jedoch vollzieht sich mehr und mehr die oben angedeutete Scheidung, namentlich auf jenen Gebieten, auf denen eine stete und zuverlässige Berichtigung der Erkenntniss durch immer neue Erfahrung möglich ist. Auch hier können allerdings Abweichungen zwischen Wirklichkeit und Anschauung entstehen, die auf den natürlichen Unvollkommenheiten unserer Auffassung und unserer Denkgewohnheiten oder auf zufälligen Fehlervorgängen beruhen. Wir nennen sie Irrthümer. Sie werden bekämpft mit den Waffen der Erfahrung und der verstandesmässigen Ueberlegung. Ihre Herrschaft beruht auf der Beweiskraft der fehlerhaften Wahrnehmungen oder Gedankengänge; ist diese Beweiskraft erschüttert, sind die zu Grunde liegenden Fehlervorgänge aufgedeckt, so fällt damit der Irrthum von selbst.

Dagegen bleibt das übergrosse Gebiet unserer Erkenntniss, auf dem die Erfahrung uns keine oder nur unsichere und strittige Ergebnisse zu liefern vermag, dem Glauben vorbehalten, der dasselbe mit seinen Schöpfungen ausfüllt. Die ganze Belebung und Vermenschlichung der äusseren Natur ist nur sehr langsam der nüchternen Auflösung in Erfahrungswissenschaft gewichen; sie lebt bei Naturvölkern, beim Kinde, ja auch in dem mancherlei Aberglauben des naiven Volkes noch heute fort. Allein während ein Theil dieses Glaubens nur die Vorstufe des Wissens bildet und freudig für die Sicherheit der Erfahrung hingegeben wird, bewähren andere Glaubensgrundsätze eine Macht, die durch kein Wissen, keine von aussen herantretende Beweisführung erschüttert werden kann. Es sind das jene Wahrheiten, die uns „ans Herz gewachsen" sind, die wir „mit der Muttermilch eingesogen" haben. Hier handelt es sich um Erkenntnisse, deren Einfluss auf unser Denken nicht in ihrer besonders einleuchtenden Begründung durch die Erfahrung, sondern wesentlich in ihren tiefgreifenden Gefühlsbeziehungen zu unserer gesammten Persönlichkeit liegt. Bis zu einem gewissen Grade ist das wol mit jeder von uns oft verfochtenen und darum liebgewonnenen Lehrmeinung der Fall, aber es sind doch bestimmte Gebiete, auf denen die durch Ueberlieferung, Erziehung und Gewöhnung festgewurzelten Anschauungen einen besonders hohen Gefühlswerth und damit eine hervorragende Widerstandsfähigkeit gegen die Einflüsse der Erfahrung erlangen. Leichter wird die Erfahrung durch sie gefärbt, als sie selbst durch jene umgewandelt werden; sie gewinnen dadurch vielfach die Eigenschaft von „Vorurtheilen". Gemeinsam ist allen diesen im Gemüthe wurzelnden Ueberzeugungen die nahe Beziehung zu den allgemeinen Lebensinteressen. Den Naturmenschen treibt das Gefühl der steten Abhängigkeit im guten und bösen Sinne von den Kräften und Mächten ringsherum zur freien Ausmalung seiner Beziehungen zu Sonne, Blitz und Donner, zu Erde und Meer, zu Thier und Pflanze; den Nährboden des Aberglaubens bildet die Unsicherheit und Unfreiheit gegenüber dem Verborgenen, Unerklärlichen und Geheimnissvollen, mag es Gefahren drohen oder Glück verheissen. Deutlich erkennen wir hier überall in der strengen Scheidung zwischen gut und böse, feindlich und freundlich die massgebende Rolle der Gefühle bei der Erfindung. Gerade daraus erklärt sich die ausserordentliche Zähigkeit dieser durch ungezählte Geschlechter sich fortpflanzenden Ueberlieferungen, die trotz ihrer Unsinnigkeit oft augenscheinlich im Herzen des Volkes noch immer ihre uralte Glaubwürdigkeit bewahren.

Eine ähnliche Stelle nehmen beim entwickelten und geschulten Menschen die politischen und religiösen Ueberzeugungen ein, deren wesentlichste Grundlage auch überall der Glaube ist, mag im einzelnen auch die verstandesmässig verarbeitete Erfahrung den Inhalt vielfach beeinflusst haben. Es sind die gemüthlichen Bedürfnisse, welche die Stellung des Menschen zu höheren Mächten und zur Gesellschaft bestimmen. Daraus erklärt sich die geringe Zugänglichkeit jener Ueberzeugungen gegenüber Einwänden und Beweisgründen, die Leidenschaftlichkeit, mit der sie verfochten zu werden pflegen, und ihre gleichartige Färbung in bestimmten Ländern, Gegenden und Ständen, wie wir sie bei rein verstandesmässigen Ueberzeugungen schwerlich wiederfinden.

Diese Ausführungen sind vielleicht geeignet, uns bis zu einem gewissen Grade ein Verständniss für jenen äusserst merkwürdigen und wichtigen Krankheitsvorgang zu eröffnen, den wir als Wahnbildung bezeichnen. Wahnideen sind krankhaft verfälschte Vorstellungen, die der Berichtigung durch Beweisgründe nicht zugänglich sind. Gerade diese Eigenthümlichkeit weist uns darauf hin, dass Wahnideen nicht aus Erfahrung oder Ueberlegung, sondern aus dem Glauben entspringen. Allerdings knüpfen sie sich nicht selten an wirkliche Wahrnehmungen oder Sinnestäuschungen an. Im letzteren Falle ist ihr Ursprung aus den inneren Zuständen trotz der Verlegung der Täuschung nach aussen augenscheinlich genug.

Aber auch dann, wenn der Wahnvorstellung ein natürlicher Sinneseindruck zu Grunde liegt, ist ihre eigentliche Quelle immer die aus der eigenen Einbildung hervorgehende krankhafte Deutung. Auch im gesunden Leben tritt vielfach die Versuchung an uns heran, an geringfügige und vieldeutige thatsächliche Anhaltspunkte zu weitgehende Wahrscheinlichkeitsschlüsse zu knüpfen oder ohne zureichenden Grund ursächliche Beziehungen zwischen zufällig zusammenfallenden Ereignissen zu vermuthen. Unter krankhaften Verhältnissen aber begünstigt der Hang zu willkürlicher Erfindung in ganz hervorragendem Maasse das Suchen nach Beziehungen der Dinge, wo die Vorstellungen in Beziehung getreten sind, die Vermuthung eines sachlichen Zusammenhanges der Erscheinungen auf Grund des leicht geschürzten psychologischen Bandes. Für den Kranken kann der harmloseste äussere Vorgang zum tiefsinnigen Wahrzeichen verborgener Ereignisse werden; in die nüchternsten Thatsachen wird ein versteckter und entlegener Sinn hineingeheimnisst. Der Flug eines Vogels ist ihm ein verheissungsvoller Wink für die Zukunft; eine zufällig beobachtete Geberde kündet drohende Gefahr; der Fund einiger Kastanien bedeutet die Zusicherung künftiger Weltherrschaft.

Der Ursprung der Wahnbildung aus inneren Zuständen zeigt sich auch in dem Umstande, dass sie regelmässig in nahem Zusammenhange mit dem eigenen Ich des Kranken steht. Die Vorstellungsgruppe der eigenen Persönlichkeit, das Selbstbewusstsein, bildet schon unter gewöhnlichen Verhältnissen den Mittelpunkt unseres Denkens und Fühlens; darum knüpfen sich auch hier die Einbildungen vor allem an diesen Kern an und setzen das Netz geheimnissvoller Zusammenhänge und willkürlicher Beziehungen in unmittelbare Verbindung mit dem eigenen Wohl und Wehe. Die Entstehung von Wahnideen ist daher stets von mehr oder weniger lebhaften Gefühlen begleitet, die erst mit der Verblödung der Kranken allmählich in den Hintergrund treten. Es giebt keine Wahnvorstellungen, welche dem Kranken gleichgiltig wären, sondern sie sind, zunächst wenigstens, immer auf das engste verknüpft mit der eigenen Person und üben auf seine Stimmung wie auf seine Stellung zur Umgebung einen entscheidenden Einfluss aus.

Aus diesen Entstehungsbedingungen der Wahnidee wird uns auch ihre wichtigste Eigenschaft einigermassen erklärlich, ihre

Widerstandsfähigkeit gegen alle, auch die schlagendsten Beweisgründe. Da sie nicht aus der Erfahrung hervorgegangen ist und nicht in ihr wurzelt, kann sie durch Erfahrungen erst dann erschüttert werden, wenn sie gar kein Wahn mehr ist, sondern nur noch die Erinnerung, die Nachwirkung eines solchen, in der Genesungszeit. Auf der Höhe der Krankheit ist die Wahnidee durch Einflüsse gestützt, die mächtiger sind, als alles verstandesmässige Wissen. „Ich will's schon nicht mehr meinen", sagte mir eine Kranke, die darüber jammerte, dass ihr Mann und ihre Kinder ins Wasser geworfen worden seien, „aber es kommt mir immer auf einmal wieder in den Kopf".

Wir sehen daher, dass der Wahn regelmässig trotz der nächstliegenden und anscheinend unausweichlichsten Einwände unbeirrt festgehalten wird, so lange seine inneren Entstehungsursachen wirksam sind. Wird er aufgegeben oder durch einen anderen ersetzt, so bringt das nicht unsere Ueberredung oder das Gewicht der Thatsachen zu Stande, sondern ein Wechsel des psychischen Zustandes. Treiben wir den Kranken in die Enge, so erreichen wir freilich mitunter vorübergehend oder in nebensächlichen Punkten einige Zugeständnisse, aber die Aeusserlichkeit einer solchen Bekehrung zeigt sich regelmässig darin, dass sich das Wahnbedürfniss sehr rasch wieder Luft macht, bald in neuen, bald in den alten Formen, nicht selten mit Hülfe der unsinnigsten und unwahrscheinlichsten Annahmen. Selbst in jenen Fällen, in denen die Kranken ihre Wahnideen mit wirklichen Wahrnehmungen in Verbindung bringen, bestehen die krankhaften Schöpfungen unverändert fort, auch wenn ihre Erfahrungsstützen nachträglich zusammenbrechen. Ueberzeugt man den Kranken, dass seine Wahrnehmungen falsch waren, was bisweilen möglich ist, so hat er sofort andere Begründungen bei der Hand, und sei es auch nur die einfache Behauptung, dass er eben seiner Sache gewiss sei. „Da drin spür' ich's eben, dass es so ist," sagte mir, auf sein Herz deutend, ein Kranker, der im Gesangbuche sein ganzes Schicksal geweissagt fand, und auf den Einwand, dass ich mir das ja ebenso gut einbilden könne, erwiderte er: „Sie spüren's aber nicht!"

Durch alle diese Betrachtungen werden wir zu der Anschauung geführt, dass die Wahnbildung in erster Linie durch das Auftauchen lebhafter Gefühlsregungen begünstigt wird. In der That wissen wir, dass

schon im gesunden Leben Gefühle die gefährlichsten Hindernisse sachlicher Erkenntniss sind. Unter dem Einflusse des Zorns, der Angst,
der Begeisterung mischen sich der Betrachtung der Dinge Ver-
kennungen, Befürchtungen, Hoffnungen hinzu, die mit der nüchternen
Erfahrung nichts mehr gemein haben. Aber auch die leiseren
Schwankungen des Stimmungshintergrundes, die Gefühle der Trauer,
der Erwartung, Bangigkeit, der Sehnsucht, geben dem Spiegelbilde
der Wirklichkeit ihre bestimmte Färbung. Wir werden uns daher
nicht wundern, wenn in Krankheitszuständen lebhaftere Gefühlsregungen ungemein häufig von Wahnbildungen begleitet sind.
Namentlich die traurigen und ängstlichen Verstimmungen pflegen,
wie beim Gesunden, den stärksten Einfluss auf die Verfälschung
der Vorstellungen und Gedankengänge auszuüben.

Indessen die Entstehungsbedingungen der Wahnideen können
damit noch nicht erschöpft sein. So weit wir das zu beurtheilen
vermögen, sind die Gefühle bei der Wahnbildung keineswegs immer
von so leidenschaftlicher Stärke, dass sie allein den Vorgang erklärlich
erscheinen liessen. Zunächst kann in deliriösen Zuständen, z. B. im
Trinkerdelirium, im Fieberdelirium, eine abenteuerliche Fülle von
Wahnbildungen beobachtet werden, ohne dass die Stimmungsschwankungen über das Maass einer gewissen Lustigkeit oder geheimer Angst hinausgingen. Offenbar vermag hier der Kranke die
deliriösen Erlebnisse einfach nicht mehr von der Wirklichkeit zu
trennen. Allein wir würden fehl gehen, wenn wir etwa die Lebhaftigkeit der Sinnestäuschungen für das Auftreten der Wahnvorstellungen verantwortlich machen wollten. Die Erfahrung, dass von
den Kranken die unsinnigsten Täuschungen ohne stärkeres Erstaunen
oder doch ohne entschiedenen Widerspruch hingenommen werden,
während sie am nächsten Tage bereits nicht den geringsten Zweifel
mehr an der Unwirklichkeit des Erlebten hegen, deutet darauf hin,
dass hier der Gesammtzustand des Bewusstseins während der Krankheit eine Veränderung erlitten haben muss, welche die Berichtigung
der Wahnbildungen unmöglich machte. Wir verweisen hier auf
das Beispiel des Traumes. Im Traume sind es sicherlich nicht
starke Gefühle und nicht die Lebhaftigkeit der Bilder allein, die
uns zu wahnhafter Auffassung unserer Lage veranlassen, sondern es
ist die Unfähigkeit, jene Widersprüche zu entdecken und zu berichtigen, die uns beim Erwachen sofort mit voller Klarheit vor

Augen stehen. Würde uns wirklich ein so toller Spuk vorgemacht, wie im Delirium oder im Traume, so würden wir ihn sofort als Possenspiel erkennen. Auch im Traume regt sich bisweilen der Widerspruch, aber wir empfinden dabei deutlich, dass es uns unmöglich ist, volle Klarheit zu gewinnen. Ohne Zweifel ist daher in deliriösen Zuständen die Bewusstseinstrübung eine wesentliche Vorbedingung für die eigenartige Wahnbildung, wenn auch die gleichzeitige Lebhaftigkeit der Sinnestäuschungen und Einbildungen reichlichen Stoff dazu liefert.

Endlich aber ist darauf hinzuweisen, dass auch in der Paralyse, im Altersblödsinn, bei der Dementia praecox Wahnbildungen vorkommen, bei denen weder Gefühle noch stärkere Bewusstseinstrübungen eine wesentliche Rolle spielen. Augenscheinlich haben die Wahnbildungen bei diesen Krankheiten viele gemeinsame Züge aufzuweisen. Die Annahme liegt daher nahe, dass die psychische Schwäche, die sich hier überall entwickelt, das Zustandekommen von Wahnideen besonders begünstige. Wir kennen allerdings auch viele Schwächezustände ohne Wahnbildung. Der angeborene Schwachsinn zeigt nur geringe Neigung zur Entwicklung von Wahnideen, und ebenso verlaufen zahlreiche Fälle von Paralyse, Dementia praecox und Altersblödsinn ohne derartige Erscheinungen. Der eigentliche Grund für das Auftauchen von Wahnvorstellungen kann daher nicht in der psychischen Schwäche an sich, sondern nur in begleitenden Erregungszuständen liegen, welche allerlei wahnhafte Einbildungen im Innern des Kranken aufschiessen lassen. Thatsächlich lässt sich unschwer feststellen, dass die Entstehung des Wahns fast immer in Zeiten heiterer oder trauriger Verstimmungen am reichsten vor sich geht. Namentlich deutlich wird diese Rolle der Gefühlsschwankungen in solchen Fällen, in denen überhaupt nur zeitweise Wahnideen hervortreten; man wird sie hier stets von mehr oder weniger ausgesprochener gemüthlicher Erregung begleitet sehen.

Allein es muss offenbar noch ein weiterer Umstand hinzukommen, der die Ausbildung und namentlich die Befestigung und geistige Verarbeitung der Wahnideen ermöglicht. Auch dem Gesunden schiessen gelegentlich allerlei absonderliche Vorstellungen durch den Kopf, Vermuthungen, Ahnungen, abergläubische Zusammenhänge, Luftschlösser, aber sie gewinnen keine Gewalt über ihn; sie schwinden bei ruhiger Ueberlegung, wie sie gekommen sind. Für den Kranken dagegen tragen die auftauchenden Wahnideen von vorn herein den Stempel der unzweifelhaften Gewissheit, auch wenn sie bald wieder durch andere abgelöst werden; vielfach aber nisten sie sich fest und unausrottbar in sein Denken ein und beherrschen in massgebendster Weise seine Erfahrung, sein Fühlen und Handeln.

Ein Verständniss für diese eigenthümlichen Thatsachen scheint mir nur durch die Annahme möglich zu sein, dass wir es in solchen Fällen mit einer einschneidenden Unzulänglichkeit der Verstandesleistungen zu thun haben. Wir sind es gewohnt, alle auftauchenden Einbildungen an dem Maassstabe unserer Wirklichkeitserfahrung zu messen und als Erfindung zu kennzeichnen, was sich nicht widerspruchslos dem festgefügten Bau unseres Wissens eingliedern lässt. Der Kranke hat meist gar kein Bedürfniss zu einer derartigen Prüfung; er empfindet die Widersprüche seiner Einbildungen mit der sonstigen, eigenen oder fremden Erfahrung nicht, oder er missachtet sie, verschleiert sie wol auch durch immer unwahrscheinlichere und unmöglichere Annahmen. Offenbar ist demnach für den Kranken die Nöthigung, ja auch die Möglichkeit verloren gegangen, den auftauchenden Wahnvorstellungen Widerstand entgegenzusetzen, sie zu berichtigen und zu unterdrücken. Dafür spricht namentlich auch die in den psychischen Schwächezuständen regelmässig beobachtete völlige Unsinnigkeit der Wahnvorstellungen, deren Unhaltbarkeit anscheinend dem besonnenen Kranken ohne jedes Nachdenken klar sein müsste. Die Ursache für diese Unfähigkeit hat man in früheren Zeiten in den besonderen Eigenschaften der einzelnen Vorstellungen gesucht. Die Lehre von den „Monomanien" nahm an, dass die „fixe Idee" nur eine umgrenzte Störung des Seelenlebens bei sonst völlig erhaltener geistiger Gesundheit darstelle. Gerade daraus ergaben sich jene thörichten Heilbestrebungen, welche durch irgend einen besonders überzeugenden Eingriff die anscheinend ganz vereinzelte Wahnidee zu beseitigen und damit die Krankheit selbst zu heben trachteten. Der Erfolg bei derartigen Versuchen ist im günstigsten Falle die Ersetzung einer Wahnvorstellung durch eine oder mehrere andere.

Eine Art Wiederbelebung dieser Monomanienlehre hat in neuerer Zeit Wernicke versucht, indem er annahm, dass in manchen Fällen die Wahnbildung durch das Auftreten einzelner, besonders mächtiger, „überwerthiger" Ideen zu Stande komme. Nach meinem Dafürhalten sind weder seine Beobachtungen noch seine Erörterungen, die ihn weiter zur Annahme „unterwerthiger" Ideen bei der Manie geführt haben, irgendwie überzeugend. In dem Kommen und Gehen der Vorstellungen kann eben nur dann ein einzelnes Glied übermächtig werden, wenn es nicht durch neu auftauchende Vorgänge wieder in den Hintergrund gedrängt wird. Vorübergehend freilich vermag lebhafte Gefühlsbetonung wol eine Vorstellungsgruppe „überwerthig" zu machen, aber alle Gefühle schwinden allmählich und werden durch andere verdrängt; sie können daher auf die Dauer das Uebergewicht nicht erhalten, wenn nicht krankhafte Verödung der geistigen Regsamkeit diesen Vorgang unterstützt. Wir kommen somit zu dem Schlusse, dass der Ausbildung von Wahnideen regelmässig eine allgemeine Störung des psychischen Gesammtzustandes zu Grunde liegt. Angeregt wird die Wahnbildung wol immer durch Gefühlsschwankungen, welche schlummernde Hoffnungen und Befürchtungen in Einbildungsvorstellungen umsetzen. Dass aber diese Vorstellungen zum Wahne werden, eine Macht gewinnen, gegen die am Ende selbst der Augenschein ohnmächtig ist, kann nur durch das Versagen unserer Urtheilsfähigkeit zu Stande kommen, wie es im einen Falle durch leidenschaftliche gemüthliche Erregung, im anderen durch Trübung des Bewusstseins, im dritten durch die Verstandesschwäche bedingt wird.

Man wird indessen hier mit Recht die Frage aufwerfen, warum denn die Wahnvorstellungen gerade so enge Beziehungen zum eigenen Wohl und Wehe aufzuweisen haben, wenn ihre Entstehungsursachen in allgemeinen Veränderungen des psychischen Zustandes zu suchen sind. Der Grund dafür liegt, wie mir scheint, in der starken Gefühlsbetonung derjenigen Vorstellungen, die mit unserem Ich in naher Verbindung stehen. Die landläufige Thatsache, dass ausgeprägte Stimmungen und Gemüthsbewegungen das klare Urtheil trüben, und dass daher kein Gebiet des menschlichen Denkens gröberen Täuschungen ausgesetzt ist, als die Selbsterkenntniss, wird auch durch das Verhalten der Wahnideen bestätigt, nur in vergrössertem Maassstabe. Nach dem Beispiele des Splitters im fremden und des Balkens im eigenen Auge sehen wir daher oft unsere Kranken die Wahnideen Anderer ohne weiteres richtig erkennen, während es ihnen unmöglich ist, die anscheinend selbstverständliche Nutzanwendung auf den eigenen, durchaus gleichartigen Fall zu ziehen. Man wird indessen darum die geistige Störung, welche diesen „partiellen" Wahnbildungen zu Grunde liegt, mit demselben Rechte eine allgemeine nennen müssen wie z. B. die Kreislaufsstockungen in Folge eines Herzfehlers, auch wenn hier die Stauungserscheinungen zunächst nur an den entferntesten Theilen zur Ausbildung kommen. Wenn demnach überhaupt Einbildungsvorstellungen durch gemüthliche Erschütterungen erzeugt worden, so werden dieselben sich naturgemäss in erster Linie auf die Lage der eigenen Persönlichkeit und deren nächste Beziehungen erstrecken. Sie wurzeln rascher, fester und mit grösserer Ueberzeugungskraft in unserem Innern, als fernliegende, gleichgültige Erfahrungen. Zudem sind diese Vorstellungen einer Berichtigung bei weitem am schwersten zugänglich, schon im gesunden Leben. Wo wir etwa in deliriösen Zuständen einmal falsche Vorstellungen über entlegene Dinge auftauchen sehen, können sie immer nach Art der Irrthümer ohne Schwierigkeit durch den Augenschein beseitigt werden, sobald die Bewusstseinstrübung geschwunden ist.

Es bedarf kaum noch der Ausführung, dass nach der hier vertretenen Anschauung über die Entstehung der Wahnideen von einer strenger begrenzten Ursprungsstätte dieser letzteren im Gehirn nicht nur heute, sondern grundsätzlich nicht die Rede sein kann. Die Wahnidee an sich ist zunächst eine Einbildungsvorstellung wie jede andere, wie etwa die Traumvorstellungen auch, bei denen wir ja ebenfalls gewisse häufig wiederkehrende Gestaltungen beobachten. Ihre besondere Stellung im Seelenleben des Kranken aber und ihre eigenartige Ausbildung erhält sie durch das augenblickliche oder dauernde Verhalten der gesammten psychischen Persönlichkeit. Sie ist also nicht sowol die Wirkung eines umschriebenen Krankheitsvorganges, als vielmehr das Zeichen einer allgemeinen krankhaften Veränderung der gesammten Hirnleistung. Man hat allerdings versucht, jeder einzelnen Vorstellung eine besondere Rindenzelle als Sitz anzuweisen, so dass etwa die Aufnahmefähigkeit des Hirns einfach durch die Zahl jener Zellen bestimmt würde, und man könnte von diesem Standpunkte aus immerhin die Erkrankung gewisser Ganglienzellengruppen oder Fasersysteme für das Auftreten von Wahnideen verantwortlich machen. Allein jene Annahme ist im Hinblicke auf psychologische und klinische Thatsachen ebenso unhaltbar, wie etwa die Anschauung, dass die Zahl der möglichen Gesichtsbilder von der Menge der empfindenden Einheiten in unserer Netzhaut abhängig sei. Zudem sehen wir thatsächlich Wahnideen nicht etwa bei Herderkrankungen, sondern vielmehr bei solchen allgemeinen Störungen (Vergiftungen, Verblödungsprocesse, Paralyse, krankhafte Gemüthsbewegungen, angeborene Schwächezustände) auftreten, welche zweifellos die Verrichtungen der ganzen Hirnrinde in Mitleidenschaft ziehen.

Der verschiedenen Entstehungsweise der Wahnideen entspricht ihr mannigfaltiges klinisches Verhalten. Gemüthsbewegungen sind im allgemeinen veränderliche Vorgänge; daher sehen wir die wesentlich auf dieser Grundlage entstehenden Wahnbildungen in der Regel kommen, gehen und vielfach wechseln, je nach Stärke und Färbung der Verstimmung. Nur wo diese selbst durch längere Zeit hindurch eintönig ist, werden auch die gleichen Wahnideen zäher festgehalten. Die deliriösen Wahnbildungen ähneln durchweg denjenigen des Traumes; es sind bunte, abenteuerliche, wechselnde Bilder mit einzelnen durchgehenden Grundzügen, die oft in mannigfacher Gestalt wiederkehren. Je nach dem grösseren oder geringeren Zusammenhange der Gedankengänge überhaupt können dabei auch die Wahnideen ganz unvermittelt, abgerissen neben einander stehen oder eine gewisse geistige Verarbeitung zeigen, Begründungen, Schlussfolgerungen, einheitliche Färbung. Schwindet die gemüthliche Erregung oder die Bewusstseinstrübung, so werden gewöhnlich auch die während derselben entstandenen Wahnideen berichtigt, auch wenn im übrigen noch keine volle Genesung eingetreten ist.

Wesentlich anders verhalten sich diejenigen Wahnbildungen, bei denen die geistige Schwäche eine wesentliche Rolle spielt. Die wahnbildende Kraft wird wol auch hier von Gemüthsbewegungen geliefert, aber die krankhaften Vorstellungen sind mit dem Verblassen der Stimmungsschwankung nicht ohne weiteres verschwunden. Zwar können sie nach und nach in den Hintergrund treten, aber nur dadurch, dass sie vergessen werden, nicht durch verstandesmässige Berichtigung. Wir beobachten das oft in der Paralyse, bei der Dementia praecox und bei den senilen Geistesstörungen. Nicht selten tauchen hier später die alten, verschollenen Wahnideen ganz vorübergehend unter dem Einflusse einer Stimmungsschwankung von neuem auf, um ebenso bald wieder zurückzutreten. In anderen

Fällen, namentlich dann, wenn dauernd eine leichte gemüthliche Erregung zurückbleibt, werden die auf der Höhe der Krankheit entstandenen Wahnideen nicht mehr vergessen, sondern dauernd festgehalten und sogar weiter verarbeitet. Die Dementia paranoides und manche Fälle von Paralyse lehren uns, wie auf dem Boden des erworbenen Schwachsinns dauernde Stimmungsschwankungen unter Umständen sehr ausgiebige Wahnbildungen anzuregen im Stande sind.

Auch die länger haftenden Wahnbildungen zeigen indessen wichtige Verschiedenheiten. Entweder verblassen sie allmählich, um schliesslich doch mehr und mehr zu versinken. Oder sie werden in ganz einförmiger Weise immer wieder vorgebracht und verknöchern gewissermassen zu stehender Formel ohne Fortentwicklung, aber auch ohne Rückbildung. Jenes erstere Verhalten beobachten wir hauptsächlich bei der Dementia praecox, aber auch als Ausgang gewisser alkoholischer und seniler Geistesstörungen; es ist endlich das Ende aller paralytischen Wahnbildungen. Dieser letztere Verlauf stellt offenbar auch eine Form der Verblödung dar: doch ist die klinische Stellung derartiger Fälle heute noch zweifelhaft. Dasselbe gilt von denjenigen Beobachtungen, in denen die Wahnideen sich allmählich verändern, unsinniger und zusammenhangsloser werden, neue Bestandtheile in sich aufnehmen, während andere langsam zurücktreten. Sie bilden die grosse Masse gewisser, meist der Verrücktheit zugerechneten Formen, die indessen viele Berührungspunkte mit der Dementia praecox darbieten.

Endlich haben wir noch derjenigen Fälle zu gedenken, bei denen im Verlaufe von Jahrzehnten eine unmerkliche, mehr oder weniger einheitliche Fortentwicklung ohne stärkeren geistigen Verfall stattfindet. Bei dieser Krankheitsform, der Paranoia im engsten Sinne, erzeugt die freilich oft recht dürftige geistige Verarbeitung der Wahnvorstellungen eine Art verfälschter Weltanschauung. Der krankhaft veränderte Vorstellungsinhalt wird zum dauernden Bestandtheile des Erfahrungsschatzes und übt auf die gesammte weitere Verarbeitung der äusseren Eindrücke wesentlichen Einfluss aus. Die Stellung des Kranken zur Aussenwelt verschiebt sich allmählich in bestimmter Richtung; die psychische Persönlichkeit mit ihren früher gewonnenen Anschauungen erleidet eine vollständige Umwandlung, in mancher Beziehung vergleichbar derjenigen des gesunden Menschen, der in eine fremde Welt voll neuer Eindrücke versetzt wird. Gerade diese vollständige Einverleibung des Wahnes, die Gruppirung um den Mittelpunkt des eigenen Ich ist es, welche den inneren Zusammenhang seiner einzelnen Bestandtheile, die geistige Verarbeitung derselben vermittelt. Man pflegt daher vorzugsweise hier von einem „Wahnsysteme" zu sprechen, wenn auch bisweilen ähnliche, innerlich zusammenhängende Wahnbildungen, jedoch von kürzerer Dauer, in der Paralyse und der Dementia praecox zur Beobachtung kommen. Fortschritte in der Wahnbildung scheinen durch das stark gehobene Selbstgefühl, durch Angstzustände oder zornige Erregungen vermittelt zu werden; die so entstandenen Einbildungen werden dann nicht berichtigt, sondern festgehalten und weiter ausgesponnen. Auch hier ist nach meiner Erfahrung regelmässig sehr bald eine deutliche Urtheilsschwäche erkennbar.

Wie die klinische Betrachtung lehrt, zeigt die Ausbildung der Wahnideen im einzelnen eine Reihe verschiedener Formen, welche bei unseren Kranken vielfach mit bemerkenswerther Gleichförmigkeit wiederkehren. Der besseren Uebersicht halber pflegt man zunächst Kleinheits- und Grössenideen, depressive und expansive Wahnbildungen, von einander zu unterscheiden. Unter den mannigfachen Gestaltungen des depressiven Wahnes steht dem gesunden Leben wol am nächsten der Versündigungswahn; giebt es doch zahlreiche Menschen, die bei jedem Misserfolge, ja bei jedem Unglücksfalle sogleich bereit sind, in ihrer eigenen Handlungsweise die Ursache zu suchen und sich mit dem Gedanken zu quälen, dass sie dieses oder jenes hätten anders machen sollen. In krankhaften Depressionszuständen kann sich diese Idee der Verschuldung an jede Aeusserung oder Handlung des Kranken anknüpfen. Er glaubt, immerfort Andere zu schädigen, zu täuschen, ins Unglück zu bringen, bittet um Verzeihung für seine schrecklichen Thaten. Auch die eigene Vergangenheit wird durch den Wahn in das schlimmste Licht gesetzt. Alle möglichen, selbst ganz gleichgültigen Handlungen erscheinen dem Kranken als scheussliche Unthaten; er klagt sich der grässlichsten Verbrechen an, oft nur in allgemeinen Ausdrücken, bisweilen aber auch in ganz bestimmter Erzählung, hält sich für ein schlechtes, verworfenes, gemüthloses Geschöpf, für von Gott verstossen und verdammt. Darum fürchtet und wünscht er zugleich eine schreckliche Strafe, um seine Sünden zu büssen, und lebt in der beständigen Erwartung, dass er nunmehr von den Polizisten geholt, hingerichtet, verbrannt, zur Richtstätte geschleift, lebendig begraben werden solle.

Diesen Wahnideen nahe verwandt sind gewisse Befürchtungen allgemeiner Art, die häufig mit ihnen sich vergesellschaften, die Idee, zu verarmen, arbeitsunfähig zu werden, ein grosses Unglück erdulden zu müssen oder über die Angehörigen heraufzubeschwören. Aehnliche Vorstellungen, dass irgend etwas Schreckliches passirt, die Familie erkrankt und gestorben sei, oder dass etwas Furchtbares bevorstehe, finden wir als vorübergehende „Ahnungen" bekanntlich häufig genug im täglichen Leben wieder. Den gemeinsamen Hintergrund derselben bildet überall eine gemüthliche Verstimmung. In ihren schwersten Formen, besonders bei vorgeschrittenem Schwachsinn, führen sie zu dem sogenannten nihilistischen Wahn: Alles ist vernichtet, zu Grunde gegangen; die Welt steht nicht mehr. Alle sind längst gestorben; auch der Kranke selbst lebt nicht mehr, hat keinen Namen mehr, ist überhaupt nichts, weniger als nichts.

Eine weitere, sehr grosse Gruppe bilden diejenigen Wahnvorstellungen, die man unter dem Namen des Verfolgungswahnes zusammenzufassen pflegt. Andeutungen desselben finden wir im gesunden Leben bei jenen argwöhnischen und misstrauischen Naturen, die bei ihrer Umgebung überall niedere und feindselige Beweggründe voraussetzen und im Zusammenhange damit eigenes Missgeschick regelmässig auf Neid und Hass Anderer zurückzuführen bereit sind. Gewöhnlich verbindet sich damit eine bedeutende Ueberschätzung der eigenen Persönlichkeit und missgünstige Verkennung fremden Verdienstes. Bei unseren Kranken bildet den Ausgangspunkt in der Regel eine Zeit der Verstimmung, inneren Unbehagens und geheimer Angst. Ahnungen und Vermuthungen steigen auf; einzelne Wahrnehmungen erscheinen verdächtig; es geht etwas Besonderes vor. Der Kranke beginnt, die Vorgänge in seiner Umgebung mit wachsendem Misstrauen anzusehen, gleichgültige Aeusserungen und Erlebnisse, zufällige Geberden wahnhaft zu deuten und seine Wahrnehmungen unter neuen, vorurtheilsvollen Gesichtspunkten zu verarbeiten. Zeitungsartikel, Gassenhauer, Predigten enthalten versteckte Verhöhnungen und den Hinweis auf seine verzweifelte Lage. Alle Versicherungen der Liebe und Freundschaft sind eitel Heuchelei, um ihn desto sicherer in die Falle zu locken. Sehr gewöhnlich treten nun auch mehr oder weniger zahlreiche Sinnestäuschungen hervor, namentlich auf dem Gebiete des Gehörs. Der Kranke sieht sich demnach von einem Netze geheimer Feindseligkeiten, drohender Gefahren umgeben, dem er nicht zu entrinnen vermag. Alles ist gegen ihn verbündet, weidet sich an seiner Angst. Ueberall findet er sofort die untrüglichen Zeichen dafür, dass man eingeweiht ist, dass er durch Spione beobachtet und verfolgt wird. Er ist Gegenstand der allgemeinen Aufmerksamkeit; man blickt ihn sonderbar an, ruft ihm nach, zischelt einander Bemerkungen zu, weicht ihm aus, spuckt vor ihn hin. Speisen und Getränke haben einen absonderlichen Geschmack, als ob etwas drin wäre; offenbar ist ihnen Gift, Koth, Sperma, Menschenfleisch beigemischt. Nach ihrem Genusse treten Magenbeschwerden, Wallungen zum Kopfe, geschlechtliche Erregungen auf. Im eigenen Zimmer werden die Spuren fremder Thätigkeit bemerkt; Gegenstände sind verschwunden oder verdorben, das vorher geschlossene Fenster plötzlich offen; der Schlüssel zur Thüre schliesst nicht. Eine grosse Rolle spielen auch Eifersuchtsideen. Die Kranken bemerken ein Erkalten der ehelichen Beziehungen, fangen glühende Blicke, geheime Zeichen auf; in Briefen finden sich versteckte Aufforderungen zum Stelldichein. Die Frau wird bei unvermuthetem Nachhausekommen verlegen, sucht etwas zu verbergen, hustet bedeutungsvoll; es ist noch dunkel im Zimmer. Draussen poltert Jemand aus der Thür; eine Gestalt huscht am Fenster vorbei; das letzte Kind gleicht dem Vater nicht.

Bei fortgeschrittener geistiger Schwäche nehmen die Verfolgungsideen oft ganz abenteuerliche Gestaltungen an. Die feindlichen Beeinflussungen gewinnen Formen, die nicht nur über das Wahrscheinliche, sondern sehr bald auch über das Mögliche hinausgehen. Ganz besonders in den Vordergrund treten nunmehr die Einwirkungen auf den eigenen Körper, die in der verschiedensten Weise ausgemalt werden. Vielfach handelt es sich um Veränderungen, die im Schlafe oder auf übersinnliche Weise herbeigeführt werden (Telepathie). Die Annahme des Behextwerdens, des Besessenseins, die ja in den Hexenprocessen des Mittelalters eine so grosse sittengeschichtliche Bedeutsamkeit erlangt hat, liegt hier dem abergläubischen Kranken äusserst nahe; sie wird gestützt durch krankhafte Gemeingefühle, fremdartige, ihm aufsteigende Gedanken und Reden, die

Wahrnehmung von Stimmen im eigenen Körper, lebhafte Träume. Ein etwas anderer Bildungsgang macht den Kranken mehr zur Annahme magischer, magnetischer, elektrischer, physikalischer, hypnotischer Fernewirkungen geneigt, die durch allerlei Maschinen, Telephone, galvanische Batterien, sympathetische Beziehungen von unsichtbaren Feinden vermittelt werden. Die Ausbildung derartiger Wahnvorstellungen ist bisweilen eine äusserst eingehende und spitzfindige. Besonders häufig sind geschlechtliche Beeinflussungen, Durchströmung und Reizung der Geschlechtstheile, Abtödtung derselben, geheimnissvolle Begattungen mit ihren weiteren Folgen bis zur Geburt in nächtlicher Betäubung. Als Urheber der Verfolgungen und Beeinflussungen werden entweder bestimmte Personen angesehen, Vorgesetzte, Nachbarn, Freunde, Gatten, Liebhaber oder gewisse Parteien mit sehr absonderlichen Zielen und Hülfsmitteln, die Geistlichen, Freimaurer, Socialdemokraten, der Mörderbund u. s. f. Die Idee der körperlichen Umwandlung findet ihre weitere Entwicklung in dem ebenfalls sittengeschichtlich wichtigen Wahne der Verzauberung in Thiergestalt (Wehrwölfe), des Abgestorbenseins, der Verwandlung in andere Personen, namentlich solche anderen Geschlechts, in leblose Dinge u. s. f.

Diese letzten Formen der Wahnbildung leiten uns hinüber zu den hypochondrischen Ideen, bei denen die körperliche Beeinträchtigung nicht auf fremde Einwirkung, sondern auf eine schwere, unheilbare Krankheit zurückgeführt wird. Wie der angehende Arzt die Anzeichen so mancher der gerade von ihm studirten Leiden an sich zu entdecken glaubt, so werden hier ganz harmlose, durchaus normale Erscheinungen am eigenen Körper für die Folgen der Syphilis, der Hundswuth, mannigfacher Vergiftungen, schwerer Blutstockungen, geschlechtlicher Ausschweifungen und dergl. angesehen. Bei Aerzten sind Tabes, Paralyse, Phthise der häufigste Inhalt hypochondrischer Wahnideen. Mit dem Eintritte der Verblödung gewinnen dieselben, namentlich unter dem Einflusse krankhafter Empfindungen aller Art, nicht selten ganz unsinnige Formen. Ein lebendiges Thier sitzt im Körper, Würmer unter der Haut; Mund und After sind verschlossen, die Eingeweide verdorben oder herausgenommen, alle Glieder gelähmt, der Athem und das Blut vergiftet, der Kopf ausgehöhlt, die Zunge verfault, der Leib zu einem einzigen Klümpchen zusammengeschrumpft; der ganze Körper ist mit Gestank erfüllt, in einen Kikerikihahn verwandelt, von Eisen und ähnliches.

Auch die Grössenideen können unmittelbar den eigenen Körper zum Gegenstande haben. Hier gewährt uns die Hoffnungsfreudigkeit der Schwindsüchtigen und die Selbsttäuschung Betrunkener ein alltägliches Beispiel für jene Störungen des Selbstbewusstseins, bei denen das Gefühl erhöhter Leistungsfähigkeit in Widerspruch mit dem wirklichen Verhalten geräth. So rühmen gebrechliche Paralytiker ihre Körperkräfte, ihre ausgezeichneten Lungen, ihre Manneskraft, sprechen von ihrer schönen Stimme, von ihren gymnastischen Fertigkeiten, während sie keinen musikalischen Ton hervorbringen und nicht auf den Füssen stehen können. Den hypochondrischen Ideen inhaltlich verwandt sind die Grössenvorstellungen, dass der eigene Koth Gold, der Urin Rheinwein sei und ähnliches. Zuweilen gewinnen auch Wahnvorstellungen depressiven Inhaltes durch die Art ihrer Verwerthung die Bedeutung von Grössenideen. Die Kranken erzählen, dass sie sofort sterben würden, um dann in den Himmel zu fahren; sie laden zu ihrer Hinrichtung ein, die mit grosser Feierlichkeit stattfinden werde. Andere hören wir mit Genugthuung sich dessen rühmen, dass ihnen schon 30 000 Mal das Haupt abgeschlagen worden sei, dass sie den schrecklichsten Kopfkrankheiten ausgesetzt gewesen seien, jeden Tag einen Centner Strychnin eingeblasen bekämen. Hier dienen die unerhörten Gefahren nur dazu, die eigene Kraft und Wichtigkeit in ein um so glänzenderes Licht zu setzen.

Sehr häufig ist die Idee geistiger Gesundheit trotz tiefgreifender psychischer Störung, der Mangel des Krankheitsgefühls. Wir treffen in der Irrenanstalt immer nur eine kleine Zahl von Kranken an, die sich für geistig gestört halten; die meisten betrachten sich als völlig gesund, nicht wenige als ganz besonders gescheidt und leistungsfähig. Bei manischen und namentlich hypomanischen Kranken geht die erleichterte Auslösung von Bewegungsantrieben mit der Vorstellung grosser geistiger Frische einher. Ebenso halten sich Paralytiker in ihrer gehobenen Stimmung oft für gesunder, als je in ihrem Leben. Paranoiker, deren Einbildungskraft nicht durch schwerfällige Ueberlegungen gehindert wird, fühlen sich als besonders begnadete Menschen, berufen, die erhabensten Grossthaten des Geistes zu schaffen. Oft genug geben derartige Kranke die Vermuthung einer geistigen Störung entrüstet ihrer Umgebung zurück. Schliesslich führt das Gefühl erhöhter geistiger Leistungsfähigkeit dahin, dass sich der Kranke für ein Universalgenie, für einen grossen Entdecker und Weltverbesserer hält, für den es keine Schwierigkeiten und keine unlösbaren Fragen mehr giebt; er versteht alle Sprachen, kennt alle Geheimnisse der Natur und ergründet die tiefsten Räthsel des Daseins mit spielender Leichtigkeit. Wer wird dabei nicht an die erstaunliche Gewandtheit erinnert, mit der wir bisweilen im Traume die schwierigsten Aufgaben überwältigen, um nachher beim Erwachen zu entdecken, dass unsere Erzeugnisse baarer Unsinn gewesen sind!

Die äusseren Verhältnisse des Kranken, seine gesellschaftliche Stellung, sein Besitz, werden durch Grössenwahnideen in ähnlicher Weise umgewandelt. Er ist von hoher Abkunft, Fürstenkind, Thronerbe, oder er steht wenigstens in nahen Beziehungen zu weltlichen und geistlichen vornehmen Persönlichkeiten, ja er hat Verbindungen mit überirdischen Mächten, Verkehr mit der Jungfrau Maria, mit Christus oder Gott selbst. In weiterer, sehr häufiger Steigerung ist er selber Bismarck, König, Kaiser, Papst (sogar beides in einer Person); er ist ein Heiliger, Christus, Braut Christi, Gott, die verkörperte Dreieinigkeit und Obergott. Andererseits rühmt der Kranke seine schönen Kleider, seine Pferde und Schlösser; er besitzt grosse Ländereien und ungeheuer viel Geld, Millionen mal Milliarden; ihm gehört Deutschland, Europa, alle fünf Erdtheile, ja schliesslich die ganze Welt. An diese Vorstellungen der Macht und des Reichthums knüpfen sich sehr gewöhnlich mannigfache Pläne, welche mit Hülfe der zur Verfügung stehenden Mittel zur Ausführung gebracht werden sollen. Vom einfachen Ankaufe allerlei unnützer Dinge geht es zur Planung gewaltiger Bauten, grossartiger Feste, zur Austrocknung ganzer Meere, Durchbohrung der Erde, Reisen nach dem Monde und durch das Weltall. In dieser verschiedenartigen inhaltlichen Ausprägung des „Grössenwahns" macht sich der Einfluss der persönlichen Erfahrung geltend. Die allgemeine Richtung ist offenbar in dem zu Grunde liegenden Krankheitszustande vorgezeichnet, aber die Ausgestaltung und Ausschmückung des Wahns wird durch den Vorstellungsschatz des Einzelnen geliefert und giebt somit ein bisweilen sehr treffendes Bild von seinen Anschauungen, Interessen und Wünschen. Immerhin zeigen die Wahnideen gleichartiger

Kranker oft genug eine überraschende Aehnlichkeit, ein Beweis für die allgemeine Einförmigkeit menschlichen Strebens und Denkens.

Grössen- und Kleinheitsideen sind durchaus nicht etwa als gegensätzliche und einander ausschliessende Richtungen der Vorstellungsthätigkeit zu betrachten, sondern sie verbinden sich sogar sehr gewöhnlich. Oft stehen sie ganz unvermittelt nebeneinander; hie und da jedoch lässt sich ein gewisser innerer Zusammenhang beider Vorstellungskreise aufdecken. Der vermeintlich Verfolgte sieht die Ursache der gegen ihn gerichteten Feindseligkeiten in seinen besonderen Vorzügen, in seinen natürlichen Ansprüchen auf ein grosses Besitzthum, in seiner Anwartschaft auf einen Fürstenthron, und umgekehrt glaubt der wahnhafte Sprössling aus hohem Hause, der Besitzer eingebildeter Reichthümer die Nichtanerkennung seiner Rechte auf die Machenschaften geheimer Feinde und Neider zurückbeziehen zu müssen, betrachtet seine Zurückhaltung in der Irrenanstalt als das Werk erbschleicherischer Verwandten oder auch als eine von Gott auferlegte Prüfung, nach deren glücklichem Ueberstehen das ganze Füllhorn des Glückes sich über ihn ergiessen werde. Ohne Zweifel haben wir dabei übrigens nicht an eine logische Entwicklung der einzelnen Gedankenkreise auseinander, sondern vielmehr an eine nachträgliche Verbindung derselben zu denken, da jeder Wahn ursprünglich selbständig aus den inneren Zuständen des Kranken hervorgeht. Bei der Dementia praecox bedeutet das Auftauchen von Grössenideen neben dem Verfolgungswahn regelmässig ein stärkeres Fortschreiten der psychischen Schwäche.

Störungen in der Schnelligkeit des Vorstellungsverlaufes. Die Verknüpfung von Vorstellungen und Begriffen mit einander nimmt, wie sich durch Messungen zeigen lässt, eine bestimmte, nicht unbeträchtliche Zeit (etwa 0,5—1,0″ und mehr) in Anspruch, deren Dauer bei der gleichen Person je nach der Leichtigkeit wechselt, mit welcher sich die Glieder aneinanderfügen. Sie gestattet umgekehrt Rückschlüsse auf die innigeren oder entfernteren Beziehungen der psychischen Vorgänge zu einander. Bei verschiedenen Personen zeigt die Geschwindigkeit der Vorstellungsverbindungen schon in der Gesundheitsbreite sehr erhebliche Unterschiede, die bis auf das Dreifache schwanken können, ohne dass sich bis jetzt für diese dauernden persönlichen Eigenthümlichkeiten bestimmte Gründe auffinden liessen. Durch diese Erfahrung wird natürlich auch die Beurtheilung krankhafter Abweichungen insoweit erschwert, als nicht im einzelnen Falle Vergleichswerthe aus gesunden Tagen zu Gebote stehen. Dazu kommt noch der Umstand, dass die nothwendigen Messungen mit allerlei Schwierigkeiten umgeben sind, welche nur durch völlige Vertrautheit mit dem Maassverfahren überwunden werden können. Darin liegen die Gründe, warum die Kenntnisse von den Störungen des zeitlichen Ablaufes unserer Gedankengänge verhältnissmässig noch recht ungenügende sind. Immerhin verfügen wir auch jetzt schon über Zehntausende durchaus brauchbarer Messungen, die freilich noch nicht durchweg planmässig verarbeitet werden konnten. Zunächst steht soviel fest, dass eine Verlangsamung des Vorstellungsverlaufes durch eine ganze Reihe von Ursachen schon beim Gesunden herbeigeführt werden kann. Vor allem ist es die Ermüdung, die regelmässig den Gedankengang verzögert, schliesslich bis zur völligen psychischen Lähmung. Körperliche und geistige Ermüdung haben diese Wirkung mit einander gemeinsam. Aehnlich wirken eine Anzahl von Vergiftungen, namentlich diejenigen mit Alkohol, Aether, Chloroform, Chloralhydrat u. a., in schwächerem Grade der Tabak. Auch gewisse Gemüthsbewegungen unangenehmer Art scheinen den Ablauf der Vorstellungen zu verlangsamen.

In Krankheitszuständen vermag man die Verlangsamung des Gedankenganges nicht selten schon mit einer einfachen Uhr oder auch ohne jede Messung nachzuweisen. Namentlich in den stuporösen und gewissen Mischzuständen des circulären Irreseins pflegt die Störung ungemein deutlich zu sein. Dabei ist jedoch zu berücksichtigen, dass bisweilen nicht sowol die Verbindung der Vorstellungen, sondern wesentlich nur die Auslösung der Antwort stark verlangsamt ist. Ich kenne Fälle von circulärer Hemmung, bei denen der Vorstellungsverlauf nur unbedeutend oder gar nicht, die Entstehung der Sprachbewegung dagegen ungemein stark erschwert war, wie sich durch Versuche zweifellos nachweisen liess. Melancholische pflegen eine mässige Verlangsamung des Gedankenganges darzubieten. Bei der Dementia praecox, namentlich in den Endzuständen, ist regelmässig eine geringe Erschwerung in der Verbindung der Vorstellungen vorhanden, die allerdings in Folge des Negativismus weit bedeutender erscheinen kann. In der Paralyse fehlt sie zunächst bisweilen ganz, während sie im weiteren Verlaufe sehr hohe Grade erreicht. Beim angeborenen Schwachsinn wird ebenfalls Verlangsamung des Vorstellungsverlaufes beobachtet. Mit einer Verlängerung der Associationszeiten sieht man regelmässig auch die Schwankungen der gemessenen Werthe zunehmen, die Buccola mit Recht als das Dynamometer der Aufmerksamkeit bezeichnet hat. Während sonst die psychischen Vorgänge gerade bei langsamerer Arbeit gleichmässiger zu verlaufen pflegen, werden hier die Leistungen nicht nur geringer, sondern auch unregelmässiger; zugleich lässt sich vielfach noch eine Abnahme ihres inneren Werthes nachweisen.

Beschleunigung des Vorstellungsverlaufes kommt jedenfalls ungleich seltener zu Stande, als Verlangsamung. Sehen wir ab von der allmählich eintretenden Verkürzung der psychischen Zeiten durch Uebung, so scheinen im gesunden Leben wesentlich gewisse Formen der gemüthlichen Erregung einen rascheren Ablauf des Gedankenganges herbeiführen zu können. Höchstens wäre hier noch der Einfluss der Anregung durch fortdauernde gleichmässige Gedankenarbeit zu erwähnen, der ebenfalls erleichternd auf die geistige Thätigkeit wirkt. Von Arzneistoffen ist bisher nur für das Morphium, das Coffeïn und die ätherischen Oele des Thees eine anregende Wirkung auf die Verstandesleistungen wahrscheinlich. Bei Geisteskranken sind unzweifelhafte Verkürzungen der psychischen Zeiten überhaupt noch nicht nachgewiesen. Erwarten könnte man diese Erscheinung nach der allgemeinen Anschauung etwa bei manischen Kranken, namentlich in den leichteren Formen, in der sogenannten Hypomanie. Drückt sich doch schon in dem Namen der hier so deutlichen „Ideenflucht" die Vorstellung einer Beschleunigung der Gedankenverbindungen aus. In der That hat Marie Walitzkaja bei manischen Kranken Verkürzungen der Associationszeit bis auf die Hälfte, ja bis auf ein Drittel der gewöhnlichen Dauer gefunden. Der Annahme einer derart erheblichen Beschleunigung der Vorstellungsverbindungen widersprechen indessen die in unserer Klinik gemachten, sehr ausgedehnten Erfahrungen durchaus. Meist lässt sich sogar bei Ideenflüchtigen geradezu eine Verlangsamung des Gedankenganges nachweisen. Ich bin nicht mehr im Zweifel darüber, dass die entgegenstehenden Ergebnisse durch die hier sehr nahe liegende und nur schwierig zu vermeidende Fehlerquelle der vorzeitigen Reaction getrübt worden sind.

Störungen der geistigen Arbeitsfähigkeit. Der zeitliche Ablauf des einzelnen psychischen Vorganges liefert uns nur ein sehr unvollkommenes Bild der eigentlichen geistigen Leistungsfähigkeit. Es können tiefgreifende und ausgebreitete Störungen in der gesammten geistigen Veranlagung bestehen, über die wir durch die einzelne Messung nicht das Geringste erfahren. Dagegen wird uns durch die Untersuchung der Arbeitsleistung während längerer Zeit und unter verschiedenen Verhältnissen ein Einblick in eine Reihe von Abweichungen eröffnet, deren Bedeutung für das genauere Verständniss der Schwachsinnsformen, namentlich der angeborenen, kaum überschätzt werden kann. Wir lernen hier geradezu gewisse Grundeigenschaften der einzelnen Persönlichkeit kennen, von deren krankhaften Gestaltungen wir sonst nur höchst unbestimmte und verschwommene Vorstellungen zu haben pflegen.

Zunächst stellt sich heraus, dass die Arbeitsleistung beim gesunden Menschen gewisse dauernde Spuren hinterlässt, welche für später eine Erleichterung der gleichen Arbeit vermitteln. Diese dauernde, nur sehr allmählich wieder verschwindende Arbeitserleichterung bezeichnen wir mit dem Namen der Uebung. Die Grösse des Uebungseinflusses ist bei verschiedenen Personen sehr verschieden. Weit grösser aber sind die Schwankungen auf krankhaftem Gebiete. Wenn wir absehen von den erworbenen Schwachsinnsformen, insbesondere dem paralytischen Blödsinn, bei denen die Uebungsfähigkeit häufig vollkommen vernichtet ist, so leuchtet ohne weiteres ein, dass jene Eigenschaft bei Idioten fast ausschliesslich die ganze Zukunft des Kranken bestimmt. Bildungsunfähigkeit ist im wesentlichen nichts als Mangel der Uebungsfähigkeit. Natürlich kommt es aber ausser der Arbeitserleichterung durch die Uebung selbst auch auf die Festigkeit an, mit welcher diese bleibende Spur im Gedächtnisse haftet. Wo die erworbene Uebung sich rasch wieder verliert, wird sie nur ein sehr unzuverlässiges Hülfsmittel für die geistige Ausbildung abzugeben im Stande sein. Auch in dieser Beziehung finden sich schon bei Gesunden sehr bedeutende Unterschiede. In krankhafter Ausbildung begegnen wir raschem Schwinden der vielleicht ebenso rasch erworbenen Uebung namentlich bei jenen Formen des angeborenen Schwachsinns, bei denen eine gewisse oberflächliche geistige Regsamkeit zunächst über die tief begründete Unzulänglichkeit der geistigen Begabung täuscht.

Mit der Uebungsfähigkeit steht vielleicht in innerer Beziehung die Anregbarkeit. Es hat sich herausgestellt, dass durch fortgesetzte geistige Arbeitsleistung rasch eine Erleichterung eben dieser Arbeit zu Stande kommt, die sich von der Uebung durch ihr schnelles Verschwinden nach dem Aufhören der Arbeit unterscheidet. Die grössere oder geringere Leichtigkeit, mit der sich diese Zunahme der Leistung während der Arbeit einstellt, bezeichnen wir als Anregbarkeit. Aus der täglichen Erfahrung ist genugsam bekannt, wie verschieden die Geschwindigkeit ist, mit welcher sich der Einzelne in eine Arbeit hineinfindet. Unter unseren Kranken bieten die Gehemmten, Stuporösen denjenigen Grenzfall dar, bei welchem die Anregbarkeit ihre niedersten Werthe erreicht, während uns manische Kranke anscheinend gerade die entgegengesetzte Störung in ihrer höchsten Ausbildung zeigen. Namentlich bei feineren Untersuchungen über die Schrift hat sich herausgestellt, dass bei ihnen während des Schreibens die Geschwindigkeit der Bewegungen und der Druck der Feder ausserordentlich rasch anwächst. Weniger augenfällig, aber als dauernde persönliche Eigenthümlichkeiten, treten uns die beiden entgegengesetzten Störungen in jenen Formen des angeborenen Schwachsinns entgegen, die man, nicht ohne Beziehung auf das verschiedene Verhalten der Anregbarkeit, als stumpfen und erregbaren Schwachsinn auseinandergehalten hat. Vielleicht ist auch die Nachhaltigkeit der Anregung, die Geschwindigkeit, mit der sich die innere Bewegung wieder beruhigt, von Bedeutung für das Verständniss dieser oder jener Krankheitszustände. Leider ist über diese Verhältnisse bisher nichts bekannt.

Eine weitere, grundlegende Eigenschaft der geistigen Persönlichkeit ist die Ermüdbarkeit. Durch die Ermüdung wird die Höhe der Arbeitsleistung je länger, je mehr herabgesetzt, wahrscheinlich nicht nur in ihrer Menge, sondern auch in ihrem Werthe. Grosse Ermüdbarkeit beeinträchtigt daher auf das empfindlichste die Fähigkeit zu längerer und anstrengender Arbeitsleistung. Bei Geisteskranken ist diese Störung ungemein verbreitet. Wir finden sie zunächst in der Genesungszeit nach verschiedenen Formen psychischer Erkrankung, besonders natürlich nach Erschöpfungspsychosen. Sodann begegnen wir derselben vielfach bei der Dementia praecox und namentlich in der Paralyse, wo sie häufig genug das erste auffallende Krankheitszeichen bildet. Bei der Neurasthenie ist die grössere Ermüdbarkeit ebenfalls nicht selten die wichtigste Erscheinung, wenn sie auch in vielen Fällen durch die gesteigerte nervöse Erregbarkeit bis zu einem gewissen Grade verdeckt werden kann. Endlich aber ist bedeutende Ermüdbarkeit eine sehr häufige Begleiterscheinung des angeborenen Schwachsinns. Auch hier kann sie, zum grossen Schaden der Kranken, leicht unerkannt bleiben, wenn sie sich mit erhöhter Anregbarkeit verbindet. Es kommt dann sehr häufig zu einer Anspannung der geistigen Arbeitskraft über das zulässige Maass hinaus, die zu einer dauernden Ermüdung, vielleicht auch zu einer Steigerung der Ermüdbarkeit führen kann.

Ausgeglichen wird die Ermüdung durch die Erholung und namentlich durch den Schlaf. Wahrscheinlich unterliegt auch die Schnelligkeit, mit der sich die Erholung vollzieht, krankhaften Störungen. Melancholische, Neurasthenische, Genesende sehen wir ungemein langsam die Folgen einer geistigen, gemüthlichen oder auch körperlichen Anstrengung wieder ausgleichen; wir haben daher bei ihnen vielleicht eine Abnahme der Erholungsfähigkeit, der geistigen Spannkraft, zu verzeichnen. Eine wesentliche Rolle spielt dabei ohne Zweifel das Verhalten des Schlafes. Nach den vorliegenden Untersuchungen darf es als wahrscheinlich gelten, dass wir es beim Irresein vielfach mit schweren Störungen nicht nur der Schlafdauer, sondern namentlich auch der Schlaftiefe zu thun haben. Für Zustände einfacher Ueberarbeitung ist eine Verflachung des Schlafes, langsameres Erreichen der grössten Tiefe und unvollkommener Nachlass der Schlaftiefe gegen Morgen bereits nachgewiesen.

Kaum weniger häufig, als der krankhaften Ermüdbarkeit, begegnen wir auf unserem Gebiete einer Steigerung der Ablenkbarkeit. Dieselbe kann entweder durch geringe Stärke der Leitvorstellungen, durch ungewöhnlich lebhaftes Hervortreten einzelner Vorstellungsbestandtheile oder endlich durch erhöhte Empfindlichkeit für ablenkende Einwirkungen zu Stande kommen. Den ersten Fall haben wir im gesunden Leben beim wachen Träumen vor uns, wenn wir planlos unsere Gedanken schweifen lassen und dabei durch ganz zufällige innere und äussere Einflüsse bald hierhin, bald dorthin abgelenkt werden. Auf ähnliche Weise kommt vielleicht die Ablenkbarkeit beim Schwachsinn, insbesondere bei der Paralyse und der Dementia praecox, zu Stande; hier fehlen dauernd jene Leitvorstellungen, die dem Gedankengange seine bestimmte Richtung vorzeichnen und das Anwachsen aller ausserhalb der Bahn liegenden Eindrücke und Vorstellungen schon im Entstehen hemmen.

Für die zweite Form der Ablenkbarkeit finden wir vielleicht gewisse Anknüpfungspunkte in den Erscheinungen der Ermüdung. Wir haben schon früher gesehen, dass mit wachsender Ermüdung die sprachliche Gewohnheit einen ganz besonderen Einfluss auf unseren Vorstellungsverlauf gewinnt. Am deutlichsten wird das nach Entziehung des Schlafes und nach lebhafter körperlicher Anstrengung. Die motorischen Bestandtheile unserer Vorstellungen scheinen dabei ein deutliches Uebergewicht zu erlangen. Zugleich verlieren allerdings wol auch die Leitvorstellungen wesentlich an Kraft. In Folge dessen sind wir nicht mehr im Stande, bei der Stange zu bleiben, ertappen uns fortwährend auf Nebengedanken und sind genöthigt, immer von neuem durch eine besondere Anstrengung unsere Aufmerksamkeit in die alte Richtung zurückzubringen. Diese Erscheinung ist uns aus den Erörterungen über die Ideenflucht wohlbekannt; sie begegnet uns in den acuten Erschöpfungspsychosen, vor allem aber im manisch-depressiven Irresein sowie in den Erregungszuständen der Paralyse und der Dementia praecox.

Erhöhte Empfindlichkeit gegen ablenkende Einwirkungen ist endlich eine regelmässige Begleiterscheinung der Neurasthenie. Sie geht Hand in Hand mit einer Herabsetzung der Gewöhnungsfähigkeit. Für den gesunden Menschen pflegt jede Ablenkung bei längerer Einwirkung allmählich ihren Einfluss mehr und mehr zu verlieren; er gewöhnt sich an die Störung und lernt, dieselbe unbeachtet zu lassen. Bei gesteigerter nervöser Reizbarkeit kann diese Gewöhnungsfähigkeit mehr oder weniger erheblich herabgesetzt sein, so dass also die ablenkende Wirkung einer Störung mit der Zeit immer wächst, anstatt sich abzuschwächen. Auf diese Weise können schliesslich ganz unbedeutende Reize in einem Grade störend einwirken, der dem Unbefangenen unbegreiflich erscheint.

Störungen des Selbstbewusstseins. Als Selbstbewusstsein bezeichnen wir die Summe aller jener Vorstellungen, aus denen sich für uns das Bild unserer körperlichen und geistigen Persöulichkeit zusammensetzt. Diese Vorstellungsgruppe bildet den dauernden Hintergrund unseres Seelenlebens und übt daher auf den Ablauf unserer gesammten geistigen Vorgänge einen massgebenden Einfluss aus. Ihr

Inhalt wie ihr Umfang wird wesentlich durch die Lebenserfahrungen des Einzelnen bestimmt. Es ist daher erklärlich, dass alle Umstände, welche jene letzteren in krankhafter Weise beeinflussen, die Auffassung der eigenen Persönlichkeit und ihres Verhältnisses zur Aussenwelt in Mitleidenschaft ziehen müssen. Verfälschungen des Selbstbewusstseins sind denn auch überaus häufige Störungen, deren wichtigste Formen wir bei der Besprechung der Wahnideen bereits gestreift haben.

Regelmässig wächst in der Krankheit die Bedeutung der eigenen Person im Verhältnisse zur Umgebung, sei es in expansivem oder depressivem Sinne. Wie jedes körperliche Leiden die Aufmerksamkeit des Kranken auf seine eigenen Zustände lenkt und alle sonstigen Interessen desselben mehr oder weniger in den Hintergrund drängt, so begünstigen auch psychische Störungen ganz allgemein die natürliche Neigung des Menschen, seiner Person eine ganz besondere Wichtigkeit beizulegen. Namentlich bei traurigen und ängstlichen Verstimmungen tritt das krankhafte Bestreben, alle Ereignisse und Einrichtungen in der Umgebung in Beziehung zum eigenen Ich zu setzen, meist sehr deutlich hervor. Eine eigenartige Verfälschung des Selbstbewusstseins beobachten wir ferner in jenen Formen psychischer Erkrankung, welche mit der Entwicklung zusammenhängender, innerlich verarbeiteter Wahnideen einhergehen. In solchen Fällen kann durch krankhafte Einbildungen und Gedankengänge das Verhältniss der eigenen Person zur Aussenwelt allmählich vollständig „verrückt" werden, so dass am Ende Denken und Handeln des Kranken dem Unbefangenen ganz unverständlich erscheint, während der Eingeweihte von dem krankhaft veränderten Standpunkte aus den inneren Zusammenhang des verfälschten Selbstbewusstseins vielleicht noch zu erkennen vermag.

Bei weit vorgeschrittener psychischer Schwäche geräth schliesslich auch das Selbstbewusstsein in Verfall, freilich meist ziemlich spät. Es giebt Kranke, namentlich Epileptiker, deren Vorstellungsschatz schon eine hochgradige Verarmung aufweist, die sich in irgendwie verwickelten Verhältnissen gar nicht mehr zurechtfinden, aber dennoch über ein wohlerhaltenes Selbstbewusstsein verfügen, über ihre eigenen Zustände Rechenschaft geben können und ihre spärlichen Gedanken in vollkommener Ordnung erhalten. Namentlich die Dementia praecox pflegt vielfach zu einer Zertrümmerung des Selbstbewusstseins zu führen; in der Paralyse bildet sie den regelmässigen Endzustand des geistigen Lebens. Hier sind es dann schliesslich oft nur noch kümmerliche, zusammenhangslose Reste früherer gesunder und krankhafter Vorstellungen, die meist in ziemlich einförmiger Weise einander ablösen, ohne dem Kranken mehr ein deutliches Bewusstsein seiner Umgebung und seiner eigenen Persönlichkeit zu vermitteln.

C. Störungen des Gefühlslebens.

Jeder Sinneseindruck, der seinem Inhalte nach in nähere Beziehungen zum Wohl und Wehe des Menschen tritt, wird im Bewusstsein desselben durch ein begleitendes Gefühl der Lust oder der Unlust betont, je nachdem er die allgemeinen Lebenszwecke zu fördern oder zu hemmen geeignet erscheint. Die Gefühle bezeichnen somit unmittelbar die Stellung, welche das Ich zu den Wahrnehmungen der Aussenwelt einnimmt. Unter krankhaften Verhältnissen, welche eine Umwälzung der psychischen Persönlichkeit hervorbringen, ist es daher sehr häufig gerade diese Gefühlsbetonung, das „Gemüthsleben‟ der Kranken, welches zunächst die auffallendsten Störungen darbietet. Die Beurtheilung dieser Krankheitserscheinung stösst jedoch deswegen auf gewisse eigenthümliche Schwierigkeiten, weil uns hier weit weniger, als auf dem Gebiete des Verstandes, eine feststehende Richtschnur gegeben ist, mit Hülfe derer wir die gradweisen Abweichungen vom gesunden Verhalten sicher bestimmen könnten. Verfälschungen der Sinneserfahrung, Verstösse gegen die Grundsätze des logischen Denkens werden auch vom Laien ohne weiteres als krankhafte Erscheinungen erkannt; die Lebhaftigkeit der Gefühlsäusserungen zeigt aber schon bei Gesunden unter verschiedenen Verhältnissen so weitgehende persönliche Verschiedenheiten, dass die Abgrenzung des Krankhaften gerade auf diesem Gebiete häufig recht schwierig wird. Der Laie (in forensischen Fällen der Richter) ist stets weit eher geneigt, Mängel des Verstandes, besonders Wahnideen, für krankhaft zu halten, als die eingreifendsten Störungen im Gemüthsleben.

Herabsetzung und Steigerung der gemüthlichen Erregbarkeit. Die einfachste und auch wol häufigste Abweichung im Bereiche der

Gefühle ist die Herabsetzung ihrer Stärke. Während sich im Gemüthe des Gesunden der innere Antheil, den er an seinen vielfachen Beziehungen zur Umgebung nimmt, in beständigen, leiseren oder stärkeren Schwankungen des Stimmungshintergrundes widerspiegelt, bedeutet die Abnahme dieser Gefühlsbetonung Gleichgiltigkeit und Theilnahmlosigkeit gegenüber den Eindrücken der Aussenwelt. Diese Störung ist eine allgemeine Begleiterscheinung der meisten Schwachsinnsformen. Nicht selten werden dabei die äusseren Erfahrungen noch recht gut aufgefasst und selbst verstandesmässig verarbeitet, ohne allerdings irgend einen bemerkbaren gemüthlichen Widerhall in dem Kranken wachzurufen. Dieses auffallende Missverhältniss zwischen Verstandes- und Gefühlsstörung tritt uns am ausgeprägtesten bei der Dementia praecox entgegen. Erst in den schwersten Krankheitszuständen pflegt hier auch die Auffassung und die Vorstellungsthätigkeit eine tiefgreifende Einbusse zu erleiden. Bei der Paralyse dagegen sehen wir einerseits die Verstandesleistungen in verhältnissmässig höherem, die gemüthlichen Regungen dagegen in geringerem Grade durch die Krankheit zerstört werden.

Die Abnahme der Gefühlsbetonung pflegt sich in der Regel nicht auf alle Gebiete des gemüthlichen Lebens gleichmässig zu erstrecken, sondern es kommt vielmehr zunächst zu einer Einschränkung der inneren Beziehungen des Kranken. Der Kreis der Vorgänge, die ihn noch innerlich berühren, wird enger, während nach gewissen Richtungen hin die Lebhaftigkeit der Gefühle die alte bleibt, ja sich unter Umständen sogar noch steigern kann. Am leichtesten gehen dem Kranken natürlich solche Gefühle verloren, welche nicht unmittelbar an die Veränderungen des eigenen Ich anknüpfen, sondern sich auf die Verhältnisse der weiteren Aussenwelt beziehen, und ferner diejenigen, welche die Eigenschaft des Sinnlichen verloren haben und als Begleiter gewisser allgemeiner Vorstellungen und Grundsätze nur durch die höheren geistigen und sittlichen Leistungen wachgerufen werden. Wie der Ideenkreis sich auf das Einfachste, Nächstliegende und persönlich Wichtigste beschränkt, so behalten auch die Gefühle ihre sinnliche Einfachheit und erstrecken sich nur auf jene Eindrücke, die in dem unmittelbarsten und einleuchtendsten Zusammenhange mit dem eigenen Wohl und Wehe stehen. Mit anderen Worten: die Antheilnahme des Kranken zieht sich wesentlich auf die Zustände der eigenen Person zurück, wird eine ausschliesslich selbstsüchtige, und er verliert die Freude an der Gedankenarbeit, an edleren künstlerischen Genüssen, das Gefühl für die höheren Anforderungen des Anstandes, der Sittlichkeit, der Religion. Fremdem Schicksale steht sein Herz kalt und gleichgiltig gegenüber; allgemeinere und höhere Bestrebungen vermögen weder Verständniss noch Theilnahme in seinem Innern anzuregen. Es fallen also für ihn wesentlich alle jene Beweggründe und Hemmungen fort, welche dem Gesunden aus der Rücksicht auf seine Umgebung, aus seinen Beziehungen zur Familie, zu seinem Volke, endlich zur gesammten Menschheit entspringen. Die Folgen dieser Umwandlung sind ungemein auffallende. Der Kranke wird theilnahmlos gegenüber seinen natürlichen Beziehungen, hat kein Gefühl mehr für seine Angehörigen, sein Geschäft, seine Arbeit, seine Pflicht. Er verliert das Schamgefühl, wird rücksichtslos, lässt sich gehen, besitzt kein Verständniss mehr für die gewöhnlichsten Regeln des persönlichen Verkehrs.

In mildester Form sehen wir eine derartige Veränderung schon im gesunden Greisenalter, stärker im krankhaften Altersschwachsinn sich vollziehen. Die gemüthliche Ansprechbarkeit für feinere und weiterreichende Beziehungen verblasst, während die Regungen der Eigenliebe und die Freude am sinnlichen Genusse sich lebhafter geltend machen. Weiterhin bilden die Zeichen der gemüthlichen Verblödung nicht selten die ersten auffallenden Erscheinungen der Paralyse und namentlich der Dementia praecox, in deren Verlaufe sie sich immer schärfer ausprägen. Endlich aber spielt das Fehlen der gemüthlichen Ansprechbarkeit auch eine wichtige Rolle bei manchen angeborenen Schwachsinnsformen, besonders bei dem sog. moralischen Irresein. Gerade bei diesem letzteren verträgt sich mit der Verkümmerung des Gemüthslebens ganz gut eine gewisse Findigkeit in der Verfolgung des sinnlichen Genusses, eine handwerksmässige Gewandtheit in der Erreichung selbstsüchtiger Vortheile, durch welche sich die Umgebung häufig über die tiefe geistige und gemüthliche Unfähigkeit der Kranken hinwegtäuschen lässt. Aus der Gesundheitsbreite gehören hierher jene gemüthsrohen und selbstsüchtigen Naturen, die fremden Gefühlen theilnahmlos gegenüberstehen, durch keine Regung der Menschenliebe aus ihrer Ruhe aufgerüttelt werden und planmässig berechnend nur von den Antrieben des gröbsten Eigennutzes sich leiten lassen.

Ein höchst bedeutsamer Unterschied zwischen den niederen, sinnlichen und den höheren, allgemeinen (logischen, sittlichen, künstlerischen, religiösen) Gefühlen wird durch den Umstand bezeichnet, dass die ersteren wol eine weit grössere augenblickliche Stärke, aber eine ungleich geringere Erneuerungsfähigkeit besitzen, als die letzteren. Ein sinnlicher Genuss oder Schmerz kann uns für kurze Zeit in sehr lebhafte Erregung versetzen, aber er blasst in der Erinnerung rasch ab, während z. B. die leiseren, aber andauernden sittlichen Gefühle unser Denken und Handeln durch das ganze Leben hindurch fast unausgesetzt begleiten und bestimmen, wo sie nicht durch leidenschaftliche Gemüthsschwankungen übertönt werden. Gerade die höheren Gefühle aber sind es, die unserem Stimmungshintergrunde jene gleichförmige Ruhe, unserer geistigen Persönlichkeit jene Festigkeit und innere Geschlossenheit zu gewähren vermögen, die man mit Recht als die Eigenschaften eines gesunden, voll entwickelten Mannes betrachtet. Da ferner die höheren Gefühle eine Art Dämpfung für die raschen Gefühlsregungen des Augenblickes darstellen, pflegen sich mit dem Wegfalle dieser Dämpfung plötzliche Leidenschaftsausbrüche von auffallender Heftigkeit, aber geringer Nachhaltigkeit einzustellen.

Auch nach dieser Richtung hin wird sich daher die mangelhafte Ausbildung der höheren Gefühle in dem Krankheitsbilde des Schwachsinns geltend machen müssen. Wo nicht hochgradige Stumpfheit alle Gefühlsregungen überhaupt begräbt, sehen wir einerseits in der Ungleichförmigkeit der Stimmung, andererseits in ihrer Abhängigkeit von äusseren Zufälligkeiten, in ihrer Beeinflussbarkeit, den Mangel der dauernden, höheren Gefühle sich kundgeben. Wo die festen Grundlagen für die Stimmung fehlen, genügt oft eine Kleinigkeit, ein Wort, der Ton der Stimme, um den Kranken aus glückseligster Selbstzufriedenheit in masslose Verzweiflung zu versetzen. Diese Erscheinung pflegt namentlich in der Paralyse sehr deutlich zu sein.

Unvermittelte Aufwallungen des Gefühls finden sich gelegentlich bei den verschiedensten Formen des angeborenen und erworbenen Schwachsinns. Aus der gesunden Erfahrung schon sind die Leidenschaftsausbrüche beschränkter Menschen, die Launenhaftigkeit und

Heftigkeit der Greise bekannt. Ausser gewissen Formen des angeborenen Schwachsinns zeigen ferner namentlich die Endzustände der Dementia praecox regelmässig neben weitgehendster gemüthlicher Stumpfheit kurzdauernde Erregungen von oft sehr grosser Lebhaftigkeit.

Meist kommt die Abstumpfung der Gefühlsbetonung dem Kranken gar nicht zum Bewusstsein; er merkt es nicht, dass er gleichgiltiger und theilnahmloser geworden ist, weil ihm eben auch Neigung und Fähigkeit zur Beachtung der feineren gemüthlichen Regungen in seinem Innern gänzlich verloren gegangen sind. Eine Ausnahme von diesem Verhalten scheinen häufig die Depressionszustände des circulären Irreseins zu machen. Hier beklagen sich die Kranken auf das lebhafteste darüber, dass es ihnen so öde und leer in der Brust sei, dass sie ihren eigenen Seelenvorgängen wie ganz unbetheiligte Zuschauer gegenüberständen, und dass die Berührung ihrer sonst heiligsten Beziehungen ihnen jetzt weder Freude noch Schmerz zu bereiten im Stande sei. Gerade diese Unempfindlichkeit wird dann als eine äusserst qualvolle Veränderung des eigenen Innern empfunden. Allerdings handelt es sich hier gar nicht um eine wirkliche Abstumpfung der gemüthlichen Regungen, sondern wol um einen Hemmungsvorgang.

Steigerung der gemüthlichen Erregbarkeit kennzeichnet sich durch häufige und ausgiebige Schwankungen der Stimmung. Wo jeder zufällige Eindruck sofort eine lebhafte Gefühlsbetonung hervorruft, muss natürlich rascher Wechsel der Gemüthsbewegungen, unvermittelter Uebergang aus einer Stimmung in die andere die Folge sein. Wie der Vorstellungsverlauf des Tobsüchtigen oder Delirirenden haltlos von einem Gegenstande auf den andern überspringt, so wird auch die Gemüthslage nicht durch die Summe der früheren Lebenserfahrung bestimmt und gleichmässig erhalten, sondern der Augenblick mit seinen wechselnden Eindrücken lässt die Stimmung in bunter Folge die verschiedensten Töne der Gefühlsreihe durchlaufen: es entsteht das wichtige Krankheitszeichen des Stimmungswechsels, wie er namentlich der manischen und paralytischen Erregung eigenthümlich ist. Häufig ist dabei allerdings eine bestimmte Färbung der Gemüthsbewegungen vorherrschend, aber dieselbe wird leicht und rasch durch entgegengesetzte Einflüsse abgelöst, um dann ebenso unvermittelt wieder mit der früheren Stärke hervorzubrechen.

Leichtere Grade von krankhafter Lebhaftigkeit der Gefühlsbetonung kommen bei Geisteskranken überaus häufig zur Beobachtung,
insbesondere bei gewissen Formen des angeborenen Schwachsinns
und bei Hysterischen, auch in der Genesungszeit nach Erschöpfungszuständen. Sie kennzeichnen sich durch häufigen, unvermittelten
Wechsel der Stimmung, Launenhaftigkeit, heftige Gefühlsausbrüche
auf geringe Anlässe, Neigung zu Schwärmerei und Schwarzseherei.
Als gesundes Beispiel derselben kann in gewissem Sinne das
Verhalten des weiblichen und kindlichen Gemüthslebens gelten,
wie es sich ja im allgemeinen durch eine grosse Stärke der Ge-
fühlswallungen einerseits, durch Vergänglichkeit derselben andererseits auszeichnet. Jäher Umschlag der Gemüthslage ohne besondere Veranlassung wird übrigens auch in der gesunden Erfahrung bisweilen beobachtet, wenn die gemüthliche Erregbarkeit
sehr gesteigert ist (z. B. durch Alkoholgenuss) und die herrschende
Stimmung ganz aussergewöhnliche Lebhaftigkeit erreicht hat (aus-
gelassenste Heiterkeit, Verzweiflung; Galgenhumor).

Krankhafte Gemüthsbewegungen. Während die allgemeine Steigerung der gemüthlichen Erregbarkeit ihrem Wesen nach regelmässig einen häufigen Wechsel verschiedener Stimmungen zur Folge
haben muss, handelt es sich bei den krankhaften Gemüthsbewegungen
um das Auftreten ganz bestimmter Gefühle, die entweder die Stimmung
längere Zeit hindurch gleichmässig beherrschen oder doch während
der Erkrankung vielfach in gleicher Weise dem Kranken sich aufdrängen. Bei weitem am häufigsten sind es traurige Verstimmungen,
mit welchen wir es hier zu thun haben. Die Wurzeln dieser Störung
liegen bereits in der bei Gesunden so häufig beobachteten Neigung
zur Schwarzseherei. Vorübergehend, im Anschlusse an trübe Lebenserfahrungen, neigt wol jeder Mensch dazu, gleichgültige und selbst
heitere Eindrücke wesentlich im Lichte der eigenen Verstimmung
aufzufassen; ja der Anblick fremder Freude kann uns in solchen
Augenblicken durch den Gegensatz unser Leid noch um so schmerzlicher empfinden lassen. Es giebt ferner Menschen, welche dauernd
die unglückliche Neigung haben, aus allen Lebenserfahrungen nur
das Unangenehme und Peinigende herauszufinden, denen jeder
Augenblick der Freude durch den Ausblick auf allerlei trübe Möglichkeiten verkümmert wird. Ohne Zweifel bewegen wir uns hier
bereits an der Grenze des Krankhaften. Es handelt sich um eine

gesteigerte Unlustempfindlichkeit, die wir bei gewissen Formen des
Entartungsirreseins als angeborene persönliche Eigenthümlichkeit
wiederfinden.

Dem Grade nach weit stärker ausgeprägt, dafür aber auch nur
als vorübergehende Krankheitserscheinung tritt die gesteigerte Unlustempfindlichkeit in den verschiedenen Depressionszuständen auf.
Jeder beliebige äussere Eindruck, ja der Vorstellungsverlauf selbst
kann hier immer von neuem das Gefühl der lebhaftesten Unlust
erzeugen. Der Kranke ist unfähig, sich über irgend etwas zu freuen;
auch die gesunde Befriedigung am Dasein selbst wandelt sich in
das Gefühl schmerzlichen Lebensüberdrusses um. Gerade diejenigen
Beziehungen, die ihn früher am nächsten berührten, werden jetzt
für ihn eine Quelle beständiger trüber Gemüthsverstimmung, weil
an diesem Punkte die gesteigerte Empfindlichkeit besonders leicht
und häufig Erschütterungen des inneren Gleichgewichts herbeiführt.
Auch frohe Eindrücke steigern nur die Verstimmung, die eben nicht,
wie ein gesunder Seelenschmerz, durch äusseres Glück gemildert
wird, sondern umgekehrt den freudigen Anlass im Sinne der krankhaft veränderten Gefühlsbetonung färbt. So sah ich einen Knaben
mit trauriger Verstimmung beim Anhören heiterer Musik in bitter-
liches Weinen ausbrechen. Regelmässig steht die gesteigerte Unlustempfindlichkeit in nahen Beziehungen zu Inhalt und Richtung des
Vorstellungsverlaufes; es kommt zum Auftauchen „schwerer Gedanken"
und Befürchtungen, zu misstrauischer Betrachtung und wahnhafter
Verarbeitung der Umgebung wie der eigenen Persönlichkeit im Sinne
der Verfolgung und der Versündigung.

Gewöhnlich geht die gesteigerte Unlustempfindlichkeit mit einer
einfachen traurigen Verstimmung einher. Bisweilen jedoch gesellt
sich eine zornige Gereiztheit hinzu, die sich in lebhaften Unlust-
äusserungen Luft zu machen sucht. Es entsteht auf diese Weise
ein Zustand innerer Spannung, den jeder kleinste äussere Anlass zu
heftigen Entladungen bringt. Die Kranken werden ungemein verdriesslich, missmuthig, mit allem unzufrieden, zerfallen mit sich und
ihrer Umgebung, ärgern sich über jede Kleinigkeit und nörgeln, oft
gegen ihre bessere Einsicht, in der unerträglichsten Weise, bis dann
allmählich Reizbarkeit und gesteigerte Unlustempfindlichkeit sich
beide verlieren. Diesen eigenthümlichen Zustand beobachten wir in der
Uebergangszeit zwischen Verstimmung und Erregung beim manisch-

depressiven Irresein: vielleicht handelt es sich dabei um eine Verbindung von trauriger Verstimmung mit beginnender Steigerung der psychomotorischen Erregbarkeit. Auch bei der Genesung nach Erschöpfungspsychosen und Melancholie kommen ähnliche reizbare Verstimmungen zur Beobachtung. Namentlich aber gehören hierher noch gewisse gemüthliche Schwankungen der Epileptiker und auch der Hysterischen, in denen die erhöhte zornmüthige Reizbarkeit sich am reinsten und schärfsten auszuprägen pflegt.

Bei weitem die mächtigsten Gemüthsbewegungen, die wir bei unseren Kranken beobachten, sind diejenigen der Angst. Dieselbe pflegt wie keines der anderen Gefühle den gesammten körperlichen und geistigen Zustand in Mitleidenschaft zu ziehen. Am häufigsten geht sie mit der Empfindung von Druck und Beklemmung in der Herzgegend einher (Präcordialangst); weit seltener wird ihr Sitz in den Kopf hinein verlegt. Ausserdem gesellen sich alle jene schon aus der gesunden Erfahrung bekannten nervösen Begleiterscheinungen der Angst hinzu, ihre Wirkung auf die Herzthätigkeit (Herzklopfen), auf die Gefässnerven (Blasswerden), die Athmung, die willkürlichen Muskeln (Zittern, Schlottern), endlich auf Schweiss-, Harn- und Darmabsonderung. Im Anfange ist die Angst gewöhnlich gegenstandslos; der Kranke fühlt sie, ohne zu wissen, warum, weiss sogar oft ganz genau, dass er gar keinen Grund hat, sich zu fürchten. Hecker hat darauf hingewiesen, dass die unbestimmte Angst, namentlich beim Entartungsirresein, oft ganz eigenthümliche Formen annimmt, deren ursprüngliche Bedeutung nicht immer leicht zu erkennen ist, als Gefühl des Heimwehs, der veränderten Auffassung, der Betäubung u. ähnl. Bei den acuten Geistesstörungen freilich verdichten sich in der Regel allmählich die unbestimmten ängstlichen Ahnungen zu mehr oder weniger klar ausgemalten Befürchtungen. In den höchsten Graden der Angst pflegt jedoch das Bewusstsein mehr oder weniger stark getrübt zu sein: sehr starke gemüthliche Erregungen lassen nur ganz unklare und verworrene Vorstellungen zu Stande kommen.

Den Ausdruck der Angst bildet die ängstliche Erregung, weit seltener die ängstliche Spannung. Im ersteren Falle kommt es zu Abwehr- und Fluchtbewegungen, zum Flehen um Gnade und Schonung, zu sinnlosem Fortdrängen, Selbstmordversuchen, Angriffen auf die gefürchtete Umgebung. Wo dagegen die freie Auslösung willkürlicher Bewegungen gehemmt ist, suchen doch die Kranken dem drohenden Unheil möglichst wenig Angriffspunkte darzubieten, kauern sich zusammen, schliessen die Augen, pressen die Zähne aufeinander, machen sich steif. Jede Annäherung oder äussere Einwirkung pflegt die Angst zu vermehren und lebhaften Widerstand, unter Umständen auch plötzliche verzweifelte Gegenwehr hervorzurufen.

In der Regel überfällt die Angst den Kranken in Anfällen, oder sie zeigt doch wenigstens deutliche Nachlässe und Verschlimmerungen letztere besonders in der Nacht. Nur ausnahmsweise hält die ängstliche Spannung Tage, Wochen, ja selbst Monate lang in voller Stärke an. Als eigentlich kennzeichnende Krankheitserscheinung darf die Angst für die Melancholie betrachtet werden; man wird sie hier selten oder nie vermissen. Auch in den Depressionszuständen des circulären Irreseins ist die Angst häufig, doch giebt es hier zahlreiche Fälle, in denen sie gänzlich fehlt. Ausserdem begegnen wir der Angst in den Dämmerzuständen der Epileptiker, bei Deliranten, im Beginne katatonischer Erkrankungen und nicht selten bei Paralytikern. Gerade bei diesen Letzteren kommen so scheussliche ängstliche Aufregungen vor, wie sie sich vielleicht bei keiner anderen Form geistiger Störung wiederfinden.

Leichtere Grade der Angst in Form dauernder Aengstlichkeit und Verzagtheit gehören zu den häufigsten und kennzeichnendsten Begleiterscheinungen des Entartungsirreseins. Den Kranken fehlt von Jugend auf das Selbstvertrauen, die innere Sicherheit und Freiheit. An jede Handlung knüpft sich ihnen die Befürchtung, etwas verkehrt zu machen, ein Unheil anzurichten, ein Unrecht zu begehen. Hie und da, besonders im späteren Lebensalter, kommt es zu sehr schleppend verlaufenden Verschlimmerungen mit stärkerem Hervortreten der ängstlichen Verstimmung. Diese Veranlagungen gehen ohne scharfe Grenze in jene zaghaften und furchtsamen Naturen über, die uns schon innerhalb der Gesundheitsbreite wohlbekannt sind.

Die zuletzt erwähnten angeborenen Eigenthümlichkeiten bilden den günstigen Boden für die Entwicklung einer weiteren Gruppe von Störungen, welche man als Zwangsbefürchtungen zu bezeichnen pflegt. Hierhin gehören zunächst die unsinnigen Angstanfälle, von denen gewisse, meist krankhaft veranlagte Personen beim Anblicke oder der Berührung bestimmter Dinge, kleiner Thiere (Spinnen, Frösche), stechender oder schneidender Geräthe (Messer, Scheeren, Nadeln), beim Hineinsehen in den Spiegel und dergl. befallen werden. Dabei sind sich die Betreffenden der Lächerlichkeit ihrer Angst ganz klar bewusst, aber dennoch ausser Stande, dieselbe zu überwinden. Auf krankhaftem Gebiete ist die Ausbildung solcher Zwangsbefürchtungen eine sehr mannigfaltige. Jeder Einzelne hat seine besonderen Anlässe, die bei ihm den Angstanfall auslösen. Dennoch finden sich eine Reihe häufiger wiederkehrender klinischer Formen. Dahin gehört die sehr verbreitete Agoraphobie, die ängstliche Unfähigkeit, allein über einen freien Platz, durch eine menschenleere Strasse zu gehen, die Furcht vor dem Alleinsein, vor menschenüberfüllten Räumen, vor offenen oder geschlossenen Thüren und viele ähnliche Zwangsbefürchtungen, die wir später zum Theil noch etwas näher zu betrachten haben werden.

Während hier überall die Angst einen ganz unbestimmten Inhalt hat und der Kranke gar keinen Grund für seine Erregung anzugeben im Stande ist, findet sich weiterhin auch eine besondere Gruppe von Befürchtungen, die sich mit bestimmten Zwangsvorstellungen verknüpfen. Auch dabei bleibt sich übrigens der Kranke der Unsinnigkeit jener Vorstellungen wie seiner Angst mehr oder weniger klar bewusst. Hierhin gehören jene Kranken, die von der Idee gequält werden, dass ihre Kleider nicht richtig sitzen, dass sie sich beim Anfassen von Gegenständen beschmutzen oder vergiften, dass sie Nadeln oder Glasscherben mit herunterschlucken könnten, dass sie in einem beliebigen Fetzen Papier etwa ein werthvolles Schriftstück vernichten könnten oder ähnliches. Bei ihnen pflegt demgemäss die Angst jedesmal beim Ankleiden, bei der Nothwendigkeit einer Berührung, beim Trinken, Essen, Vernichten von Papier u. s. w. sich einzustellen.

Mit diesen Störungen nahe verwandt sind auch die überwältigenden Unlustgefühle, welche wir nicht selten bei krankhaft veranlagten Personen auftreten sehen, sobald sie irgendwie in Beziehung zu anderen Menschen treten sollen. Schon aus dem täglichen Leben ist uns die Hemmung bekannt, welche die Befangenheit auf unser Denken und Handeln ausübt, und es giebt zahlreiche Gesunde, die in Gegenwart Anderer nicht uriniren oder keinen Brief schreiben können. Bei krankhafter Veranlagung können diese Hemmungen eine gewaltige Ausdehnung gewinnen und die geistige Freiheit in der empfindlichsten Weise beeinträchtigen. Um sich gegen die beständigen Einengungen durch zwangsmässige Unlustgefühle einigermassen zu schützen, umgeben sich die Kranken nicht selten mit einem ganzen Netze absonderlicher Vorsichtsmassregeln, welche der äusseren Einwirkung ebenso wenig Spielraum lassen wie der eigenen freien Entschliessung.

Die Besprechung der krankhaften Lustgefühle knüpft vielleicht am besten an gewisse Erfahrungen an, die wir über die Wirkung einiger Arzneimittel auf die Stimmung zu machen Gelegenheit haben. Vor allem ist es der Alkohol, der bekanntlich ausgeprägte Lustgefühle von bestimmter Färbung hervorbringt, das Gefühl erhöhter Kraft, Begeisterung, Unternehmungslust. Als die Wurzel dieser heiteren Stimmung kann höchstwahrscheinlich die Erleichterung der Auslösung von Bewegungsantrieben im Gehirn angesehen werden, wie sie sich im weiteren Verlaufe der Alkoholwirkung immer deutlicher durch das Auftreten von Reizbarkeit, lärmender Unruhe und planlosem Thatendrang kundzugeben pflegt. Die gleiche Grundlage der heiteren Verstimmung werden wir auch wol dort vorauszusetzen haben, wo uns auf krankhaftem Gebiete die Verbindung von lebhaften Lustgefühlen mit grosser Reizbarkeit und starkem Bewegungsdrange begegnet, bei den manischen Aufregungszuständen. Die Aehnlichkeit dieser letzteren mit dem Rausche ist oft genug betont worden, und sie ist nach dem Ausweise psychologischer Versuche eine mehr als äusserliche. Auch bei der Manie haben wir es mit einer erleichterten Auslösung von Bewegungsvorgängen zu thun, die sich klinisch in den gleichen Erscheinungen äussert wie der Rausch. In beiden Zuständen fehlt nahezu oder vollständig das Bewusstsein der Störung. Der Berauschte hält sich höchstens für ein wenig angeheitert, und der leicht manisch Erregte kann sich überaus frisch und leistungsfähig, ja so gesund fühlen wie niemals. Noch stärker pflegt das Gesundheits- und Glücksgefühl in gewissen Formen der Paralyse hervorzutreten; es nimmt hier nicht selten ganz überschwängliche Gestaltungen an. Der Kranke fühlt sich so unaussprechlich selig, dass er oft gar keine Worte zur Schilderung seines namenlosen Entzückens finden kann. Eine entfernte Verwandtschaft dieser Zustände mit manchen Formen des Rausches lässt sich kaum verkennen, doch ist die Entstehung der Lustgefühle jedenfalls nicht mehr einfach auf die früher besprochenen Umstände zurückzuführen, um so weniger, als die motorische Erregung ganz gering sein oder sogar fehlen kann. Vielleicht haben wir es im Haschischrausche mit ähnlichen Zuständen zu thun.

Bei dauerndem Alkoholmissbrauche pflegt sich ebenfalls eine ganz eigenthümliche Stimmungsänderung einzustellen, deren Entstehungsweise noch unklar ist, der Humor der Trinker. Sehr deutlich zeigt sich derselbe regelmässig im Delirium tremens, aber er ist auch sonst beim ausgebildeten Trinker fast immer leicht zu erkennen und verliert sich mit dem Aussetzen des Alkohols erst ganz allmählich. Vielleicht steht dieser eigenartige Humor in einer gewissen Beziehung zu der Unempfindlichkeit gegen Demüthigung und Missgeschick, welche der Alkohol erzeugt, zu der sittlichen Stumpfheit, mit welcher der Trinker seinem Laster gegenübersteht. Auch der wahre Humor wurzelt ja in dem Gefühle der Unverwundbarkeit durch Leid und Missgeschick, freilich auf der Grundlage höchster sittlicher Freiheit.

Eine etwas andere Färbung des dauernden Wohlbehagens sehen wir während der paralytischen Verblödung sich entwickeln, jene lächelnde, urtheilslose Zufriedenheit, die sich so oft noch in dem Inhalte der letzten kümmerlichen sprachlichen Aeusserungen kundgiebt. Während sich dem Humor des Trinkers mehr oder weniger deutlich noch das Bewusstsein der eigenen Schwäche beimischt, ist die blöde Glückseligkeit des Paralytikers durch keine Spur von Erkenntniss des wirklichen Elends mehr getrübt.

Auch im Verlaufe der Dementia praecox begegnen wir eigenartigen krankhaften Lustgefühlen. In den Erregungszuständen ist es eine läppische, gegenstandslose Heiterkeit und Ausgelassenheit mit unbändigen Lachausbrüchen, die sehr an die krampfhafte Lustigkeit übermüdeter Kinder erinnert. Sie steht in gar keiner Beziehung zu dem Vorstellungsinhalte oder den Vorgängen in der Umgebung, wie die Fröhlichkeit des Manischen, und ist anscheinend auch nicht von wirklichem Glücksgefühl begleitet wie die freudige Erregung des Paralytikers. Mit fortschreitender Verblödung entwickelt sich in der Dementia praecox vielfach eine unbekümmerte Wunschlosigkeit ohne Erwartungen und Hoffnungen, aber auch ohne Sehnsucht, Furcht oder Reue.

Ausser dem Alkohol und dem in seiner Wirkung nach dieser

Richtung verwandten Cocain ist namentlich noch das Morphium geeignet, Wohlbehagen zu erzeugen. Man pflegt diese Wirkung des Morphiums zumeist einfach auf seine schmerzstillende Eigenschaft zurückzuführen, allein der Umstand, dass jenes Mittel auch dann das Gefühl des Wohlseins herbeiführt, wenn keinerlei Schmerz und Unbehagen vorher bestanden hat, spricht mit genügender Deutlichkeit dafür, dass die Wirkung nicht allein in der Beseitigung von Unlust, sondern vielmehr in der Erzeugung von Lust bestehen muss. Es wäre auch sonst wol undenkbar, dass Morphium und Opium in dem genugsam bekannten Maasse Genussmittel geworden wären. Möglicherweise knüpft sich das Wohlbehagen bei der Morphiumwirkung an die hier eintretende Erleichterung der Gedankenverbindungen an. Dafür würde auch die Erfahrung sprechen, dass Morphinisten sich nach der Einspritzung geistig frischer und leistungsfähiger fühlen, sowie dass die Opiumraucher sich mit Wonne den bunten Bildern hingeben, welche ihnen die lebhaft angeregte Einbildungskraft vorgaukelt. Vielleicht ist dem Traumleben des Opiumrausches jener Zustand verwandt, den wir als Verzückung oder Ekstase zu bezeichnen pflegen. Auch hier fehlt gänzlich der Bewegungsdrang, die Erleichterung des Handelns. Vielmehr zieht sich das Seelenleben auf einzelne traumhafte Trugwahrnehmungen und Gedankengänge zurück, die von Gefühlen des höchsten Glückes begleitet und fast immer religiösen Inhaltes sind. Wir beobachten solche Zustände namentlich bei Epileptikern, bisweilen auch bei Hysterischen.

Wieder ein wenig anders scheint sich das Wohlgefühl des Tabakrauchers zu verhalten. Nach den bis jetzt darüber vorliegenden Versuchen handelt es sich um eine leichte Einschläferung aller oder doch der meisten geistigen Vorgänge. Auf diese Weise entsteht ein Gefühl behaglicher Beschaulichkeit, welches durch keinerlei lebhafter sich aufdrängende Vorstellungen oder Willensantriebe gestört wird. Dem gegenüber haben wir es bei einem anderen Arzneimittel, dem Brom, dessen beruhigende Wirkungen unlängst genauer untersucht worden sind, höchst wahrscheinlich gar nicht mit der Erzeugung wirklicher Lustgefühle, sondern wol ausschliesslich mit der Beseitigung innerer Spannungszustände zu thun. Dem würde auch die Thatsache entsprechen, dass für das Brom gar keine oder doch nur eine sehr geringe Gefahr gewohnheitsmässigen Missbrauches besteht, da es eben kein Genussmittel darstellt, sondern ausschliesslich dann ein Wohlgefühl herbeiführt, wenn vorher eine unbehagliche innere Erregung bestand.

Mit den hier angedeuteten Formen der krankhaften Lustgefühle ist die Mannigfaltigkeit derselben nicht im entferntesten erschöpft. Wir stehen nur überall vor der grossen Schwierigkeit, die einzelnen Schattirungen dieser Zustände richtig zu kennzeichnen und wo möglich auch auf ihren Ursprung zurückzuverfolgen. Vielfach ist diese Entstehungsweise überhaupt keine einheitliche, sondern es mischen sich Gefühle verschiedenen Ursprungs mit einander. Nicht selten mögen auch krankhafte Ueberlegungen und Vorstellungen die Stimmung beeinflussen, so dass die Störungen dieser letzteren nicht ursprüngliche, sondern als Folge von Verstandesstörungen zu betrachten sind. Im ganzen allerdings ist es mir bei weitem am wahrscheinlichsten, dass fast immer Stimmung und Vorstellung einen einheitlichen Vorgang bedeuten, dessen verschiedene Seiten sich uns nur in verschiedener Weise darstellen.

Endlich haben wir an dieser Stelle noch gewisser Lustbetonungen zu gedenken, die nicht durch einen bestimmten Krankheitsvorgang erzeugt werden, sondern persönliche Eigenthümlichkeiten des einzelnen Menschen bilden. Dahin gehört zunächst die allgemeine Neigung zu einer heiteren Lebensauffassung, wie wir sie aus der Gesundheitsbreite als eine sehr glückliche Naturanlage kennen. Von hier giebt es indessen allmähliche Uebergänge zu den leichtsinnigen Naturen, die auch das Ernste nicht ernst zu nehmen im Stande sind und das Leben im wesentlichen als einen recht guten Witz betrachten. Regelmässig verbindet sich damit schwache Ausbildung der sittlichen Gefühle, Selbstsucht und häufig auch Haltlosigkeit des Wollens. Eine Abart bilden jene Menschen, die eine Art dauernder leichtester Tobsucht darbieten, Alles vortrefflich finden, an jedes Unternehmen die grössten Hoffnungen knüpfen und ihr ganzes Leben in der sicheren Erwartung irgend eines unerhörten Glücksfalles verbringen. In allen diesen Veranlagungen haben wir die ersten Andeutungen gewisser Formen des Entartungsirreseins vor uns. Dasselbe ist vielleicht in noch höherem Maasse der Fall mit der bei Gesunden und Kranken so sehr häufigen Erscheinung des gesteigerten Selbstgefühls. Die besondere Lustbetonung der eigenen Leistungen und Eigenschaften kann bekanntlich ausserordentlich hohe Grade erreichen, ohne dass wir geneigt wären, sie als krankhaft aufzufassen. Sie tritt uns aber in der Form ungeheuerlichster Selbstüberschätzung bei verschiedenen Gestaltungen des Irreseins entgegen, namentlich bei der Verrücktheit mit ihrem eigenthümlichen Grössenwahn, der vielleicht gerade in jener krankhaften Steigerung des Selbstgefühles seine wichtigste psychologische Wurzel hat.

Störungen der Gemeingefühle. Als Gemeingefühle bezeichnen wir diejenigen Gefühlsregungen, welche in engen und unverbrüchlichen Beziehungen zur Selbsterhaltung stehen. Sie haben die gemeinsame Eigenthümlichkeit, dass sie stets mit lebhaften Willensregungen verknüpft sind; ihre bestimmende Wichtigkeit für das Triebleben tritt dadurch klar zu Tage. Am besten dürfen wir die Gemeingefühle als Mahnungen und Warnungen auffassen, die sich aus der Erfahrung zahlloser Geschlechter allmählich zu unwillkürlich wirkenden Beweggründen des Handelns herausentwickelt haben. Im gewöhnlichen Leben unterrichten uns diese Gefühle mit unfehlbarer Sicherheit über die jeweiligen Bedürfnisse unseres Körpers, und sie fordern gebieterisch diejenigen Handlungen, welche der Sachlage angepasst sind. Die Ausführung jener Handlungen kann durch den bewussten Willen zumeist gehindert werden, wenn auch oft nur unter starker Selbstverleugnung; die Gefühle selbst dagegen werden nur dadurch, aber dann auch mit Sicherheit, zum Schweigen gebracht, dass dem angezeigten Bedürfnisse auf irgend eine Weise abgeholfen wird. Allerdings beobachten wir auch im gesunden Leben bisweilen, dass ein Gemeingefühl wieder schwindet, wenn wir demselben trotz längerer Mahnung keine Folge geben. Wir sind im Stande, die Müdigkeit zu überwinden, wenn wir mit Aufgebot unserer Kräfte weiter arbeiten; der Hunger lässt nach, sobald wir längere Zeit ausser Stande sind, ihn zu befriedigen. Tritt nun endlich die Möglichkeit ein, dem Ruhe- oder Nahrungsbedürfnisse nachzugeben, so vermissen wir zunächst peinlich Müdigkeit und Hunger, die uns die Wiederherstellung unserer Kräfte so leicht machen. Erst dann, wenn wir längere Zeit geruht haben, kehrt die Müdigkeit wieder bei uns ein, und auch der Hunger beginnt erst mit dem Essen allmählich sich wieder zu melden.

In krankhaften Zuständen können diese lebenswichtigen Warnungszeichen sehr tiefgreifende Störungen erfahren. Während die Müdigkeit beim Gesunden im allgemeinen ziemlich genau die

Grösse des wirklichen Ruhebedürfnisses, der Ermüdung, anzeigt, kann sich dieser Zusammenhang bei unseren Kranken vollständig lockern. So sehen wir namentlich bei manischen Kranken ein dauerndes völliges Fehlen der Müdigkeit trotz hochgradigsten Kräfteverbrauches, also schwerster Ermüdung. Mit dem Nachlassen der Erregung sehen wir dann freilich auch die Müdigkeit häufig mit voller Gewalt den Genesenden überfallen. Ganz ähnlich steht es in anderen, gleichartigen Aufregungszuständen, bei Paralytikern, in den Erschöpfungspsychosen, bei Katatonischen u. s. w. In den Depressionszuständen pflegt das Gefühl der Müdigkeit dauernd vorhanden zu sein, auch dann, wenn von einer wirklichen Ermüdung keine Rede sein kann, wie bei bettlägerigen Kranken ohne jede Beschäftigung. Allein vielfach handelt es sich hier nur um das Gefühl einer Erschwerung jeder geistigen und körperlichen Regung und nicht um jenes besondere Gefühl der Schläfrigkeit, welches wir als die Einleitung der vollkommensten Erholung so hoch schätzen. Beide Störungen, Müdigkeit ohne Ermüdung und Ermüdung ohne Müdigkeit finden sich nicht selten bei Neurasthenikern und namentlich im Entartungsirresein in seltsamer Weise vereint. Die Kranken fühlen sich dauernd oder anfallsweise ohne irgend genügenden Anlass matt, abgespannt, arbeitsunfähig, finden aber andererseits keine Ruhe, weil sich ihnen Abends, beim Schlafengehen, die den Schlaf vorbereitende Müdigkeit nicht einstellen will.

Die gleichen Erfahrungen fast gelten auf gesundem wie auf krankhaftem Gebiete von dem Begleiter des Nahrungsbedürfnisses, dem Hunger. Auch der Hunger schweigt bei unsern aufgeregten Kranken trotz dringendster Nothwendigkeit des körperlichen Ersatzes. Schon nach kurzer Nahrungsverweigerung scheint er vollständig zu schwinden, um sich allerdings dann oft mit grösster Gewalt wieder Geltung zu verschaffen, wenn einmal das Fasten durchbrochen ist. Umgekehrt sehen wir bei paralytischen und katatonischen Kranken häufig eine sinnlose Gefrässigkeit sich einstellen, trotzdem bei den wohlgenährten und trägen Kranken von einem wirklichen Nahrungsbedürfnisse anscheinend keine Rede sein kann. Im Entartungsirresein und bei der Hysterie endlich begegnet uns neben einander ohne ersichtlichen Zusammenhang mit dem Ernährungsstande des Körpers dauernder Mangel des Hungergefühls und ebenso unvermittelter plötzlicher Heisshunger.

In nahen Beziehungen zur Nahrungsaufnahme stehen die Ekel-gefühle, die uns vor dem Genusse unverdaulicher, übel schmecken-der oder riechender Dinge warnen. Schwerere Störungen auf diesem Gebiete sind fast immer das Zeichen eines weit gediehenen geistigen Verfalles. Wir beobachten Kranke, welche die ekelhaftesten Dinge, sogar ihre eigenen Ausleerungen verzehren: auch Nägel, Steine, Glasscherben, Thiere werden nicht selten verschluckt, sowol in selbst-mörderischer Absicht, also mit bewusster Ueberwindung des Ekels, als auch aus reiner Gefrässigkeit. Bei so tief verblödeten Kranken verschwinden dann natürlich auch jene Gefühle, welche uns schon die blosse Berührung mit Schmutz und Unrath unangenehm machen und uns zur Sauberhaltung unseres Körpers und unserer ganzen Umgebung antreiben. Wir sehen daher solche Kranke sich rück-sichtslos beschmutzen, ja sich absichtlich mit ihren Speisen, mit dem eigenen Speichel, mit Urin oder gar mit Koth einsalben!

Ein weiteres Warnungszeichen, dessen Fortfall wir nicht selten bei Geisteskranken beobachten, ist der körperliche Schmerz. In Aufregungszuständen, namentlich bei starker ängstlicher Erregung, werden selbst schwere Verletzungen trotz voller Besonnenheit oft gar nicht empfunden. Die gleiche Erfahrung wird bekanntlich vom Soldaten auf dem Schlachtfelde gemacht. Auf diese Weise wird es erklärlich, dass unsere Kranken sich bisweilen die scheusslichsten Verletzungen beibringen können, ohne durch den Schmerz in ihrem Treiben gestört zu werden. Ausreissen der Zunge, des Kehlkopfes, der Augen, Aufschneiden des Bauches, Durchstemmen des Kehl-kopfes und ähnliche bereits vorgekommene Selbstverstümmelungen wären ja offenbar für einen Menschen mit gesunder Schmerzhem-mung schlechterdings unmöglich. Auch bei blödsinnigen Kranken findet sich diese Unempfindlichkeit gegen körperliche Schmerzen häufig. Die verblüffendsten Beispiele dafür liefert die Paralyse, bei welcher freilich die Zerstörung der Leitungsbahnen wesentlich mit in Betracht kommt. Knochenbrüche, ausgedehnte Verbrennungen, Aetzungen, alles pflegt von diesen Kranken ohne jede oder doch ohne stärkere Schmerzensäusserung ertragen zu werden.

Wir haben hier endlich noch einer Gruppe von Gefühlen zu gedenken, die zwar nicht mit der Selbsterhaltung, wol aber mit der Arterhaltung in Beziehung stehen. Es sind das die geschlecht-lichen Gefühle. Beim gesunden Menschen ist das Anwachsen des geschlechtlichen Bedürfnisses und ebenso die Befriedigung desselben von bestimmten lebhaften Gefühlen begleitet, die bei unseren Kranken fehlen, gesteigert oder auch in falsche Bahnen gelenkt sein können. Geschlechtliche Kälte beobachten wir bei manchen Formen des Entartungsirreseins, namentlich auch bei der Hysterie. Ebenso pflegen bei Morphinisten die Geschlechtsgefühle allmählich zu schwinden. Weit häufiger aber ist Steigerung der geschlechtlichen Erregbarkeit; sie findet sich bei gewissen Idioten, ferner sehr ausgeprägt in der Dementia praecox, endlich in den Erregungszuständen der Paralyse und in der Manie. Ganz besondere Beachtung hat in neuerer Zeit das Auftreten geschlechtlicher Gefühle ausserhalb des gesunden Geschlechtsverkehrs gefunden, ihre Anknüpfung an Personen des eigenen Geschlechts, an gewisse Gegenstände, ihre Verbindung mit der Ausübung oder Erduldung von Misshandlungen. Da alle diese Störungen in engster Beziehung zu krankhaften Richtungen des Geschlechtstriebes stehen, werden wir ihrer am besten später im Zusammenhange mit diesen letzteren selbst gedenken.

D. Störungen des Wollens und Handelns.

Ihren letzten und wichtigsten Ausdruck finden alle Störungen, die das psychische Leben beeinflussen, im Wollen und Handeln des Kranken. Den Ausgangspunkt einer Willenshandlung bildet die Vorstellung eines bestimmten Zweckes, einer Veränderung an uns selbst oder an unserer Umgebung. Diese Vorstellung wird von Gefühlen begleitet, die sich in Antriebe zur Erreichung jenes Zweckes umsetzen. Die Richtung des Handelns ist demnach durch den Inhalt jener Vorstellung, die Kraft und Nachhaltigkeit desselben durch die Stärke und Dauer der begleitenden Gefühle bestimmt.

Die krankhaften Störungen des Wollens und Handelns können in der verschiedensten Weise und an den verschiedensten Punkten des Willensvorganges angreifen. Die Stärke der Willensantriebe kann herabgesetzt und erhöht, ihre Auslösung durch verschiedenartige Störungen erschwert oder erleichtert sein. Die Richtung des Wollens sehen wir durch äussere und innere Beeinflussungen krankhaft abgelenkt werden, bald in vielfachem Wechsel, bald in einseitiger Starrheit. Krankhafte Antriebe können gewaltsam das

gesunde Wollen unterdrücken, triebartige Regungen können zu un-
überlegten und zwecklosen Handlungen drängen; die natürlichen
Triebe sehen wir krankhafte Formen annehmen. Endlich aber
wird natürlich das ganze Handeln unserer Kranken durch alle jene
Störungen beeinflusst, die sich auf anderen Gebieten ihres
Seelenlebens abspielen, auch wenn der Ablauf des Willensvorganges an sich dabei keine Abweichungen darbietet. Eine besondere
Besprechung werden die Ausdrucksbewegungen erfordern, da
sie es sind, die uns in erster Linie die Kenntniss der inneren Erlebnisse unserer Kranken vermitteln.

Herabsetzung der Willensantriebe. Dem gesunden Verständnisse
am nächsten liegt jene Lähmung des Willens, die durch die einfache Ermüdung herbeigeführt wird. Mit dem immer stärkeren
Anwachsen des Ruhebedürfnisses nimmt die Lebhaftigkeit der Willensantriebe, die Neigung zu raschem und ausgiebigem Handeln ab;
die Beweggründe müssen immer zwingendere werden, wenn sie uns
zu kräftiger That antreiben sollen. Aehnliche Wirkungen werden
durch manche Gifte erzeugt. In den höchsten Graden des Alkoholrausches, unter dem Einflusse des Chloroforms, des Chloralhydrates
erlöschen alle Willensantriebe, nachdem allerdings vielfach eine
Steigerung derselben voraufgegangen ist. Während aber diese
Mittel gleichzeitig in noch höherem Grade Auffassung und Denken
lähmen, kennen wir im Morphium und vielleicht auch im Tabak
Giftstoffe, die ganz vorzugsweise die Entstehung und Auslösung von
Willensantrieben zu hindern scheinen. Beim Alkohol, Morphium
und dem beiden verwandten Cocain wird die Willenslähmung durch
dauernden Missbrauch sehr deutlich. Es entwickelt sich ein folgen-
schwerer Mangel an Thatkraft. Die schlaffen Antriebe verpuffen
regelmässig, ohne weiterreichenden, richtunggebenden Einfluss auf
das Handeln zu gewinnen; auch die sonst stärksten Beweggründe,
die sittlichen Forderungen, die Rücksicht auf die Familie, auf das
eigene Lebensglück, vermögen den kraftlosen Willen nicht zu nachhaltiger Anspannung anzuspornen.

Eine ganz ähnliche Verödung des Wollens sehen wir vielfach
in den Endzuständen ungeheilter Geistesstörungen sich entwickeln.
So verlieren beim Altersschwachsinn zunächst die allgemeineren
Vorstellungen und Gefühle ihren Einfluss auf das Handeln. Die
Spannkraft des Willens, die Schaffensfreude, die schon im gesunden

Greisenalter merklich abzunehmen pflegt, erlahmt völlig; das Streben richtet sich auf das Nächstliegende und verzichtet leicht auf die Ueberwindung von Hindernissen. Statt dessen gewinnen jene Triebfedern das Uebergewicht, die aus den niederen Begierden entspringen. Habsucht, Geiz, Gefrässigkeit, unter Umständen auch sexuelle Gelüste sind allein noch im Stande, kräftigere Willensantriebe auszulösen. Oder die Kranken dämmern wunschlos und thatenlos dahin, von ihrer Umgebung gelenkt und geschoben, ohne in zweckmässigem Handeln oder Widerstreben die Spuren einer selbständigen Willensentschliessung erkennen zu lassen. Sehr tiefgreifend sind regelmässig auch die Willensstörungen bei der Dementia praecox. Die Abstumpfung der Gefühle führt hier, namentlich in den Endzuständen, gewöhnlich auch zu einer mehr oder weniger ausgesprochenen Lähmung des Willens. Die Kranken verlieren die Fähigkeit, sich aus eigenem Antriebe zu beschäftigen, etwas anzufangen. Sich selbst überlassen, sitzen sie träge herum; nur die unmittelbaren körperlichen Bedürfnisse, besonders das Essen, vermögen sie noch in Bewegung zu bringen. Gerade hier wird die Eigenart der Willenslähmung dadurch so deutlich, dass die Kranken vielfach an sich nicht die Fähigkeit zur Arbeit und zum Handeln, sondern nur den Antrieb dazu verloren haben. Am weitesten schreitet die Vernichtung der Willensantriebe natürlich in der Paralyse fort. Mit dem Schwinden der geistigen und gemüthlichen Regsamkeit verlieren sich auch die Willensäusserungen; der Kranke empfindet kein Leid und kein Bedürfniss mehr, das ihn zu einer Handlung antreiben könnte. Schliesslich können sich alle Lebensäusserungen auf die Fortdauer der unwillkürlichen und einiger reflectorischer Bewegungen beschränken.

Was hier überall durch den Krankheitsvorgang zerstört ist, kann auch von Jugend auf unentwickelt bleiben. Schon in der Breite der Gesundheit ist die Stärke der Willensantriebe, die Leichtigkeit, mit der sich Denken und Fühlen in Handeln umsetzt, ausserordentlichen Schwankungen unterworfen. Von den trägen und schwerfälligen Naturen führen uns Uebergänge allmählich zu den stumpfen Formen des angeborenen Schwachsinns, bei denen nur mühsam und selten ein Willensantrieb zu Stande kommt und zum Handeln führt. Selbstverständlich sind es auch hier die sinnlichen Gefühle, Hunger und Schmerz, die das Begehren am stärksten er-

regen und daher in erster Linie die Richtung der Willensäusserungen
bestimmen.

Steigerung der Willensantriebe. Das allgemeine Zeichen einer
Steigerung der Willensantriebe ist die motorische Erregung.
Im einzelnen freilich haben wir uns das Zustandekommen derselben
in sehr verschiedener Weise zu denken. Zunächst kann die Erregung sich einfach aus Vorstellungen oder Gefühlen herausentwickeln. Dahin gehören die durch bestimmte Anlässe hervor-
gerufenen Leidenschaftsausbrüche gesunder und kranker Menschen,
die plötzliche Entladung überstürzter Willenshandlungen in einer
bestimmten Lebenslage. In diesen Fällen ist offenbar das Handeln
nur die nothwendige Folge der gegebenen psychologischen Vorbedingungen; in Krankheitszuständen liegt die Störung daher auch
nicht auf dem Gebiete des Wollens selbst, sondern auf denjenigen,
die dasselbe vorbereiten. Es sind eben mächtige Beweggründe vorhanden, die naturgemäss auch besonders lebhafte Willensantriebe
zur Auslösung bringen müssen.

Von einer wirklichen Steigerung der Antriebe sind wir dagegen
zu sprechen berechtigt, wenn ein Missverhältniss zwischen dem Gewichte der Beweggründe und der Heftigkeit der Erregung besteht.
Vielleicht ist das bis zu einem gewissen Grade schon bei vielen
delirirenden Kranken der Fall. Bei ihnen, namentlich bei Alkoholdeliranten, entwickelt sich meist eine deutliche Unruhe, die sich
nicht genügend durch die Wahnvorstellungen, Sinnestäuschungen
und Gemüthsbewegungen erklären lässt, sondern auf krankhafte
Willenserregung hinweist. Die Kranken bleiben nicht im Bette,
drängen zur Thüre hinaus und zeigen einen ausgeprägten Thätig-
keitsdrang, allerdings in Beziehung zu ihren Täuschungen. Dass
sie aber trotz ihrer oft grossen Hinfälligkeit überhaupt die lebhafte
Neigung haben, sich im Sinne ihres Berufes zu beschäftigen, macht
die Annahme einer selbständigen motorischen Erregung durchaus
wahrscheinlich.

Eine weitere Form der hier besprochenen Störung lässt sich
am besten durch die Betrachtung des Alkoholrausches erläutern.
Wir sehen hier die Steigerung der Willensantriebe von der er-
wachenden Lebhaftigkeit in Reden und Ausdrucksbewegungen allmählich zum Lärmen, Schreien und schliesslich zu allen jenen
zwecklosen Handlungen anwachsen, die den Berauschten so häufig

mit der öffentlichen Ordnung und mit dem Strafgesetze in Wider-
streit bringen. Ganz ähnliche Störungen scheint das Cocain zu erzeugen; wenigstens entsteht bei dauerndem Missbrauche des Mittels
zwecklose Unruhe, Geschwätzigkeit, Schreibseligkeit, die kaum anders
gedeutet werden können. Gerade diese Erregungszustände der
Cocainisten bilden den Uebergang zu jener eigenartigen Steigerung
der Willensantriebe, wie sie dem Bilde des manischen Irreseins
eigenthümlich ist, sich aber auch bei den Erschöpfungspsychosen
und bei der Paralyse vielfach entwickelt. Wir haben es hier mit
einem krankhaften Thatendrange zu thun, der sich bei den
leichteren, hypomanischen Zuständen zunächst in einer gewissen
Geschäftigkeit und Unstetigkeit, grosser Gesprächigkeit, Neigung
zum Prahlen, lebhaften Geberden kundgiebt, im Sammeln und Zu-
sammenkaufen unnützer Dinge, dem Inangriffnehmen zahlreicher
Pläne und Unternehmungen, in unsinnigen Ausschweifungen, in
zwecklosem Herumtreiben und Reisen. Diese Kranken erinnern
vielfach an jene gesunden Personen mit gelinder tobsüchtiger Veranlagung, die, von steter Unruhe getrieben, sich aus einer Ange-
legenheit in die andere stürzen, überall mit dabei sind, alles mit
Begeisterung ergreifen, aber in ihrer Zersplitterung und Unstetigkeit doch niemals etwas Brauchbares zum Abschlusse bringen.

Bei stärkerer Erregung werden die Antriebe zum Handeln immer
zahlreicher und mannigfaltiger. Da zugleich die Zweckvorstellungen
flüchtiger werden, lockert sich der Zusammenhang zwischen den
einzelnen Handlungen. Der Kranke ist nicht mehr im Stande, einen
bestimmten Plan zu verfolgen, sondern fängt alles nur an, indem
seine ursprüngliche Absicht sofort durch neu aufsteigende Antriebe
in den Hintergrund gedrängt wird. Schliesslich ist ein Zweck der
einzelnen Handlung kaum mehr erkennbar; wir bemerken nur noch
eine bunte Reihe wechselnder Kraftäusserungen. Es kommt zu beständigem Schreien und Singen, Laufen, Tanzen, zum Entkleiden,
Zerreissen der Kleidungsstücke mit mannigfacher Verwerthung der
Fetzen, Schmieren und Malen mit Koth, Waschen mit Urin, Zerstören aller erreichbaren Gegenstände, Trommeln und Klopfen mit
Händen und Füssen.

Ein wesentlich anderes Bild, als der manische Thatendrang,
bietet die katatonische Erregung dar. Dort ist auch in den unsinnigsten Handlungen eine psychische Verursachung wenigstens

ungefähr erkennbar; alle Antriebe führen doch immer zu Handlungen, so zwecklos und unsinnig dieselben auch erscheinen mögen. Hier dagegen haben wir es wesentlich mit Bewegungen zu thun, die meist durchaus keinen bestimmten Erfolg haben. Auf diese Störung passt daher am besten die Bezeichnung „Bewegungsdrang", die sonst gerade für den manischen Thatendrang gebraucht zu werden pflegt. Obgleich die eigentliche Erregung beim Katatoniker oft weit geringer ist, sind seine Bewegungen völlig planlos und dienen nicht der Verwirklichung dieser oder jener Absicht. Vielmehr bestehen sie einfach in Gesichterschneiden, Verdrehungen und Verrenkungen der Glieder, Auf- und Niederspringen, Purzelbäumen, Wälzen, Händeklatschen, Herumrennen, Klettern und Tänzeln, in dem Hervorbringen sinnloser Laute und Geräusche. Von eigentlichem Wollen kann hier kaum noch die Rede sein, insofern wir es nicht mehr mit der Umsetzung von Zweckvorstellungen in Handlungen zu thun haben. Auch die Kranken selbst versichern uns nicht selten auf das bestimmteste, dass sie nicht wissen, wie sie dazu kommen, solche Bewegungen auszuführen. Vielleicht dürfen wir hier an die Erfahrungen erinnern, die man nach starken körperlichen Anstrengungen bisweilen macht. Dabei kann sich eine Muskelunruhe entwickeln, die sich in allerlei zwecklosen Bewegungen entladet: wir können nicht still sitzen, springen alle Augenblicke auf, spielen mit den Fingern, wechseln die Stellung. Auch hier handelt es sich um Antriebe, die nicht der Ausdruck von Vorstellungen sind.

Störungen in der Auslösung der Willensantriebe. Die Kraft und Schnelligkeit, mit der sich ein Willensantrieb in Handlungen umsetzt, ist ausser von seiner eigenen Stärke auch von der Grösse der Widerstände abhängig, die er zu überwinden hat. So wissen wir, dass Schreck und Furcht der Ausführung unserer Absichten innere Hindernisse entgegensetzen können, die wir nur mit der grössten Willensanstrengung zu überwinden im Stande sind. Eine derartige Steigerung der Widerstände, eine psychomotorische Hemmung, ist vielleicht die wichtigste Grundstörung in gewissen Depressionszuständen des circulären Irreseins. Die Kranken werden unfähig zu den einfachsten Entschlüssen, müssen sich zu jeder Handlung, sogar zum Sprechen, mühsam aufraffen, bedürfen fast zu jeder Bewegung noch einer besonderen Willensanspannung.

Natürlich entsteht dadurch eine sehr ausgeprägte Verlangsamung und Abschwächung des Handelns. Nur ganz fest eingelernte Thätigkeiten gehen bisweilen noch ohne Hemmung von Statten; ebenso kann auch einmal eine heftige Gemüthserschütterung die Widerstände plötzlich durchbrechen. In schweren Fällen wird die Auslösung selbständiger Willenshandlungen fast gänzlich unmöglich. Trotz aller ersichtlichen Anstrengung bringen die Kranken kein Wort mehr hervor, sind unfähig, zu essen, aufzustehen, sich anzukleiden. Regelmässig empfinden sie dabei deutlich den ungeheuren Druck, der auf ihnen liegt und den sie nicht zu überwinden im Stande sind.

Zumeist pflegt man diese Störung unter dem Namen des „Stupors" mit einigen anderen, nur äusserlich ähnlichen Zuständen zusammenzufassen, von denen wir als wichtigsten den katatonischen Stupor herausheben wollen. Bei ihm ist die Auslösung der Bewegungen an sich keineswegs erschwert, wie wir aus gelegentlichen, sehr rasch und kräftig erfolgenden Handlungen leicht erkennen. Allein jeder Antrieb löst hier sofort einen Gegenantrieb aus, der mindestens ebenso stark, in der Regel sogar weit kräftiger ist. Auf diese Weise wird jede Bewegung im Entstehen unterdrückt, namentlich, wenn ihr eine äussere Anregung zu Grunde liegt. Nicht selten sehen wir daher die beabsichtigte oder verlangte Bewegung wol angefangen, aber sofort wieder unterbrochen und durch die entgegengesetzte abgelöst werden. Hier wird demnach nicht der Antrieb durch innere Widerstände gehemmt, sondern er wird durch einen Gegenbefehl einfach ausgelöscht. Während die Kranken mit psychischer Hemmung immer noch bemüht sind, den Widerstand zu überwinden, bis sie endlich erlahmen oder durchdringen, kehrt sich beim katatonischen Stupor der Antrieb selbst von vorn herein oder doch sehr bald in Widerstreben um. Dort wird der ganze Vorgang durch ein dauernd wirkendes Hinderniss verlangsamt und erschwert; hier wird er durch eine plötzliche Gegenströmung unterbrochen. Man kann daher im Vergleiche zu der Hemmung dort von einer „Sperrung" hier sprechen. Sobald die Sperrung fortfällt, der Gegenbefehl ausbleibt, geht die Handlung ohne die geringste Schwierigkeit von Statten. Wie wir bei jeder Muskelbewegung immer auch den Antagonisten in Thätigkeit setzen, so entsteht anscheinend hier neben der Vorstellung der angeregten Bewegung auch diejenige der entgegengesetzten, um sofort mit grosser Lebhaftigkeit die Antriebe zu beeinflussen.

Erleichterte Auslösung von Willensantrieben ist eine allgemeine Eigenthümlichkeit des Kindesalters und des weiblichen Geschlechtes. Auf krankhaftem Gebiete begegnet sie uns in der Erscheinung der gesteigerten Erregbarkeit, wie sie sehr verschiedenartigen Zuständen zukommt. Das Bild einer dauernd gesteigerten Erregbarkeit bieten namentlich die Hysterischen dar. Die vielfachen Hemmungen, die wir durch die Lebenserfahrung erworben, die Gegenvorstellungen, die aus dem Bedenken und Ueberlegen entspringen, spielen hier eine geringe Rolle; der auftauchende Antrieb setzt sich ohne wesentliches Hinderniss rasch und leicht in Handeln um. Wahrscheinlich ist es dabei gar nicht einmal eine besondere Heftigkeit der Antriebe, die ihnen so leicht die Herrschaft über den Willen verschafft, sondern eben der Mangel jener Widerstände, die beim Gesunden zahllose Antriebe schon im Entstehen unterdrücken. Dagegen scheint bei der erleichterten Auslösung von Willenshandlungen im Alkoholrausche nicht nur eine Erregbarkeitssteigerung, sondern zugleich eine wirkliche Erregung vorhanden zu sein, da der Angetrunkene, im Gegensatze zu den Hysterischen, auch unruhig wird, wenn jede äussere Anregung fehlt. Aehnlich verhalten sich manische, ferner manche paralytische und katatonische Kranke. Auch bei ihnen dürfte nicht nur die Auslösung der Willensantriebe erleichtert, sondern ausserdem die Stärke dieser letzteren erhöht sein. In gewissen Hemmungszuständen des circulären Irreseins hat sich andererseits eine Steigerung der psychomotorischen Erregbarkeit nachweisen lassen, obgleich hier nach aussen keinerlei Erregung zu Tage tritt.

Erhöhte Beeinflussbarkeit des Willens. Zwei Quellen sind es, aus denen die Beweggründe unseres Handelns entspringen, aus äusseren Anstössen und aus feststehenden allgemeinen Willensrichtungen, deren Inhalt ursprünglich allerdings auch durch die Lebenserfahrung erworben wurde. Beim gesunden Menschen führt jeder Anlass nur soweit wirklich zum Handeln, als ihm nicht wichtige, der eigenen Persönlichkeit angehörende Gegenströmungen im Wege stehen. Diese verhältnissmässige Unabhängigkeit des Wollens von äusseren Anstössen bildet die psychologische Grundlage der sogen. „Willensfreiheit". Nur Kinder und in geringerem Grade auch wol

Frauen, ferner die „leichtsinnigen" Naturen lassen sich mehr von den Einflüssen des Augenblickes, als von festen „Grundsätzen" leiten, weil sie solche noch nicht erworben haben oder überhaupt nicht zu erwerben im Stande sind. Auf krankhaftem Gebiete wird der bestimmende Einfluss dauernder Willensrichtungen auf das Handeln beeinträchtigt oder vernichtet durch einfache Abschwächung des Willens, durch Steigerung der psychomotorischen Erregbarkeit und durch das Auftreten krankhafter Antriebe. Der erste dieser Fälle ist verwirklicht in allen jenen Formen des angeborenen oder erworbenen Schwachsinns, die mit einer Herabsetzung der Thatkraft einhergehen. Wo keine kräftigen Triebfedern des Handelns vorhanden sind, wird dasselbe nicht durch die allgemeinen Eigenschaften der Persönlichkeit bestimmt, sondern durch zufällige Einflüsse. Es entwickelt sich also eine hülflose Abhängigkeit des Wollens von allen möglichen Einwirkungen, eine krankhafte Bestimmbarkeit. Da kein selbständiger Plan den festen Grund des Handelns bildet, geht seine innere Einheit und Folgerichtigkeit verloren. Am reinsten pflegt uns diese Störung in der Paralyse entgegenzutreten. Ein Wort genügt hier nicht selten, um den leicht lenksamen Kranken ohne weiteres zu den widersprechendsten Entschlüssen zu veranlassen.

Eine zweite Form krankhafter Beeinflussbarkeit des Wollens kann durch vorübergehende Unterdrückung der eigenen Willensantriebe zu Stande kommen. Ein gutes Beispiel für die so entstehende Willenlosigkeit giebt uns die Hypnose. Es gelingt bekanntlich bei einer sehr grossen Zahl von Menschen (80—90 %), durch verschiedenartige Hülfsmittel, namentlich durch lebhafte Erweckung der Vorstellung des Einschlafens, eine Veränderung des Bewusstseins in dem Sinne zu erzielen, dass das Seelenleben in eine mehr oder weniger vollständige Abhängigkeit von dem Willen des Experimentators geräth. Bei den allerdings nicht sehr häufig erreichbaren höchsten Graden dieses Zustandes kann durch Suggestion, d. h. durch kräftiges Anregen dieser oder jener psychischen Vorgänge mit Hülfe des Wortes oder geeigneter Handlungen, nicht nur der Inhalt der Wahrnehmungen ganz nach Belieben frei erzeugt oder abgeändert, nicht nur frei erfundene Erinnerungen können mit allen Einzelheiten dem Beeinflussten eingepflanzt werden, um bei ihm weitere selbständige Verarbeitung zu finden, sondern vor allem stehen auch seine Handlungen, ja sogar viele seiner unwillkürlichen Verrichtungen gänzlich unter dem Einflusse der gebieterisch die eigenen Willensregungen knebelnden Eingebungen. Der Hypnotisirte vermag kein Glied zu rühren ohne Erlaubniss des Hypnotiseurs; er verharrt in den Stellungen, die dieser ihm giebt und begeht auf sein Geheiss unbedenklich unsinnige, unter Umständen selbst verbrecherische Handlungen. In einzelnen Fällen dauert dieser nur mangelhaft durch den Ausdruck Befehls-automatie gekennzeichnete Zustand auch nach dem Erwachen aus der Hypnose noch kürzere oder längere Zeit hindurch fort (Möglichkeit posthypnotischer Suggestionen), bis der eigene Wille wieder die Herrschaft über den Ablauf der Seelenvorgänge gewinnt; zuweilen aber kann trotz völliger Rückkehr des Wachzustandes im voraus für einen fernliegenden Zeitpunkt (anscheinend selbst bis zu einem Jahre) das Eintreten suggerirter Wahrnehmungen und Handlungen erzwungen werden (Suggestion à échéance). In allen diesen Fällen erscheint dem Beeinflussten selbst die pünktlich ausgeführte Handlung als das Ergebniss des eigenen Entschlusses; meist macht sich zu der bestimmten Zeit der immer klarer werdende Drang nach Erfüllung der gestellten Aufgabe geltend, ohne dass jedoch die Entstehung desselben durch äussere Anregung irgendwie zum Bewusstsein käme. Hie und da kann die hypnotische Willensstörung sogar ohne eigentliche Hypnose, wenigstens ohne irgend tiefere Bewusstseinstrübung, in anscheinend wachem Zustande erzielt werden.

Wenn uns das Wesen dieser vielumstrittenen Erscheinungen zur Zeit noch in vielen Beziehungen räthselhaft ist, so lässt sich ein psychologisches Verständniss für dieselben immerhin durch die Annahme gewinnen, dass es sich dabei um die vorübergehende Beseitigung jenes leitenden Einflusses handelt, welchen der Wille durch Unterdrückung dieser und Begünstigung jener Bewusstseinsvorgänge fortdauernd auf unser Seelenleben ausübt. Die Aehnlichkeit der hypnotischen mit den Traumzuständen ist gerade unter diesem Gesichtspunkte eine so handgreifliche, dass wir kaum erst des so häufig beobachteten Ueberganges zwischen Hypnose und Schlaf oder umgekehrt bedürften, um eine tiefere Verwandtschaft beider anzunehmen. Auch im Traume nehmen wir urtheilslos die widerspruchsvollsten Wahrnehmungen und Vorstellungsverbindungen als baare Wirklichkeit hin; wir erfinden Erinnerungen und vergessen die alltäglichen

Erfahrungen; wir begehen ohne Gewissensbisse die zwecklosesten und schändlichsten Handlungen, um uns andererseits auf das peinlichste in der Ausführung unserer einfachsten Absichten immer und immer wieder gehemmt zu sehen. Nur ist es hier das unwillkürliche, höchstens zeitweise durch äussere Reize angeregte Spiel unserer eigenen Vorstellungen und Gefühle, welches durch die Ausschaltung der bestimmenden Einflüsse freie Bahn gewinnt, während bei der Hypnose der fremde Wille gewissermassen in unser entfesseltes Seelenleben hineingreift und nunmehr als unumschränkter Machthaber in dem herrenlosen Gebiete schalten kann. Ein solcher Versuch, den Träumenden von aussen her zu beeinflussen und dadurch ohne weiteres die Hypnose herzustellen, gelingt freilich nur unter besonders günstigen Umständen. Zumeist pflegt der Schläfer dabei zu erwachen, wenn er überhaupt der Einwirkung zugänglich ist. Die Hypnose dagegen dauert trotz der Wahrnehmungen von aussen fort: sie ist nichts als ein leichter Schlaf mit der Autosuggestion, nicht ohne fremde Hülfe erwachen zu können.

Einer ähnlichen vorübergehenden Ausschaltung des Willens begegnen wir in gewissen Krankheitszuständen. Namentlich häufig lassen sich die Glieder der Kranken ohne den geringsten Widerstand in jede beliebige Lage bringen und behalten dieselbe so lange bei, bis man ihnen einen anderen Anstoss giebt oder bis sie in Folge hochgradiger Muskelermüdung zitternd dem Gesetze der Schwere folgen. Wir bezeichnen diese Störung als wächserne Biegsamkeit (Flexibilitas cerea) oder Katalepsie. Seltener gelingt es, die Kranken durch die Einleitung einfacher, regelmässiger Bewegungen zur fortgesetzten Wiederholung derselben zu veranlassen oder die Nachahmung lebhaft vor ihren Augen ausgeführter Geberden (rasches Erheben der Arme, Händeklatschen) zu erreichen (Nachahmungsautomatie, Echopraxie). Hie und da sieht man auch wol einen Kranken peinlich alles nachahmen, was sein Nachbar thut, dieselben Bewegungen machen, ihm in gleichem Schritte folgen. Häufiger beobachtet man willenloses Nachreden vorgesagter, Einflechten zufällig aufgefangener Worte (Echolalie). Ueberall lässt sich hier übrigens zeigen, dass die anscheinend maschinenmässig handelnden Kranken die Eindrücke dennoch verarbeiten. Der Kranke, der zugerufene Zahlen echolalisch wiederholt hat, löst in

derselben zwangsmässigen Weise eine ebenso vorgesagte Rechen-
aufgabe. Andeutungen dieser Erscheinungen, besonders der wäch-
sernen Biegsamkeit, werden bei den verschiedenartigsten Krankheitszuständen gelegentlich beobachtet. Ich sah sie bei Hysterischen,
Epileptischen, Manischen, Paralytikern und Alkoholisten, bei
traumatischem Hirnabscess und bei einem mächtigen Hydrocephalus
mit Hemiplegie, hier aus begreiflichen Gründen nur auf der nicht
gelähmten Seite. Bei weitem am ausgesprochensten aber findet sich
die ganze Gruppe von Störungen bei der Dementia praecox, insbesondere bei jenen Formen, die wir als Katatonie kennen lernen
werden.

Auch die krankhafte Erleichterung der Willensantriebe pflegt
mit erhöhter Beeinflussbarkeit einherzugehen. Die Leichtigkeit, mit
der sich Gedanken in Handlungen umsetzen, lässt jeden neuen Eindruck, jeden Einfall sofort zu einer Macht werden, die ihren Einfluss auf den Willen siegreich geltend macht, um freilich alsbald
durch andere Antriebe wieder verdrängt zu werden. Auf diese
Weise entsteht das Krankheitszeichen einer erhöhten Ablenkbarkeit des Willens. Gemeinsam ist dieser und den bisher besprochenen
Störungen die Ohnmacht der dauernden Willensrichtungen. Während
aber bei der Bestimmbarkeit und der Willenlosigkeit wesentlich nur
äussere Einflüsse für das Handeln massgebend sind, hängt hier das
Wollen ebenso sehr von den stets wechselnden inneren Zuständen
und Einfällen ab. Wir begegnen dieser Störung, deren Gegenstück
wir in der Ablenkbarkeit des Vorstellungsverlaufes kennen gelernt
haben, namentlich in gewissen manischen und deliriösen Erregungszuständen. Als dauernde persönliche Eigenthümlichkeit begleitet
die Ablenkbarkeit des Wollens ferner die hysterische Veranlagung
und die ihr nahe stehenden Formen des Schwachsinns. Auch hier
wird jeder Antrieb, da er sich rasch und leicht in Handlung umsetzt, sehr bald durch neue Entschlüsse wieder verdrängt. Das
Thun und Treiben der Kranken erhält dadurch den Stempel der
Unstetigkeit und Planlosigkeit. Plötzliche Entschlüsse und sprung-
hafte Anläufe kommen und gehen; sie bleiben auf halbem Wege
stecken und werden leicht durch neue Anregungen verdrängt. Das
Beispiel in gutem und bösem Sinne, die gesammte Umgebung gewinnt grossen, aber ganz vergänglichen Einfluss. Von hier führen
stetige Uebergänge zu jenen leicht erregbaren Persönlichkeiten

hinüber, die mit Begeisterung, aber ohne Nachhaltigkeit alles Neue ergreifen und nichts zu Ende führen, weil ihr Eifer lange vor Erreichung des Zieles bereits verraucht ist.

Sehr eigenartige Störungen entstehen dann, wenn die Ablenkbarkeit des Willens nicht nach den verschiedensten Seiten hin mit gleicher Leichtigkeit erfolgt, sondern sich nur in einzelnen Richtungen und in ganz unregelmässiger Weise geltend macht. Die früher besprochene Willenssperrung lässt sich vielleicht als ein Beispiel dafür betrachten, insofern dort der Antrieb im Entstehen nach der entgegengesetzten Richtung hin abgelenkt wird. Diese Deutung wird durch die Erfahrung gestützt, dass bei den gleichen Kranken daneben auch Durchkreuzungen des Handelns durch plötzlich auftauchende andersartige Antriebe häufig sind. Es kommt dann, wie es Schüle treffend ausgedrückt hat, zu einer „Entgleisung des Willens“. Der Kranke, der den Löffel ergriff, um zu essen, dreht ihn einige Male im Kreise, um ihn dann wieder hinzulegen; die zum Trinken an den Mund geführte Tasse wird plötzlich umgestülpt und auf den Tisch gestellt; die zum Grusse gebotene Hand weicht auf halbem Wege aus und fährt in die Tasche. Es scheint somit, dass die Zweckvorstellungen dieser Kranken einander vielfach durchkreuzen und verdrängen. Dadurch entsteht die eigenthümliche Unbegreiflichkeit des katatonischen Handelns, der oft vollkommene Mangel eines inneren Zusammenhanges der einzelnen Willensäusserungen unter einander und mit der ganzen Sachlage, die Unsinnigkeit und Zwecklosigkeit des gesammten Treibens bei nahezu völliger geistiger Klarheit.

Man hat hierbei vielfach den Eindruck, als ob die ursprünglichen Zweckvorstellungen durch die Antriebe selbst in den Hintergrund gedrängt würden. Ueber dem Anlaufe zur Ausführung eines Entschlusses wird dieser letztere selbst aus den Augen verloren. Wir sehen die Kranken mit grösster Anstrengung ihren Willen einsetzen, wo sie auf einem kleinen Umwege mühelos zum Ziele gelangen könnten. Der Katatoniker, der sinnlos gegen die geschlossene Thüre drängt, verlässt das Zimmer nicht durch den weit geöffneten Nebenraum, ja, er benutzt meist nicht einmal den Schlüssel, den man ihm in die Hand giebt, sondern wartet, bis die Thüre von irgend Jemandem geöffnet wird. Aus derartigen Erfahrungen möchte man den Schluss ziehen, dass hier nicht der von uns vermuthete

Zweck, sondern nur das Mittel selbst gewollt wird. Das kann aber wol schwerlich von vorn herein der Fall sein. Weit näher liegt jedenfalls die Annahme, dass der erste Antrieb zur Erreichung des Zweckes die Richtung des Wollens sofort festgelegt hat. Der Kranke verrennt sich, wie es scheint, in seine erste Absicht, so dass keine späteren Ueberlegungen ihn mehr von dem einmal eingeschlagenen Wege abzubringen vermögen.

Diese Erfahrungen sind vielleicht geeignet, uns den Schlüssel für eine weitere Gruppe von Willensstörungen zu liefern, die wir unter dem Namen der Stereotypie zusammenfassen. Es handelt sich dabei um die krankhafte Fortdauer eines einmal entstandenen Willensantriebes. Derselbe wird nicht, wie im gesunden Leben und noch mehr bei der Ablenkbarkeit, alsbald durch andere Regungen verdrängt, sondern er haftet fest und zwingt das Handeln unter Ausschliessung aller anderen Einflüsse in eine ganz einseitige Richtung. Auf diese Weise kommt es einmal zu lange dauernder Anspannung bestimmter Muskelgruppen, andererseits zu vielfacher Wiederholung derselben Bewegungen. So halten die Kranken trotz aller äusseren Einwirkungen eine und dieselbe Stellung Wochen, Monate, Jahre lang fast unverändert fest; sie stehen in der gleichen, oft sehr unbequemen Haltung stets in derselben Ecke, knieen auf einer bestimmten Stelle oder liegen mit gespannten Gliedern und erhobenem Kopfe im Bette, so dass man sie ohne Schwierigkeit an dem starr gekrümmten Arme in die Höhe heben kann. Andere halten dauernd einen Bettzipfel mit den Zähnen fest, pressen mit gespreizten Fingern ein Ohrläppchen zusammen, umklammern krampfhaft einen Brotrest oder einen abgerissenen Knopf. Der Gesichtsausdruck ist ebenfalls starr, maskenartig, die Stirne verwundert in die Höhe gezogen, der Lidschlag fast aufgehoben; die Augen sind bald weit geöffnet, bald fest zugekniffen, die Augäpfel oft seitwärts gedreht, die Lippen rüsselförmig vorgeschoben („Schnauzkrampf").

Weit mannigfaltiger gestalten sich naturgemäss die Bewegungsstereotypen (Zwangsbewegungen). Dahin gehören Purzelbäume, rhythmisches Klopfen, Herumgehen in absonderlichen Stellungen, Hüpfen, Aufspringen, Niederfallen, Herumrollen und Kriechen am Boden, regelmässige, gezierte und gespreizte Armbewegungen, Zupfen an den Kleidern oder Haaren, Knirschen und Klappen mit den Zähnen. Alle diese Bewegungen können sich zahllose Male hintereinander wiederholen, bisweilen Wochen und Monate lang. Dabei ist es meist ganz unmöglich, die Kranken in ihrem Beginnen zu hindern; sie strengen sich dabei rücksichtslos an und verletzen sich sogar nicht selten.

Eine besondere Gruppe dieser Stereotypen bilden diejenigen Umwandlungen gewohnheitsmässiger Bewegungen, die durch Beimischung einzelner absonderlicher Manieren entstehen. Die Kranken gehen trippelnd oder feierlich, hüpfend, schleifen mit einem Fusse, bewegen sich genau auf derselben geraden Linie oder im Kreise, bevorzugen bestimmte Wege, machen auffallend plötzliche Wendungen. Die Hand wird beim Grusse in steifer Haltung, mit einem ausgestreckten Finger, im Bogen gereicht, sofort wieder zurückgezogen. Die Bettstücke werden in eigenthümlicher Weise angeordnet, die Decke als Unterlage, das Kopfkissen zum Zudecken benutzt; der Löffel wird beim Essen am äussersten Ende erfasst, der Inhalt des Tellers in kleine Häufchen zerlegt, die Milch in ganz kurzen Zügen mit regelmässigen Pausen getrunken, die eigene Mahlzeit verschmäht, eine fremde gierig verschlungen. Diese festsitzenden Schrullen sind überaus mannigfaltig und treten bei den verschiedensten Thätigkeiten hervor. Namentlich pflegt auch die Sprache sie zu zeigen. Die Kranken lispeln, grunzen, sprechen geziert, in Fistelstimme, in bestimmtem Tonfalle, mit rhythmischer Gliederung, gebrauchen massenhafte Verkleinerungswörter, eigenthümliche Beiwörter, wiederholen mündlich und schriftlich ungezählte Male dieselben Wörter und Wendungen.

Verminderte Beeinflussbarkeit des Willens. Die zuletzt betrachteten Erfahrungen der Stereotypie bilden den Uebergang zu denjenigen Willensstörungen, die durch eine verminderte Beeinflussbarkeit entstehen. Wo irgend ein Antrieb das Wollen dauernd in eine bestimmte Bahn zwingt, werden andere Einflüsse sich naturgemäss nicht mehr geltend zu machen vermögen. Die Erscheinungen der Stereotypie mit ihrer zwangsmässigen Festlegung der Willensrichtung schliessen daher die Zugänglichkeit für andere Bewegungsantriebe von vorn herein bis zu einem gewissen Grade aus. Immerhin kann dabei gelegentlich einmal eine kleine Veränderung durch zufällige Anstösse eintreten. In der Regel aber verbindet sich mit der Stereotypie eine andere, auch selbständig auftretende Störung, die nichts anderes bedeutet, als den starrsten Widerstand gegen jede äussere Beeinflussung des Willens, der Negativismus. Wir haben schon früher darauf hingewiesen, dass bisweilen die Anregung einer Bewegungsvorstellung zugleich den Antrieb zu einer ganz entgegengesetzten Muskelthätigkeit erzeugt. Auf diese Weise entsteht ein Handeln, welches in allen Stücken das Gegentheil von dem erstrebt, was durch die natürlichen Beweggründe gefordert wäre. Die Kranken kommen den an sie gerichteten Aufforderungen nicht nach, sondern schliessen sich starr dagegen ab; sie pressen die Zähne zusammen, wenn sie die Zunge zeigen sollen, kneifen die Augen zu, sobald man die Pupillen prüfen will, sehen zur Seite, falls man anfängt, sich mit ihnen zu beschäftigen. Allen Anreden gegenüber bleiben sie völlig stumm (Mutacismus), auch wenn sie bisweilen aus eigenem Antriebe einzelne Aeusserungen machen, die freilich keine Beziehungen zur Sachlage zu haben pflegen. Jedem äusseren Eingriffe setzen sie den kräftigsten, aber fast immer rein passiven Widerstand entgegen, lassen sich nicht ankleiden oder ausziehen, nicht baden, nicht pflegen; auch beim Essen sträuben sie sich auf das äusserste, um dann plötzlich wieder aus freien Stücken mit Gier über die Nahrung herzufallen. Oefters wird Koth und Harn mit der grössten Anstrengung zurückgehalten, besonders, wenn man die Kranken auf den Nachtstuhl bringt; sobald sie dann aufgestanden oder wieder ins Bett gegangen sind, erfolgt sofort die Entleerung.

Es unterliegt nach meiner Ueberzeugung keinem Zweifel, dass dieses negativistische Verhalten der Kranken durchaus nicht auf bestimmte, verstandesmässig erfasste Beweggründe zurückgeführt werden kann. Abgesehen von seltenen Ausnahmen, in denen nachträglich irgend welche Vorstellungen oder Täuschungen als ganz unzulängliche Triebfeder für das unsinnige Benehmen vorgebracht werden, hört man von den Kranken regelmässig, dass sie sich selbst keine Rechenschaft über dasselbe zu geben vermögen, sondern einfach so handeln mussten. Anscheinend haben wir es demnach hier mit einer ganz unmittelbaren krankhaften Veränderung der Willensantriebe zu thun. Dennoch ist die Störung des Handelns nur eine unwillkürliche, nicht eine unbewusste. Das geht aus der geistigen Verarbeitung der äusseren Beeinflussung hervor. Der Befehl, liegen zu bleiben, wird mit Aufstehen, die Aufforderung, dazubleiben, mit Fortdrängen beantwortet.

Das Verständniss dieser höchst auffallenden Krankheitserscheinungen wird vielleicht durch die Erfahrung erleichtert, dass Negativismus, Stereotypie und Willenlosigkeit sich nicht nur in der Regel bei denselben Kranken finden, sondern sich auch nicht selten durch kleine Kunstgriffe unmittelbar in einander überführen lassen. Es gelingt, Katalepsie in Starre, negativistisches Widerstreben in Nachahmungsautomatie umzuwandeln und dazwischen die gleichförmige Wiederholung derselben Bewegungen anzuregen. Die Annahme liegt daher nahe, dass alle diese zunächst so verschiedenen Erscheinungen doch eine tiefere gemeinsame Wurzel haben. Ueberall erscheint der regelnde, richtunggebende Einfluss dauernder Zwecke und Willensneigungen auf das Handeln herabgesetzt, während die Stärke der Antriebe unverändert geblieben ist. Daher können sich die verschiedensten zufälligen Antriebe, äusseren Anstösse und auftauchenden Einfälle ungehindert geltend machen. Das Handeln wird nicht mehr den jeweils gegebenen Verhältnissen unter dem Gesichtspunkte bestimmter Pläne und Absichten angepasst, sondern erscheint zerfahren, sinnlos und widerspruchsvoll. Zweckmässige Antriebe werden von entgegengesetzten oder doch zwecklosen durchkreuzt und aufgehoben, oder sie dauern unverändert fort, auch wenn die Sachlage längst eine andere geworden ist. Plötzliche Willensregungen werden nicht gesichtet und unterdrückt, sondern brechen sich ohne weiteres Bahn und gewinnen für lange Zeit die unbestrittene Herrschaft, um dann ebenso unvermittelt von ganz anderen Antrieben wieder abgelöst zu werden.

Bei weitem am häufigsten findet sich die hier geschilderte Willensstörung bei der Katatonie. In geringerer Ausbildung treffen wir sie hie und da bei der Paralyse, gelegentlich auch wol beim Altersblödsinn an, also durchweg bei solchen Formen des Irreseins, denen schon nach unseren heutigen Kenntnissen schwerere Zerstörungen in der Hirnrinde zu Grunde liegen. Endlich aber beobachten wir einzelne Züge jenes Bildes auch bei manchen Idioten, namentlich gewisse, sehr einfache Bewegungsstereotypen (rhythmisches Hin- und Herwiegen, Händeklatschen, hartnäckige Selbstmisshandlungen, Pfauchen und Blasen).

Der katatonische Negativismus darf nicht verwechselt werden mit dem Widerstreben ängstlicher Kranker. Auch bei diesen letzteren entstehen Widerstände, sobald äussere Eingriffe erfolgen.

Indessen das ängstliche Widerstreben geht aus bestimmten Gefühlen und Vorstellungen hervor. Es führt daher immer zu mehr oder weniger zweckmässigen Abwehr- und Schutzbewegungen, zum Entfliehen, Zurückweichen, Verkriechen oder selbst zu verzweifelten Angriffen. Bei ängstlichen Kranken sind wir im Stande, durch freundliches Zureden allmählich den Widerstand zu überwinden; dieser letztere beginnt schon vor der körperlichen Einwirkung und wird um so stärker, je verdächtiger unsere Annäherung dem Kranken erscheint. Auf den negativistischen Kranken übt Zureden nicht den geringsten Einfluss; sein Widerstand beginnt erst dann, aber auch unfehlbar, sobald irgend eine Bewegung angeregt wird, ohne jede Beziehung zu einer möglichen Gefährdung. Im Gegentheil lassen sich die Kranken einfache, auch unsanfte Berührungen selbst sehr empfindlicher Theile, z. B. der Augen, meist ohne Sträuben gefallen, weil eben nicht die Angst, überhaupt keine bestimmte Ueberlegung, sondern eine ganz ursprüngliche Willensstörung die Grundlage ihres Verhaltens bildet. Daher pflegen auch die selbständigen Bewegungen ängstlicher Kranker weit freier und zweckmässiger zu sein, als diejenigen beim Negativismus.

Näher schon dürfte dem Negativismus der Eigensinn stehen, dem wir auch in Krankheitszuständen, besonders bei der Imbecillität, bei der Epilepsie und Hysterie, bei der Paralyse und beim Altersblödsinn, nicht selten in stärkster Entwicklung begegnen. Auch hier wird an einem Entschlusse zähe festgehalten, obgleich die veränderten Bedingungen ihn dem weiter blickenden Beobachter als sehr unzweckmässig, vielleicht als verderblich erscheinen lassen. Ja, wir sehen bisweilen, dass selbst trotz besserer Einsicht die Fähigkeit fehlt, von der einmal festgelegten Willensrichtung abzugehen. Immerhin pflegt das eigensinnige Handeln ursprünglich von gewissen Ueberlegungen seinen Ausgangspunkt zu nehmen, wenn dieselben auch späterhin mehr in den Hintergrund treten. Ferner ist der krankhafte Eigensinn meist doch bis zu einem gewissen Grade dem Zureden, der Beeinflussung durch Vorstellungen und Gefühlsregungen zugänglich, wenigstens vorübergehend, und endlich ist er regelmässig von einer ärgerlichen, gereizten Stimmung getragen, die nicht nur zum Widerstande, sondern auch zu kräftiger Abwehr gegen gewaltsame Eingriffe führt. Sehr deutlich wird gerade dieser Unterschied vom Negativismus in jenen Fällen, in denen die störrischen Kranken sich mit grösster Hartnäckigkeit gegen jede, auch die vernünftigste und wohlthätigste Massregel sträuben. Bei dieser allgemeinen Unlenksamkeit sind die Kranken stets zum Schimpfen und zum Kampfe geneigt und werden vielfach von feindseligen, wenn auch verworrenen Wahnvorstellungen beherrscht, im Gegensatze zu dem Gleichmuthe des negativistischen Kranken, der nur widerstrebt, selten abwehrt und noch weit seltener angreift.

Zwangshandlungen. Mit diesem Namen bezeichnen wir solche Handlungen, welche nicht aus dem gesunden Denken und Fühlen hervorwachsen, sondern dem Kranken selbst wie der Ausfluss eines fremden, sich ihm aufdrängenden Willens erscheinen. In der Regel allerdings bleibt es bei einem mehr oder weniger heftigen Kampfe mit den krankhaften Antrieben, die dann schliesslich doch noch überwunden werden. Einzelne Kranke besitzen ein so klares Verständniss für die Lage, dass sie ihre Umgebung vor sich warnen und beim Herannahen solcher Antriebe alle möglichen Vorsichtsmassregeln treffen, um sich selbst die Ausführung gefährlicher Handlungen unmöglich zu machen. Der vollbrachten That pflegt zunächst ein Gefühl grosser Erleichterung zu folgen, das erst im weiteren Verlaufe bei besonnenen Kranken durch die volle Einsicht in die Tragweite derselben und die bitterste Reue über das Geschehene verdrängt wird.

Einen gewissen Anhalt für das Verständniss dieser Störungen giebt uns allenfalls die bekannte Erfahrung aus dem gesunden Leben, dass uns bei gewissen Gelegenheiten, am Rande eines Abgrundes, auf einer Brücke, der Gedanke auftaucht, uns selbst oder unsere Begleiter hinabzustürzen, bei feierlichen Anlässen irgend eine lächerliche oder unpassende Handlung zu begehen, im Theater plötzlich „Feuer“ zu rufen und ähnliches. Im gesunden Bewusstsein werden diese Antriebe ohne Schwierigkeit unterdrückt; unter krankhaften Verhältnissen dagegen vermögen sie eine unbezwingliche Macht über den Willen zu erlangen und den Kranken bisweilen trotz klarer Einsicht völlig zu überwältigen. Selbstmord, Mord und Brandstiftung können auf diese Weise zu Stande kommen.

Die hier geschilderten Zwangshandlungen sind immer von lebhaften gemüthlichen Erregungszuständen begleitet; sie stehen in nahen Beziehungen zu den früher besprochenen Zwangsvorstellungen und -befürchtungen, an die sie sich nicht selten unmittelbar anknüpfen. So sehen wir aus der Berührungsfurcht das zwangsmässige Waschen und Reinigen hervorgehen, aus der Kleiderfurcht den zwangsmässigen Wechsel der Kleidung, aus der Papierangst das Ansammeln von Zetteln und Fetzen u. s. w. In diesen letzteren Fällen handelt es sich freilich nicht mehr um eigentliche Zwangshandlungen, wenn sich auch die Kranken des Lächerlichen und Zwangsmässigen ihrer Handlungsweise klar bewusst sind. Der Antrieb zum Handeln entsteht hier nicht unmittelbar als solcher, sondern er entwickelt sich erst als Folge aus der krankhaften Vorstellung oder Befürchtung. Gemeinsam ist indessen allen diesen Störungen die Entstehung auf dem Boden einer angeborenen krankhaften Veranlagung; sie sind sämmtlich Theilerscheinungen des Entartungsirreseins.

Triebhandlungen. Die Macht eines Willensantriebes hängt im allgemeinen von der Lebhaftigkeit der Gefühle ab, die seine Triebfedern bilden. Am kräftigsten wirken sinnliche Gefühle, die uns oft gebieterisch zu bestimmten Handlungen drängen, Schmerz, Hunger, Durst, geschlechtliche Gefühle. Je heftiger aber die gemüthliche Erschütterung, je stärker der Drang zum Handeln, desto geringer ist der Einfluss der Ueberlegung, desto schwieriger die Hemmung der sich vorbereitenden That. Sehr leidenschaftliche Erregungen führen bekanntlich schon beim gesunden Menschen unter Umständen zu einer mehr oder weniger ausgeprägten Trübung des Bewusstseins. Immerhin sind wir zumeist im Stande, die allzu grosse Heftigkeit der Gemüthsbewegungen, wie sie noch dem Kinde eigenthümlich ist, zu dämpfen und damit die Herrschaft unseres eigenen Willens über das Handeln aufrecht zu erhalten. Bei Geisteskranken nehmen, entsprechend der Häufigkeit eingreifender Willensstörungen, die Triebhandlungen mit grosser Stärke der Antriebe und Unklarheit der Zweckvorstellungen einen sehr viel breiteren Raum ein; wir begegnen ihnen in den verschiedenartigsten Erregungszuständen. Schon der Thatendrang der manischen Kranken ist vielleicht unter diesem Gesichtspunkte aufzufassen. Sicher sind hierher gewisse Handlungen der Epileptiker zu rechnen, das ziellose Fortlaufen, die geschlechtlichen Vergehen (Exhibitionismus, geschlechtliche Angriffe), das Trinken der Dipsomanen. Aehnliches gilt wol von dem mannigfachen krankhaften Treiben vieler Hysterischen, von ihren Selbstverletzungen, ihren Diebstählen und Schwindeleien.

Von den Zwangshandlungen unterscheidet sich das Thun aller dieser Kranken durch den wesentlichen Umstand, dass die auftauchenden Antriebe im Augenblick durchaus nicht als aufgezwungene, sondern als die natürlichen Aeusserungen ihres psychischen Gesammtzustandes empfunden werden. Aehnlich steht es wol auch mit der Mehrzahl jener unsinnigen Handlungen, die wir in der Katatonie beobachten. Allerdings ist hier nicht ein bestimmtes Lust- oder Unlustgefühl die Wurzel des Handelns, sondern ein mächtiger, ursprünglicher Bewegungsdrang.

Von einem Widerstande gegen den Antrieb, von einem Kampfe ist gar keine Rede; vielmehr folgt der Kranke blindlings seinen Einfällen. Er ist nur von dem Bewusstsein beherrscht, dass er nun dieses oder jenes thun müsse, ohne klare Begründung, ohne Nachdenken, wenn auch bisweilen mit dem deutlichen Gefühle der Unsinnigkeit des eigenen Treibens. Hie und da taucht auch wol die Vorstellung auf, dass die Glieder von einer unsichtbaren Macht, von Gott, dem Teufel, durch elektrische Beeinflussungen in Bewegung gesetzt werden. Auf diese Weise entstehen zahllose verkehrte, absonderliche und oft recht gefährliche Handlungen, in denen sich bei aller Mannigfaltigkeit doch gewisse gemeinsame Züge darbieten. Dahin gehören die eigenthümlichen Stellungen und Bewegungen, das Zerstören, Zerschlagen von Fensterscheiben, das Entkleiden, das Kothessen, die sinnlosen Versuche, sich zu erdrosseln, den Mund aufzuschlitzen, die Augen auszubohren, Zunge und Kehlkopf herauszureissen. Gerade diese Triebhandlungen zeigen besondere Neigung, stereotyp zu werden. Kennzeichnend für sie ist ausser dem Mangel jedes verständlichen Beweggrundes die ungemeine Schnelligkeit und Heftigkeit der Ausführung, welche auf das rücksichtsloseste jedes Hinderniss überwindet, während umgekehrt bei den Zwangshandlungen schon eine geringe Unterstützung des lebhaft sich regenden gesunden Widerstandes genügt, um diesem letzteren zum Siege zu verhelfen.

Krankhafte Triebe. Störungen im Verhalten der natürlichen Triebe finden sich zunächst als Theilerscheinungen allgemeinerer Umwälzungen auf dem Gebiete der Lebensäusserungen. Bei der psychischen Lähmung und Hemmung pflegt auch das Nahrungs- und Geschlechtsbedürfniss zu schweigen; umgekehrt sehen wir die Erregung vielfach mit starker geschlechtlicher Begehrlichkeit einher-

gehen. Dieselbe drückt sich seltener geradezu in geschlechtlichen
Angriffen, meist in zweideutigen Reden, Schimpfereien und Be-
schuldigungen aus, in mehr oder weniger rücksichtsloser Masturbation,
bei Weibern auch in schamlosen Entblössungen, äusserster Unreinlichkeit oder beständigen Waschungen mit Wasser, Speichel,
Urin, Kämmen und Auflösen der Haare, in leichteren Formen durch
Putzen und Schönthun, Wechsel zwischen herausforderndem und
verschämtem oder empfindsamem Wesen, durch Händedrücken,
Briefschreiben, verständnissvolle Blicke u. dergl. Weniger häufig
findet sich bei der manischen Erregung auch eine erhöhte Esslust;
jedenfalls werden die Kranken durch ihre Unruhe meist geradezu
an genügender Nahrungsaufnahme gehindert. Dagegen ist gierige
Gefrässigkeit eine nicht seltene Erscheinung bei Idioten, Paralytikern
und namentlich auch bei Katatonikern. Von derartigen Kranken
werden bisweilen die ungeniessbarsten und ekelerregendsten Dinge,
Sand, Steine, Seegras, Koth u. a. in unglaublichen Mengen verschlungen. In diesen letztgenannten Fällen kann man nicht wol
mehr von einer einfachen Steigerung gesunder Triebe sprechen,
sondern es handelt sich zweifellos bereits um gleichzeitige Abweichungen in Art und Richtung des Begehrens. Dasselbe gilt von
den bekannten, plötzlich mit grosser Heftigkeit auftauchenden Ess-
gelüsten der Schwangeren.

Weit mannigfaltiger aber, als hier, gestaltet sich die Reihe der
krankhaften Abweichungen auf dem Gebiete des Geschlechtstriebes, die in neuerer Zeit von verschiedenen Seiten her auf das
eingehendste bearbeitet worden sind. In erster Linie haben wir der
sogenannten conträren Sexualempfindung*) zu gedenken, jener
Störung, welche das geschlechtliche Fühlen und Begehren in un-
versöhnbaren Gegensatz zu der körperlichen Veranlagung des
Menschen bringt und ihn die geschlechtliche Befriedigung nur beim
eigenen Geschlechte finden lässt. Wir werden später Gelegenheit
haben, auf diese meist sehr früh sich zeigende Erscheinungsform
des Entartungsirreseins ausführlich zurückzukommen.

Ferner ist an dieser Stelle jene höchst eigenthümliche Störung
des Geschlechtstriebes zu besprechen, die man nach dem berüch-

---

*) Havelock Ellis u. Symonds, das conträre Geschlechtsgefühl, deutsch
v. Kurella. 1896; Raffalovich, uranisme et unisexualité. 1896.

tigten französischen Romanschriftsteller Marquis de Sade als „Sadismus" bezeichnet hat. Es handelt sich dabei um das Auftreten von geschlechtlichen Wollustempfindungen bei Handlungen der Grausamkeit. Die betreffenden Personen suchen entweder den Reiz der geschlechtlichen Vereinigung durch mehr oder weniger ernste Misshandlungen zu erhöhen, oder die grausame Handlung erweckt schon an sich die volle sinnliche Befriedigung, auch beim Fehlen aller gesunden Vorbedingungen für die geschlechtliche Erregung. Der letztere Fall stellt offenbar nur eine weitere krankhafte Entwicklungsstufe des ersteren dar. Was dort nebensächliches, vielleicht sogar entbehrliches Hülfsmittel war, ist hier zur Hauptsache geworden, neben welcher die eigentliche Hauptsache, die geschlechtliche Vereinigung, vollständig in den Hintergrund getreten ist. Thatsächlich finden sich zahlreiche Uebergangsformen von den leichtesten, noch in der Gesundheitsbreite liegenden Anwandlungen bis zu den schwersten, das Leben der Opfer fordernden krankhaften Verirrungen.

Unter den sadistischen Handlungen selbst kommen in erster Linie Geisselungen auf den entblössten Körper in Betracht, die häufiger zur Unterstützung und Vorbereitung der geschlechtlichen Erregung benutzt werden. Als wirklicher Ersatz des Beischlafs dienen sie weit seltener und wol nur in zweifellos krankhaften Fällen. Aehnlich mag es mit der Neigung zum Kneifen und Beissen stehen. Das Stechen und Schneiden tritt bei den von Zeit zu Zeit einmal beobachteten „Mädchenstechern" geradezu als Form der geschlechtlichen Befriedigung auf. Die Kranken suchen sich an hübsche junge Mädchen heranzudrängen und ihnen mit Dolch oder Messer, deren sie bisweilen eine grosse Auswahl besitzen, eine blutige, aber nicht gefährliche Wunde beizubringen, was ihnen lebhafte Wollustgefühle verursacht. Noch einen Schritt weiter gehen jene Kranken, welche sich die geschlechtliche Befriedigung durch Quälen und Tödten von Thieren zu verschaffen suchen. Dann kommen die Lustmörder, die ihr Opfer vor oder nach dem Geschlechtsacte erdrosseln und dann womöglich aufschneiden, zerreissen, zerstückeln. Gerade in solchen Fällen zeigt sich bisweilen ein buchstäblicher „Blutdurst", der zum Aussaugen des Opfers und zur wirklichen Menschenfresserei führen kann. Ueberall können eigentlich geschlechtliche Handlungen trotz heftigster geschlecht-

licher Erregung vollkommen fehlen. Als eine Abart der Lustmörder sind wol die glücklicherweise recht seltenen Leichenschänder
zu betrachten, unter denen der französische Sergeant Bertrand
eine traurige Berühmtheit erlangt hat, da er, von unwiderstehlicher
geschlechtlicher Begierde getrieben, mit grösstem Geschicke frisch
bestattete Leichen wieder ausgrub, schändete und zerstückelte.

Gewissermassen das Gegenstück zum Sadismus bildet die von
v. Krafft-Ebing*) unter dem Namen des „Masochismus" beschriebene Sucht, sich die geschlechtliche Befriedigung durch Erduldung von Schmerzen zu erhöhen oder überhaupt erst zu verschaffen. Die Bezeichnung ist hergenommen von dem Schriftsteller
Sacher-Masoch, der in seinen Romanen mit Vorliebe diese eigenthümliche Erscheinung schilderte. Wegen der bei beiden bestehenden
Verbindung von Schmerz und Wollust hat v. Schrenk-Notzing
für Masochismus und Sadismus die gemeinsame Bezeichnung „Algolagnie" (Schmerzgeilheit) vorgeschlagen; jener ist thätige, dieser
duldende Algolagnie.

Auch beim Masochismus begegnen wir vor allem der geschlechtlichen Erregung durch Geisselung, aber hier durch Erdulden derselben. Die unliebsamen Nebenwirkungen erziehlicher Züchtigungen,
namentlich der Schläge auf das Gesäss, sind lange bekannt, ebenso
die Auffrischung der gesunkenen geschlechtlichen Leistungsfähigkeit
durch ähnliche Massregeln. Auch das Flagellantenthum hat vielleicht eine seiner Wurzeln in der sinnlich aufreizenden Wirkung
der Geisselhiebe gehabt. In das Gebiet des Krankhaften gehören
die Fälle, in denen die geschlechtliche Erregung durch wirklich
rohe Misshandlungen, Gebissen-, Gestochen-, Getretenwerden und
ähnliches ausgelöst wird. Meist werden hier andere Personen vorher zur Ausführung der gewünschten Handlungen angelernt.

Aus naheliegenden Gründen führt die Algolagnie nur verhältnissmässig selten, bei ausgebildetem Schwachsinn und grosser sittlicher Stumpfheit, zu jenen wirklich gefährlichen Handlungen, welche
in der Entwicklungsrichtung des krankhaften Triebes liegen. Vielfach sind die Handlungen, welche ausgeübt oder gewünscht werden,
mehr Andeutungen, in der Weise, wie schon das Ritzen der Haut
ein Sinnbild des Tödtens, das Einpressen der Zähne ein solches

---

*) v. Krafft-Ebing, Psychopathia sexualis, 10. Aufl. 1898.

des Auffressens darstellt. Der sadistische Trieb kann sich in Handlungen Luft machen, welche ganz allgemein nur die unbeschränkte Herrschaft über das geschlechtliche Opfer ausdrücken (Beschimpfen, Beschmutzen, Fesseln), während der Masochist sich befriedigt fühlt, wenn er in möglichst lebhafter Weise die völlige Unterwerfung unter einen fremden Willen empfindet (Erdulden von Beschimpfung, Bedrohung, Missachtung, ekelhafter Besudelung). Bei der regen Mitarbeit der Einbildungskraft ist die Mannigfaltigkeit der Kunstgriffe, welche diese Kranken zur Vorbereitung oder zum Ersatze des Beischlafes anwenden oder von Anderen fordern, trotz mancher Gleichförmigkeit eine ausserordentlich grosse.

Wir sind im Vorstehenden wiederholt der Erscheinung begegnet, dass bei unseren Kranken ein ursprünglich das Zustandekommen der geschlechtlichen Erregung nur unterstützender Vorgang schliesslich ganz allein schon und ohne Verbindung mit eigentlichem Geschlechtsverkehre die angestrebte Befriedigung herbeizuführen vermag. Man könnte etwa daran denken, dass bei einer krankhaften Steigerung der geschlechtlichen Erregbarkeit bereits der begleitende Vorgang genügt, um dieselbe Wirkung zu erzielen, welche er im gesunden Leben höchstens in Verbindung mit den wirklichen Geschlechtsreizen erreichte, ähnlich wie dem Empfindlichen schon die Probesignale bei der Feuerwehrübung unangenehme Gefühle erwecken. Allein schliesslich kann es so weit kommen, dass nur noch der nebensächliche Reiz, nicht aber mehr der natürliche, oder doch jener unvergleichlich viel stärker als dieser, die geschlechtliche Befriedigung zu erzeugen im Stande ist. Ganz besonders häufig macht sich eine solche Verschiebung in verschiedenartiger Entwicklung dahin geltend, dass es einzelne bestimmte Körpertheile oder Kleidungsstücke sind, welche zunächst geschlechtlich anregend wirken, dann bei der Ausführung des Beischlafes eine herrschende Rolle spielen und endlich für sich allein in ganz absonderlicher Weise den Geschlechtsgenuss vermitteln. Man bezeichnet diese Störung als „Fetischismus“ *). Von körperlichen Reizen dienen als Fetische bald Hände oder Füsse, bald Augen, Mund, Ohr, Haare, besonders Zöpfe. Die einfache Betrachtung, Berührung, Liebkosung der betreffenden Theile gewährt dem Fetischisten eine weit höhere geschlechtliche

---

*) Garnier, les fétichistes pervertis et invertis sexuels. 1896.

Befriedigung, als der wirkliche Beischlaf. Unter den Kleidungsstücken sind Schuhe und Stiefel sehr bevorzugt, nach v. Krafft-
Ebings Ansicht wegen der an sie sich knüpfenden masochistischen
Wollust der Unterwerfung, ferner Taschentücher und Unterkleider,
endlich Sammet- und Pelzstoffe. Wie die Erfahrung lehrt, werden
solche Dinge von den Kranken aus geschlechtlicher Begierde öfters
in grossen Mengen zusammengestohlen (Zopfabschneider!) und zu
einsamen masturbatorischen Vergnügungen benutzt.

Wenn die bis hierher besprochenen Störungen sich der Hauptsache nach alle als Umwandlungen gesunder Triebe auffassen lassen,
so wäre endlich noch eine Gruppe von krankhaften Antrieben zu
erwähnen, welche, anscheinend wenigstens, in keinerlei Beziehung
zu den Regungen des gesunden Lebens stehen. In einzelnen Fällen
hat sich allerdings auch hier ein ganz unvermutheter Zusammenhang mit dem Geschlechtstriebe herausgestellt. Die beiden Hauptformen, mit denen wir etwa noch zu rechnen haben, sind der
Stehltrieb, die sogenannte Kleptomanie, und der Brandstiftungstrieb. Die erstgenannte Störung, die sich besonders beim weiblichen Geschlechte findet, besteht in der unwiderstehlichen Neigung,
sich ohne Noth selbst ganz unnütze, werthlose Dinge durch Dieb-
stahl anzueignen, die zudem meist nachher dem Bestohlenen wieder
zugestellt werden. Der Brandstiftungstrieb scheint häufiger auf eine
epileptische oder hysterische Veranlagung hinzuweisen; vielleicht ist
das übrigens auch bei dem Stehltriebe der Fall.

Die ganze Reihe dieser Abweichungen auf dem Gebiete der
Triebe deutet auf eine angeborene Entartung hin; sie sind insgesammt
nur Theilerscheinungen einer krankhaften Veranlagung. Sie bilden
besondere persönliche Eigenthümlichkeiten, die von ihren Trägern
nicht unmittelbar als etwas Fremdartiges, Krankhaftes empfunden
werden, auch dann nicht, wenn dieselben durch Erfahrung und
Ueberlegung den Gegensatz kennen gelernt haben, in welchem sie
zu ihren gesunden Mitmenschen stehen. Namentlich gilt dies für
die Umwandlungen des Geschlechtstriebes, am wenigsten für die zuletzt erwähnten krankhaften Triebe, deren Aeusserungen vielleicht
gerade deswegen mit gleichem oder gar besserem Rechte zu den
Zwangshandlungen zu zählen wären. Bei ihnen erscheint der Antrieb als ein aufgedrungener Zwang, dem daher so lange wie möglich Widerstand geleistet wird, während die Befriedigung der krank-

haften Triebe für den Kranken selbst zunächst nur die natürliche Deckung seiner besonderen Bedürfnisse bedeutet. Die Ausführung einer Zwangshandlung ist daher höchstens unmittelbar von einem Gefühle der Befreiung begleitet, während die krankhafte Triebhandlung die gleichen, oft sogar weit stärkere Lustgefühle hervorruft wie die Bethätigung der gesunden Triebe.

Störungen der Ausdrucksbewegungen. Eine der wichtigsten Quellen für die Erkennung krankhafter Seelenzustände bilden die Ausdrucksbewegungen im weitesten Sinne des Wortes, da wir aus ihnen vor allem unsere Schlüsse auf die psychischen Vorgänge zu ziehen haben, die sich in unseren Kranken abspielen. Eine genaue Schilderung aller dieser Bilder würde indessen die äusserlich erkennbaren Hauptzüge sämmtlicher klinischer Krankheitsformen wiedergeben müssen; wir beschränken uns daher hier auf wenige Andeutungen, die in der späteren Einzelbeschreibung näher ausgeführt werden sollen.

Die Kranken mit Dementia praecox pflegen sich gar nicht um ihre Umgebung zu kümmern, auch wenn sie thatsächlich recht gut auffassen; sie beachten den Arzt nicht, liegen theilnahmlos, oft in starrer, verzwickter Haltung da, geben keine Antwort, befolgen keine Aufforderung, oder sie machen einförmige, zwecklose Bewegungen, grinsen und lachen ohne Anlass, werfen plötzlich irgend einen Gegenstand ins Zimmer, rasen unaufhaltsam durch den Saal, drängen sinnlos zur Thüre hinaus u. s. f. Die verblödeten Kranken werden oft ganz unzugänglich, kauern oder stehen in irgend einer Ecke herum und entziehen sich unter unverständlichem Gemurmel jedem Versuche, sich mit ihnen in Beziehung zu setzen. Andere derartige Kranke mit Wahnbildungen putzen sich mit allerlei bunten Lappen heraus und suchen sich durch geheimnissvolle Geberden und Vorrichtungen vor feindlichen Beeinflussungen zu schützen. Die Gehörshallucinanten stehen mit lauschendem Gesichtsausdrucke in einer Ecke und bewegen nur hier und da zur Antwort die Lippen oder rufen einige abgerissene Worte. Die vorgeschrittenen Paralytiker erkennt man an ihren schlaffen Gesichtszügen und oft an einer gewissen täppischen Freundlichkeit, an dem strahlenden Ausdrucke, mit dem sie ihre schwachsinnigen Grössenideen vorbringen. Späterhin sieht man sie in tiefster Verblödung stumpf daliegen, ohne jede Spur des Verständnisses oder der Antheilnahme für ihre Umgebung.

Der Niedergeschlagene sitzt, schlaff in sich zusammengesunken, mit bekümmerten Zügen da; der Aengstliche wandert ruhelos, an den Nägeln kauend, das Gesicht zerzupfend oder die Hände ringend, unter lautem Jammern auf und ab, während der Gehemmte regungslos, mit starrem Ausdrucke im Bette liegt und nur mit der grössten Anstrengung den Blick erhebt, die Hand giebt oder eine leise, zögernde Antwort hervorbringt. Dagegen läuft der Manische mit lebhaften Ausdrucksbewegungen schwatzend, lachend, singend, geschäftig herum, sammelt alles mögliche in seinen Taschen an, redet überall drein, treibt Schabernack und sucht auf jede Weise dem Gefühle erhöhter Leistungsfähigkeit Luft zu machen. Die Hysterische bemüht sich, durch Kleidung und Haartracht, durch Sprödigkeit, Ausgelassenheit oder Hülfsbedürftigkeit Eindruck zu machen; sie beobachtet scharf, beherrscht sehr bald ihre Umgebung und weiss allerlei kleinen Schmuck des Lebens um sich anzuhäufen. Der Paranoiker endlich trägt mit einer gewissen Würde die „Gefangenschaft" der Irrenanstalt, in der Tasche die selbstverfassten Beweisstücke für seine hohe Stellung, die Abschriften seiner Beschwerden oder die Akten seiner Rechtsstreitigkeiten. Aus allen diesen, in grösster Mannigfaltigkeit wechselnden und dennoch vielfach wiederkehrenden Bildern vermag der erfahrene Irrenarzt oft schon beim ersten Anblicke die ungefähre Art der Störungen zu erkennen. Zahlreich aber sind die Fälle, die für die oberflächliche Beobachtung gar keine auffallenden Erscheinungen darbieten, ein Verhalten, welches die bekannte Erfahrung erklärt, dass laienhafte Besucher der Anstalt und selbst Wärter bei vielen Kranken das Vorhandensein einer Geistesstörung gar nicht aufzufinden vermögen.

Von grosser Wichtigkeit sind namentlich die durch die Geistesstörung bedingten Veränderungen in Sprache und Schrift. Abgesehen von dem Inhalt, der natürlich vielfach die Wahnideen oder Stimmungen des Kranken erkennen lässt, prägt sich oft schon in der Form der Grundzug der Psychose aus. Der Rededrang des Manischen äussert sich in unaufhörlichem, überstürztem Schwatzen mit sehr gelockertem Zusammenhange und der Neigung zu Wortspielen und Reimen. Dieselben Züge finden wir bei erregten Paralytikern wieder, verbunden mit den mehr oder weniger ausgeprägten Zeichen der Sprachstörung. In beiden Krank-

heitsformen wird nicht selten ein ganz unverständliches Kauder-
wälsch unter der Bezeichnung der verschiedensten fremden Sprachen
vorgebracht. Bei den gehemmten Kranken ist die Sprache leise,
mühsam und zögernd. Auch die Melancholiker sind meist wortkarg,
vermögen sich aber ohne Schwierigkeit zu äussern; sobald lebhafte
Angst vorhanden ist, kann es sogar zu ununterbrochenem, eintönigem
und sehr störendem Jammern kommen:

Ganz besondere Eigenthümlichkeiten pflegen die sprachlichen
Aeusserungen der Katatoniker darzubieten. Die Kranken sind oft
Wochen und Monate lang völlig stumm, um dann ganz unvermittelt geläufig zu sprechen oder einen Gassenhauer zu singen.
In ihren Reden pflegen sich geordnete Sätze mit durchaus be-
ziehungslosen Wendungen zu mischen. Namentlich bei längerem
Sprechen sieht man oft den anfänglich klaren Zusammenhang
völlig schwinden und jene merkwürdige Störung hervortreten,
die wir als Sprachverwirrtheit bezeichnen. Da die Kranken
vollkommen besonnen und orientirt sind, auch in ihrem Benehmen und Handeln vielfach gar keine auffallenderen Abweichungen darbieten, liegt die Vermuthung nahe, dass wir es hier
wesentlich mit einer Sprachstörung zu thun haben. Die Kranken
sprechen leicht und fliessend, aber der Inhalt ihrer Reden ist ein
fast völlig unverständliches Gewirr von zum Theil sinnlos
zusammengewürfelten Wörtern, deren allgemeiner Inhalt sich
höchstens ungefähr aus einzelnen, halbwegs verständlichen An-
klängen errathen lässt. Forel hat diese Reden sehr treffend als
„Wortsalat" gekennzeichnet. Ein Beispiel dafür giebt die folgende
Nachschrift:

„Ich frage in welches gegenüber der Persönlichkeiten. Was wollen Sie eigentlich gegenüber der Versammlung in dem Bild geschlossen, meine ich, so herzlos,
dass meiner der Persönlichkeiten, die Impflege in meiner des Körpers.' Was wollen
Sie eigentlich mir gegenüber Vertretung. Ich frage jetzt nur ganz einfach. Her-
gebracht hat man mich wegen Jugend, und da hat man Versammlung geschlossen
im Bund. Von der Person gegenüber meiner Anhaltverpflegung, grossmüthig der
Erhaltungen der Führungen der Kräfte der Lebensmittel mir gemacht worden sind.
Irrititionen der Dunkelheiten, wozu sind denn eigentlich die Gesetze geschlossen
worden nach Stadt und Land von Ulfiterinen und die früheren Jahreszeiten und
die Hypotheken. Die Erzählungen der Bürgerschaften gegenüber sagen die Mitglieder Muth und Jugend anhold sein der Kräfte der Personen stehender Körper.
Freundlichkeiten und alle, der gesund es macht nach den Hippliationen die Führung
aller der Kräften der Verfolgnissen gelegt zu werden. Warum schliesst man hier

eigentlich den Kittoll, was soll nun dem Kittoll verfallen an meinem Körper, sein Abbild meine ich der Verfolgnissen" u. s. w.

Hier ist auch der Satzzusammenhang völlig zerstört, was keineswegs immer der Fall zu sein braucht. Man erkennt leicht, dass die Sprachverwirrtheit nur einen höheren Grad der früher besprochenen Zerfahrenheit darstellt. Ihre ersten Andeutungen begegnen uns in den verblüffend unpassenden Antworten, die wir oft schon im Beginne der Erkrankung erhalten, in den unbegreiflich sinnlosen Sätzen, die unsere Kranken mit voller Seelenruhe vorbringen. Sie erinnern in hohem Grade an die vielfach ganz ähnlichen Reden, die wir im Traume zu halten pflegen. Anscheinend handelt es sich dort wie hier um den dauernden oder vorübergehenden Verlust der Fähigkeit, Vorstellungen und deren sprachliche Zeichen in richtiger Weise mit einander zu verknüpfen.

In den Reden katatonischer Kranker tritt die Neigung zur Wiederholung derselben Wendungen und Wörter ebenso hervor wie die Stereotypie in ihrem sonstigen Handeln. Man beachte oben die Ausdrücke: „Ich frage", „gegenüber", „Persönlichkeiten", „was wollen Sie eigentlich", „Körper", „Pflege, Verpflegung", „Jugend", „Führung", „Kräfte", „geschlossen", „Verfolgnissen", „Kittoll", „Versammlung", „Bild, Abbild", „eigentlich". Vielfach aber wird diese Stereotypie so stark, dass dieselben Sätze ununterbrochen stunden- und selbst tagelang wiederholt werden. Es entsteht damit das von Kahlbaum zuerst beschriebene Krankheitszeichen der Verbigeration. Solche Sätze sind z. B. folgende:

„Ihr Kinderlin, Vögelin, Tüpfelin, der Ahnherr ist jetzt da, die Thüre ist auf; führ mich jetzt in den Eisgarten. Die ganze Nacht hab' ich im Bett gesessen und habe nichts gegessen; die Weck ist gefressen — Ihr Kinderlin, Vögelin, Tüpfelin" u. s. f.

„Ich muss ins Innum, ins Innum, ins Innum; lasst mich ins Innum. Ich muss im Innum mit der Matratze herumfahren; ich muss ins Innum" u. s. f.

Sehr häufig findet dabei eine stark rhythmische Betonung statt, wie in den folgenden Beispielen:

„Im Sátzerich, im Sätzerich, im Kímmichum" u. s. f. — „Was sóll ich jetzt ságen, Zwidnéikopf, was sóll ich jetzt ságen, die Wäschschüssel hólen" u. s. f. — „Mütterle, Spáarmatz, ich müde und kránk und hungrig; ich bin verfróren und wátschel-watschelnáss" u. s. f.

Bisweilen löst sich der Inhalt solcher Reden in ein einfaches Silbengeklingel auf, z. B. „Ka, ka, metsch, metsch, ka, ka, metsch, metsch" u. s. f. Es lässt sich jedoch zeigen, dass solche sinnlosen

Aeusserungen hie und da nur Umbildungen ursprünglich verständlicher Wendungen darstellen. So rief eine Kranke tagelang: „I me zeh, i me zeh" u. s. f. Das war eine allmählich entstandene Abkürzung von: „Ich will mal sehen". Im Anfange war dieser Sinn noch deutlich, ging aber bei den zahllosen Wiederholungen nach und nach verloren. Ueberhaupt sind die verbigerirenden Reden trotz aller Stereotypie durchaus nicht unbeeinflussbar. Wir sehen oft, dass die Kranken im Laufe der Zeit nicht nur selbst kleine Veränderungen hineinbringen, sondern auch aufgefangene beliebige Eindrücke in ihre Sätze einflechten. Eine Kranke wiederholte drei Stunden lang den Satz:

„Liebe Emilie, gieb mir einen Kuss; wir wollen gesund werden, einen Gruss und 's wär' nichts. Wir wollen brav sein und schön folgen, folg' Mutter, dass wir bald heimkommen. Der Brief wär für mich; sorg', dass ich ihn bekomm'."

Nach dem inzwischen erfolgten Abendessen hatte sie nach „heimkommen" eingeschoben: „Linsen und zwei Würscht".

Eine wichtige Begleiterscheinung der Sprachverwirrtheit ist die Neubildung von Wörtern*). Auch dieser Vorgang ist uns aus dem Traumleben wohlbekannt. Genau wie dort bald kleine Buchstabenveränderungen an richtigen Wörtern angebracht, bald sinnlose Silbenzusammenstellungen als geläufige Wörter hingenommen werden, treffen wir auch bei unseren Kranken alle Stufen der Wortneubildung an. Leichtere Abweichungen finden wir in den obigen Ausdrücken Impflege, Anhaltverpflegung, Irrititionen, Tüpfelin, schwerere in Ulfiterinen, Hippliationen, Kittoll, Innum, Sätzerich, Zwidneikopf, Kimmichum. Man hat dabei den Eindruck, als ob die Kranken mit den Neubildungen gewisse, allerdings nicht immer feststehende Vorstellungen verbinden und sich der Ungeheuerlichkeit ihrer Ausdrücke ebensowenig bewusst sind wie wir im Traume. Unsere Annahme, dass es sich bei der Sprachverwirrtheit um eine Lockerung des Zusammenhanges zwischen Vorstellung und sprachlicher Bezeichnung handelt, gewinnt durch diese Erfahrungen eine neue Stütze.

Ein weiteres Beispiel solcher Wortneubildungen giebt die folgende, von einem Apotheker stammende Nachschrift:

„Der möchte gern als Student dicker gewidmet sein dem Volke, als dem Liefronten, dem Lieferanten der Deutschen Unschuld, der sie glücklich erreicht

---

*) Tanzi, Rivista sperimentale di freniatria, 1889, 4.

hat in den kleinen Kinderfüsschenanstalten der hiesigen Ober. Werden Sie mir die Zuckerliebhaber dicker ereignen, so erkundigen Sie Sich in dem Dasein des Glücks und Sie frieren weiter keinen exceptablen Borophon oder Kleinekinderanstalten des Unglücks. Sie werden lieber gesetzmässiger Körper in den natingalen Gefühlen der Unschlittpartei und werden fragen nach dem Gesetze der Unschuld. Dr. Dominus, Arsenalhengst, Dr. Schnidiceps, das brauchen Sie gar nicht zu notiren, sondern Sie werden etwas höher schreiben. Doctrinäre Eminenz als Weik der Deutschen Omnibuspartie, das ist ein Glazimmer, d. h. ein Gedanke, das Glied der Deutschen Lappländigkeit, das sind rothseidene Sonnenschirmrouleaux geworden in der Unschuld des Herzens" u s. f.

Einzelne Wörter sind richtig gebildet, aber unsinnig, wie Unschlittpartei, Arsenalhengst, Lappländigkeit, Kinderfüsschenanstalten; andere zeigen nur geringfügige Abweichungen von bekannten Wörtern, so Liefronten, exceptabel; den Liefronten folgen überdies unmittelbar die „Lieferanten". Endlich aber finden sich auch hier eine Anzahl völlig erfundener Wörter, Borophon, natingal, Schnidiceps, Weik, Glazimmer. Die Wiederkehr bestimmter Wendungen „dicker gewidmet, dicker ereignen", „Deutsch", „kleine Kinder", „Unschuld", „Glück, glücklich, Unglück", „Gesetz", „das ist, das sind", ist auch hier sehr deutlich. Die Zwischenbemerkung über das Schreiben bezieht sich auf den Nachschreiber, ein Zeichen, dass der Kranke den Vorgang gut auffasste; er war übrigens auch in seinem Handeln vollkommen geordnet. Bisweilen kann man bei den Wortneubildungen sehr deutlich den Einfluss bestimmter Vorstellungskreise erkennen. Ein anderer kranker Apotheker bezeichnete seinen Napf voll Kartoffelmus als den „siliciumsauren Porzellannapf mit solaneensaurem Futterwickelmus", als „futterwickelmussaure Haubitz", „kerlsaures Kopfmus", sprach von seiner „kammersauren" oder „stangensauren" Wurst, vom „apfelsauren Seidenkranz" u. s. f.

In der Schrift der Geisteskranken finden sich inhaltlich und äusserlich ganz entsprechende Störungen wie in der Sprache. Der manische Kranke beschreibt Bogen über Bogen mit anspruchsvollen, mächtigen, aber flüchtig ausgeführten, schliesslich bis zur Unleserlichkeit sich beschleunigenden Schriftzügen. Die paralytische Schrift zeigt Auslassungen, Fehler, Versetzungen der Buchstaben und Worte, Kleckse, unsaubere Verbesserungen, Unsicherheit der einzelnen Linien; dazu gesellen sich bei Erregung noch die geschilderten Veränderungen durch den Bewegungsdrang. Der Querulant zeigt eine

unheimliche Leistungsfähigkeit in der Erzeugung von Schriftstücken,
die in endlosen Wiederholungen seine Klagen, Beschwerden, Schimpfereien enthalten und meist von dicken Unterstreichungen, Ausrufungs-
und Fragezeichen, Anmerkungen und Randbemerkungen wimmeln,
auch wol in verschiedenfarbigen Tinten ausgeführt werden. Ueber-
reichliche Anwendung der schriftlichen Betonungsmittel pflegt auch
von den Hysterischen geübt zu werden. Traurige Verstimmungen
verringern die Lust zum Schreiben; die Schriftstücke derartiger
Kranker sind daher kurz, abgerissen, die Buchstaben meist klein,
zusammengedrängt. Aehnlich wirkt die psychische Hemmung, die
den Kranken sehr langsam und nur mit grösster Anstrengung einige
Worte zu Papier bringen lässt. Katatonische Kranke liefern vielfach nur ein unentzifferbares Gekritzel, zeigen sich aber plötzlich
im Stande, flott und ohne Störung zu schreiben. Andere bedecken
viele Bogen mit unverständlichen Zeichen und einzelnen Wörtern
in endloser Wiederholung mit geringen Abwandlungen (schriftliche
Verbigeration). Auch verzwickte Zeichnungen, Abbildungen von
fabelhaften Wesen, rohe, obscöne Bilder werden von ihnen an-
gefertigt, oft ebenfalls in ungezählten gleichen oder ganz ähnlichen
Exemplaren. Kranke mit Verfolgungsideen sieht man auch bisweilen Zeichnungen von den geheimnissvollen Maschinen entwerfen,
mit denen sie gequält werden.

Leider ist die Schrift Geisteskranker mit feineren Hülfsmitteln
noch wenig untersucht worden. Nur mit der von mir angegebenen
„Schriftwage", die neben der Form der Schriftzüge auch in jedem
Augenblicke Druck und Geschwindigkeit des Schreibens zu messen
gestattet, sind einige Ergebnisse gewonnen worden. In ihnen lässt
sich die motorische Erregung und die gesteigerte Erregbarkeit
manischer Kranker ebenso deutlich erkennen wie die Schwäche und
Langsamkeit der Willenshandlungen bei der Hemmung. In den
Mischzuständen des manisch-depressiven Irreseins erscheint gesteigerte
Erregbarkeit neben der Hemmung. Bei katatonischen Kranken
sahen wir Schreiben ohne Störung regellos mit Schwächung der Antriebe ohne Verlangsamung wechseln; auch schrullenhaftes Ueber-
springen einzelner Aufgaben kam vor. Jedenfalls ist es mit Hülfe
dieser Untersuchungen möglich, noch eine Reihe feinerer Schriftstörungen aufzudecken.

Es hat nicht fehlen können, dass die Geisteskranken auch an

der Literatur und Kunst einen gewissen Antheil genommen
haben. Unter den Schriftstellern*) treten am meisten hervor Verrückte, insbesondere Querulanten, Manische und Katatoniker. Die
Leistungen der Ersteren sind meist Vertheidigungs- oder Anklage-
schriften in eigener Sache, Flugblätter, die sich an die Oeffentlichkeit wenden, um für vermeintlich erlittene Unbill Genugthuung zu
erlangen, Nothschreie im Kampfe gegen wahnhafte Gefahren. Auch
die manischen Erzeugnisse wenden sich häufig, aber mehr mit Spott
und Witz, als in Verzweiflung und Entrüstung gegen bestimmte
Personen, namentlich Irrenärzte, schildern in humoristischem Tone
Anstaltserlebnisse gewandt und ideenflüchtig, mit Wortspielen und
Versen gewürzt. Andere manische Kranke liefern Gedichtsammlungen
in blühendstem Stil; ich selber besitze ein derartiges Büchelchen
voll ideenflüchtigen Reimgeklingels von einem einfachen Bauern, der sich
später in der Depression erhängte. Die katatonischen Werke, die
immer auf Kosten ihrer Verfasser gedruckt werden, enthalten meist
in verzwicktem Druck und eigenartiger Rechtschreibung unverständliche Sätze über die höchsten Fragen, das „Weltproblem“,
„Natur, Seele, Geist“ und ähnliche. Neben den Spuren guten Gedächtnisses und grosser Belesenheit kann man hier die schönsten
Beispiele der Sprachverwirrtheit durch ganze Bände hindurch finden.
Bisweilen hat man Gelegenheit, in den Arbeiten bekannter Schriftsteller die allmähliche Entwicklung der geistigen Störung von den
gesunden, hochstehenden Leistungen an zu verfolgen (Zöllner,
Nietzsche).

In der Kunst spielen Geisteskranke im allgemeinen eine geringere Rolle, schon deshalb, weil es für sie kaum möglich ist, ihre
Werke an die Oeffentlichkeit zu bringen. Nichtsdestoweniger sind
sie auch hier thätig, wie die Erfahrung darthut, dass bei jedem
grösseren künstlerischen Wettbewerbe immer auch eine Reihe von
Entwürfen einzulaufen pflegen, die sofort krankhaften Ursprung verrathen. Ein sehr eigenartiges Beispiel krankhafter Kunstübung sind die
schon von Goethe beschriebenen Bildwerke in der Villa Palagonia
bei Palermo, abenteuerliche Zwittergeschöpfe der verschrobensten
Art, die durchaus an gewisse Zeichnungen unserer Katatoniker
erinnern.

---

*) Behr, Volkmanns klinische Vorträge, Neue Folge, Nr. 134.

Handeln aus krankhaften Beweggründen. Die Umwälzungen, welche das Irresein in dem gesammten Seelenleben herbeiführt, müssen das Handeln unserer Kranken nothwendiger Weise auch dann nach vielen Richtungen hin in Mitleidenschaft ziehen, wenn die eigentlichen Störungen zunächst auf ganz anderen Gebieten gelegen sind. Ist doch das Handeln nichts anderes, als das Endergebniss des jeweiligen seelischen Gesammtzustandes! Wir sehen daher in der That, wie sich in der Beeinflussung des Handelns durch die verschiedenartigsten und fernliegendsten Störungen die innere Einheitlichkeit und Untrennbarkeit unseres Seelenlebens auf das deutlichste offenbart. Bei keiner einzigen Handlung eines Geisteskranken, wenn wir die alltäglichsten, rein gewohnheitsmässigen Verrichtungen etwa ausnehmen, lässt sich mit einiger Sicherheit die Bedeutung abschätzen, welche das Irresein für ihr Zustandekommen und ihre besondere Gestaltung gewonnen hat.

Die Art der krankhaften Handlungen wird hier in der Regel durch Wahnvorstellungen bestimmt. Versündigungsideen und traurige oder ängstliche Verstimmungen sind es, die den Kranken zu Thaten der Verzweiflung, zum Kampfe gegen die eigene Person, zu Selbstmord und Selbstverstümmelung, Abhacken der Geschlechtstheile, zu Nahrungsverweigerung oder zu Bussübungen treiben. Der Verfolgungswahn führt zu Wuthausbrüchen, zu Angriffen aller Art, zum Verfassen von Zeitungsanzeigen, Flugschriften, Beschwerden, zu Mord und Todtschlag oder zur Ersinnung der mannigfachsten Schutzmassregeln gegen die vermeintlichen Verfolger, zu Beschwörungen, geheimnissvollen Massnahmen und Einrichtungen, zu menschenfeindlicher Absperrung oder zu unstetem Herumwandern in der Welt. Bei hypochondrischen Wahnvorstellungen wiederum sind peinliche Eingriffe am eigenen Körper nicht selten. Salben mit Urin und Koth, Verschmieren wunder Stellen mit Brotbrei und ähnlichen Verbandmitteln, Herumstochern in Nase und Ohren, Durchbohren der Ohrläppchen zur Ableitung der schlechten Säfte vom Kopfe gehören noch zu den harmloseren Massnahmen. Dagegen habe ich auch Versuche erlebt, sich den Leib aufzuschneiden, um ein vermeintliches lebendes Thier herauszuholen, ferner das Essen von Nägeln, um sich durch die „Schärfe“ das Blut zu reinigen. Aehnliche Handlungen Hysterischer, das Verschlucken von Nadeln, Verletzungen und Einführen von Fremdkörpern in die Geschlechtstheile, theatralische Selbstmordversuche gehen in der Regel aus ganz anderen Beweggründen hervor, zumeist wol aus der krankhaften Sucht, aufzufallen und das allgemeine Mitgefühl zu erwecken.

Die psychische Erregung führt zunächst sehr bald zu Streitigkeiten und Kämpfen mit der Umgebung, zu Verfehlungen gegen die öffentliche Ordnung, nicht selten auch zum Widerstande gegen die Staatsgewalt. Die Kranken benehmen sich auffallend, rücksichtslos, werden unlenksam, reizbar, störend, schliesslich gewaltthätig, sobald man ihnen entgegentritt. Das alles entwickelt sich um so leichter, als die erregten Kranken sehr häufig beginnen, geistige Getränke in grösserem Massstabe zu sich zu nehmen und dadurch rasch noch unruhiger und gefährlicher werden. Dazu kommt meist auch die Neigung zu geschlechtlichen Ausschweifungen, die sich ohne Rücksicht auf Anstand und Sitte Luft zu machen pflegt. Tolle Streiche aller Art, Zerstörungen, abenteuerliche Fahrten, Prügeleien, öffentliches Aergerniss sind die regelmässigen Begleitereignisse derartiger Erregungszustände. Gesellen sich Grössenideen hinzu, so kommt es zu sinnlosen Einkäufen und Bestellungen, zur Einleitung fabelhafter Unternehmungen, zur Verschleuderung grosser Geldsummen in unglaublich kurzer Zeit. Die Vorstellung, dass alle Gegenstände der Umgebung sein Eigenthum seien, veranlasst den Kranken, ganz harmlos von allem Besitz zu ergreifen, was ihm gefällt, Unterschlagungen, Betrügereien zu begehen.

Andere weniger schwachsinnige Kranke mit Grössenideen bereiten planmässig und von langer Hand alles vor, um ihre vermeintlichen Ansprüche zu verwirklichen. Sie richten Briefe an hochgestellte Persönlichkeiten, suchen sich denselben zu nähern, die allgemeine Aufmerksamkeit auf sich zu lenken, veröffentlichen Flugschriften, erscheinen plötzlich mit Orden oder in Uniform. Selbst die Erregung öffentlichen Aergernisses, Missachtung der Polizeivorschriften oder gar Angriffe auf Geistliche, Beamte, Fürsten dienen ihnen mitunter, um ihre Lage und ihre Ansprüche allgemein bekannt zu machen. Sehr häufig sind die Annäherungsversuche an hochgestellte Personen des anderen Geschlechtes, an die vermeintlichen heimlichen Verlobten. Fensterpromenaden, Blumensendungen, Liebesbriefe, Heirathsanträge, Nachreisen, persönliche Ansprache werden zur Erreichung des Zieles ins Werk gesetzt, wenn sich der Kranke nicht, was häufig der Fall ist, mit geheimnissvollen, übersinnlichen Beziehungen zu dem geliebten

Gegenstande begnügt. Religiöse Grössenideen führen regelmässig zu dem Bedürfnisse, eine Gemeinde zu gründen, die Satzungen der herrschenden Kirche zu bekämpfen, die Märtyrerkrone zu erwerben. Auffallende, an Christus erinnernde Tracht mit ungeschorenem Haupthaar, gesuchte Einfachheit der Lebensgewohnheiten, öffentliche Predigten und Vorträge, Auflehnung gegen die kirchlichen Gebräuche bis zur Beschimpfung derselben, Heranziehung gleichgesinnter Schüler pflegen die Schritte zu sein, die von solchen Kranken nach und nach unternommen werden.

Es würde natürlich zu weit führen, wollten wir hier auch nur annähernd alle die verkehrten Handlungen aufzählen, die im Einzelfalle aus Wahnvorstellungen hervorgehen können; so verschieden die Beweggründe, so verschieden die Persönlichkeiten sind, so mannigfaltig gestaltet sich die Handlungsweise, wie sie sich als Ergebniss aus dem Zusammenwirken dieser beiden Bedingungen schliesslich herausentwickelt. Nur darauf sei zum Schlusse noch hingewiesen, dass die geistige, oft auch die körperliche Leistungsfähigkeit unter allen Umständen durch das Irresein eine schwere Einbusse erleidet. Es ist wahr, dass es geisteskranke Künstler und Schriftsteller giebt, die auch nach ihrer Erkrankung noch im Stande sind, ihre Thätigkeit fortzusetzen. Allein wir sehen dabei ausnahmslos, dass der Werth des Geleisteten bedeutend gesunken ist. Fast immer leidet auch die Stetigkeit und Nachhaltigkeit der Arbeitskraft. Sehr häufig aber erlischt die Fähigkeit, Neues zu schaffen, mehr oder weniger vollständig. Nur das handwerksmässig Eingelernte erhält sich; im übrigen bleibt es bei Wiederholungen oder Verzerrungen früherer Schöpfungen. Mannigfache ausgesprochen krankhafte Züge mischen sich hinein, unbegreiflich absonderliche oder geradezu wahnhafte Zuthaten neben einzelnen Resten aus gesunder Zeit. Auf dem Gebiete der körperlichen Arbeit pflegt die Veränderung bei weitem weniger eingreifend zu sein. Wir sehen zahlreiche Geisteskranke in den Anstalten nach dem Ablaufe der stürmischeren Krankheitserscheinungen äusserst brauchbare und selbst erfinderische Arbeiter werden. Dennoch sind auch hier die Fälle recht selten, in denen ein nicht genesener Geisteskranker dauernd die volle Arbeitskraft des Gesunden zu entwickeln im Stande ist.

Der praktischen Rechtspflege, die es ja gerade mit dem Handeln der Menschen zu thun hat, haben die Störungen desselben bei geistigen Erkrankungen nicht entgehen können. Das Bedürfniss jener Wissenschaft hat daher zur Aufstellung gewisser allgemeiner Eigenschaften der Persönlichkeit geführt, welche als Grundlage für die rechtliche Tragweite menschlicher Willensäusserungen angesehen werden. Diese Eigenschaften, die dem Gesunden ohne weiteres zugeschrieben werden, sind die Dispositionsfähigkeit und die Zurechnungsfähigkeit. Die psychologischen Voraussetzungen für die Dispositionsfähigkeit sowol wie für die Zurechnungsfähigkeit liegen zum Theil auf dem Gebiete des Verstandes, zum Theil aber in dem Bereiche des Wollens. Beide Zustände erfordern einmal eine klare Auffassung der thatsächlichen Verhältnisse, einen Einblick in die rechtliche oder sittliche Bedeutung der einzelnen Willenshandlung, andererseits die Möglichkeit einer freien Entschliessung in der Richtung jener Beweggründe, die der eigenen selbstbewussten Persönlichkeit angehören. Wie man leicht sieht, werden bei Geisteskranken in der Regel die beiden aufgestellten Bedingungen unerfüllt sein. Wo Wahnideen die Stellung des Ich zur Aussenwelt in krankhafter Weise verändern, ist für die richtige Beurtheilung des eigenen Handelns durch den Kranken keine Gewähr mehr gegeben, während der Verlust der dauernden, grundlegenden Willensrichtungen oder die Ueberwältigung derselben durch krankhafte Gefühle und Triebe dem Menschen zweifellos die Freiheit eigener Entschliessung im gebräuchlichen Sinne des Wortes rauben. Sowol die Fähigkeit, Rechtshandlungen zu vollziehen, wie die Zurechnungsfähigkeit und damit die rechtliche Verantwortlichkeit für gemeingefährliche Thaten sind demnach bei Geisteskranken grundsätzlich als aufgehoben zu betrachten. Eine allgemeine „Einsicht in die Strafbarkeit der begangenen Handlung“, ja auch bisweilen die Möglichkeit, verbrecherische Antriebe bis zu einem gewissen Grade zu bekämpfen, kann trotzdem recht wol vorhanden sein. Die eingehendere Würdigung dieser rechtlichen Beziehungen der Irren bildet den Gegenstand einer besonderen Wissenschaft, der gerichtlichen Psychopathologie*).

---

*) v. Krafft-Ebing, Lehrbuch der gerichtlichen Psychopathologie, 3. Aufl. 1892. Maschkas Handbuch der gerichtlichen Medicin, Bd. IV. 1882; Cramer, Gerichtliche Psychiatrie. 1897; Delbrück, Gerichtliche Psychopathologie. 1897.

III. Verlauf, Ausgänge und Dauer des Irreseins.

Wie die Erscheinungen, so werden auch Verlauf, Ausgänge und Dauer des Irreseins im allgemeinen durch jene zwei grossen Gruppen von Ursachen bedingt, die wir in der Entstehungsgeschichte der Geistesstörungen kennen gelernt haben, einerseits durch die Art und Wirkungsweise der krankmachenden Einflüsse, andererseits durch die körperliche und geistige Eigenart der erkrankenden Person. Diese beiden Bedingungen sind es, die das Wesen und die klinischen Eigenthümlichkeiten des einzelnen Krankheitsvorganges bestimmen; je genauer daher der Antheil eines jeden derselben an der Entstehungsgeschichte des gegebenen Falles bekannt ist, mit desto grösserer Sicherheit wird es möglich sein, die zukünftige Gestaltung dieses letzteren vorauszusagen. Allerdings fehlt für jetzt derartigen Versuchen vielfach noch die nothwendige Grundlage völlig gesicherter, widerspruchsloser klinischer Erfahrung, namentlich aber die Möglichkeit eines tieferen Einblickes in den oft sehr verwickelten inneren Zusammenhang zwischen Ursache und Wirkung.

A. Verlauf des Irreseins.

Nach ihrem Verlaufe scheiden sich die Geistesstörungen vor allem in krankhafte Vorgänge und in krankhafte Zustände. Im ersteren Falle handelt es sich um den Ablauf bestimmter Veränderungen in einer umgrenzten Zeit, im letzteren dagegen um ein dauerndes, sich gleichbleibendes Verhalten der psychischen Persönlichkeit, das entweder angeboren (z. B. Idiotie, hysterische Veranlagung) oder als Wirkung einer voraufgegangenen Geisteskrankheit erworben sein kann („Endzustände"). Bei diesen krankhaften Zuständen kann entweder nur der Grad oder auch die Art der seelischen Leistungen verändert sein. Zu beachten ist übrigens, dass sie vielfach den günstigen Boden abgeben, auf welchem andersartige Krankheitsvorgänge ihren abgegrenzten, gesetzmässigen Verlauf nehmen können.

Den Vorgang der psychischen Störung fasste Griesinger im Anschlusse an seinen Lehrer Zeller als einen einheitlichen auf, dessen einzelnen Abschnitten die verschiedenen klinischen Formen des Irreseins (Melancholie, Manie, Verrücktheit, Verwirrtheit, Blödsinn) entsprechen sollten. Die Grundlage dieser Anschauung hat anscheinend namentlich die Dementia praecox, in gewissem Sinne wol auch das manisch-depressive Irresein und die Paralyse geliefert. Allein die Erfahrung hat die Annahme eines gesetzmässigen Ablaufes „der Geisteskrankheit" in bestimmten Abschnitten nicht bestätigt und zunächst durch den Hinweis auf die Thatsache einer „primären" Verrücktheit das künstlich aufgebaute Schema durchbrochen. In der That lässt eben die Beobachtung der Formen psychischer Störung durchaus nicht den nach der angeführten Auffassung erwarteten einheitlichen, sondern einen überaus verschiedenartigen Verlauf derselben erkennen.

Beginn der Erkrankung. Der Beginn einer Geisteskrankheit ist in der Regel ein allmählicher; weit seltener bricht die Störung plötzlich ohne alle Vorboten über den Menschen herein. Der Grund für dieses Verhalten liegt in der allgemeinen Entstehungsweise des Irreseins. Es giebt hier nur verhältnissmässig wenige Ursachen, die ganz rasch eine durchgreifende Schädigung der körperlichen Grundlagen unseres Seelenlebens hervorzubringen vermögen (Gifte, Schreck, Fieber, Gebäract); meistens haben wir es mit stetig, aber langsam wirkenden Einflüssen zu thun, die erst nach und nach stärkere Veränderungen erzeugen. Je geringer der Antheil äusserer Ursachen an der Entstehung des Irreseins ist, desto allmählicher wird unter sonst gleichen Umständen die Störung sich entwickeln, bis ihre Ausbildung endlich, wo die Bedingungen der Krankheit ganz in der eigenthümlichen Anlage der Person gelegen sind, zuweilen Jahrzehnte in Anspruch nimmt, sobald kein heftigerer Anstoss im Kampfe ums Dasein den Ausbruch derselben beschleunigt. Namentlich in diesem letzteren Falle knüpft sich der Beginn der Erkrankung gern an bestimmte Lebensalter, die wir anscheinend als Zeiten geringerer

Widerstandsfähigkeit betrachten dürfen. Dahin gehören in erster Linie die Entwicklungsjahre, ferner der Beginn des Greisenalters und bei Frauen das Klimakterium.

Bemerkenswerth ist es, dass regelmässig kleine Veränderungen im Gefühlsleben die ersten und bisweilen Wochen, Monate, selbst Jahre lang einzigen Anzeichen einer herannahenden Geisteskrankheit zu bilden pflegen. Ueberall, wo überhaupt eine Zeit der einleitenden Krankheitserscheinungen sich abgrenzt, spielen unter denselben erhöhte gemütbliche Reizbarkeit und Launenhaftigkeit, Unruhe, unbegründet heitere oder häufiger niedergeschlagene Stimmung die Hauptrolle, selbst wenn späterhin die Störungen der Gefühle ganz in den Hintergrund treten. Ausserdem sind Zerstreutheit, Interesselosigkeit oder auffallende Geschäftigkeit häufige Vorläufer der Krankheit. Zugleich lässt sich regelmässig eine mehr oder weniger tiefgreifende Beeinträchtigung des Schlafes, häufig auch eine Störung der Esslust und fortschreitendes Sinken der allgemeinen Ernährung beobachten. Bei den sehr langsam zur Entwicklung gelangenden Geistesstörungen ist der eigentliche Anfang häufig schwer festzustellen; der Zeitpunkt, an welchem von der Umgebung die erste Veränderung an dem Kranken wahrgenommen wurde, bietet oft nur einen sehr unzuverlässigen Anhalt für die Beurtheilung dar.

An die Zeit der ersten Andeutungen schliesst sich bisweilen eine solche des eigentlichen Krankheitsbeginnes an, in welcher zwar das Irresein bereits deutlich hervortritt, aber doch erst nach und nach zu jener vollständigen Ausbildung sich steigert, die man als die Höhe der Krankheit bezeichnen kann. In anderen Fällen erfolgt der eigentliche Ausbruch der Geistesstörung nach den vorangegangenen unbestimmten Erscheinungen mehr oder weniger plötzlich, besonders im Anschlusse an irgend eine äussere Veranlassung, welche die schon angebahnte Störung rasch zu ihrer vollen Höhe anwachsen lässt.

Höhe der Erkrankung. Der weitere Verlauf lässt je nach der Krankheitsform erhebliche Verschiedenheiten erkennen. Die Krankheit kann sich lange Zeit auf derselben Höhe erhalten: gleichmässiger Verlauf; oder sie kann vielfache Schwankungen in der Stärke ihrer Erscheinungen und selbst zeitweise völliges Zurücktreten derselben darbieten: schwankender oder anfallsweiser Verlauf. Die letzteren Formen des Verlaufes sind bei weitem die häufigeren. Die Nachlässe der Störung schliessen sich öfters mit einer gewissen Regelmässigkeit an den Ablauf bestimmter körperlicher Vorgänge, des Schlafes, der Nahrungsaufnahme an, während umgekehrt der Eintritt der Menses nicht selten eine vorübergehende Verschlechterung des Zustandes hervorruft. Melancholiker erscheinen sehr gewöhnlich in den Morgenstunden stärker niedergeschlagen, als gegen Abend. Endlich werden Beobachtungen von sogenanntem „doppeltem Bewusstsein" mitgetheilt, in denen eine förmliche Verdoppelung der Persönlichkeit stattfand. Die Kranken boten in wechselnden Abschnitten ihrer Psychose nicht nur gänzlich verschiedene Zustände dar, sondern sie bewahrten auch die Erinnerung jeweils immer nur für den gleichartigen Zustand, wie jener Packträger, der sich in der Betrunkenheit an dasjenige erinnerte, was er in früheren Räuschen gethan hatte, während ihm in nüchternen Zeiten diese Erinnerung vollkommen fehlte. Anscheinend handelt es sich hier um hysterische oder epileptische Zustände.

Sehr begreiflich ist der anfallsweise Verlauf einer Psychose, wo dieselbe Gelegenheitsursache immer von neuem wirkt. Dahin gehören die Aufregungszustände der Trinker. Bei den epileptischen Bewusstseinsstörungen beruht das anfallsweise Auftreten in dem eigenthümlichen Kreislaufe der zu Grunde liegenden, noch nicht näher bekannten Umwälzungen; ähnlich steht es mit den seltenen, den Fieberverlauf nachahmenden und an seiner Stelle einsetzenden Geistesstörungen in Folge von Malariavergiftung. Der Erkrankte ist jedoch hier überall auch während der freien Zwischenzeiten nicht als gesund zu betrachten, sondern die Krankheitserscheinungen sind nur zurückgetreten. Die psychische Entartung der Trinker und Epileptiker, die Unsicherheit ihres inneren Gleichgewichtes bildet ebenso das Bindeglied zwischen den einzelnen Ausbrüchen des Irreseins, wie die Malariavergiftung mit ihren Zeichen die einzelnen Fieberanfälle überdauert.

Ganz ähnlich sind diejenigen Geistesstörungen zu beurtheilen, welchen man wegen ihres ausgesprochen anfallsweisen Verlaufes den Namen des periodischen Irreseins beigelegt hat. Es handelt sich dabei um einen ziemlich regelmässigen Wechsel krankhafter mit nahezu gesunden Zuständen; die einzelnen Abschnitte können Wochen, Monate, ja selbst eine Reihe von Jahren dauern. Die wesentliche Ursache der Krankheit liegt hier offenbar in der Person des Erkrankten selber, da sich häufig gar kein oder doch nur ein sehr geringfügiger Anlass für den Ausbruch des Anfalles auffinden lässt: in einzelnen Fällen spielen die Menses eine solche auslösende Rolle. Es giebt indessen auch Uebergangsformen, in denen die einzelnen Erkrankungen wesentlich oder ausschliesslich im Gefolge ungünstiger äusserer Lebensereignisse auftreten, die allerdings bei rüstigem Gehirn schwerlich eine solche Schwankung des psychischen Gleichgewichts herbeigeführt haben würden; hier sind die Anfälle meist seltenere und unregelmässigere. Auch sonst ist übrigens die Dauer der freien oder annähernd freien Zwischenzeiten durchaus keine gleichmässige: sie kann von einigen Wochen bis zu einer grösseren Reihe von Jahren schwanken. Nicht ganz selten sind die Fälle, in denen sogar nur 2—3 mal im Leben die Krankheit auftritt. Von einer eigentlichen Periodicität kann man hier nicht mehr sprechen, doch wird der innere Zusammenhang der einzelnen Anläfle durch die Zugehörigkeit zu demselben klinischen Formenkreise dargethan. Aus dieser Uebereinstimmung der Krankheitsbilder leiten wir auch die Berechtigung ab, jene ganz vereinzelten Fälle dieser Gruppe zuzurechnen, in denen nur ein einziger ausgeprägter Anfall zu Stande kommt.

Allerdings ist der klinische Aufbau der Anfälle beim gewöhnlichen periodischen Irresein nicht immer ein so gleichmässiger, dass jeder folgende genau das Bild der früheren wiederholt; häufiger sehen wir verschiedenartige Gestaltungen mit einander abwechseln. Nicht nur kann die Dauer und Stärke der Krankheitserscheinungen eine sehr verschiedene sein, sondern auch die klinische Eigenart der Krankheitsabschnitte kann bei demselben Falle grosse Verschiedenheiten zeigen. Am auffallendsten ist der mehr oder weniger regelmässige Wechsel zwischen manischen und Depressionszuständen, dem man den besonderen Namen des circulären Irreseins gegeben hat. Aber auch die Abschnitte von gleicher Färbung bieten in dem stärkeren oder schwächeren Hervortreten von Erregung und Hemmung oder der Mischung beider, in dem Auftauchen oder Fehlen von Wahnideen und Sinnestäuschungen noch mancherlei Verschiedenheiten. Dennoch ist es immer ein bestimmter Formenkreis, innerhalb dessen sich alle diese Bilder bewegen, so dass ihre innere Einheit unschwer erkannt und damit von dem gegebenen Anfalle auf die Wiederkehr anderer Anfälle aus derselben klinischen Gruppe geschlossen werden kann.

Die Zahl und Dauer der Anfälle nimmt im Verlaufe der ganzen

Krankheit nicht selten allmählich zu. Die gesammte geistige Persönlichkeit pflegt dabei immer eine gewisse, wenn auch zunächst vielleicht nicht sehr stark bemerkbare Einbusse zu erleiden. Namentlich bei Häufung schwerer Anfälle mit kurzen Zwischenzeiten können sich tiefergreifende Schwächezustände herausbilden, unter Umständen mit fast ununterbrochener verwirrter manischer Erregung. Auch während der freien Zwischenzeiten sind übrigens die periodisch Kranken in der Regel nicht als völlig gesund zu betrachten; gewisse Eigenthümlichkeiten, verschlossenes oder sehr aufgeregtes Wesen, auffallende gemüthliche Reizbarkeit oder Stumpfheit, Schwäche oder Einseitigkeit in den geistigen Leistungen, namentlich aber der **Mangel einer ganz klaren Einsicht in die eigenen Krankheitszustände** lassen sich vielfach auch dann nachweisen, wenn der anscheinend Genesene wieder voll in seinen früheren Wirkungskreis eingetreten ist.

Eine wesentlich andere Bedeutung, als bei den periodischen Geistesstörungen, müssen wir wol endlich jenen Nachlässen der Krankheitserscheinungen zuerkennen, die wir so häufig bei der Paralyse und ganz ähnlich bei der Dementia praecox sich einstellen sehen. Hier haben wir es mit Krankheiten zu thun, die im allgemeinen zweifellos fortschreitender Natur sind. Trotzdem kommt es zu zeitweisem Stillstande, während dessen sich die bestehenden Krankheitszeichen ganz oder doch nahezu vollständig wieder ausgleichen können. Offenbar müssen also die zu Grunde liegenden Schädlichkeiten sich vorübergehend wieder beseitigen lassen. Freilich scheint die Krankheit, wenn auch oft erst nach vielen Jahren, doch meist von neuem wieder einzusetzen. Wir sind heute noch nicht im Stande, uns ein einigermassen klares Bild von dem Wesen der hier sich abspielenden Vorgänge zu machen; ich will mich daher mit dem Hinweise begnügen, dass wir ganz ähnliche Schwankungen in einem an sich fortschreitenden Verlaufe bei den schweren Stoffwechselerkrankungen, beim Diabetes, bei der Arthritis u. ähnl. beobachten.

Genesungszeit. Am häufigsten finden sich Schwankungen zum Bessern oder Schlimmern beim Schwinden der Krankheitsanfälle; sie sind daher im allgemeinen als ein günstiges Zeichen anzusehen. Allerdings kommt auch, besonders bei den sehr rasch entstandenen und sehr kurz dauernden Geistesstörungen (alkoholisches Irresein, epileptische Erregungszustände, Collapsdelirien, Fieberdelirien), ein fast

plötzliches Verschwinden der ganzen Krankheitserscheinungen vor,
z. B. nach einem tiefen Schlafe. In der übergrossen Mehrzahl der
Fälle jedoch geschieht die Abnahme einer psychischen Störung ganz
allmählich, im Laufe von Wochen und Monaten. Zuerst verlieren
sich, wie es scheint, Erschwerungen der Auffassung und des Denkens;
die Kranken beginnen sich in ihrer Umgebung zurecht zu finden,
Arzt und Mitkranke richtig zu bezeichnen, verstehen besser, sprechen
zusammenhängender. Weit später schwinden die Zeichen gemüthlicher Erregung, die heitere oder traurige Stimmung; die Kranken
werden ruhiger, freier, gleichmässiger in ihrem Benehmen. Anfangs
besteht diese Besserung vielleicht nur für kurze Zeit, Tage oder
Stunden, um einem abermaligen Hervortreten der Krankheitserscheinungen bald wieder zu weichen. Nicht selten beobachtet
man gerade in diesem Abschnitte der Krankheit einige Zeit hindurch
einen ziemlich regelmässigen Wechsel guter und schlechterer Tage.
Nach und nach aber werden die Besserungen ausgiebiger und gewinnen längere Dauer; die Rückfälle verlieren an Stärke, bis schliesslich nur noch leichte Verschlimmerungen bei besonderen Anlässen
den fortschreitenden Gang der Genesung unterbrechen.

Am längsten pflegt sich von den Krankheitserscheinungen die
Empfindlichkeit des gemüthlichen Gleichgewichts, die leichte
Erregbarkeit nach der traurigen oder heiteren Seite hin zu erhalten,
auch wenn die Störungen der Verstandesthätigkeit und die dauernden
Verstimmungen sich schon längere Zeit ausgeglichen hatten. So
lässt sich der Verlauf der Krankheit in seinen einzelnen Abschnitten
vielleicht am genauesten nach dem Verhalten der Gemüthsregungen
beurtheilen. Sind es doch aber auch gerade die Gefühle, in denen
sich unmittelbar die augenblickliche Stellungnahme der Person zu
den Eindrücken und Vorstellungen ihres Bewusstseinsinhaltes kundgiebt, die uns somit über den Zustand derselben jeweils am besten
aufzuklären vermögen, während die Verstandesarbeit weit mehr von
dem Erwerbe vergangener Tage, dem Schatze früher gebildeter Vorstellungen, Begriffe und Urtheile beherrscht wird. Eine Störung
ihres Ablaufes kommt daher erst verhältnissmässig spät zu Stande,
und sie gleicht sich unter dem Einflusse der gesammelten Erfahrung
früher wieder aus, als die Veränderungen im Bereiche des Gefühls.
Sie bleibt nur dann eine dauernde, wenn die Krankheit selbst eine
so tiefgreifende Umwandlung der psychischen Persönlichkeit hervor-

gebracht hat, dass dieselbe nicht mehr vollständig die Herrschaft über den Niederschlag ihrer ehemaligen geistigen Arbeit wieder zu gewinnen im Stande ist.

Sehr klare und darum praktisch überaus wichtige Beziehungen zu dem Gesammtverlaufe des Irreseins pflegt das Körpergewicht unserer Kranken darzubieten. Während alle krankhaften Zustände nur insoweit erheblichere Schwankungen des Körpergewichtes erkennen lassen, als greifbare Ernährungsstörungen oder etwa vorübergehende Erregungen dasselbe beeinflussen, beginnt jeder eigentliche psychische Krankheitsvorgang mit einem entschiedenen Sinken des Körpergewichtes, welches unter Umständen 20, 30 Pfund und noch mehr in wenigen Monaten und selbst Wochen betragen kann. Während des Krankheitsverlaufes schreitet die Abnahme langsam fort; im übrigen pflegen ohne besonderen Anlass nur geringfügige Schwankungen vorzukommen.

Der weitere Gang des Körpergewichtes gestaltet sich je nach der Art der Erkrankung verschieden. Jede wirkliche Genesung geht mit einer bedeutenden Hebung der allgemeinen Ernährung einher. Vielfach kündigt sich diese Wendung des Krankheitsverlaufes im Verhalten des Körpergewichtes schon zu einer Zeit an, in der die sonstigen Krankheitserscheinungen noch keinerlei Besserung erkennen lassen. Umgekehrt sehen wir bisweilen den Krankheitszustand sich günstig gestalten, ohne dass die Ernährung sich in entsprechendem Maasse bessert. Derartige Wendungen sollten stets so lange mit äusserstem Misstrauen betrachtet werden, bis die unbedingt nothwendige, aber zuweilen verzögerte Körpergewichtszunahme endlich eingetreten ist. Am schönsten zeigt sich dieses gesetzmässige Verhalten bei den Erschöpfungspsychosen und bei den einzelnen Anfällen des manisch-depressiven Irreseins.

Bei ungünstigem Ausgange des Leidens stellt sich mit der Beruhigung der Kranken, wie sie die Verblödung mit sich bringt, oft ebenfalls eine Zunahme des bis dahin stark gesunkenen Körpergewichtes ein. Unter diesen Umständen kann die Entscheidung ob die Wendung eine günstige oder ungünstige Bedeutung hat, im einzelnen Falle zunächst recht schwierig werden. Meist werden allerdings die allmählich deutlicher hervortretenden Zeichen der Genesung oder des Schwachsinns bald das Urtheil ermöglichen. Bei manchen Altersblödsinnigen und Melancholischen, vielleicht auch bei einigen anderen Formen des Irreseins kann übrigens die Ernährungszunahme während der Verblödung ausbleiben.

Ganz besondere Beachtung verdient vielleicht die Erfahrung,
dass wir fast die stärksten überhaupt vorkommenden Schwankungen
des Körpergewichtes bei der Paralyse und der Dementia praecox
beobachten. Hier stellt sich häufig mit dem Eintritte einer
gewissen Beruhigung eine ungeheure Gefrässigkeit ein, die mit
ausserordentlichem Ansteigen des Körpergewichtes einhergeht. Die
Kranken werden unförmlich dick; ihre Gesichtszüge verändern sich
vollständig. An den plumpen, glänzenden Backen wie an den umfangreichen Oberarmen finden sich im Unterhautzellgewebe wulstige
Einlagerungen, die oft in ganz auffallender Weise an das Myxödem
erinnern. Späterhin sieht man diese Körperfülle meist schneller
oder langsamer wieder schwinden. Ich kann mich des Gedankens
nicht erwehren, dass es sich hier nicht um einen einfachen Fettansatz in Folge der gesteigerten Nahrungszunahme handelt, zumal
wir andere derartige Kranke trotz grösster Esslust durchaus nicht
dicker werden sehen. Vielmehr bin ich geneigt, die Schwankungen
des Körpergewichtes hier für Theilerscheinungen der allgemeinen
Stoffwechselerkrankung zu halten, die mir jenen Erkrankungen zu
Grunde zu liegen scheint. Der Heisshunger könnte dabei, wie beim
Diabetes, etwa nur eines der Zeichen der krankhaften Umwälzung
in den Ernährungsvorgängen darstellen.

B. Ausgänge des Irreseins.

Heilung. Der Vorgang der Genesung geht ohne scharfe Grenze
in den Zustand der vollendeten Heilung über. Die wenigen Reste
der überstandenen Krankheit, vereinzelte Wahnideen oder Sinnestäuschungen, grundlose Verstimmungen, erhöhte Reizbarkeit verlieren
sich allmählich; die gesunden Anschauungen und Neigungen treten
neu hervor; die gewohnten Beschäftigungen werden wieder aufgenommen: die psychische Persönlichkeit mit ihrer ganzen Eigenart
knüpft über den krankhaften Zeitraum hinüber an die vor demselben
liegende gesunde Vergangenheit an, ganz ähnlich wie wir nach
wirrem Traume beim Erwachen sogleich, vielleicht auch erst nach
einigem Besinnen, mit den Erlebnissen vor dem Einschlafen wieder

Fühlung zu gewinnen suchen. Ist die Wiedereinsetzung der psychischen Persönlichkeit in die Herrschaft über ihren Erfahrungsschatz in allen Punkten vollzogen, wird der Ablauf der psychischen Vorgänge nirgends mehr durch krankhafte Gefühle oder Vorstellungen beeinträchtigt, dann haben wir das Recht, von einer völligen Genesung zu sprechen. Dieses Ereigniss ist nach der gewöhnlichen Annahme in etwa 30—40% jener Erkrankungsfälle zu verzeichnen, welche in die Anstaltsbehandlung kommen. Zur Würdigung dieser Zahlen ist zu beachten, dass einerseits viele chronisch verlaufende, unheilbare Fälle niemals in die Irrenanstalten gelangen, und dass andererseits zahlreiche leichte Erkrankungen ebenfalls in Familienpflege ihren günstigen Ablauf finden.

Unter Berücksichtigung dieser Verhältnisse würde es sich ergeben, dass die Prognose der Geistesstörungen sich nicht erheblich ungünstiger stellt, als diejenige schwerer körperlicher Erkrankungen. Erwägt man die beträchtlichen Zahlen der Schwindsüchtigen, Herzfehler, Krebskranken, der unheilbaren Hirn-, Nerven- und Nierenkranken auf grossen medicinischen Abtheilungen, so scheint der Unterschied der wirklichen Heilerfolge zwischen den letzteren und den Irrenanstalten wesentlich auf dem Umstande zu beruhen, dass man sich eben zum Eintritte in ein Krankenhaus auch schon bei geringfügigeren Anlässen zu entschliessen pflegt.

Allein eine genauere Kenntniss der Geistesstörungen lehrt uns, dass dieselben leider nicht nur immer schwere, sondern auch ihrer überwiegenden Mehrzahl nach unheilbare Krankheiten darstellen. Wirklich ganz vollständige Heilungen im strengsten Sinne des Wortes sind verhältnissmässig sehr selten. Eigentlich können wir von solchen nur bei den Fieberdelirien, bei Vergiftungen, ferner bei den Erschöpfungspsychosen und allenfalls bei einer Anzahl von Rückbildungspsychosen sprechen, während wir es bei allen anderen Formen des Irreseins mit unheilbaren Erkrankungen zu thun haben. Allerdings sehen wir überaus häufig sämmtliche auffallendere Krankheitserscheinungen für lange Zeit, selbst für viele Jahre, vollständig verschwinden, so dass derartige Fälle unbedenklich zu den wahren Heilungen gerechnet zu werden pflegen. Wir denken hier namentlich an das epileptische und das manisch-depressive Irresein, ferner an die Katatonie und die Paralyse. In der Regel jedoch setzt hier überall die Krankheit früher oder später wieder ein, sei es in einfacher Wiederholung des früheren Anfalles, sei es unter Fortschreiten des schleichenden Grundleidens. Praktisch kommen die Zwischenzeiten oft einer Heilung nahezu gleich; von wissenschaftlichem Standpunkte aber müssen wir leider bekennen, dass bei genauer Sichtung der Beobachtungen nur ein sehr kleiner Bruchtheil von Fällen übrig bleibt, in welchen wir nach dem heutigen Stande unseres Wissens überhaupt mit der endgültigen und vollständigen Heilung rechnen dürfen. Dabei soll jedoch ausdrücklich bemerkt werden, dass die Aussicht keineswegs ausgeschlossen erscheint, vielleicht einmal für gewisse Formen des Irreseins Heilung zu finden, die heute noch jeder wirklichen Behandlung unzugänglich sind.

Das wichtigste Kennzeichen der eingetretenen Genesung ist ausser dem Schwinden der wahrnehmbaren Krankheitserscheinungen die Einsicht in die krankhafte Natur des überstandenen Leidens und damit zumeist das Auftreten einer gewissen Dankbarkeit für die genossene Behandlung und Pflege. Jene Einsicht ist es ja gerade, welche uns die Gewähr dafür bietet, dass der Genesende die krankhaften Veränderungen seines psychischen Lebens als etwas Fremdartiges empfindet, dass er mit anderen Worten auf den Boden der Beurtheilung zurückgekehrt ist, auf dem er vor der Erkrankung, in gesunden Tagen stand. Mangel der Krankheitseinsicht deutet stets auf die Unmöglichkeit einer richtigen Beurtheilung der während der Geistesstörung gesammelten Erfahrungen hin. Dieselbe hat ihren Grund entweder in der Aufnahme krankhafter Vorstellungen, welche den Standpunkt der Person gegenüber der Umgebung verrückt haben und die geistigen Leistungen entscheidend beeinflussen, oder aber in der noch bestehenden Unfähigkeit zu durchgreifendem Gebrauche der gesunden Urtheilskraft, deren Bethätigung einerseits Ruhe und Gleichgewichtslage des Gemüthes, andererseits aber eine gewisse Anstrengung und geistige Regsamkeit erfordert. Kein Kranker ist als wirklich genesen zu betrachten, der nicht klare und volle Einsicht in seine Krankheit besitzt, während umgekehrt ganz wol ein Verständniss für die krankhafte Natur der psychischen Störung bestehen kann, ohne dass darum immer die Heilung zu erwarten wäre. Ja, gerade in manchen Fällen unheilbaren, tief in der ganzen Anlage des Menschen wurzelnden Irreseins ist eine derartige Selbsterkenntniss nicht so selten vorhanden. Bei den anfallsweisen Störungen aber bleibt die Krankheitseinsicht immer ein prognostisch

sehr günstiges Zeichen, namentlich bei gleichzeitigem Zurücktreten
der stürmischeren Erscheinungen. In manchen Fällen kommt die
Krankheitseinsicht erst sehr spät und zögernd zu Stande, nachdem
im übrigen bereits sämmtliche Zeichen der Geistesstörung sich vollkommen verloren haben. Hier handelt es sich immer um einen gewissen Grad von angeborenem oder erworbenem Schwachsinn.

Ganz regelmässig, wenigstens bei allen länger dauernden Geistesstörungen, geht mit der fortschreitenden Genesung auch eine körperliche Erholung einher, ausser Zunahme des Gewichtes Besserung der
Esslust, des Schlafes und das Gefühl des Wohlseins, Anzeichen,
die bei gleichzeitigem Hervortreten günstiger psychischer Veränderungen einen bedeutenden prognostischen Werth besitzen und hauptsächlich mit einer Abnahme der gemüthlichen Erregung in innerem
Zusammenhange zu stehen scheinen.

In einer kleinen Anzahl von Fällen hat man das Eintreten psychischer Genesung während oder nach einer fieberhaften Erkrankung
(namentlich Typhus, Erysipel, Intermittens), seltener nach stärkeren
Blutungen, schweren Eiterungen oder Kopfverletzungen beobachtet*).
Am häufigsten handelt es sich dabei natürlich um verhältnissmässig
frische Erkrankungen, Melancholie, Manie, Amentia, aber bisweilen
tritt die günstige Wendung auch nach längerer Dauer und in anscheinend aussichtslosen Fällen ein. Freilich wird man in der
Deutung solcher Beobachtungen stets mit äusserster Vorsicht verfahren müssen, da überraschende Genesungen oder doch Besserungen
auch sonst nicht gerade selten sind, eine einfache Folge unserer
mangelhaften klinischen Kenntniss der Geisteskrankheiten. Andererseits aber kann man ohne Zweifel selbst bei längst verblödeten und
verwirrt gewordenen Kranken hier und da während einer gelegentlichen fieberhaften Erkrankung die Wahnideen zurücktreten und
einer unerwarteten geistigen Regsamkeit Platz machen sehen, hier allerdings immer nur für kurze Zeit. Die Erklärung derartiger Erfahrungen
ist dunkel; wir müssen uns mit der Erwägung begnügen, dass sich
hier, wie ja auch die Entstehung geistiger Störungen aus den gleichen
Anlässen darthut, offenbar mächtige Umwälzungen in der Ernährung
der Hirnrinde vollziehen.

---

*) Fiedler, Deutsches Archiv f. klinische Medicin, 1880, XXVI, 3; Leh-
mann, Allgem. Zeitschrift f. Psychiatrie, 1887, XLIII, 3; Wagner, Jahrb. f.
Psychiatrie, 1887, VII.

Vollständige Heilung einer Geisteskrankheit wird im allgemeinen am leichtesten in den rüstigen Lebensaltern und dort zu Stande kommen, wo ein vorübergehender, äusserer Anlass die Ursache des ganzen Leidens bildete. Je weniger die Bedingungen der Erkrankung in dem erkrankten Körper selber liegen, desto rascher und vollständiger wird derselbe unter sonst gleichen Umständen befähigt sein, die Störungen auszugleichen und in den gesunden Zustand zurückzukehren. In der That sehen wir daher namentlich diejenigen Gruppen des Irreseins die günstigsten Genesungsaussichten darbieten, welche durch stark wirkende, aber gewöhnlich keine dauernde Veränderung hervorbringende Ursachen erzeugt werden (Vergiftungen, fieberhafte Krankheiten, Wochenbett). Weit ungünstiger schon liegen die Verhältnisse, wenn die Krankheitsursachen entweder bleibende körperliche Veränderungen hinterlassen (Kopfverletzungen, Syphilis, Typhus bisweilen), oder aber, wenn sie durch längere Zeit hindurch stetig auf den Menschen einwirken und somit durch Häufung ihres Einflusses nach und nach eine tiefere Umwandlung in dem Gesammtzustande desselben herbeiführen (chronische Gemüthsbewegungen und Krankheiten, Alkoholismus, Morphinismus u. s. f.). Durch derartige Ursachen wird nicht nur eine einzelne geistige Erkrankung, sondern eine dauernde Veränderung im psychischen Gesammtzustande erzeugt.

Unvollständige Heilung. Von der Grösse dieser dauernden Störung und den Einflüssen, denen der Kranke weiterhin ausgesetzt ist, hängt es hier ab, wie weit es möglich ist, eine Wiederherstellung des früheren gesunden Zustandes zu erzielen. Nimmt daher auch der ausbrechende Krankheitsvorgang selbst einen günstigen Ablauf, so ist damit doch die Wirkung der eigentlichen Grundursache nicht aufgehoben. Es bleibt eine „Disposition", eine Neigung zu weiteren Erkrankungen zurück, die namentlich dann ihren verderblichen Einfluss geltend macht, wenn der Genesene sich in den Bereich der alten Schädlichkeiten zurückbegiebt. Er fällt jetzt weit leichter, bei dem ersten gegebenen Anlasse, in die überstandene Krankheit zurück. Jeder Rückfall setzt wiederum die Widerstandsfähigkeit für die Folgezeit herab, so dass immer geringfügigere Anstösse genügen, um die krankhaften Zustände aufs neue herbeizuführen.

Ganz ähnliche Verhältnisse, wie sie sich auf diese Weise unter

dem Einflusse dauernder oder häufig wiederkehrender Ursachen
herausbilden können, finden sich bei ursprünglich krankhaft veranlagten Menschen als angeborene Schwächen der Persönlichkeit vor.
Die Krankheitsbedingungen sind hier nicht mehr ausserhalb, sondern
in der Person selber zu suchen. Es ist leicht begreiflich, dass
unter solchen Umständen von einer Heilung geistiger Störungen
nicht in dem Sinne einer völligen Rückkehr zur Gesundheit die
Rede sein kann, da ja eben der Ausgangszustand selbst nicht als
ein wirklich gesunder anzusehen war. Das wichtigste Erforderniss
einer jeden Heilung, die Entfernung der Krankheitsursache, bleibt
unerfüllbar, da diese letztere eben durch die ganze Eigenart des
Menschen dargestellt wird. Trotzdem sehen wir bei solchen Personen nicht selten ausgeprägte und schwere psychische Krankheitserscheinungen mit derselben Geschwindigkeit sich wieder verlieren,
mit welcher sie aus unbedeutenden Anlässen hervorgegangen sind.

Das eigentlich Auffallende ist dabei mehr die letztere, als die
erstere Erscheinung. Die krankhafte Ausgiebigkeit der Gleich-
gewichtsschwankung auf geringfügige Reize lässt die ganze Erkrankung weit bedenklicher erscheinen, als sie wirklich ist. Würde
es doch auch verfehlt sein, etwa aus dem Herzklopfen eines Herzkranken auf den gleichen Grad gemüthlicher Erregung schliessen
zu wollen, den wir unter denselben Verhältnissen beim Gesunden
vorauszusetzen hätten! Wir würden dann erstaunt sein, dort so
rasch völlige Beruhigung zu beobachten, wo wir glaubten, es mit
einer tiefen, dauernden Gemüthsbewegung zu thun zu haben. Umgekehrt aber wird in diesem Beispiele der leiseste Anstoss genügen,
das Anzeichen der Krankheit sogleich in voller Stärke hervorzurufen,
so dass es schliesslich vielleicht durch die blosse Lebensarbeit
dauernd fortbesteht, während in anderen Fällen das eigentliche Leiden
lange Zeit vorhanden sein kann, ohne gerade lebhafte Störungen
zu verursachen. Ganz ähnlich haben wir es beim psychischen
Krüppel mit einer Verminderung der Widerstandsfähigkeit zu thun,
die schliesslich ohne besonderen Reizanstoss zur Entwicklung geistiger
Leiden führen kann, die aber auch dann eine krankhafte Veränderung der ganzen Persönlichkeit bedeutet, wenn sie nicht gerade
zur Ausbildung einer bestimmten Psychose Veranlassung giebt. Die
Heilung der vorübergehenden Störungen ist daher etwa mit der
Beseitigung eines Anfalles von Herzklopfen bei einem Herzkranken

auf gleiche Stufe zu stellen; das eigentliche Grundleiden besteht dabei unverändert fort.

Die vorstehenden Erörterungen haben uns bereits einen weiteren Ausgang des Irreseins kennen gelehrt, den Ausgang in unvollständige Heilung, „Besserung" oder „Heilung mit Defect". Die eigentlichen Krankheitserscheinungen treten auch hier im wesentlichen zurück; die Stimmung wird ruhiger und gleichmässiger; Wahnideen und Sinnestäuschungen verschwinden nach und nach, aber es machen sich die mehr oder weniger ausgeprägten Anzeichen einer Herabsetzung der psychischen Leistungs- und Widerstandsfähigkeit, der Schwäche, bemerkbar. Der Genesende denkt zwar der Form nach richtig und hat auch eine gewisse Einsicht in seine Krankheit, aber er ist nicht mehr derjenige, der er früher war; er hat einen Theil seiner Persönlichkeit eingebüsst. „Gerade das Beste und Werthvollste ist," wie Griesinger sich treffend ausdrückt, „von der geistigen Individualität abgestreift." Die geistige Regsamkeit und Frische, die gemüthliche Tiefe, die selbständige Thatkraft sind unwiederbringlich verloren gegangen. Oft genug bleibt indessen der volle Umfang der psychischen Schwäche im Schutze des Anstaltslebens unbemerkt, weil an den Kranken in dem ruhigen, geregelten Tageslaufe gar keine besonderen Anforderungen herantreten. Der Versuch einer Entlassung aus der Anstalt ist daher die entscheidende Probe, die häufig genug schon nach kurzer Zeit die „mit Defect Geheilten" von den völlig Genesenen abzutrennen gestattet, auch wenn vorher ein abschliessendes Urtheil noch nicht möglich war.

Allerdings kommt hier wieder sehr viel auf die äusseren Umstände an. Ist die Häuslichkeit eine glückliche, die Vermögenslage und die Lebensstellung günstig, so vermag der Kranke auch wieder in seinen früheren Wirkungskreis zurückzukehren und in geordneten Verhältnissen leidlich seine Stellung auszufüllen. Allein die zielbewusste Festigkeit seines Willens hat er verloren; schwierigen Lebenslagen und drängenden Kämpfen ist er nicht mehr gewachsen. Dieser Zustand pflegt den Ausgängen des Altersirreseins, namentlich aber den Besserungen der Dementia paralytica und der Dementia praecox, selbst den weitgehendsten, eigenthümlich zu sein. Viele in unbegreiflicher Weise gescheiterte Lebensgänge, die schliesslich in bescheidenstem Wirkungskreise enden, dürften auf so entstandene Schwächezustände zurückzuführen sein. Als ganz natürlicher Abschluss endlich ist die unvollkommene Wiederherstellung dort zu betrachten, wo der ganze Krankheitsvorgang sich schon auf dem Boden einer von vornherein unzulänglichen Persönlichkeit abspielte. Hier pflegt meist selbst die frühere Höhe nicht wieder erreicht zu werden, sondern der Gebesserte geht noch mehr geschwächt aus dem Anfalle hervor, so dass bei häufigerer Wiederholung der Erkrankungen auch der psychische Verfall jedesmal eine gewisse Steigerung erfährt.

Unheilbarkeit. Schon die unvollständige Heilung bedeutet die Entstehung einer unheilbaren Veränderung in dem Gesammtzustande der Person, aber diese Veränderung besteht in einer einfachen, mehr oder weniger hochgradigen Herabsetzung der psychischen Leistungs- und Widerstandsfähigkeit, ohne eine Umwälzung in dem wesentlichen Inhalte des Denkens, Fühlens und Handelns zu bedingen. Man kann daher weiterhin noch einen Ausgang in Unheilbarkeit unterscheiden, der entweder das unveränderte Andauern der einmal vollzogenen krankhaften Wandlung oder aber den Fortschritt derselben bis zum völligen Zerfall der psychischen Persönlichkeit bedeutet. Das erstere ist der Fall bei manchen Kranken mit manisch-depressivem Irresein sowie bei der Verrücktheit, bei der ein langsam entwickeltes Wahnsystem ohne wesentliche Zunahme der psychischen Schwäche dauernd festgehalten wird. Von einem völligen Stillstande der Krankheit kann freilich auch hier nicht die Rede sein. Vielmehr wird einem aufmerksamen Beobachter die Abnahme der psychischen Leistungsfähigkeit innerhalb längerer Zeiträume kaum entgehen; schon der abstumpfende Einfluss des einförmigen Anstaltsaufenthaltes muss sich vielfach in dieser Richtung geltend machen. Auch nach der Dementia praecox beobachtet man sehr häufig die Rückkehr zu einer Art dauernden Gleichgewichtszustandes mit den Erscheinungen der psychischen Schwäche und einzelnen sonstigen Ueberbleibseln aus der Krankheitszeit. Sie bilden gewissermassen den Uebergang zu den unvollständigen Heilungen. Diese Kranken sind fähig, sich in einfachen Verhältnissen ohne erhebliche Schwierigkeit zurechtzufinden, sich zu beschäftigen, und besitzen auch eine gewisse oberflächliche Krankheitseinsicht, so dass sie von ihrer Umgebung zeitweise für nahezu gesund gehalten werden können. Von Zeit zu Zeit jedoch treten die alten Sinnestäuschungen wieder hervor, und nun lassen sich die Kranken vorübergehend gänzlich von ihnen beherrschen, bis nach einigen Stunden oder Tagen die Aufregung vorüber und alles rasch wieder vergessen ist, ohne irgendwie wahnhaft verarbeitet zu werden.

Allen diesen nur sehr langsam sich ändernden Zuständen kann man mit Recht den eigentlich fortschreitenden Krankheitsverlauf gegenüberstellen, wie er bei gewissen Formen des manisch-depressiven und epileptischen Irreseins, bei der Dementia praecox, namentlich aber in der Paralyse regelmässig zur Beobachtung gelangt. Diese Entwicklung wird meist dadurch eingeleitet, dass zunächst die Stärke der dauernden gemüthlichen Erregung abnimmt, während sich die begleitenden Störungen des Verstandes überhaupt nicht oder doch nicht vollständig zurückbilden, sondern in Form tiefgreifender Urtheilslosigkeit und geistiger Stumpfheit, widerspruchsvoller und zusammenhangsloser Wahnideen oder völliger Verwirrtheit bis zum tiefsten Blödsinn bestehen bleiben. Natürlich vollzieht sich dieser Vorgang einer fortschreitenden Vernichtung der ursprünglichen Persönlichkeit, den man mit dem Namen der Verblödung zu bezeichnen pflegt, je nach der Form der Geistesstörung, welche er abschliesst, in etwas verschiedener Weise und namentlich in sehr verschiedenen Zeiträumen. Bei den melancholischen Erkrankungen erhält sich die Kleinmüthigkeit und Verzagtheit, bei den Formen mit manischer Erregung der Thatendrang und der Stimmungswechsel auch in den unheilbaren Endzuständen. Die Verblödung nach Dementia praecox ist durch die mehr oder weniger hochgradige Stumpfheit und Gleichgültigkeit der Kranken neben einzelnen gut erhaltenen Fähigkeiten und Kenntnissen ausgezeichnet. Zugleich finden sich gewöhnlich Andeutungen katatonischer Erscheinungen, Manieren, albernes Lachen, Katalepsie, Stereotypen. Häufig sind auch Sinnestäuschungen und verworrene Wahnbildungen sowie zeitweise wiederkehrende kurzdauernde Erregungen. Indessen schwindet hier wie bei der Paralyse oft binnen kurzer Zeit auch die letzte Spur der früher vielleicht in Ueberfülle gelieferten Krankheitsäusserungen, die von dem unaufhaltsamen geistigen Verfalle selbst mit vernichtet werden. Dem gegenüber sehen wir bei der Verrücktheit die einmal entwickelten Wahnideen nicht selten Jahre und selbst Jahrzehnte haften.

Tod. Die letzte Form des Ausganges, den die Geistesstörung nehmen kann, ist der Tod. Ohne Zweifel wird die Sterblichkeit durch die psychische Erkrankung beträchtlich gesteigert; sie ist bei Irren etwa fünfmal so gross, als bei der erwachsenen geistesgesunden Bevölkerung. Diese Zahl wird verständlich, wenn man zunächst bedenkt, dass eine Reihe der mit Irresein verbundenen Erkrankungen sehr schwere körperliche Schädigungen erzeugen, die dann ihrerseits unmittelbar oder mittelbar zum Tode führen können. Der bei weitem wichtigste dieser Krankheitsvorgänge ist derjenige, welcher der Paralyse zu Grunde liegt. Die von ihm bewirkte fortschreitende Hirnlähmung kann geradezu unter den Erscheinungen äusserster Herzschwäche oder des Athmungsstillstandes dem Leben ein Ende machen. Ob auch die so häufig zum Tode führenden paralytischen Anfälle einfache Aeusserungen der Hirnerkrankung sind, wie man meist annimmt, lässt sich zur Zeit wol nicht mit Sicherheit entscheiden. Mittelbar erfolgt hier der tödtliche Ausgang durch die Entstehung von Druckbrand, Schluckpneumonien, Verletzungen, Blutvergiftungen u. dergl. Vereinzelt kommen neben der Paralyse die ihr verwandten Hirnerkrankungen als Todesursachen in Betracht, Gliose, arteriosklerotische Entartung, syphilitische Veränderungen, Geschwülste, Embolien, Blutungen, Thrombosen.

In der überwiegenden Mehrzahl der Fälle ist indessen das Leiden, welches die Geistesstörung erzeugt, kein tödtliches. Dagegen wird immerhin nicht allzu selten der Tod dadurch veranlasst, dass sich einzelne gefahrdrohende Krankheitserscheinungen entwickeln. Dahin gehört vor allem die Neigung zum Selbstmorde, wie sie sich so häufig an traurige Wahnideen oder Stimmungen anschliesst. In ihr haben wir es mit einer äusserst verhängnissvollen und praktisch überaus wichtigen Erscheinung des Irreseins zu thun, die bei schlechter Ueberwachung zahlreiche Opfer fordert. Nächstdem ist es die Nahrungsverweigerung, dann die bis zur äussersten Erschöpfung andauernde Unruhe und Schlaflosigkeit mancher Kranker, schwerer Verlauf chirurgischer Verletzungen wegen der Unmöglichkeit einer geeigneten Behandlung, die als Todesursachen bei Geisteskranken genannt werden müssen.

Endlich aber ist es eine sehr bemerkenswerthe Thatsache, dass auch die Ausbildung gewisser körperlicher Erkrankungen durch das Irresein begünstigt wird. Namentlich die Tuberculose fordert in Irrenanstalten die fünffache Zahl von Opfern wie bei Geistesgesunden. Das kasernenhafte Leben, die häufig bestehende Ueberfüllung, die ausgiebige Gelegenheit zur Ansteckung, namentlich aber die Stumpfheit so vieler Kranker und die damit verknüpfte Herabsetzung der Athmungs- und Kreislaufsthätigkeit sind wol in erster Linie für dieses Verhalten verantwortlich zu machen; ob sonst noch in den Störungen der Hirnthätigkeit als solcher gerade Ursachen liegen, welche eine besondere Neigung zu diesen oder jenen körperlichen Erkrankungen („auf trophoneurotischem Wege") setzen, dürfte recht zweifelhaft sein. Jedenfalls ist der Gesammtzustand und die Lebensweise der Kranken von weit erheblicherer Bedeutung.

C. Dauer des Irreseins.

Die Dauer psychischer Störungen bietet sehr weitgehende Verschiedenheiten dar. Wo die Entstehungsbedingungen des Irreseins im Menschen selbst gelegen sind, da dauert dasselbe durch das ganze Leben an; je mehr sie dagegen von äusseren Ursachen abhängig sind, und je rascher und vorübergehender dieselben einwirken, desto kürzer ist die Dauer der Krankheit. Fieberdelirien, Vergiftungsdelirien, Collapsdelirien können nach wenigen Tagen, Stunden, ja Minuten schon wieder verschwinden. Aber auch bei krankhafter Veranlagung, bei Epileptikern, Hysterischen werden „Anfälle" von psychischer Störung beobachtet, die nur eine äusserst kurze Dauer aufzuweisen haben. Hier ist jedoch, wie schon früher ausgeführt, zu beachten, dass dieselben gewissermassen nur vorübergehende Verschlimmerungen eines an sich schon krankhaften, andauernden Zustandes darstellen, wenn dieser auch für gewöhnlich nicht in auffallenden Krankheitserscheinungen hervortritt. Im allgemeinen zeigen die Psychosen trotz der genannten Ausnahmefälle eine beträchtlich längere Dauer, als durchschnittlich körperliche Krankheiten, so dass hier die Abgrenzung der acuten und chronischen Formen nach einem anderen Maassstabe zu geschehen pflegt. Selbst bei frischen Erkrankungen zieht sich der Verlauf in der Regel über eine Reihe von Monaten hin; Fälle bis zur Dauer eines Jahres und selbst darüber werden daher häufig noch als acute oder subacute bezeichnet. Immerhin pflegt die überwiegende Mehrzahl der überhaupt heilbaren Psychosen innerhalb des ersten Jahres den günstigen Ausgang zu nehmen. Heilungen nach mehr als zweijähriger Dauer der Krankheit sind schon ziemlich selten, doch kommen solche Ausnahmefälle in sinkender Zahl selbst nach fünf, acht und zehn Jahren noch vor, ja es werden ganz vereiuzelte Beobachtungen berichtet, in denen nach einem Anstaltsaufenthalte von zwei Jahrzehnten noch eine unerwartete Genesung sich einstellte*). In derartigen Fällen dürfte es sich allerdings wol nur um „Heilungen mit Defect" handeln, hauptsächlich bei Katatonikern. Ausser der Form der Psychose und der Persönlichkeit des Erkrankten ist auf die Dauer derselben zweifellos auch die Behandlung von Einfluss. Je früher Geisteskranke in eine geeignete Umgebung, in die Anstalt gebracht werden, desto rascher vollzieht sich unter sonst gleichen Umständen der Ablauf der psychischen Störung, und desto günstiger sind gleichzeitig die Aussichten auf eine möglichst vollständige Genesung.

*) **Ventra**, il manicomio, 1895, 2 u. 3.

IV. Die Erkennung des Irreseins.

Die Beantwortung der Frage nach dem Vorhandensein einer Geistesstörung im einzelnen Falle setzt vor allem die Kenntniss der Thatsachen voraus, die uns von der Geschichte und dem Zustande der gesammten Persönlichkeit ein möglichst klares und vollständiges Bild zu vermitteln geeignet sind. Die Gesichtspunkte für die Verarbeitung dieser Thatsachen liefert uns dann die klinische Erfahrung, und sie ist es auch, welche uns in den Stand setzt, die eigenthümlichen Fehlerquellen zu vermeiden, welchen gerade bei der Beobachtung und Beurtheilung krankhafter Geisteszustände nicht zu selten eine verhängnissvolle Rolle zukommt. Die Lehre von der Erkennung des Irreseins hat somit drei verschiedene, aber in innigem Zusammenhange mit einander stehende Aufgaben zu lösen: sie hat die klinischen Untersuchungshülfsmittel auszubilden, die allgemeinen Erkennungszeichen des Irreseins festzustellen und endlich die Aufdeckung der Simulation und Dissimulation zu ermöglichen.

A. Krankenuntersuchung*).

Den nächsten und wichtigsten Anhaltspunkt für die Erkennung einer Geistesstörung geben uns naturgemäss die Erscheinungen und der Verlauf derselben; für ein weitergehendes Verständniss ist aber immer auch die Kenntniss der äusseren und inneren Ursachen erforderlich, aus denen heraus sich die Erscheinungen entwickelt haben. Das Endziel der klinischen Untersuchung ist daher

---

*) Morselli, Manuale di semeiotica delle malattie mentali. 1885 u. 1895; Sommer, Diagnostik der Geisteskrankheiten. 1894.

nicht nur die Feststellung der etwa vorhandenen Anzeichen geistiger
Störung, sondern auch die Auffindung derjenigen Anhaltspunkte, die
in ursächlicher Beziehung von Bedeutung sein könnten. Die Hülfsmittel, die ihr für alle diese Zwecke zu Gebote stehen, sind einmal
die rückschauende Betrachtung des Vorlebens bis in frühere Geschlechter hinein, die **Anamnese**, weiterhin die eingehende Prüfung
des gesammten körperlichen und psychischen Verhaltens in einem
gegebenen Augenblicke, die Aufnahme des **Status praesens**, ferner
die **fortgesetzte Beobachtung** und endlich in gewissen Fällen
auch die **Erhebung** eines **Leichenbefundes**.

Vorgeschichte. Die erste Frage richtet sich auf die Erblichkeitsverhältnisse im weitesten Sinne. Wer hier zuverlässige Angaben erhalten will, wird gut thun, mit seiner Prüfung möglichst in das
Einzelne einzugehen und sich nicht mit allgemeinen Antworten zu
begnügen. Ausserdem empfiehlt es sich, verschiedene Angehörige,
vielleicht auch den Untersuchten selbst, gesondert auszufragen, da oft
genug unabsichtlich, aus Unkenntniss oder Mangel an Verständniss
bisweilen sogar absichtlich, wichtige Thatsachen verschwiegen werden.
In nicht wenigen Fällen giebt die persönliche Bekanntschaft mit den
verschiedenen Familiengliedern (absonderliche Vornamen!) dem geübten Beobachter schon an sich genügenden Stoff zur Beurtheilung
der Erblichkeitsverhältnisse an die Hand. Völlige, dauernde Ein-
sichtslosigkeit mit rührender Hoffnungsfreudigkeit bei den tief-
greifendsten Störungen ihrer Kranken, Urtheilslosigkeit gegenüber
deren Wahnideen, übertriebene oder zur Schau getragene Aengstlichkeit, unsinniges Misstrauen gegen die Anstalt und deren Einflüsse, Neigung zu allen möglichen Quacksalbereien und kindischen
Einmischungen in die Behandlung, auf der anderen Seite Gleichgültigkeit, ja Rohheit sind nicht selten kennzeichnende Züge bei den
„Angehörigen" entarteter Kranker.

Bei der geschichtlichen Verfolgung des einzelnen Lebens wird
man naturgemäss sein Augenmerk der Reihe nach auf alle jene
Schädlichkeiten zu richten haben, die wir früher als mögliche
Ursachen des Irreseins kennen gelernt haben. Für die Zeit des
intrauterinen Daseins haben wir auf schwere Gemüthsbewegungen,
erschöpfende Krankheiten oder sonstige Schädigungen des mütter-
lichen Körpers Rücksicht zu nehmen. Weiterhin sind von Wichtigkeit der Verlauf der Geburt, Infectionskrankheiten oder Gehirnleiden

(Krämpfe, Lähmungen) im ersten Kindesalter, Entwicklungsstörungen, die Einflüsse der Erziehung und für das spätere Leben die ganze Reihe jener persönlichen Schicksale, die das psychische Gleichgewicht zu erschüttern oder dauernd zu vernichten im Stande sind, vor allem die mannigfachen physiologischen und krankhaften Umwälzungen auf körperlichem Gebiete, die Entwicklung der Geschlechtsreife, das Fortpflanzungsgeschäft, Erkrankungen aller Art, endlich die Ausschweifungen, die Entbehrungen, die niederdrückenden Gemüthsbewegungen. Oft genug freilich bleibt das Forschen nach einer bestimmteren Ursache vollkommen ergebnisslos, sei es, dass überhaupt kein greifbarer äusserer Anstoss zur Entwicklung des Irreseins vorhanden war, sei es, dass er nicht beachtet wurde oder doch für die Erklärung sich als durchaus ungenügend erweist. So werden von der Umgebung nicht selten solche Vorkommnisse als Ursache der Psychose angesehen, die sich bei näherer Betrachtung unzweifelhaft als die Anzeichen der bereits ausgebrochenen Störung darstellen, z. B. die Ausschweifungen des Paralytikers, die unglückliche Liebe des erotisch Verrückten, die Selbstbeschuldigungen des Melancholikers, die Trägheit oder die Onanie des Hebephrenen.

Ausser den Ursachen sind selbstverständlich die etwaigen Erscheinungen des Irreseins in der Vergangenheit und weiterhin deren Verlauf und Dauer festzustellen. Auch zu diesem Zwecke wird man bis in die erste Jugendzeit zurückgreifen. Die Schnelligkeit der körperlichen und geistigen Entwicklung (Gehen, Sprechen, Lesen), die geistige Befähigung (Schulzeugnisse) und sittliche Veranlagung, die Gemüthsart, der Wille, die persönlichen Neigungen und deren Ausbildung, namentlich auch das Verhalten im Entwicklungsalter (Masturbation) haben unter diesem Gesichtspunkte für uns Wichtigkeit. Von der grössten Bedeutung aber ist natürlich die Feststellung desjenigen Zeitpunktes, an dem eine unverkennbar krankhafte Veränderung im Seelenleben sich einstellte. Gerade in dieser Hinsicht ist der Arzt den allergröbsten, zumeist unabsichtlichen Täuschungen ausgesetzt. Fast bei allen chronisch verlaufenden Psychosen wird die Erkrankung längere Zeit hindurch verkannt und ihr Beginn daher viel später angenommen, als er wirklich stattfand. Erst bei eingehendem Befragen erfährt man dann, dass doch auch vor dem bezeichneten Zeitpunkte, oft Monate und Jahre vorher, schon diese oder jene, nicht weiter beachteten Anzeichen der Störung

vorhanden waren, dass die ersten krankhaften Spuren vielleicht
schon bis in die früheste Jugend zurückreichen. Gebildete Leute
sind in dieser Beziehung vielfach nicht bessere Beobachter als Un-
gebildete.

Die genauere Aufklärung dieser Vorgeschichte des Irreseins
setzt natürlich eine vollständige Kenntniss der einzelnen Krankheitsformen voraus. Schon aus den ersten allgemeinen Angaben
über die ursächlichen Verhältnisse, über die langsame und schnelle
Entwicklung, über das Bestehen von Sinnestäuschungen, Wahnideen,
Gedächtniss- und Verstandesstörungen, traurigen und heiteren Verstimmungen, Abweichungen im Benehmen und Handeln, körperlichen und besonders nervösen Krankheitszeichen, über den gleichbleibenden, fortschreitenden, anfallsweisen, circulären Verlauf ergiebt
sich zumeist bald der Verdacht auf eine bestimmte klinische Erkrankungsform, der dann durch Eingehen auf das Einzelne weiter
begründet oder widerlegt werden kann. Für praktische Zwecke und
in der Hand des Erfahrenen ist diese zunächst nach einem allgemeinen Ueberblick suchende Aufrollung der Vorgeschichte ungleich zweckmässiger, als die planmässige Erledigung eines bereiten
Fragebogens, welcher alle überhaupt möglichen Erscheinungen des
Irreseins umfasst. Weniger belangreich für die Erkennung, dafür
aber um so wichtiger für die Behandlung der Krankheit sind endlich
die nie zu unterlassenden Fragen nach der Neigung zu gemein-
gefährlichen Handlungen, zur Nahrungsverweigerung und namentlich
zum Selbstmorde.

Zustandsuntersuchung. Wenn auch die Vorgeschichte vielfach
schon hinreichende Anhaltspunkte liefert, um mit grosser Wahrscheinlichkeit nicht nur eine Geistesstörung überhaupt, sondern die besondere Form derselben feststellen zu können, so ist doch für die
Abgabe eines ärztlichen Urtheils die persönliche Untersuchung auch
in den anscheinend einfachsten Fällen ebenso unabweisliches Erforderniss wie bei irgend einer körperlichen Erkrankung. Der
innige Zusammenhang zwischen psychischen und körperlichen Störungen wird uns dabei zur Berücksichtigung auch dieser letzteren
veranlassen, da wir in ihnen nicht selten Aufschlüsse über die Ursachen des Irreseins oder aber klinisch wichtige Begleiterscheinungen
desselben aufzufinden erwarten dürfen.

Die körperliche Untersuchung wird zunächst den allgemeinen

Zustand des Körpers ins Auge zu fassen haben. Missverhältnisse zwischen Lebensalter und Aussehen (jugendlicher Habitus, vorzeitiges Greisenthum), das Verhalten des Körperwachsthums (Zwergwuchs, Kyphosen, schmächtiger Bau, Akromegalie), der Ernährung (Anaemie, Fettpolster, Hautfarbe), der Kräfte (Musculatur), das Vorhandensein von Entwicklungsstörungen (Spina bifida, Hasenscharte, Wolfsrachen, steiler oder flacher Gaumen, Kryptorchismus, Polymastie, Missbildungen der Ohren, Zähne, Geschlechtstheile), Kropfbildung, Hautverdickungen, Spuren alter Rhachitis (Zähne, Rippen, Epiphysen) oder Syphilis (Knochenauftreibungen, Hautnarben, Drüsenschwellungen) u. dergl. können werthvolle Fingerzeige für die ursächliche Beurtheilung des Falles abgeben. Einige jener Bildungsfehler werden, wie früher angeführt, vielfach geradezu als „Entartungszeichen"*) angesehen. Allerdings wird man bei der Verwerthung derselben mit Vorsicht zu verfahren haben und ihnen nur in Verbindung mit anderen, gewichtigeren Beweisgründen eine weiterreichende Bedeutung zugestehen dürfen.

Unzweifelhaft der wichtigste Theil der körperlichen Untersuchung ist die Prüfung des Nervensystems, insbesondere des Gehirns, das freilich am Lebenden unserer Beurtheilung nur wenige Angriffspunkte darbietet. Von der Grösse des Gehirns kann uns die Schädelmessung, namentlich nach dem von Rieger**) ausgebildeten Verfahren, ein ungefähres Bild verschaffen, dem indessen alle jene Fehlerquellen anhaften, welche in dem unvollkommenen Parallelismus der Schädel- und Hirnoberfläche ihren Ursprung haben. Unmittelbare psychiatrische Wichtigkeit besitzen daher nur diejenigen Verbildungen des Schädels in Form und Grösse, die unzweifelhaft über den Bereich jener Fehlerquellen hinausgehen. Dabei ist zu berücksichtigen, dass es nicht allein auf die Schädel- oder Gehirngrösse an sich, sondern wesentlich auf das Verhältniss derselben zu der Grösse und Masse des ganzen Körpers ankommt. Unter Berücksichtigung dieses Umstandes können bisweilen Missverhältnisse aufgedeckt werden, die der einfachen Betrachtung entgehen. Im übrigen vermögen allerdings alle feineren, erst mit Hülfe genauer Messungen feststellbaren Abweichungen höchstens

---

*) Knecht, Allgem. Zeitschr. f. Psychiatrie, LIV, 876.
**) Rieger, Eine exacte Methode der Craniographie. 1885.

die allgemeine Vermuthung zu begründen, dass mit ihnen vielleicht auch Störungen in der Hirnentwicklung einhergehen. Sehr beachtenswerth sind dagegen die Spuren früherer Verletzungen, Narben, Eindrücke u. dergl., da sie bisweilen den einzigen Schlüssel für das Verständniss sonst räthselhafter Krankheitsbilder abzugeben im Stande sind.

Ueber die Kreislaufsverhältnisse des Gehirns vermag uns bis zu einem gewissen Grade die Betrachtung benachbarter Gefässbezirke, des Gesichtes und vor allem des Auges Aufschluss zu geben. Für die Hirnpathologie ist die Augenspiegeluntersuchung bekanntlich ein überaus wichtiges Hülfsmittel geworden. Bei Geisteskranken dagegen sind ihre Ergebnisse leider noch allzu unsichere geblieben, als dass man ihr heute einen wesentlichen Werth für die Diagnostik zuerkennen könnte. Ob hier andere Verfahren, die Thermometrie*) und die Auscultation des Kopfes, bessere Ergebnisse liefern werden, muss der Zukunft überlassen bleiben.

Von durchschlagender Bedeutung für die Beurtheilung des Gehirnzustandes ist dagegen die Prüfung seiner Verrichtungen. Sehen wir zunächst ab von den psychischen Erscheinungen, so werden wir in erster Linie die Sinnesgebiete zu untersuchen haben. Freilich ist es hier, namentlich beim Gehör, oft recht schwierig, ja unmöglich, Störungen in den reizaufnehmenden Sinneswerkzeugen von denjenigen der zugehörigen Hirnabschnitte zu trennen. Ausser eingehender Prüfung der Sinnesthätigkeit und der Besichtigung mit dem Spiegel kann insbesondere beim Ohr noch die elektrische Untersuchung der Gehörsnerven**) in Frage kommen, die‘ bisweilen bemerkenswerthe Abweichungen von der Brenner'schen Normalformel zu Tage fördert. Bereits weit in das geistige Leben hinein reichen jene Störungen der höheren Sinnesthätigkeit, die man als „Worttaubheit“ und „Seelenblindheit“ bezeichnet hat. Noch mehr ist das der Fall bei den aphasischen und den ihnen verwandten Störungen***), deren feinere Zergliederung sich noch immer in den ersten Anfängen befindet.

---

*) Mosso, Die Temperatur des Gehirns. 1894.

**) Chvostek, Beiträge zur Theorie der Hallucination. Jahrb. f. Psychiatrie, XI, 3.

***) Ballet, Die innerliche Sprache und die verschiedenen Formen der Aphasie, deutsch v. Bongers. 1890; Wolff, Zeitschrift f. Psychologie und Physiologie der Sinnesorgane, XV, 1.

Nach der motorischen Seite hin haben wir zunächst die Grösse und Beweglichkeit der Pupille, das Spiel der Augenmuskeln, der Gesichtszüge und der Zunge zu beachten. Fernerhin aber pflegen bekanntlich auch gewisse Formen des Krampfes (Rindenepilepsie, Athetose, Chorea) und der Lähmung (spastische Lähmung, Contractur), dann manche Coordinationsstörungen verwickelter Willkürbewegungen, des Gehens, Stehens, namentlich aber des Sprechens und Schreibens, mehr oder weniger bindende Rückschlüsse auf den Zustand des Nervengewebes, insbesondere des Gehirnes, zu ermöglichen. Noch deutlicher weisen uns die epileptischen und hysterischen Krämpfe, die hysterischen Lähmungen geradezu auf eine bestimmte, freilich auch nur symptomatische Krankheitsauffassung hin.

Der Untersuchung des Gehirns schliesst sich eng diejenige des **Rückenmarkes**, des **Sympathicus** und endlich der **peripheren Nerven** an, um so enger, als ja selbst heute noch nicht immer die Ursache einer krankhaften Erscheinung mit Sicherheit in einen der grossen Abschnitte des Nervensystems verlegt werden kann. Die Prüfung des Haut- und Muskelsinnes im weitesten Umfange, der Reizempfindlichkeit in ihren verschiedenen Gestaltungen, der Schmerzempfindlichkeit (Druckpunkte), der elektrischen und mechanischen Erregbarkeit der Nerven (Facialisphänomen) und Muskeln, der Ausgiebigkeit, Sicherheit und Kraft der Bewegungen, der Reflexe, endlich der vasomotorischen (Dermatographie), trophischen, secretorischen Vorgänge (Speichelfluss) wird daher regelmässig die Untersuchung des allgemeinen Hirnzustandes zu vervollständigen haben.

Nur mittelbar, auf dem Wege vielgliedriger Schlussfolgerungen, kann uns natürlich die Untersuchung des übrigen Körpers zu einer Erkennung krankhafter Vorgänge im Bereiche des Nervensystems verhelfen, insofern wir in den aufgefundenen Veränderungen entweder Ursachen oder aber einfache Begleiterscheinungen vor uns haben können. So werden wir uns erinnern, dass schwere allgemeine Ernährungsstörungen (fieberhafte Krankheiten, Blutentmischungen, chronische Infectionen und Vergiftungen) häufig genug die Grundlage psychischer Erkrankungen bilden, andererseits aber, dass jede rasch einsetzende Geistesstörung mit durchgreifender Beeinträchtigung der Esslust, des Schlafes und des gesammten Stoffwechsels einherzugehen pflegt.

Selbstverständlich kann aber auch die körperliche Veränderung im einzelnen Falle ganz zufällig mit dem Irresein zusammenfallen. Gleichwol wird zur vollen Würdigung der Sachlage eine möglichst sorgfältige Untersuchung aller zugänglichen Organe und ihrer Verrichtungen stets unerlässlich sein. Besondere Bedeutung hat man bisweilen der Form des Pulsbildes beigelegt, aus der man die weitgehendsten Aufschlüsse über Diagnose und namentlich Prognose des Irreseins überhaupt herauslesen wollte. Ohne Zweifel sind den feinen und überraschend vielseitigen Gestaltungen der Pulscurve noch so manche werthvolle Andeutungen für das Verständniss der Kreislaufsverhältnisse zu entnehmen, und wir begegnen in der That bei unseren Kranken auffallenden Störungen der Blutbewegung (Kleinheit, Beschleunigung, Unregelmässigkeit des Pulses, Stauungen, Wallungen) überaus häufig. Eine unverbrüchliche Beziehung zwischen Pulsbild und Irresein besteht indessen nicht, sondern jenes erstere kann im Verlaufe einer und derselben Erkrankung in Folge verschiedenartiger Einflüsse (Gemüthsbewegungen, Gefässspannung, Herzthätigkeit) mannigfaltigen Schwankungen unterliegen*).

Noch ganz in den ersten Anfängen befinden wir uns hinsichtlich der Untersuchung und Deutung der Blutveränderungen**) bei Geisteskranken. Wir besitzen freilich bereits eine ganze Reihe von Arbeiten über diese Fragen, allein zu bestimmten Schlüssen im einzelnen Falle reichen die vorliegenden Ergebnisse noch nicht aus. Es scheint mir jedoch zweifellos, dass wir gerade in dieser Richtung noch wichtige Entdeckungen zu erwarten haben, um so mehr, als die Bedeutung der allgemeinen Stoffwechselerkrankungen für einige der verbreitetsten Formen des Irreseins mir immer klarer sich herausstellen scheint. Ganz ähnlich steht es mit den Harnuntersuchungen. Aus den Ausscheidungen werden wir zwar immer nur ein sehr unvollkommenes Bild von den Störungen in der chemischen Zusammensetzung der Körpergewebe erhalten***), aber die Möglichkeit

---

*) Ziehen, Sphygmographische Untersuchungen an Geisteskranken. 1887; Sokalski, Untersuchungen über Puls und Blutdruck in acuten Geisteskrankheiten. 1897; Patrizi, Rivista sperim. di freniatria, XXIII. 1.

**) Vorster, Allgem. Zeitschr. f. Psychiatrie, L., 3 u. 4; Agostini, Rivista sperimentale di freniatria, XVIII, 483.

***) Belmondo, Rivista sperim. di freniatria, XXII, 657.

einer häufigen Untersuchung wird uns doch zu einer eingehenden Berücksichtigung jenes Hülfsmittels veranlassen. Bisher wissen wir freilich wenig mehr, als dass neben Eiweiss und Zucker gelegentlich noch eine Reihe anderer ungewöhnlicher Stoffe im Harn vorkommen können, ohne dass sich einstweilen eine genauere Beziehung zu bestimmten Erkrankungen feststellen liesse*). Auch die Untersuchungen des Magensaftes haben die an sie geknüpften Erwartungen noch nicht erfüllt; immerhin kann man ihren Ergebnissen vielleicht gewisse Gesichtspunkte für die Behandlung entnehmen.

Hat uns die körperliche Untersuchung gewisse Anhaltspunkte für die ursächliche Auffassung eines Falles oder Beweise für das Bestehen von Störungen in diesen oder jenen Abschnitten des Nervengewebes zu liefern, so muss das eigentliche Krankheitsbild durch die Prüfung der psychischen Thätigkeit festgestellt werden. Leider gehen die Hülfsmittel, die uns für die Klärung dieses wichtigen Theiles des Krankheitszustandes zu Gebote stehen, bisher nur wenig über diejenigen hinaus, die uns die gewöhnliche Lebenserfahrung an die Hand giebt. Die Untersuchung des psychischen Zustandes liefert uns zumeist keinerlei Zahl- und Maassbestimmungen. Sie begnügt sich vielmehr mit der ursprünglichsten Art der Beobachtung und mit dem einfachsten psychologischen Versuche, der Stellung von Fragen; sie hält sich in ihrem Gange nicht an einen vorherbestimmten Plan, sondern sie schreitet nach Belieben vom unmittelbar Vorliegenden und Auffallenden zum Verborgenen und schwerer Auffindbaren fort. Gerade gewisse motorische Aeusserungen sind es daher, die zumeist den Ausgangspunkt für die Untersuchung zu bilden pflegen.

Aus der Körperhaltung, den Ausdrucksbewegungen, den Gesichtszügen können in der Regel schon von vornherein einige Aufschlüsse über das Verhalten der Aufmerksamkeit (Theilnahmlosigkeit, Interesse, Neugier) und die Stimmung des Kranken gewonnen werden (Ausgelassenheit, Angst, Verzweiflung, Ruhe oder Stumpfheit). Durch einige einfache Fragen über Namen, Alter, Vorleben wird weiterhin festgestellt, ob das Bewusstsein getrübt oder klar, ob die Besonnenheit, die Fähigkeit der Auffassung und unmittel-

---

*) Köppen, Archiv f. Psychiatrie XX, 3; Schäfer, Monatsschr. f. Psych. u. Neurol. II, 157.

baren Verwerthung von Sinneseindrücken, erhalten ist. Zugleich
wird sich dabei auch ein annäherndes Urtheil über die Schnelligkeit des
Vorstellungsverlaufes sowie über das Gedächtniss für die frühere
Vergangenheit ergeben. Im Fortgange unserer Unterhaltung werden
wir festzustellen suchen, ob die Erinnerung an die jüngste Zeit, die
Orientirung über Zeit und augenblickliche Umgebung (Aufenthalts-
ort wie Personen) und ob Krankheitsbewusstsein oder gar
Einsicht vorhanden ist; wir gewinnen dabei die Aufklärung, ob
wir es mit einem geordneten oder mit einem ideenflüchtigen, zerfahrenen, deliriösen, verwirrten, umständlichen, einförmigen Gedankengange zu thun haben. Inzwischen werden sich zumeist schon
allerlei weitere Anhaltspunkte für die Beurtheilung der übrigen
psychischen Leistungen ergeben haben, die uns als Wegweiser für
die Auffindung weniger unmittelbar zu Tage tretender Störungen
dienen können.

Nicht ganz leicht ist es bisweilen, über das Bestehen von
Sinnestäuschungen ins klare zu kommen. Die einfache Frage
über diesen Punkt wird uns vielfach nicht zum Ziele führen, sei es,
dass sich dem Kranken die Trugwahrnehmungen unterschiedslos der
sonstigen Sinneserfahrung einordnen, sei es, dass er aus irgend
welchen Gründen über dieselben eine misstrauische Zurückhaltung
bewahrt. Gleichwol pflegen die Bezeichnungen „Stimmen“ und „Bilder“
vom Hallucinanten in der Regel sofort auf seine Täuschungen bezogen zu werden. Bisweilen sind die Trugwahrnehmungen trotz
alles Ableugnens des Kranken mit ziemlicher Sicherheit aus seinem
Benehmen zu erschliessen, aus der horchenden Stellung, in der er
längere Zeit verharrt, grundlosem Auffahren oder Lachen, lautem
Sprechen, plötzlicher Gereiztheit u. dergl. Umgekehrt ist aber die
Gefahr recht gross, zu der Annahme von Sinnestäuschungen zu
kommen, wo es sich nur um eigenthümlich aufgefasste und wieder-
gegebene wirkliche Wahrnehmungen handelt. Die Erfahrung hat
mir gezeigt, dass Vorsicht in dieser Beziehung sehr am Platze ist.

Auch die Erkennung von Wahnideen ist nicht immer ganz
leicht. Bisweilen treten dieselben bei der Versetzung in eine neue
Umgebung zeitweise in den Hintergrund. Eine ganze Zahl von
Kranken pflegt ferner ihre Wahnideen, namentlich im Beginne der
Erkrankung und vor Fremden, sehr sorgfältig geheim zu halten und
jedem Versuche tieferen Eindringens auszuweichen, bis irgend ein

Punkt getroffen wird, der sie in Erregung versetzt, oder bis es gelingt, durch allerlei verfängliche Fragen eine Anknüpfung zu finden, mit Hülfe deren sich anscheinend absichtslos das ganze zusammenhängende Netz krankhafter Vorstellungen entwickeln lässt. Nicht zu selten leitet auch hier schon das äussere Benehmen des Kranken auf die Spur. Scheues, misstrauisches Wesen wird uns geheime Feinde und Verfolgungen vermuthen lassen; eine gewisse gespreizte Selbstgefälligkeit, die sich bisweilen schon in der Tracht ausspricht, deutet auf Grössenideen, während häufiges Knieen, Händefalten, weinerlich verzagter Gesichtsausdruck das Bestehen von Versündigungswahn mit religiöser Färbung wahrscheinlich macht u. s. f. Trotz aller Mannigfaltigkeit im einzelnen pflegen dabei die Grundzüge solcher Wahnbildungen doch vielfach eine so weitgehende Uebereinstimmung mit einander aufzuweisen, dass ein erfahrener Beobachter auf Grund seiner aus Aeusserlichkeiten gezogenen Schlüsse dem verblüfften Kranken öfters mit überraschender Schnelligkeit das Zugeständniss seiner krankhaften Ideen zu entwinden vermag.

Ganz besondere Schwierigkeiten aber können dann erwachsen, wenn der Inhalt der Wahnideen nicht ohne weiteres, sondern nur auf Grund einer genaueren Kenntniss aller Verhältnisse als krankhaft erkennbar ist, z. B. beim Wahne rechtlicher Benachtheiligung, ehelicher Untreue. Hier kann vielfach das Urtheil erst nach längerer Beobachtung und auch dann bisweilen nur mit grösster Zurückhaltung abgegeben werden. Zudem pflegen gerade diese Kranken sehr geschickt ihre Wahnideen zu verbergen oder scheinbar vollkommen zutreffend zu begründen. Andererseits kann die Erkennung bestimmter Wahnideen auch dadurch erschwert werden, dass der Kranke benommen, verwirrt, ängstlich und dadurch ausser Stande ist, seine Gedanken zusammenhängend zu äussern. Hier können Monate vergehen, bevor sich einigermassen klar erkennen lässt, welche Vorgänge sich in seinem Bewusstsein abspielen. Wir sind bei dieser Beurtheilung ganz auf die nicht immer zuverlässige Deutung jener unwillkürlichen Aeusserungen angewiesen, in denen sich die Seelenzustände nach aussen kundgeben.

Die Untersuchung auf das Bestehen von Wahnideen bietet gleichzeitig Gelegenheit, in den Zustand der Verstandesthätigkeit und des Gedächtnisses überhaupt einige Einblicke zu gewinnen. Das urtheilslose Festhalten an widerspruchsvollen Vorstellungen ohne gleichzeitige Bewusstseinstrübung oder gemüthliche Erregung, ferner die Vermischung von Erinnerungen mit erfundenen Einzelheiten werden in dieser Richtung zu verwerthen sein. Im übrigen müssen uns hier die Regeln der alltäglichen Menschenkenntniss darüber belehren, wie die allgemeine geistige Veranlagung und Leistungsfähigkeit des Kranken beschaffen ist. Unter Berücksichtigung seiner Vergangenheit, seiner Erziehung und Bildungsmittel werden wir im Gespräche ungefähr den Umfang seiner Kenntnisse, seines Gesichtskreises, seiner Neigungen und seiner gegenwärtigen Urtheilsfähigkeit zu ermessen haben. Natürlich kann der so erreichte allgemeine Ueberblick die Gewinnung brauchbarer Gruppen und Abstufungen immer nur in den allergröbsten Umrissen gestatten. Unter Umständen kann die Lösung bestimmter Aufgaben, der Versuch der Beschreibung eines bis dahin unbekannten Gegenstandes, die mündliche oder schriftliche Schilderung und Beurtheilung der neuen Eindrücke in der Anstalt, die Ausdauer bei einer bestimmten geistigen Beschäftigung zur Krankenuntersuchung mit herangezogen werden.

Eine tieferdringende Prüfung der Verstandesleistungen unserer Kranken stösst zur Zeit noch auf Schwierigkeiten, die im Hinblick auf die Vielseitigkeit der Frage sowie auf den weitreichenden Einfluss der Erziehung und Bildung kaum überwindlich erscheinen. Einen glänzenden Versuch zur Eröffnung neuer Bahnen nach dieser Richtung hin hat indessen Rieger*) unternommen, indem er bei einem Kranken mit schwerer Hirnverletzung den Umfang des Vorstellungsschatzes und der geistigen Leistungen genau bestimmte. Das von ihm angewandte und eingehend beschriebene Verfahren ist ohne Zweifel auch auf eine Reihe anderer Formen geistiger Störung, namentlich auf Schwächezustände übertragbar. Dabei wird sich voraussichtlich allmählich das besonders Wichtige von dem weniger Bedeutsamen abscheiden und damit die jetzt noch ungemein mühsame und zeitraubende Methode praktisch verwerthbarer werden.

Nicht viel anders steht es mit den Gefühlen, Gemüthsbewegungen und Strebungen. Was wir bei der einmaligen Untersuchung auf diesen Gebieten überhaupt zu erkennen vermögen, zeigt sich meist bereits bei der äusseren Betrachtung, in den

---

*) Beschreibung der Intelligenzstörungen in Folge einer Hirnverletzung, nebst einem Entwurf zu einer allgemein anwendbaren Methode der Intelligenzprüfung. 1889.

Ausdrucksbewegungen. In ihnen offenbaren sich der Thatendrang und die Redelust des manischen, die Unruhe des deliriösen, der Bewegungsdrang, die Manieren und Stereotypien des katatonischen, die Unstetigkeit der hysterischen Kranken. Auch über die Herabsetzung oder Steigerung der psychomotorischen Erregbarkeit, die Hemmung, die Sperrung und Entgleisung des Willens werden sich bei der Beobachtung des Kranken allmählich mehr oder weniger klare Aufschlüsse gewinnen lassen. Bei dem Versuche körperlicher oder psychischer Einwirkung zeigt sich die wächserne Biegsamkeit, der Negativismus, das ängstliche Widerstreben, die Unlenksamkeit, der Eigensinn, die Bestimmbarkeit. Ueber diese Erfahrungen hinaus sind wir wesentlich auf die nicht immer ganz zuverlässigen Selbstschilderungen angewiesen, die uns von dem Zustande des eigenen Innern entworfen werden. Natürlich vermag uns aber der Lauf der Untersuchung über die grössere oder geringere gemüthliche Reizbarkeit, über Gleichmässigkeit oder häufigen Wechsel der Stimmung, endlich über auffallende Gefühlsäusserungen nach bestimmten Richtungen hin, grundlosen Hass, religiöse Schwärmerei und dergleichen mannigfache gewichtige Aufschlüsse zu liefern. Auf etwa vorhandene krankhafte Neigungen, Selbstmorddrang, gesteigerte geschlechtliche Begierde, Sucht zu kaufen, zu trinken, werden wir ebenfalls bei unserer Prüfung Rücksicht nehmen müssen; was sich aber hier nicht schon unwillkürlich in dem gesammten Benehmen verräth, werden wir häufig genug durch Ausfragen der Kranken auch nicht erfahren, und wir müssen daher zur Vervollständigung unseres Bildes nach dieser Richtung hin die Berichte der Umgebung mit zu Hülfe nehmen.

Es wird kaum in Abrede gestellt werden können, dass für die wissenschaftliche Betrachtung und auch im Vergleiche mit anderen medicinischen Gebieten das Verfahren, nach dem wir den Seelenzustand unserer Kranken feststellen, ein äusserst unvollkommenes genannt werden muss; es hat fast mehr Aehnlichkeit mit dem Vorgehen des Untersuchungsrichters, als mit einer naturwissenschaftlichen Erforschung. Leider ist es weniger schwer, diesen Mangel zu erkennen, als ihm abzuhelfen. Nicht nur setzt das Gebiet der psychischen Vorgänge an sich der Einführung wirklich zuverlässiger Beobachtungshülfsmittel den grössten Widerstand entgegen, der nur allmählich überwunden werden kann, sondern es ist auch nur allzu häufig gar nicht möglich, einen Geisteskranken der Reihe nach planmässig allen den Prüfungen zu unterwerfen, die man etwa für wünschenswerth erachtet. Oft genug ist unsere Versuchsperson eine widerwillige, unzugängliche oder fast unverständliche, so dass selbst eine ungefähre Erkenntniss derselben nur durch sehr grosse Geduld, ein feinfühliges Geschick und eine genaue Vertrautheit mit allen den mannigfachen Erscheinungsformen erreicht werden kann, in denen sich krankhafte Vorgänge zu offenbaren pflegen. Trotz oder vielmehr gerade wegen aller dieser Schwierigkeiten will ich es nicht unterlassen, hier, wenn auch nur in kurzen Andeutungen, auf einige der Wege hinzuweisen, welche in absehbarer Zeit uns doch vielleicht gestatten werden, wenigstens bei manchen chronischer verlaufenden Formen des Irreseins Messung und Zählung psychischer Grössen zur Gewinnung eines tieferen Einblickes in die Art der Störungen zu verwerthen. Alle diese Wege sind bereits betreten und praktisch erprobt worden*).

Als Gang für eine feinere psychische Untersuchung würde ich im allgemeinen die Verfolgung jener Bahn empfehlen, welche unsere gesammte Erfahrung gegangen ist. Zuerst wären somit der Wahrnehmungsvorgang, das Gedächtniss, dann die Verbindungen der Vorstellungen, die logischen Leistungen, das Selbstbewusstsein, kurz die Verstandesthätigkeit, endlich die niederen und höheren Gefühle, die Stimmung, die Gemüthsbewegungen und deren Umsetzung in unwillkürliches und willkürliches Handeln zu berücksichtigen. Von allen diesen Abschnitten sind es nur einige wenige, welche für jetzt einer genaueren Prüfung bei Geisteskranken zugänglich erscheinen; sie liegen fast sämmtlich auf dem Gebiete der Verstandesleistungen.

Für die Lösung der hier gestellten Aufgaben wird es nothwendig sein, vor allem die Untersuchung so zu gestalten, dass sie mit möglichst einfachen Hülfsmitteln durchgeführt werden kann, und dass sie recht geringe Anforderungen an die Mitwirkung der Versuchsperson stellt. Die Vereinigung dieser Bedingungen mit dem Streben nach genauen, zahlenmässigen Ergebnissen erscheint fast unmöglich, doch lässt sich ein grosser Theil der entgegenstehenden Schwierigkeiten sicherlich überwinden. Für manche Zwecke freilich vermögen

---

*) Vergl. Kraepelin, Der psychologische Versuch in der Psychiatrie, Psychologische Arbeiten, 1895, I, 1. Eine Reihe von weiteren Arbeiten über diese Fragen enthalten die folgenden Hefte.

wir heute die Anwendung feinerer und schwieriger zu handhabender Werkzeuge noch nicht zu entbehren; ebenso wenig wird man erwarten können, dass sich alle oder auch nur ein sehr grosser Theil der Geisteskranken zu eindringenderen Untersuchungen ihres Seelenlebens werden heranziehen lassen. Immerhin kann man auch so eine Fülle von neuen Thatsachen gewinnen, deren Kenntniss weiterhin auch dort das Verständniss erleichtern wird, wo die unmittelbare Untersuchung nicht durchführbar erscheint.

Die nächstliegende geistige Leistung, mit welcher wir uns zu beschäftigen hätten, ist die Auffassung äusserer Eindrücke. Zur Prüfung dieses Vorganges haben wir uns mit gutem Erfolge grosser, mit Wörtern oder sinnlosen Silben beklebter Trommeln bedient, die mit gleichmässiger Geschwindigkeit sich vor einem engen Spalte um ihre Axe drehten. Bei einer bestimmten Drehungsgeschwindigkeit ist man gerade noch im Stande, durch den Spalt eine Anzahl der vorüberziehenden Eindrücke zu erkennen, während bei längerer Dauer der Leseübung die einzelnen Wörter allmählich verschwimmen oder falsch aufgefasst werden. Man kann demnach auf diese Weise nicht nur ein Maass für die Auffassungsgeschwindigkeit finden, sondern namentlich auch einen Einblick in die Art der begangenen Fehler gewinnen. Die Erfahrung hat gezeigt, dass gerade diese letzteren uns vielfache Aufschlüsse geben, über die Grösse des inneren Blickfeldes, über die Zuverlässigkeit der Auffassung, die Neigung zu willkürlicher Ergänzung und zu kritischer Sichtung der Wahrnehmungen, über die Rolle der Gesichtsbilder und der Bewegungsempfindungen in den Sprachvorstellungen. Auch die Verhältnisse der Uebung und Ermüdung auf dem Gebiete der Wahrnehmung können nach dem angegebenen Verfahren festgestellt werden.

Zu Zwecken der Untersuchung am Krankenbette haben wir in der letzten Zeit eine Platte mit veränderlichem Spalte benutzt, die mit Hülfe einer Feder vor den Gesichtsreizen (Zahlen, Buchstabengruppen, Silben, Wörter, Bilder) vorbeigeschnellt wurde. Die Anzahl der erkannten Reize giebt ein Maass für die Auffassungsfähigkeit; die Fehler sind in ähnlicher Weise zu verwerthen wie bei dem früher angeführten Verfahren. Noch einfacher sind die von Bonhöffer bei Deliranten benutzten Verfahren, die sich an die gewöhnliche neurologische Untersuchung anlehnen, Prüfung der Berührungs-

und Schmerzempfindlichkeit mit Hülfe von Nadeln, des Gehörs durch Flüsterstimme, des Gesichts durch Schriftproben und Perimeter, der Farbenwahrnehmung durch Wollproben und gefärbte Quadrate, des Ortssinnes der Haut mit dem Zirkel. Das Vorlegen von einfachen und verwickelteren Bildern gewährt Einblick in die weitere geistige Verarbeitung der Wahrnehmungen und deckt unter Umständen auch das Vorkommen von illusionären Vorgängen auf. Bei schweren Auffassungsstörungen kann auch das Erkennen der Zahl rasch vorgehaltener Finger, die Zählung schnell aufeinander folgender Klopfgeräusche als Aufgabe für den Kranken gewählt werden.

Ein anderer Weg zur Untersuchung des Wahrnehmungsvorganges ist uns in den sogenannten psychischen Zeitmessungen gegeben. Das Verfahren bei solchen Messungen, für die das Hippsche Chronoskop ein unvergleichlich bequemes und zuverlässiges Hülfsmittel darstellt, ist nach den verschiedensten Richtungen hin auf das sorgfältigste durchgearbeitet, so dass sie in der Hand des Erfahrenen eine sehr werthvolle Bereicherung unseres wissenschaftlichen Rüstzeuges bilden. Leider sind allerdings die meisten der bisher an Geisteskranken angestellten und veröffentlichten Versuche wegen mangelhafter Anordnung vollkommen werthlos. Dagegen haben zahllose, von mir oder unter meiner Leitung ausgeführte Messungen mir gezeigt, dass sich auch bei Geisteskranken ohne nennenswerthe Schwierigkeit auf diesem Wege wichtige Ergebnisse erzielen lassen. Man kann so z. B. die Auffassungszeit für zugerufene oder gelesene Worte und Buchstaben bestimmen. Auch bei diesem Verfahren stellt sich ausser der Verlängerung oder Verkürzung der Zeiten das Auftreten von Wahrnehmungsverfälschungen heraus, die geeignet sind, ein besonderes Licht auf den Ablauf des gemessenen Vorganges zu werfen.

Bei allen Auffassungsversuchen wird das Ergebniss sehr wesentlich durch das Verhalten der Aufmerksamkeit beeinflusst. Die Schwankungen der gewonnenen Werthe geben daher auch ein gewisses Maass für die grössere oder geringere Gleichmässigkeit der Aufmerksamkeitsspannung. Genauer lassen sich dieselben bei fortlaufender geistiger Arbeit (Addiren) mit Hülfe einer kleinen Schreibfeder verfolgen, die beim Unterstreichen jeder addirten Zahl einen elektrischen Strom schliesst und auf diese Weise die Dauer jeder einzelnen Rechnung aufzuzeichnen gestattet. Wir erhalten so ein genaues Bild von den Schwankungen in der Rechengeschwindigkeit, namentlich auch, wie sich herausgestellt hat, von dem Einflusse, den das Eingreifen des Willens auf die Lösung der Aufgabe ausübt. Für gröbere Prüfungen hat sich ebenfalls das fortlaufende Addiren oder Subtrahiren derselben Zahl zweckmässig erwiesen. Lässt man z. B. von 100 fortlaufend 7 abziehen, so gewähren die Schwankungen in der Geschwindigkeit und besonders die Entgleisungen ein gutes Bild von der Stetigkeit der Aufmerksamkeitsspannung. Durch willkürlich hineingetragene Störungen kann man zugleich ein Urtheil über die äussere Ablenkbarkeit gewinnen.

Die Untersuchung des Gedächtnisses hat sich einmal auf die Festigkeit zu erstrecken, mit welcher früher erworbene Vorstellungen in unserem Innern haften, dann aber auf die Fähigkeit, jetzt noch neue Vorstellungen aufzunehmen und aufzubewahren. Auf Störungen in der ersteren Richtung pflegen wir gewöhnlich zu fahnden durch die Frage nach gewissen, als selbstverständlich vorausgesetzten Kenntnissen, seien es persönliche Erlebnisse, seien es anderweitig erlernte Vorstellungsreihen, namentlich die Rechnungsarten. Man kann hier durch reihenartig fortlaufende, planmässige Rechenversuche ein Maass für die Leichtigkeit gewinnen, mit welcher der Kranke noch über die in der Kindheit erlernten einfachen Zahlenverbindungen verfügt. Ich bediene mich seit Jahren zu diesem Zwecke des fortlaufenden Addirens einstelliger Zahlen in besonders dazu gedruckten Heften. In regelmässigen kürzeren Pausen wird auf ein Glockenzeichen durch einen Strich das bis dahin Gearbeitete abgegrenzt, so dass die Grösse der Leistung in den einzelnen Zeitabschnitten unmittelbar aus der Menge der addirten Zahlen erkannt werden kann. Am Krankenbette wird man kürzere derartige Reihen, z. B. das fortlaufende Addiren oder Subtrahiren von 3, 7, 12 u. s. f. ausführen lassen und die Zeiten mit einer Sportuhr messen können.

Auf ganz ähnliche Weise lässt sich die augenblickliche Aufnahmefähigkeit des Gedächtnisses, die „Merkfähigkeit", durch Auswendiglernen langer Zahlen- oder sinnloser Silbenreihen ohne erhebliche Schwierigkeit prüfen. Dabei ergiebt sich, dass verschiedene Personen die zu lernenden Reihen mit persönlich bestimmter, aber sehr verschiedener Geschwindigkeit aufsagen. Wahrscheinlich handelt es sich hier um Abweichungen in der Art des Lernens. Berücksichtigt man, dass sich beim Lernen einer Zahlenreihe die Auffassung des Sinneseindruckes mit dem Aussprechen der Bezeichnungen verbindet, so liegt die noch durch allerlei andere Beobachtungen gestützte Annahme nahe, dass sich bei langsamem Hersagen die Aufmerksamkeit vorzugsweise auf die sinnlichen und associativen, bei schnellem Hersagen dagegen besonders auf die motorischen Bestandtheile der Gesammtvorstellung richtet. Erstere werden bei langsamer Einprägung, letztere bei häufiger Wiederholung besser in unserem Gedächtnisse befestigt. Die Geschwindigkeit des Hersagens gestattet demnach einen Schluss auf die gewohnheitsmässige Bevorzugung dieser oder jener Seite unserer Vorstellungen, zunächst bei der vorliegenden Arbeitsleistung. Es ist indessen nicht unwahrscheinlich, dass diesen Verschiedenheiten eine weit über das einzelne Gebiet hinausreichende Bedeutung zukommt. Einfachere und daher für die Untersuchung Geisteskranker brauchbarere Verfahren zur Prüfung der Merkfähigkeit sind von anderen Forschern, so von Bonhöffer, in Anwendung gezogen worden. Den Kranken wurde die Aufgabe gestellt, mehrstellige vorgesagte Zahlen, Silbenzusammenstellungen, unbekannte Wörter nach einer gewissen Zeit mündlich oder schriftlich zu wiederholen, aus einer Anzahl vorgelegter Bilder ein bestimmtes wiederzuerkennen. Wir bedienen uns jetzt für solche Zwecke der oben bereits erwähnten Spaltplatte, die verschiedenartige Gesichtseindrücke für kurze Zeit sichtbar werden lässt. Die Versuchsperson hat dann nach bestimmter Zeit über das Gesehene Rechenschaft zu geben.

Das Studium der Vorstellungsverbindungen lässt sich nach sehr verschiedenen Richtungen hin ausdehnen. Zunächst wird es möglich sein, die Geschwindigkeit zu messen, mit welcher sich die einzelnen Glieder an einander knüpfen. Ein sehr ungefähres Urtheil über diesen Punkt liesse sich allenfalls schon aus den oben erwähnten Rechenversuchen gewinnen. Genauere Aufschlüsse aber, auch über die grossen Verschiedenheiten je nach der Art der Verbindung, liefert uns die Messung mit Hülfe des Chronoskopes. Eigenartige Ergebnisse erhält man ferner, wie mir umfangreiche Versuchsreihen gezeigt haben, bei der Untersuchung der Associationszeiten unter planmässiger Wiederholung derselben Versuche mit denselben Reizworten. Namentlich der Einfluss der Uebung auf die Schnelligkeit und Festigkeit der Vorstellungsverbindungen lässt sich dabei sehr gut verfolgen. Allein auch ohne Zeitmessungen sind Associationsversuche nicht nur von mannigfachem Interesse, sondern auch ungemein leicht ausführbar. Indem man einfach irgend ein Wort ausspricht und die erste daraufhin im Kranken auftauchende Vorstellung niederschreibt, kann man in kurzer Zeit das Material für eine Statistik der Associationen sammeln, die Aufschlüsse liefert über das gewohnheitsmässige Verhältniss der inneren zu den äusseren Vorstellungsverbindungen, die Häufigkeit der eingelernten, der Klangassociationen und der „Fehlassociationen", die in gar keiner Beziehung zu der Art des Reizwortes mehr stehen. Auch auf diese Weise lassen sich Werthe für die Festigkeit der einzelnen Associationsgruppen gewinnen. Als Maass für dieselbe habe ich das Verhältniss der bei einer Wiederholung neu auftretenden Associationen zur Gesammtzahl der Versuche benutzt.

Weiterhin kann man der Versuchsperson die Aufgabe stellen, eine bestimmte Zeit lang die in ihr auftauchenden Vorstellungen mit oder ohne Anknüpfung an ein gegebenes Ausgangswort niederzuschreiben. Hier erhält man einen Durchschnittswerth für die Geschwindigkeit der Vorstellungsbildung, die regelmässig geringer ist, als diejenige des Schreibens. Dann aber lässt sich auf diese Weise ein Urtheil über die Neigung zu einzelnen Arten der Vorstellungsverbindungen gewinnen, namentlich zu den psychiatrisch so wichtigen sinnlosen und Klangassociationen. Endlich aber ergiebt sich bei diesem Verfahren ein Urtheil über die Einheitlichkeit oder Zerfahrenheit des Gedankenganges, über die Reichhaltigkeit des Vorstellungsschatzes, die Neigung zu sprunghaftem Abbrechen, zu zähem Festhalten oder zu beständigem Wiederholen.

Beschränkt man der Versuchsperson die Auswahl der niederzuschreibenden Worte auf bestimmte Gruppen, etwa solche Gegenstände, die durch das Auge, durch das Ohr wahrnehmbar sind, die Lust oder Unlust erregen, allgemeine Begriffe u. s. f., so ist man im Stande, aus den Leistungen einer gegebenen Zeit Schlüsse auf die grössere oder geringere Bereitschaft aller der genannten Vorstellungsgruppen und damit auf die Gestaltung des Vorstellungsschatzes überhaupt zu ziehen. Wie mir Versuche gezeigt haben, lassen sich diese Ergebnisse nach verschiedenen Richtungen hin verwerthen. Schwierigere associative Aufgaben, die Bildung von Urtheilen und Schlüssen, kann man in ganz ähnlicher Weise untersuchen, hinsichtlich ihrer Richtigkeit, ihrer Schnelligkeit, ihrer Festigkeit.

Zur Untersuchung der Auslösung von Willensantrieben steht uns zunächst die Messung der Wahlzeiten zu Gebote. Wenn man die Aufgabe stellt, dass auf einen Reiz durch eine Bewegung mit der rechten Hand geantwortet werden soll, auf einen andern dagegen mit der linken, so enthält dieser Vorgang ausser der Unterscheidung zwischen den beiden Reizen noch denjenigen der Wahl zwischen zwei Bewegungen. Wie die Erfahrung gelehrt hat, besitzen wir in diesen „Wahlreactionen" ein sehr werthvolles Mittel zum Nachweise solcher Erregungszustände im Gehirn, welche mit einer Erleichterung der Auslösung von Willensbewegungen einhergehen. In diesem Falle nämlich erfolgt sehr leicht die verlangte Bewegung, bevor der Reiz noch recht aufgefasst, bisweilen sogar, bevor er überhaupt erzeugt wurde. Dabei wird die ausgelöste Bewegung natürlich vielfach unrichtig ausfallen: es kommt zur Entstehung von „Fehlreactionen", deren Zahl ein gutes Maass für den Grad der Bewegungserleichterung abgiebt. Weitere Aufschlüsse über den gleichen Punkt erhalten wir durch Prüfung der Lese-, Schreibe- oder Sprechgeschwindigkeit, die man nach einem ähnlichen Verfahren feststellen kann wie die Schnelligkeit des Rechnens, durch Lösung fortlaufender, sich reihenweise an einander schliessender, gleichartiger Aufgaben. Für die Untersuchung der Schrift habe ich seit einiger Zeit auch die genauere Messung der Dauer und Geschwindigkeit einzelner Schriftzüge sowie des in jedem Augenblicke auf die Unterlage ausgeübten Druckes mit Hülfe einer dafür gebauten „Schriftwage" herangezogen. Schwerere Störungen in der Auslösung von Willensantrieben lassen sich schon in der Verlangsamung einfacher Bewegungen, des Handgebens, Armhebens, mit der Uhr messen; auch das Aussprechen geläufiger Reihen, der Zahlen oder des Alphabets, ist für diesen Zweck geeignet.

Den Ablauf reflectorischer Muskelbewegungen, insbesondere des Kniesehnenreflexes, hat Sommer neuerdings unter Beseitigung des Unterschenkelgewichtes eingehender studirt; auch aus diesen Beobachtungen lassen sich, wie es scheint, gewisse Schlüsse über den psychischen Gesammtzustand ableiten. Derselbe Forscher hat ferner mit Hülfe besonderer Vorrichtungen unwillkürliche Bewegungen (Zittern) in ihre drei Hauptrichtungen zerlegt und so aufgezeichnet. Endlich können wahrscheinlich auch die Ergographenversuche, wie sie zuerst von Mosso und seinen Schülern ausgeführt wurden, zur Erkenntniss krankhafter Geisteszustände herangezogen werden. Sie geben uns zwar zunächst nur über die Ermüdungserscheinungen im Muskel Aufschluss, allein es unterliegt kaum einem Zweifel, dass die Versuchsergebnisse in sehr bedeutendem Maasse durch die Zustände des Gehirns beeinflusst werden.

Wir haben in dieser Aufzählung die Gemüthsbewegungen ganz bei Seite gelassen. In der That vermögen wir bisher kaum, diese Seite unseres Seelenlebens irgendwie der Messung zugänglich zu machen. Allerdings sind wir im Stande, künstlich Stimmungen zu erzeugen. Wenn wir absehen von den Unlustregungen, die etwa durch körperlichen Schmerz oder unangenehme Reize anderer Art herbeigeführt werden können, so wissen wir, dass durch gewisse Gifte die ganze Gemüthslage in entscheidender Weise verändert wird. Leider können wir erst bei wenigen dieser Gifte die psychische Wirkung soweit in ihre Bestandtheile zerlegen, dass eine Vermuthung über die besonderen Ursachen der Stimmungsbeeinflussung möglich ist. Wie früher ausgeführt, scheint beim Alkohol die Erleichterung der Bewegungsauslösung, beim Morphium die Anregung der Einbildungskraft zu der Stimmungsänderung in näherer Beziehung zu stehen, während die vom Thee erzeugte Behaglichkeit mit der Erleichterung der Verstandesthätigkeit bei gleichzeitiger motorischer Beruhigung, die stille Befriedigung des Rauchers mit der leicht lähmenden und beruhigenden Wirkung des Tabaks zusammenhängen dürfte. Das Brom endlich erzeugt an sich keine besondere Stimmung, aber es vermag innere Spannungszustände zu beseitigen und auf diese Weise lebhafte Unlustregungen zu mildern. Alle diese Wirkungen auf das Gemüthsleben vermögen wir nun zwar nicht als solche zu messen; wol aber sind wir in der Lage, die Art und Grösse der mit ihnen verbundenen Aenderungen im Ablaufe der verschiedenen psychischen Vorgänge jederzeit feststellen zu können. Vielleicht wird es daher möglich sein, die Ausgiebigkeit jener Aenderungen geradezu als Maass für die Stärke der gemüthlichen Einflüsse zu benutzen. Weiterhin aber können wir daran denken, aus den Wirkungen, welche die Gifte ausüben, Schlüsse auf die besondere Art des bestehenden Gemüthszustandes abzuleiten. Die ganz verschiedene Wirkung, die z. B. Alkohol und Brom auf die Verstimmung des Epileptikers ausüben, berechtigt uns dazu. Der Unterschied zwischen der Erregung des Manischen und des Epileptikers wird durch die gänzlich abweichende Beeinflussung Beider durch Brom in helles Licht gesetzt. Thatsächlich ist das Hülfsmittel der Giftwirkung zur genaueren Zergliederung gegebener Seelenzustände bereits mit gutem Erfolge von uns in Anwendung gezogen worden.

Wir kommen nunmehr noch zu einer letzten, aber gewiss nicht der unwichtigsten Seite der psychischen Untersuchung, zur Feststellung der psychischen Grundeigenschaften. Mit Hülfe der fortlaufenden Lösung gleichartiger Aufgaben sind wir nämlich im Stande, die Aenderungen unserer geistigen Leistungsfähigkeit auf verschiedenen Gebieten dauernd zu verfolgen. Aus den Schwankungen der Arbeitsfähigkeit können wir aber ein Maass gewinnen für alle früher besprochenen Grundeigenschaften der geistigen Persönlichkeit, vorausgesetzt, dass alle Messungen unter bestimmten, vergleichbaren Versuchsbedingungen vorgenommen werden. So wird sich die Uebungsfähigkeit durch die Zunahme der Leistungsfähigkeit unter dem Einflusse der Arbeit messen lassen. Man wird etwa die Anfangsleistung zweier, in gewisser Zwischenzeit auf einander folgender Versuche vergleichen. Allerdings kann dabei der inzwischen erfolgte Uebungsverlust nicht mit berücksichtigt werden, obgleich er wahrscheinlich auch für verschiedene Personen nicht gleich gross ist. Die Uebungsfestigkeit lässt sich aus der Erhöhung der Arbeitsleistung erkennen, die nach längerer Zwischenzeit von der früher festgestellten Uebungswirkung noch übrig geblieben ist. Die Anregbarkeit kann gemessen werden durch die Abnahme der Leistungsfähigkeit, die durch kürzere Arbeitspausen gegenüber dem ununterbrochenen Fortarbeiten herbeigeführt wird. Als Maass der Ermüdbarkeit darf die Abnahme der Leistungsfähigkeit nach bestimmter, längerer Arbeitszeit gelten. Ueber die Erholungsfähigkeit gewinnt man ein Urtheil aus dem Stande der Leistungsfähigkeit nach einer Pause im Anschlusse an ermüdende Arbeit. Zur Bestimmung der Schlaftiefe stellen wir für jeden Abschnitt der Nacht die Stärke der Reize fest, die gerade genügt, um den Schläfer zu erwecken. Die Ablenkbarkeit messen wir aus der Herabsetzung der Leistungsfähigkeit unter der erstmaligen Einwirkung bestimmter Störungen, während die Gewöhnungsfähigkeit aus der Aenderung der Leistungsfähigkeit während längerer Einwirkung jener Störungen erkannt wird.

Mit diesen kurzen Andeutungen muss ich mich an dieser Stelle begnügen. Eine ausführlichere Darlegung und Begründung der hier erwähnten Messungen psychischer Grössen habe ich in meinem oben angeführten Aufsatze über den psychologischen Versuch in der Psychiatrie gegeben. Umfassende Einzeluntersuchungen haben mir den Beweis erbracht, dass die Mehrzahl dieser Bestimmungen schon mit den heute zur Verfügung stehenden Hülfsmitteln und dass sie in grösserem oder geringerem Umfange auch an so manchen Geisteskranken ausführbar sind. Wenn es demnach auch nur unbedeutende Anfänge sind, die hier vorliegen, so liefern sie doch immerhin den Beweis, dass es möglich ist, selbst auf unserem schwierigen Forschungsgebiete für genauere naturwissenschaftliche Beobachtungsmethoden allmählich Boden zu gewinnen.

Beobachtung. Es ist leicht verständlich, dass in einigermassen schwierigen Fällen die einfache Untersuchung eines Kranken niemals ausreicht, sondern zur grösseren Sicherheit immer eine mehr oder weniger lang bemessene Beobachtungszeit gefordert werden muss. Die Befangenheit bei der ungewöhnlichen Prüfung, der Eindruck der Versetzung in neue Verhältnisse kann das Bild für einige Zeit völlig verändern, ganz abgesehen von jenen Krankheitsformen, die ihrer Natur nach mit freieren Zwischenzeiten verlaufen oder nur anfallsweise hervortreten. Als Ort für die Beobachtung dient am besten die Irrenanstalt, weil nur in ihr eine dauernde, sachverständige Ueberwachung gesichert erscheint. Sehr häufig fördern hier die ersten Tage der Einbürgerung, die man ohne besonderen Eingriff verstreichen lässt, gar keine auffallenden Beobachtungen zu Tage; erst nach und nach treten die krankhaften Erscheinungen, falls solche überhaupt vorhanden, deutlicher hervor. Alle jene einzelnen Züge des psychischen Bildes, die bei der einmaligen Untersuchung nur angedeutet waren, prägen sich nun bei längerer Beobachtung deutlicher aus: das Wesentliche sondert sich vom Unwesentlichen und Zufälligen. Der ausserordentliche Unterschied zwischen einmaliger und wiederholter Prüfung eines Geisteskranken wird ganz besonders deutlich, wenn man sich daran gewöhnt, in jedem Falle schon bei der ersten Untersuchung eine bestimmte Diagnose zu stellen. Man begreift dann oft nach wenigen Tagen die Schwierig-

keiten nicht mehr, die man anfänglich mit der Beurtheilung gehabt
hat. Dazu kommt, dass sich der Beobachtete Seinesgleichen gegenüber und bei längerer Bekanntschaft mit dem Arzte unbefangener
giebt, sich mehr gehen lässt und achtlos Eigenthümlichkeiten, Gedanken, Gefühle verräth, mit denen er bei der einmaligen Untersuchung zurückhielt. Von besonderer Bedeutung in dieser Beziehung pflegen Briefe und andere Schriftstücke zu sein, die oft mit
einem Schlage ein kaum erwartetes Licht über den Zustand ihres
Verfassers ausbreiten.

Weiterhin aber ist man nun in den Stand gesetzt, sein Handeln
kennen zu lernen, freilich nur in dem engen Rahmen der Anstalts-
verhältnisse, der aber für den Untersuchten doch noch der Gelegenheiten genug zu krankhaften Willensäusserungen darbietet. Lebhaftigkeit oder Gleichgültigkeit, Zerstreutheit oder Versunkenheit,
Leistungsfähigkeit oder Schwäche, Selbstüberschätzung oder Klein-
muth, Reizbarkeit oder Stumpfheit, Thatkraft oder Unentschlossenheit,
Bestimmbarkeit oder Unlenksamkeit, Arbeitslust oder Trägheit —
alle diese Eigenschaften und viele andere werden sich in den täglich
beobachteten kleinen Zügen nach und nach auf das unverkennbarste
herausstellen müssen. Endlich ist es nur auf dem Wege fortgesetzter
Beobachtung möglich, den fortschreitenden oder gleichbleibenden
Verlauf des vermuthlichen Leidens, das Vorkommen von Besserungen,
Verschlimmerungen, „Anfällen" aller Art, das Verhalten des Schlafes,
der Esslust, der Verdauung und vor allem des Körpergewichtes in
gesicherter Weise festzustellen. Soweit daher im einzelnen Falle
überhaupt eine Aufklärung über das körperliche und psychische
Verhalten möglich ist, wird sie durch die mannigfachen Erfahrungs-
quellen, welche die klinische Beobachtung gewährt, in der Regel
erreicht werden können.

Leichenbefund. Wenn wir in der übrigen Medicin gewöhnt
sind, als letzte Bestätigung unserer Krankheitsauffassung den Leichenbefund anzusehen, so können wir in der Psychiatrie der Untersuchung nach dem Tode bis jetzt nur einen sehr beschränkten Werth
zugestehen. Wo die Diagnose einer Geistesstörung nicht aus den
Erscheinungen am Lebenden gestellt werden konnte, vermag die
Hirnuntersuchung heute ganz gewiss keine Entscheidung herbeizuführen. Der Grund dafür liegt indessen nicht darin, dass etwa das
Irresein zumeist gar nicht auf körperlichen Veränderungen beruht.

Vielmehr stellt sich mehr und mehr heraus, dass auch kürzer dauernde und wenig beachtete Störungen, wie die Bewusstseinstrübungen des Todeskampfes, fast immer mit erkennbaren Veränderungen in den Hirnrindenzellen einhergehen. Es ist aus diesem Grunde ungemein schwer, menschliche Hirnrinden mit durchaus gesunden Zellen zu bekommen. Gerade diese Empfindlichkeit der Rindenbestandtheile ist es, die uns die Deutung der Bilder bei Geisteskranken so schwierig macht; es lässt sich im einzelnen Falle zunächst oft kaum entscheiden, ob die aufgefundenen acuten Veränderungen die Grundlage des Irreseins gebildet haben oder erst durch die tödliche Erkrankung erzeugt wurden. Untersuchung sehr zahlreicher Fälle mit den besten und zuverlässigsten Hülfsmitteln wird hier allmählich Klarheit schaffen.

Voraussetzung ist dabei allerdings, dass unsere klinischen Kenntnisse zur Aufstellung wirklich gesicherter Krankheitsbilder fortschreiten. Wir können nicht auf einheitliche Hirnbefunde rechnen, so lange wir völlig verschiedene Krankheitsvorgänge zu einer Gruppe zusammenfassen, so lange wir nur Zustandsbilder und keine Krankheiten diagnosticiren. Immerhin kennen wir bereits für eine Anzahl von Irreseinsformen bestimmte Befunde in der Hirnrinde. Dahin gehört die Paralyse und eine Reihe verwandter Krankheitsbilder, der Altersblödsinn, verschiedene Formen der Idiotie; vereinzelte, freilich noch schwer zu deutende Befunde liegen auch schon für das Delirium tremens und die Dementia praecox vor. Weitere Ausbeute ist mit Bestimmtheit in absehbarer Zeit zu erwarten. Der Thierversuch hat uns endlich bei einer Reihe von Vergiftungen, die mit psychischen Störungen einhergehen (Alkohol, Morphium, Cocain, Trional, Phosphor, Blei), heute schon ganz verschiedene Erkrankungsvorgänge an gewissen Hirnrindenzellen kennen gelehrt, für andere (Strychnin, Arsen, Silber) wenigstens solche im Rückenmark. Wir dürfen daher darauf rechnen, nach und nach auch jene Unterschiede in den Erkrankungen der menschlichen Hirnrinde auseinanderhalten zu lernen, die den einzelnen Formen des Irreseins zu Grunde liegen. Dann wird der Leichenbefund auch in der Psychiatrie im Stande sein, die Diagnose des Klinikers umzustossen oder zu bestätigen.

B. Grenzen des Irreseins.

Das Bedürfniss nach einer strengen Begriffsbestimmung der Geisteskrankheit, nach einer Abgrenzung dieser letzteren von der Breite des Gesunden, ist in der Geschichte der Psychiatrie der Ausgangspunkt zahlloser, angestrengter Bemühungen, scharfsinniger Auseinandersetzungen und spitzfindiger Beweisführungen gewesen, bis endlich die unvermeidliche Erkenntniss sich immer mehr Bahn zu brechen begann, dass die Fragestellung von vornherein eine falsche war, dass es hier wirklich scharfe Grenzen und unfehlbare Kennzeichen der Natur der Sache gemäss ebensowenig geben kann wie bei der Unterscheidung von körperlicher Gesundheit und Krankheit. Die Anzeichen des Irreseins sind eben durchaus nicht gänzlich fremdartige und durch das Irresein neu erzeugte Erscheinungen, sondern sie haben ihre Wurzeln in gesunden Vorgängen und verdanken ihre Eigenartigkeit nur der einseitigen, masslosen Ausbildung oder dem Untergange dieser oder jener Verrichtungen sowie der besonderen Verbindung der verschiedenartigen Einzelstörungen.

Verhältnissmässig leicht wird indessen die Erkennung einer Geistesstörung dann, wenn es gelingt, den Nachweis zu führen, dass die verdächtigen Erscheinungen nicht von jeher bestanden haben, sondern etwas Gewordenes sind. Zwar kommen auch wol im gesunden Leben Wandlungen vor, die bis in das innerste Wesen der Persönlichkeit eingreifen, aber im allgemeinen legt dennoch die Beobachtung einer auffallenden Veränderung im Denken, Fühlen und Handeln eines Menschen den Gedanken an eine krankhafte Natur derselben sehr nahe. Zur Gewissheit wird diese Vermuthung, wenn die hervortretenden Erscheinungen sich widerspruchslos in eines der bekannten klinischen Krankheitsbilder einordnen, und wenn vielleicht auch Ursachen sich auffinden lassen, die erfahrungsgemäss jene Gruppe von Störungen häufiger zu erzeugen pflegen.

Es darf mit allem Nachdrucke betont werden, dass in solchen Fällen die genaue Erhebung der Vorgeschichte, sorgfältige Ausnutzung aller Untersuchungsmethoden und eine gewisse Zeit fortlaufender Beobachtung bei wirklichem Sachverständniss regelmässig zum Ziele führen wird. Die Psychiatrie ist in der Erkennung von

Krankheitsvorgängen, auch solchen sehr langsamen Verlaufes, in keiner Weise hülfloser, als etwa die innere Medicin oder die Nervenheilkunde, die ja ebenfalls oft genug erst nach längerer Beobachtung ein sicheres Verständniss schwieriger Krankheitsfälle erreichen. Nur die kühnste Unwissenheit kann sich daher zu der häufig wiederholten Behauptung versteigen, dass der Irrenarzt wegen der Unvollkommenheit der Psychiatrie vielfach Geistesgesunde als krank betrachte und sie daher widerrechtlich ihrer Freiheit beraube. Allerdings sieht der Sachverständige auch hier überall tiefer, als der meist von ganz abenteuerlichen Vorstellungen über das Irresein erfüllte Laie.

Die unerbittliche Forderung, uns niemals mit dem Nachweise einer Geistesstörung im allgemeinen zu begnügen, sondern unter allen Umständen zu einer bestimmten klinischen Diagnose zu gelangen, wird uns namentlich vor dem verhängnissvollen Fehler bewahren, einzelne Erscheinungen als entscheidend zu betrachten und darüber das Gesammtbild des vorliegenden Falles ausser Acht zu lassen. Früher hat man z. B. viel darüber gestritten, ob Sinnestäuschungen auch bei geistiger Gesundheit vorkommen könnten, und ob der Selbstmord unter allen Umständen als Krankheitserscheinung aufgefasst werden müsse; jetzt wissen wir, dass beides Ereignisse sind, die im einzelnen Falle nur durch den Zusammenhalt mit anderweitigen Beobachtungsthatsachen richtig gewürdigt werden können. Wenn z. B. Esquirol den Selbstmord einfach als eine besondere Form des Irreseins beschrieb, so habe ich in Uebereinstimmung mit den Erfahrungen Anderer durch die Beobachtung geretteter Selbstmörder feststellen können, dass nur 30% derselben wirklich klinisch ausgeprägte geistige Störungen darboten.

Recht schwierig kann sich die Entscheidung über psychische Gesundheit oder Krankheit gestalten, wenn nicht über das Bestehen eines krankhaften Vorganges, sondern über das Vorhandensein eines krankhaften Zustandes entschieden werden soll. Im ersten Falle war uns die Richtschnur der Beurtheilung in dem Verhalten des Kranken selber vor der eingetretenen Veränderung gegeben; hier dagegen sind wir gänzlich auf die Abgrenzung nach den allgemeinen Begriffen angewiesen, die sich in der Wissenschaft als Gradmesser des Krankhaften niedergeschlagen haben. Dazu kommt, dass wir ein ausgedehntes Uebergangsgebiet zu verzeichnen haben, auf dem es sich lediglich um die Abschätzung gradweiser Unterschiede handelt, so dass es vielfach dem Belieben und dem Standpunkte des Beobachters überlassen bleibt, wie weit oder wie eng er die Grenze der Geisteskrankheit stecken will. Dies ist der Grund, warum so häufig die Gutachten selbst wissenschaftlich hochstehender Sachverständiger bei der Beurtheilung solcher Fälle vollständig auseinandergehen; die allgemeinen Grundsätze versagen hier bisweilen durchaus und lassen einzig dem persönlichen Ermessen die Entscheidung zufallen.

Der Irrenarzt ist demnach hier etwa in derselben Lage wie der Kassenarzt bei der Beurtheilung der Erwerbsfähigkeit, nur mit dem Unterschiede, dass die Tragweite seines Ausspruches eine häufig viel grössere ist. Es erscheint daher ganz unvermeidlich, dass gelegentlich sein Urtheil als Härte empfunden und von Kranken oder Angehörigen angefochten wird, zumal den Ersteren immer, den Letzteren häufig das Verständniss für die in Betracht kommenden Zustände völlig abgeht. An diesem Punkte liegt wol die Hauptquelle für die namentlich in neuerer Zeit mit ebenso viel Unkenntniss wie Gehässigkeit betriebene Bewegung gegen die Thätigkeit der Irrenärzte*). Natürlich würde Niemand froher sein, als diese Letzteren selbst, wenn man sie von der leidigen Verantwortlichkeit für die Beurtheilung der Uebergangsformen zwischen geistiger Gesundheit und Krankheit befreien wollte. Leider ist dazu wenig Aussicht, da sich schwerlich Jemand finden dürfte, der ihnen diese undankbare Aufgabe dauernd abnimmt.

Das grosse, sicher noch viel zu wenig gekannte Gebiet klinischer Formen, mit dem wir es hier zu thun haben, ist dasjenige des angeborenen Schwachsinns. Die Erscheinungen desselben treten uns in allen Richtungen des psychischen Lebens entgegen, und wir müssen daher wenigstens einen kurzen Blick auf die Grenzgebiete werfen, nicht sowol, um die vorhandenen Schwierigkeiten zu lösen, sondern um auf die Unmöglichkeit einer grundsätzlichen Lösung derselben hinzuweisen.

Im Bereiche des Verstandes lassen sich der Hauptsache nach zwei Formen der psychischen Schwäche auseinanderhalten, unge-

---

*) Man vergleiche nur die durch ihre naive Unwissenheit und Unverfrorenheit geradezu erfrischenden Bücher des Herrn E. A. Schröder: Das Recht im Irrenwesen. 1890; Zur Reform des Irrenrechtes. 1891.

nügende geistige Regsamkeit einerseits, dann aber Urtheilslosigkeit in Folge von Ueberwuchern der Einbildungskraft. Der ersteren Form, die sich durch das Fehlen allgemeinerer Begriffe, Enge des Gesichtskreises, Gedankenarmuth, Stumpfheit kennzeichnet, entspricht in der Gesundheitsbreite jene Form der Dummheit, die man als Beschränktheit zu bezeichnen pflegt. Die höchsten Grade dieser Beschränktheit fallen aber mit den leichteren Fällen des Schwachsinns unterschiedslos zusammen: es giebt kein einziges Merkmal, welches eine andere als gradweise Abtrennung gestattete.

Auch die zweite Form der psychischen Schwäche findet ihr Gegenstück in der Gesundheitsbreite. Es sind das die erregbaren, leichtgläubigen Geister, die überall die Welt mit eigenen Augen ansehen, Luftschlösser bauen und sofort Beziehungen und Zusammenhänge ahnen, abenteuerlichen Gedanken und Plänen nachjagen. In gewissem Sinne können wir sogar den Aberglauben unmittelbar als eine gesunde Form der Wahnbildung bezeichnen, insofern er aus derselben Wurzel des Gemüthsbedürfnisses herauswächst. Es kann daher unter Umständen ungemein schwierig werden, bei unseren Kranken Aberglauben und Wahnbildung von einander zu trennen. Den Uebergang zum Krankhaften bildet die Gruppe der Schwärmer und Schwindler, bei denen sich vielfach geradezu die Züge der Entartung, namentlich der epileptischen oder hysterischen Veranlagung, nachweisen lassen. Den vereinzelten Beispielen einseitiger Begabung bei Schwachsinnigen und Idioten lassen sich manche der sogenannten verkannten Genies, Erfinder und Entdecker, Religionstifter an die Seite stellen, bei denen die mangelnde Einheitlichkeit der Gesammtanlage auch den hervorragenden Eigenschaften ihrer Persönlichkeit die freie und segensreiche Entfaltung verkümmert. Es ist endlich kein Zweifel, dass auch das wirkliche Genie nicht selten eine gewisse Verwandtschaft mit der oben zuletzt genannten Form des Schwachsinns erkennen lässt. Die überraschende Kühnheit der Gedankenverbindungen, die Lebhaftigkeit der Einbildungskraft, der Blick auf das Ganze bei Vernachlässigung der Einzelheiten sind Züge, welche beiden Veranlagungen gemeinsam sind, aber sie werden beim Genie durch die gleichzeitige Ausbildung des abwägenden, prüfenden Verstandes in sicheren Grenzen gehalten, während sie dort die ungezügelte Herrschaft über das geistige Leben an sich reissen. Gleichwol deutet sich doch auch bei unseren Kranken hie

und da durch treffende Einfälle oder künstlerische Lichtblicke jene
Verwandtschaft an, wie ja andererseits auch das Genie neben glänzenden Leistungen fast regelmässig unbegreifliche Schwächen erkennen
lässt. Sehr wichtig ist es für diese Frage, dass höchste Begabung
und krankhafte Belastung sich nicht selten in den gleichen Familien
neben einander vorfinden.

Von grosser Tragweite und darum von jeher am eifrigsten versucht worden ist die Abgrenzung des Krankhaften von der Gesundheitsbreite auf dem Gebiete des Gefühlslebens und des Handelns, die
wir hier gemeinsam in's Auge fassen wollen. Hier gilt es ganz besonders, jene Handlungen, die aus krankhaften Voraussetzungen
hervorgegangen sind, abzutrennen von denjenigen, die ihre Quelle in
unsittlichen Beweggründen haben. Man wird hier nicht lange im
Zweifel sein, wenn es gelingt, eine Wahnidee, eine Sinnestäuschung
oder auch ein unklares Angstgefühl, einen triebartigen Drang als
die Ursache der That aufzufinden. Die allergrössten Schwierigkeiten indessen beginnen sofort, sobald nicht Veränderungen in der
Art der Gefühle, sondern nur gradweise Abstufungen der ärztlichen Beurtheilung unterliegen. Jede menschliche Handlung kommt
dadurch zu Stande, dass die Triebfedern das Uebergewicht über die
hemmenden Gegengründe erlangen. Eine unsittliche Handlung kann
somit entweder auf einer starken Ausbildung der unsittlichen Antriebe oder aber auf einem Mangel der sittlichen Hemmungen beruhen,
und endlich kann sowol jene übermässige wie diese ungenügende
Entwicklung aus krankhaften Ursachen hervorgegangen sein. Nun
geht aber die krankhafte Zornmüthigkeit ganz allmählich in die Erregbarkeit des Leidenschaftsverbrechers über, und die wechselnden
Verstimmungen des angeboren Neurasthenischen sind nur Steigerungen
der oft ebensowenig sachlich begründeten weltschmerzlichen Anwandlungen des Schwarzsehers, die ihn an dem Werthe des Daseins
verzweifeln lassen. Der Selbstmord in den letzteren, der Mord in
den ersteren Fällen sollte je nach der Krankhaftigkeit oder der gesunden Beschaffenheit des Gemüthszustandes eine gänzlich verschiedene sittliche Beurtheilung erfahren, aber auch die genaueste
Zergliederung vermag hier oft die Grenze nicht zu finden, aus dem
triftigen Grunde, weil eine solche überhaupt nicht vorhanden ist.

Noch überzeugender tritt uns diese Schwierigkeit entgegen, wo
der krankhafte Mangel der sittlichen Gefühle von der „sittlichen

Schlechtigkeit" abgegrenzt werden soll. So wenig wie das Fehlen
einer Niere in einem Falle krankhaft sein kann, im andern nicht,
so wenig geht es an, eine gesunde sittliche Verwilderung neben einer
krankhaften aufzustellen. Bei der Beurtheilung der Unzulänglichkeit einer Leistung kann es nicht in erster Linie massgebend sein,
ob sie angeboren, erworben oder wie immer sie entstanden ist; nur
nach der Ausdehnung derselben kann man gesunde und krankhafte Grade unterscheiden, wie ja auch die Kleinheit der Niere erst
unter einer gewissen, ziemlich willkürlichen Grenze anfängt, krankhaft zu werden. Wenn der Verlust der höheren sittlichen Gefühle
als Theilerscheinung gewisser Krankheitsvorgänge vorkommt (z. B. der
Dementia paralytica), so schliesst dieser Umstand nicht aus, dass auch
der durch sittliche Verwahrlosung erzeugte Ausfall, sobald er ein
gewisses Maass erreicht hat und nicht beseitigungsfähig ist, als
krankhaft zu betrachten sei. Jedes Werkzeug unseres Körpers bedarf der Uebung und Ausbildung, um die von ihm geforderte Arbeit leisten zu können: der unerzogene Taubstumme bleibt aner-
kanntermassen auf der geistigen Entwicklungsstufe des Schwachsinns stehen — sollte allein der sittlich Unerzogene eine Ausnahme machen, sollte nicht bei ihm ebenfalls eine Unvollkommenheit der gemüthlichen Ausbildung vorhanden sein, die unter Umständen eine krankhafte Ausdehnung erlangen kann? Eine naturwissenschaftliche Betrachtung der Unsittlichkeit führt uns unabwend-
bar zu dem Schlusse, dass auch der Mangel sittlicher Gefühle nicht
nur zweifellos der Begleiter bestimmter klinischer Krankheitsformen
ist, sondern in seinen höheren Graden überhaupt ohne scharfe Abgrenzung in das Gebiet des Krankhaften hinüberspielt und als ein
Anzeichen der Schwäche im Gemüthsleben zu betrachten ist, welchem
nach anderer Richtung die Unzulänglichkeit der Verstandeskräfte
genau entspricht.

Es bleibt daher in derartigen Fällen bei der gerichtlichen Feststellung der Geistesstörung bis zu einem gewissen Grade häufig
Sache der persönlichen Ansicht, ob die gestellte Frage bejaht oder
verneint werden soll. So zuverlässig es fast stets gelingen wird,
wenigstens bei längerer Beobachtung das Bestehen einer Manie,
Melancholie, Verrücktheit, einer Dementia praecox oder paralytica mit
Sicherheit zu erweisen oder auszuschliessen, so rathlos steht selbst
der ausgezeichnetste Scharfsinn den gradweisen Abstufungen des

angeborenen Schwachsinns gegenüber. Die Schuld dafür trifft gewiss nicht die Psychiatrie, sondern lediglich die richterliche Fragestellung, die nur scharfe Grenzen zwischen Zurechnungsfähigkeit und Unzurechnungsfähigkeit kennt, alle die zahllosen Uebergangsformen aber wesentlich vernachlässigt. Vielleicht wird auch uns noch eine eingehendere Erforschung des Schwachsinns zu einer schärferen Umgrenzung der krankhaften Erscheinungen verhelfen; die Ueberwindung der grundsätzlichen Schwierigkeiten aber und die Gewinnung allgemeiner, unzweideutiger Gesichtspunkte kann sicherlich nur durch eine andere Fassung der richterlichen Fragen an den ärztlichen Sachverständigen erreicht werden.

C. Verstellung und Verleugnung.

Erheblich einfacher liegt die Aufgabe dort, wo nicht allgemein die Entscheidung über das Bestehen geistiger Gesundheit oder Krankheit gefällt werden soll, sondern wo es sich um die Aufdeckung einer Verstellung[*] handelt. Hier ist eine sichere Richtschnur der Beurtheilung durch die Erwägung gegeben, dass die vorliegende Gruppe von Erscheinungen sich mit einem der erfahrungsgemäss feststehenden Krankheitsbilder decken muss. Bei der Mannigfaltigkeit psychischer Störungen erfordert es ziemlich weitgehende fachmännische Kenntnisse, ein widerspruchsloses, in sich wahrscheinliches, einheitliches Krankheitsbild zusammenzusetzen, ausserdem aber noch eine ganz ungewöhnliche Geschicklichkeit und Ausdauer, die angenommene Rolle wirklich durchzuführen und festzuhalten. Die Anschauungen über Geisteskrankheiten unter Laien weichen fast durchgehends so sehr von dem wahren Verhalten ab, dass es in der Regel für den Irrenarzt ein Leichtes ist, die Verstellung zu erkennen und zu entlarven. Am häufigsten werden tiefer Blödsinn oder Aufregungszustände („Tobsucht") nachgeahmt; dabei ist es überall die Sucht der Simulanten, zu übertreiben und ihre Geisteskrankheit möglichst glaubhaft zu machen, die sie widersprechende Erscheinungen durcheinander mischen lässt und auf diese

---

[*] Fürstner, Archiv f. Psychiatrie, XIX, 3; Fritsch, Jahrb. f. Psychiatrie, VIII, 1 u. 2.

Weise die Unterscheidung von wirklich Kranken ermöglicht. Häufig gelingt es auch, durch allerlei Vexirversuche, durch hingeworfene Bemerkungen gewisse Krankheitserscheinungen zu suggeriren, namentlich völlige Unempfindlichkeit gegen Nadelstiche, Lähmungen, Ohnmachten u. dergl. Ueberaus selten sind die Fälle, in denen selbst bei längerer Beobachtung die Verstellung nicht zweifellos festgestellt werden kann.

Indessen, so leicht und sicher die absichtliche Täuschung als solche erkannt zu werden pflegt, so schwierig ist es oft genug, das Bestehen einer Geistesstörung ausser der Verstellung auszuschliessen. Neumann fordert mit Recht, dass überhaupt kein Arzt jemals das Zeugniss geistiger Gesundheit ausstellen solle; bei Simulanten ist in dieser Hinsicht doppelte Vorsicht geboten. Die erfahrensten Irrenärzte theilen mit, dass wirklich geistig gesunde Menschen unter den Simulanten nur in verschwindend geringer Zahl vorkommen, wenn auch die eigentliche Störung eine ganz andersartige ist, als die nachgeahmte. Namentlich Verrückte, Querulanten, Hysterische, Schwachsinnige sind hierher zu rechnen. Die Mittel und Verfahren, welche die Aufdeckung von Verstellung im einzelnen Falle ermöglichen, die Schlüsse, die man aus dem Benehmen eines Menschen vor, während und nach einer verbrecherischen That auf seinen Geisteszustand ziehen kann, und eine Reihe ähnlicher Punkte müssen wir hier übergehen, da sie den Aufgaben der gerichtlichen Psychopathologie angehören.

Wir haben endlich noch der Verleugnung von Krankheitserscheinungen zu gedenken, die namentlich von Verrückten bisweilen mit grosser Gewandtheit geübt wird, um die Entlassung aus der Irrenanstalt oder die Aufhebung der Entmündigung zu erreichen. Es giebt unheilbare Irre, die Jahre lang ihre äussere gesellschaftliche Haltung zu bewahren wissen und das Nest ihrer Wahnideen tief in ihrer Brust verschliessen, bis eine unbedachte Aeusserung, eine gelegentliche gemütbliche Erregung plötzlich der erstaunten Umgebung die Augen öffnet und ihr die Erklärung für so manche Sonderbarkeiten des Benehmens giebt, die man so lange für „berechtigte Eigenthümlichkeiten" gehalten hatte. Wer nicht mit dem geheimen Zusammenhange und den Anknüpfungspunkten der Fäden bekannt ist, aus denen sich das Wahngewebe zurechtspinnt, dem kann die tiefe Störung manches Verrückten völlig verborgen bleiben,

auch wenn sie gar nicht besonders verleugnet wird. Selbst dem
Arzte begegnet es bisweilen, dass er trotz seines allgemeinen, bestimmten Verdachtes sich lange vergebens abmüht, in das Innere
eines Kranken einzudringen, und dass ihm erst die Nachrichten über
das Vorleben, das Benehmen in der Freiheit eine klare Einsicht in
die wirkliche Ausdehnung der krankhaften Störung verschaffen.
Solche Kranke zeigen sich dem Arzte gegenüber ungemein harmlos
und ungefährlich, stellen alle Berichte der Angehörigen, alle Wahnideen völlig in Abrede und wissen ihre auffallenden Handlungen so
ungezwungen und schlau zu begründen, dass es recht schwierig
wird, die krankhaften Züge klar zu erfassen. Unerfahrene lassen
sich daher oft vollständig von ihnen täuschen. Auf diese Weise
pflegen die Gesundheitszeugnisse zu Stande zu kommen, die sich
manche Geisteskranke von verschiedenen Halb- und Nichtsachver-
ständigen zu verschaffen wissen. Kein erfahrener Irrenarzt wird in
strittigen Fällen nur auf Grund einiger Unterredungen, ohne genaueste Kenntniss aller Verhältnisse und ohne Anstaltsbeobachtung
das Urtheil abgeben, dass eine geistige Störung nicht vorhanden ist,
schon deswegen, weil er weiss, dass fast ausnahmslos nur solche
Personen das Bedürfniss haben, sich ihre geistige Gesundheit be-
scheinigen zu lassen, die wirklich krank sind.

Man wird daher gut thun, jene die öffentliche Meinung immer
wieder beunruhigenden Flugschriften mit grösster Vorsicht aufzunehmen, in denen das Justizunrecht der willkürlichen Freiheits-
beraubung, die Gefahren der geistigen Ermordung in den grellsten
Farben ausgemalt zu werden pflegen. Allerdings ist die Aufklärung derartiger Fälle häufig nicht leicht, sondern erfordert
höchste Sachkenntniss und vollkommenen Ueberblick über alle ein-
schlägigen Thatsachen und Persönlichkeiten. Wir dürfen es aber nicht
verschweigen, dass nicht ganz selten schwere Fehler von Aerzten
begangen werden, die mit Unrecht als Sachverständige gelten.
Wie es scheint, sind von solchen Aerzten hie und da Personen
als geisteskrank bezeichnet worden, die es im strengen Sinne nicht
waren; namentlich hat man mehrfach streitsüchtige Menschen fälschlich für Querulanten gehalten. Ein ganz alltägliches Vorkommniss aber
ist es, dass zweifellos geisteskranke Personen, unter Umständen zu
ihrem grössten Schaden, für gesund erklärt werden. Solche Miss-
griffe verschuldet indessen nicht die Psychiatrie, die sich nach Kräften

bemüht, ihr schwieriges Gebiet zu bearbeiten, sondern wesentlich der Staat, der fast überall nicht nur die Entwicklung der klinischen Psychiatrie, sondern vor allem die psychiatrische Ausbildung der Aerzte, auch der beamteten, dauernd in der verhängnissvollsten Weise vernachlässigt.

Schliesslich sei hier noch auf die Krankheitsverleugnung besonnener selbstmordsüchtiger Kranker hingewiesen, die bisweilen mit grossem Geschick ihre krankhaften Vorstellungen und Gefühle zu verbergen, Besserung und heitere Stimmung vorzutäuschen wissen, um den stillen Vorsatz des Selbstmordes bei weniger sorgfältiger Ueberwachung zur Ausführung bringen zu können. Selbst die genaueste Vertrautheit mit dieser höchst beachtenswerthen Gefahr und unausgesetzte Wachsamkeit vermag nicht immer vor bitteren Erfahrungen zu schützen.

V. Behandlung des Irreseins*).

Leitende Gesichtspunkte für eine zweckmässige Behandlung sind die Bekämpfung der Ursachen und die Beseitigung oder wenigstens Milderung der Erscheinungen. Die erstere Aufgabe beginnt schon mit der Vorbeugung.

A. Vorbeugung.

In dieses Gebiet gehört bei der grossen Bedeutung der Erblichkeit für die Verbreitung des Irreseins zunächst die Beantwortung der Frage, ob ein Geisteskranker heirathen darf oder nicht. Namentlich in manchen Formen der hysterischen Psychosen hat man wegen ihrer vermeintlichen Entstehung aus unbefriedigtem Geschlechtsbedürfnisse bisweilen die Ehe geradezu für ein Heilmittel gehalten. Die Erfahrung hat indessen gezeigt, dass zwar gesunde Eheleute anscheinend eine etwas geringere Neigung zu Geistesstörungen besitzen, als Ledige, dass aber bei schon bestehender Krankheit die Ehe vielfach geradezu schädlich wirkt. Dazu kommt die Gefahr einer Vererbung der krankhaften Anlage auf die Nachkommenschaft. So erscheint denn der ziemlich allgemein angenommene Grundsatz gerechtfertigt, vom ärztlichen Standpunkte aus bei schon bestehender Geistesstörung, besonders bei jenen Formen, die auf eine psychische Entartung hinweisen, die Ehe unter allen Umständen zu widerrathen, während der einfache Ursprung aus einer belasteten Familie, wenn nicht bereits Krankheitserscheinungen

---

*) Penzoldt und Stintzing, Handbuch der speciellen Therapie, Bd. V, Abth. IX: Behandlung der Geisteskrankheiten, von Emminghaus (Allgemeiner Theil) und Ziehen (Spezieller Theil). 1896; Snell, Grundzüge der Irrenpflege. 1897.

zu Tage treten, trotz der immerhin drohenden Gefahren, doch kein unbedingtes Verbot der Ehe begründen kann.

Ein weiterer bedeutsamer Punkt, an dem die Vorbeugung des Irreseins einzusetzen hat, ist die Erziehung. Gerade etwas absonderlich angelegte Eltern vermögen häufig nicht die rechte Mitte zwischen grillenhafter Strenge und weichlicher Verzärtelung zu halten, Einflüsse, die nur ein sehr kräftig geartetes Kind ohne dauernden Schaden für die Entwicklung seiner Persönlichkeit zu ertragen im Stande ist. Der ärztliche Berather wird hier nicht so selten Gelegenheit zu warnendem Eingreifen finden.

Allgemeine Aufmerksamkeit hat in letzter Zeit auch die Ueberbürdungsfrage*) der Schuljugend erregt. Es darf als wahrscheinlich gelten, dass kein jugendliches Gehirn wirklich in strengem Sinne das zu leisten im Stande ist, was zahlreiche Stundenpläne fordern. Wenn schon ein Erwachsener einer sehr einfachen geistigen Arbeitsleistung nicht länger als etwa eine Stunde zu folgen vermag, ohne deutliche, sich rasch steigernde Ermüdungserscheinungen zu zeigen, so tritt in jüngerem Lebensalter und bei den schwierigeren Aufgaben des Schulunterrichtes die Erschlaffung natürlich noch sehr viel rascher ein. Allerdings ist die Ermüdung an sich noch keine Gefahr, da jede Thätigkeit nothwendig einen Verbrauch von Arbeitskraft mit sich bringt, andererseits aber durch Uebung die Leistungsfähigkeit steigert und die Ermüdbarkeit herabsetzt. Wir wissen indessen, dass ein Uebermaass von Ermüdung zur Erschöpfung und damit zu Störungen führen kann, die sich erst langsam und in längerer Ruhe wieder ausgleichen. Wann die schädigende Wirkung der Ermüdung im einzelnen Falle beginnt, entzieht sich heute noch unserer Kenntniss. Wir können nur allgemein sagen, dass dieser Punkt erreicht ist, sobald sich die Arbeitsermüdung nicht mehr regelmässig von einem Tage zum anderen wieder ausgleicht. Dass es wirklich Schüler giebt, die in den Zustand der Dauerermüdung gerathen, wird durch die Ergebnisse gewisser Versuche an Schülern wahrscheinlich. Es kann jedoch zugegeben werden, dass die grosse Mehrzahl der gesunden und kräftig veranlagten Schüler Spannkraft genug besitzt,

---

*) Griesbach, Energetik und Hygiene des Nervensystems in der Schule. 1895; Kraepelin, Zur Ueberbürdungsfrage. 1897; Schiller, der Stundenplan. 1897; Wagner, Unterricht und Ermüdung. 1898.

um auch über ungewöhnlich hohe Anforderungen ohne bleibende
Nachtheile hinwegzukommen. Ebenso sicher ist es aber auch, dass
sich in jeder Schule eine Reihe von Kindern befinden, die bei sonst
guter Begabung eine ganz besonders hohe Ermüdbarkeit besitzen
und daher der sorgfältigen Beobachtung durch den Hausarzt bedürfen. Ueberall haben wir nicht nur mit Kindern aus krankhaft
entarteten Familien, sondern auch mit solchen zu rechnen, die späterhin selbst mehr oder weniger schwer psychisch erkranken. Eines
der Zeichen der Entartung aber ist zweifellos grosse Ermüdbarkeit,
die sich, wie es scheint, vielfach mit grosser Uebungsfähigkeit
verbindet und durch sie bis zu einem gewissen Grade verdeckt
werden kann.

In der Schule werden die Gefahren der Uebermüdung durch
das Einschieben von Erholungspausen zwischen die einzelnen Unter-
richtsabschnitte einigermassen wieder ausgeglichen. Freilich ist die
Dauer dieser Pausen wahrscheinlich viel zu kurz bemessen, als dass
sie eine ausreichende Erholung bieten könnten, namentlich gegen
Ende des Tagesunterrichtes. Glücklicherweise indessen giebt es ein
Sicherheitsventil, welches verhindert, dass nicht in Folge der geistigen
Ueberanstrengung schwere Gefahren über das heranwachsende Geschlecht heraufgeführt werden — das ist die Unaufmerksamkeit,
die gerade dann hülfreich eintritt, wenn die Anspannung nothwendig zu einer Erholung drängt. Leider versagt dieses Ventil,
sobald von dem Schüler nicht blos Stillsitzen, sondern wirkliche
Arbeitsleistung gefordert wird. Das ist der Fall einmal bei der
Hausarbeit, die eben überwältigt werden muss, gleichgültig, ob sie
dem Schüler viel oder wenig Zeit kostet, ob er müde und erschöpft
oder frisch ist. Sodann aber ist es bekanntlich möglich, durch
kräftigen Antrieb das Gefühl der Müdigkeit zu unterdrücken und
den Schüler zu einer Anspannung seiner Kräfte zu veranlassen, die
sonst durch das Schutzgefühl der Müdigkeit unbedingt verhindert
würde. Gerade die guten, tüchtigen Lehrer können daher unter
Umständen für ihre Schüler schädlich werden, weil sie deren Aufmerksamkeit auch dann noch zu fesseln verstehen, wenn im Laufe
der ausgedehnten Unterrichtsstunden die Ermüdung schon lange das
zulässige Maass überschritten hat.

Wir werden aus diesen Gründen vom Standpunkte des Irrenarztes aus eine Umgestaltung des Unterrichtes nach verschiedenen

Richtungen hin anzustreben haben. Vor allem ist zu berücksichtigen, dass die Ermüdungseinflüsse eine fortschreitende Abnahme der geistigen Leistungsfähigkeit und schliesslich auch ein Sinken des Uebungswerthes der Arbeit bedingen. Darum müssen wir vor einer Häufung der Arbeitsstunden warnen; viel besser würde die Vertheilung derselben auf zwei tägliche Hauptabschnitte sein, deren erster bald nach dem Erwachen aus dem Schlafe gelegen sein muss, während der zweite etwa zwei Stunden nach der Hauptmahlzeit zu beginnen hätte. Das sind die beiden Tageszeiten, zu denen die Ermüdbarkeit am geringsten ist. Jeder dieser Abschnitte soll durch Pausen von verschiedener Länge in Unterabschnitte zerlegt werden, in denen ein Wechsel zwischen schwererer und leichterer Arbeit stattfindet, der ein zeitweises Nachlassen der geistigen Anspannung ermöglicht. Die schwierigsten Lehrstoffe werden dabei zuerst zu behandeln und die sogenannten häuslichen Arbeiten bei der Bemessung der Gesammtarbeitszeit sorgfältig mit zu berücksichtigen sein.

Da das mechanisch Erlernte, wie der Versuch lehrt, sehr rasch wieder aus unserem Gedächtnisse schwindet und zudem nur in äusserst geringem Maasse begrifflich verarbeitet wird, so ist das einfache Auswendiglernen zielbewusst und unerbittlich aus dem Lehrplane zu verbannen. Jene Arbeitsleistung ist nicht nur völlig unnütz, sondern zugleich ungemein anstrengend. Es darf sogar als nicht unwahrscheinlich bezeichnet werden, dass massenhaftes Auswendiglernen geradezu ein Hemmniss der höheren geistigen Ausbildung werden kann, sowol dadurch, dass es die Arbeitskraft in Anspruch nimmt und damit die Empfänglichkeit nach anderen Richtungen hin vermindert, als auch durch allzustarkes Betonen der motorischen Sprachvorstellungen und der rein gewohnheitsmässigen Ideenverbindungen in unserem Seelenleben.

Bei alledem darf selbstverständlich nicht ausser Acht gelassen werden, dass nur in einem gesunden Körper eine gesunde Seele wohnen kann. Die ausgiebigste Pflege und Entwicklung der körperlichen Kraft und Gewandtheit durch Leibesübungen aller Art, reichliche Bewegung im Freien, Baden, Handfertigkeitsunterricht u. dergl. wird das beste Gegengewicht gegenüber den Gefahren abgeben, die aus der einseitigen und übertriebenen Anspannung der geistigen Kräfte erwachsen können. Zu berücksichtigen ist dabei indessen, dass auch körperliche Ermüdung die geistige Leistungsfähigkeit herab-

setzt, dass daher anstrengende körperliche Uebungen nicht in die
Mitte, sondern nur an das Ende des eigentlichen Schulunterrichtes
gelegt werden dürfen.

Eine Reihe dieser Forderungen finden sich vielfach, annähernd
wenigstens, bereits erfüllt, oder ihre Durchführung wird doch von einsichtigen Schulmännern planmässig erstrebt. Was aber am wichtigsten,
leider auch am schwersten erreichbar erscheint, wäre eine immer
weiter gehende Sonderung der verschiedenen Schülergruppen nach
ihrer Eigenart, namentlich nach ihrer Ermüdbarkeit. Durch diese
Massregel könnten die Gefahren der Ueberbürdung sehr wesentlich
vermindert werden. Wollte man sich einmal dazu entschliessen,
über diesen Punkt umfassende Untersuchungen anzustellen, so würde
die Wichtigkeit einer solchen Abtrennung für alle Theile klar vor
Augen liegen. Durch die Einrichtung von besonderen Klassen für
Unbefähigte ist übrigens in einer Reihe von Städten schon ein erster
Schritt in der Aussonderung der durch den Unterrichtsbetrieb gefährdeten und zugleich diesen selbst hemmenden Schüler gethan.

Im späteren Leben fällt der Vorbeugung des Irreseins die
doppelte Aufgabe zu, einmal den Einzelnen vor den nach seiner
besonderen Anlage drohenden Gefahren zu schützen, andererseits
jene allgemeineren Ursachen zu bekämpfen, die erfahrungsgemäss
bei der Entstehung geistiger Erkrankungen eine hervorragende Rolle
spielen. Nach der ersteren Richtung hin wird ein einsichtsvoller
Hausarzt ohne Zweifel sehr segensreich wirken können. Hier gilt
es vor allem, die persönliche Eigenart zu berücksichtigen. Da die
Leistungs- und Widerstandsfähigkeit der Menschen überaus ungleich
vertheilt ist, so wird es Sache des Arztes sein, unter sorgfältiger
Abschätzung dieser beiden Eigenschaften die Wahl des Berufes
und die gesammte Lebensführung nach Möglichkeit zu überwachen. Namentlich dort, wo eine krankhafte Veranlagung besteht,
sind alle Berufsarten, welche die Gefahren geistiger oder gemüthlicher Ueberanstrengung, grosser Verantwortlichkeit in sich schliessen,
auf das entschiedenste zu widerrathen. Hier passen nur Beschäftigungen, die ein ruhiges, gleichmässiges Leben ohne Aufregungen und Kämpfe, am besten mit reichlichem Aufenthalte im
Freien gestatten. Ebenso muss bei gefährdeten Personen von vornherein auf die Fernhaltung von Ausschweifungen, auf die Sorge für
ausreichende Erholung und Ernährung sowie für guten Schlaf in

besonderer Weise Bedacht genommen werden. Natürlich kann sich das ärztliche Handeln im einzelnen Falle hier überaus mannigfach gestalten; die zuverlässigste Richtschnur desselben wird dabei immer aus einer genauen Kenntniss der ursächlichen Verhältnisse des Irreseins zu entnehmen sein.

Die allgemeine Vorbeugung der Geisteskrankheiten bietet zwar ebenfalls vielfache Angriffspunkte, aber zumeist sehr weitaussehende und über den Bereich der ärztlichen Thätigkeit hinausgehende Aufgaben. Alle Massregeln, welche die aufreibende Gewalt des Daseinskampfes zu mildern, welche Noth, Elend und Krankheit zu lindern vermögen, dienen auch zugleich der Verhütung des Irreseins. Eine besondere ärztliche Wichtigkeit haben von denselben vor allem der Kampf gegen Trunksucht und Syphilis, der gerade vom ärztlichen Stande mit allen zu Gebote stehenden Mitteln geführt werden müsste. Die Gleichgültigkeit, mit welcher die grosse Masse der Aerzte, der berufenen Hüter der Volksgesundheit, den hier erwachsenden Aufgaben gegenübersteht, trägt einen wesentlichen Theil der Schuld an dem namenlosen Unglück, das alljährlich durch Alkoholsiechthum und Paralyse über unser Volk gebracht wird. Könnten wir Trunksucht und Syphilis aus der Welt schaffen, so würden wir die Zahl der Geisteskranken mindestens um ein Viertel, in den Grossstädten um die Hälfte und noch mehr verringern. Leider aber tragen wir Aerzte, abgesehen von Unterlassungssünden, auch noch unmittelbar zur Vermehrung des Irreseins bei. Die erschreckende Ausbreitung des Morphinismus, des Cocainismus und anderer ähnlicher Vergiftungen, welche uns die letzten Jahrzehnte gebracht haben, ist ausschliesslich auf Rechnung des ärztlichen Standes zu setzen. Wir haben jene Geisseln der Menschheit geflochten und geben sie ihr noch heute Tag für Tag in die Hand — wir haben daher auch die heilige Verpflichtung, alles zu thun, was in unseren Kräften steht, um das von uns verschuldete Unheil wieder aus der Welt zu schaffen!

Eine weitere Aufgabe, zu deren Lösung wir Aerzte in erster Linie beizutragen berufen sind, ist die Einrichtung und Fortbildung einer schnell und umsichtig arbeitenden Irrenfürsorge, die nicht nur die Uebertragung der psychischen Entartung auf die Nachkommenschaft bis zu einem gewissen Grade beschränken kann, sondern sicherlich auch vielfach im Stande ist, die Entwicklung

schwererer Krankheitsformen durch rechtzeitiges Eingreifen zu verhüten. Ungeheures geradezu hat unser Jahrhundert nach dieser
Richtung hin geleistet, aber es giebt doch noch immer genug und
übergenug zu thun, um dem unheimlich anwachsenden Bedürfnisse
wenigstens einigermassen gerecht zu werden. Verbreitung richtiger
Vorstellungen über Geisteskranke und Irrenanstalten, verständige
Hülfe bei der ersten Fürsorge in Krankheitsfällen, rechtzeitige Erkennung der Gefahr, endlich Mitwirkung bei der Heranziehung
geeigneter Kräfte zur Pflege unserer Kranken — das alles sind
Richtungen, in denen auch derjenige Arzt für die Verhütung und
Bekämpfung des Irreseins eine segensreiche Thätigkeit entfalten kann,
der nicht die Behandlung Geisteskranker zu seinem Lebensberufe
gemacht hat.

Zum Unglücke werden dieser ganzen umfassenden Thätigkeit
unserer Aerzte vom Staate selbst die Wurzeln dadurch abgegraben,
dass man sich bis auf den heutigen Tag nicht hat entschliessen
können, nach dem Beispiele der Schweiz, Italiens, ja Russlands jeden
Arzt bei seiner Zulassung zur ärztlichen Praxis auch auf seine
Kenntnisse in der Psychiatrie zu prüfen. Der Widersinn, ungezählte
Millionen jährlich für Irrenanstalten und Kliniken auszugeben, ohne
die Ausbildung der Aerzte in der Psychiatrie irgendwie zu überwachen, würde hochkomisch wirken, wenn nicht leider das Wohl
so vieler Unglücklicher durch die staatlich verbriefte Unbekanntschaft
der Aerzte mit unserer Wissenschaft auf das schwerste geschädigt
würde. Man darf gespannt sein, wie weit sich die Bedeutung der
Geisteskrankheiten in unserem öffentlichen und Familienleben noch
steigern muss, bis man einsehen lernt, dass es doch vielleicht nicht
dem guten Willen der Studirenden allein überlassen bleiben sollte,
ob sie auch einmal einen Blick in die Klinik der Geisteskrankheiten
werfen. Dann endlich wird auch der empörende Unfug aufhören,
dass tagtäglich Aerzte als Sachverständige auftreten und gehört
werden in Fragen, von deren Bedeutung sie auch nicht die leiseste
Kenntniss haben, dass sie für befugt erachtet, ja unter Umständen
gezwungen werden, ohne weiteres über die Einbringung in Irrenanstalten, über Entmündigungen, über Zurechnungsfähigkeit rechts-
gültige Gutachten abzugeben.

B. Körperliche Behandlung.

Arzneimittel. Unter den Arzneimitteln sind es besonders die Narkotica, die wegen ihrer beruhigenden Wirkung eine hervorragende Stelle in dem Heilapparate der Geistesstörungen einnehmen. Seit alter Zeit ist das Opium im Gebrauch. Es wirkt auf gewisse Verrichtungen unseres Grosshirns lähmend, besonders, wie es scheint, bei ungenügender Blutzufuhr zu demselben. Eine genaue Kenntniss seines Einflusses auf die verschiedenen psychischen Leistungen fehlt bisher noch. Wie die Erfahrung lehrt, sind Aufregungen, vor allem Angstzustände oder solche, die durch schmerzhafte Reizungen erzeugt oder unterhalten werden (Neuralgien, krankhafte Empfindungen, Präcordialangst), seiner Einwirkung am meisten zugänglich; hier wird (durch nicht zu kleine Gaben) Beruhigung und mittelbar Schlaf erzielt. Auch bei sehr lange sich hinziehenden manischen Erregungszuständen scheint das Mittel gute Dienste zu leisten. Dagegen ist das Opium nicht am Platze bei starken Stauungen im Gehirn (andauerndes hohes Fieber), grosser körperlicher Hinfälligkeit und namentlich Herzschwäche. Als unangenehme Nebenwirkungen sind die Verdauungsstörungen (Appetitlosigkeit, hartnäckige Verstopfung) zu beachten. Im allgemeinen wird das Opium von Geisteskranken meist recht gut vertragen. Es giebt jedoch zweifellos Fälle, in denen bei sehr hohen Opiumgaben die bekämpften ängstlichen Aufregungszustände geradezu schlimmer werden; Vorsicht ist also unter allen Umständen gerathen. Das gebräuchliche Präparat ist Tinctura Opii simplex innerlich (oder eine Lösung von Extr. Opii aquos 1:20 subcutan, zur Vermeidung von Abscessen oft frisch zu bereiten), bei planmässiger Anwendung in steigender Gabe von 10—20 Tropfen (0,05—0,1 Extract) 2—3mal täglich, bis zum doppelten oder selbst 3 fachen, wenn nicht schon früher die erstrebte Beruhigung eintritt; später allmähliches Heruntergehen mit der Gabe.

Wegen der grösseren Gleichmässigkeit der Wirkung, der sicheren Abmessung und der bequemeren (subcutanen) Handhabung ist an die Stelle des Opiums in neuerer Zeit vielfach das Morphium getreten, welches im übrigen wesentlich dieselben Vorzüge und Nachtheile besitzt wie jenes Mittel. Das Morphium erzeugt nach den bisher vorliegenden Versuchen in mässigen Gaben wesentlich eine Herabsetzung der centralen Schmerzempfindlichkeit sowie eine Lähmung des Willens bei gleichzeitiger Erleichterung des Vorstellungsverlaufes. Es ist kein Schlaf-, sondern nur ein Beruhigungsmittel; bei dauerndem Missbrauche stellt es vorübergehend die verloren gegangene geistige Frische und Leistungsfähigkeit wieder her.

Die Morphiumbehandlung ist ebenfalls zu einer planmässigen Cur ausgebildet worden, die bei chronisch-melancholischen, besonders ängstlichen Zuständen mit Parästhesien, Schmerzen u. dergl. in der That oft gute Dienste zu leisten scheint. Im ganzen muss indessen unser Bestreben dahin gehen, den Gebrauch des Morphiums soweit wie nur irgend möglich einzuschränken. Abgesehen davon, dass bei einzelnen Kranken, namentlich bei Frauen, schon auf sehr kleine Gaben Morphium (0,01 und weniger) recht unangenehme Störungen (Erbrechen, Aufregung, Ohnmachten, Harnverhaltung) auftreten, und dass bei Anwendung grösserer Mengen auch nach Stunden noch unvermuthet schwere, selbst tödtlich ausgehende Vergiftungserscheinungen sich einstellen können, ist vor allem an die kaum hoch genug anzuschlagende, schwere Gefahr des chronischen Morphinismus zu erinnern, mit der wir uns später eingehend zu beschäftigen haben werden.

Von den übrigen Bestandtheilen des Opiums ist noch das Codein*) empfohlen worden. Es soll ähnlich, aber viel schwächer wirken, als das Morphium, und selbst bei längerer Anwendung nicht die schwere Allgemeinerkrankung erzeugen wie jenes. Im wesentlichen scheint es sich um einen minderwerthigen, aber schwerlich ungefährlichen Ersatz des Morphiums zu handeln.

Dagegen können wir als ein für die irrenärztliche Behandlung werthvolles Mittel das von Gnauck**) zuerst bei Geisteskranken angewandte Hyoscin (Ladenburg) bezeichnen. Dieses Alkaloid (Chlor-, Brom- oder Jodverbindung) erzeugt in subcutaner Gabe von 0,0005—0,001 gr mit nicht übertroffener Sicherheit einen nach 10 bis 15 Minuten eintretenden tiefen Schlaf. Bei innerlicher Anwendung, die wegen der völligen Geschmacklosigkeit des Mittels keine Schwierig-

*) Fischer, Correspondenzbl. f. Schweizer Aerzte 1888, 19.
**) Charité-Annalen VII; Sohrt, Pharmakotherapeutische Studien über das Hyoscin. Diss. 1886: Konrad, Erlenmeyers Centralbl., 1888, 18; Klinke, ebenda, 1889, 7: Dornblüth, Therap. Monatshefte, 1889, 8, S. 361; Serger. Allgem. Zeitschr. f. Psychiatrie, XLVII. S. 308.

keiten hat, kann die Gabe auf das Doppelte steigen. Die Nebenerscheinungen sollen dabei schwächer ausfallen, als bei der Einspritzung unter die Haut.

Die Vergiftung wird eingeleitet durch Eingenommenheit des
Kopfes, Trockenheit im Halse, Schwere der Zunge, Unsicherheit beim
Gehen und eine mehrere Tage, selbst Wochen lang andauernde,
hochgradige Pupillenerweiterung. Bei grösseren Gaben scheinen
Uebelkeit, Unregelmässigkeit des Pulses, Athmungsbehinderung, Gesichtstäuschungen, selbst Delirien und Collapszustände auftreten zu
können, doch haben hier vielleicht gelegentlich Verunreinigungen
eine gewisse Rolle gespielt. Ich selbst konnte wenigstens niemals
bedrohlichere Erscheinungen beobachten, obgleich ich wegen ungünstiger äusserer Verhältnisse das Mittel durch eine Reihe von
Jahren überaus häufig habe in Anwendung ziehen müssen. Nur
besteht nach dem Erwachen gewöhnlich das Gefühl von Abgeschlagen-
heit und ein leichter Druck im Kopfe, der sich meist bald verliert.
Das Hyoscin ist demnach ein äusserst kräftig wirkendes Mittel,
welches überall dort, wo die dringende Nothwendigkeit besteht, rasch
Beruhigung und Schlaf zu verschaffen, zuverlässig und meist ohne
erhebliche Nachtheile seine Wirkung thut. Schwere tobsüchtige oder
deliriöse Erregungszustände bei periodischen Erkrankungen, Paralyse,
Epilepsie, Katatonie, unter Umständen auch im Delirium tremens
oder Collapsdelirium kommen hauptsächlich in Betracht. Gegen die
Angst leistet das Hyoscin nichts. Dagegen scheint hier bisweilen
eine Verbindung kleiner Gaben von Hyoscin mit Morphium gute
Dienste zu thun. Bei längerem Gebrauche tritt allmählich eine gewisse Gewöhnung ein, die zu langsamer Erhöhung der Gabe führt.
Besondere Störungen, wie etwa Appetitlosigkeit, Rückgang der Ernährung oder dergl. haben sich mir dabei niemals herausgestellt;
ebensowenig führt das Aussetzen des Mittels zu Entziehungserscheinungen. Da aber auf der anderen Seite auch keine dauernde
Beruhigung erzielt wird, sondern nach dem Verschwinden der Er-
mattung die Aufregung in alter Weise wiederzukehren pflegt, so
dürfte sich das Hyoscin wegen seiner gewaltigen Wirkung nur für
die gelegentliche, wurfweise Anwendung eignen. Ferner wird man
gut thun, bei sehr heruntergekommenen Kranken und beim Bestehen
von Kreislaufsstörungen das Mittel zu vermeiden oder doch mit
grosser Vorsicht zu handhaben.

Auf Beimengungen von Hyoscin ist wahrscheinlich auch die schlafmachende Wirkung des früher viel angewendeten Hyoscyamin zurückzuführen. Das Mittel ist jetzt wol ziemlich allgemein verlassen worden, da es recht gefährliche Nebenwirkungen mit sich führen kann (Delirien, Collapse, Sinken des Körpergewichtes).

Neuerdings ist zum Ersatz des Hyoscin das Duboisinum sulfuricum*) mehrfach empfohlen worden, da es weniger gefährlich sei. Es wird in Gaben von 1—2 Milligramm unter die Haut gespritzt, scheint ziemlich sicher zu wirken, aber nach den vorliegenden Berichten doch nicht so ganz harmlos zu sein. Ein wesentlicher Vortheil vor dem gut erprobten Hyoscin lässt sich bisher nicht erkennen.

Ueber das Haschisch sind nur wenige verwerthbare Beobachtungen bekannt geworden, ein Umstand, der seinen Grund hauptsächlich in der Unsicherheit und Verschiedenheit der zugänglichen Präparate haben dürfte. Von den Bestandtheilen desselben hat das Cannabinon**) am meisten praktische Verwerthung gefunden. Leider ist das gebräuchliche Präparat keineswegs rein. Man giebt dasselbe als Schlafmittel in Dosen von 0,1—0,2 gr, am besten in Pillen oder mit fein zerriebenem Kaffeepulver. Die schlafmachende Wirkung tritt nach etwa 2—3 Stunden ein, am sichersten in Bettruhe und wenn das Mittel in den leeren Magen gebracht wurde. In einzelnen Fällen werden unangenehme Nebenerscheinungen, Schwere in den Gliedern und in der Zunge, Uebelkeit, Trockenheit im Halse, Schwindelgefühl, Kopfdruck, Gehörstäuschungen, selbst leichte Ohnmachten beobachtet, doch pflegen sich diese Störungen meist bald und ohne üble Folgen wieder zu verlieren. Nicht selten bleibt indessen die Wirkung oder doch der Schlaf ganz aus. Am sichersten scheint das Mittel bei hysterischer und „nervöser" Schlaflosigkeit sowie in leichten manischen Aufregungszuständen zu wirken; es ist hier bisweilen ein willkommener Ersatz, wo andere Arzneien versagen oder nicht vertragen werden.

Eine zweite Gruppe von Arzneimitteln, welche in der Behand-

---

*) Ostermeyer, Allgem. Zeitschr. f. Psychiatrie, XLVII, S, 278; Preininger, ebenda, XLVIII, S. 134; Belmondo, Rivista sperimentale di freniatria, 1892.

**) Richter, Neurolog. Centralblatt, III, 21; IV, 1.

lung des Irreseins hervorragende Wichtigkeit erlangt haben, ist diejenige der eigentlichen Schlafmittel*). Vor mehr als zwei Jahrzehnten wurde von Liebreich das Chloralhydrat**) empfohlen, welches mit grosser Sicherheit in Gaben von 2—3 gr, meist ohne andere Nachwehen, als eine gewisse Benommenheit des Kopfes, einen länger dauernden, ruhigen Schlaf herbeiführt. Da es ebensowenig wie die übrigen Schlafmittel Schmerzen stillt, so hat man es bisweilen mit Morphium verbunden. Wegen seiner ätzenden Eigenschaften und seines unangenehmen Geschmackes giebt man das Chloralhydrat in stark verdünnter, schleimiger Lösung im Klysma, oder innerlich unter Zusatz von Aqua Menthae piperitae, Syrupus Liquiritiae oder corticum Aurantii. Seine Anwendung findet das Mittel bei schwerer Schlaflosigkeit in den verschiedensten Formen des Irreseins. Leider pflegt sich bei längerem Gebrauche nach und nach eine wachsende Unempfindlichkeit gegen das Mittel einzustellen, die zur Darreichung höherer Gaben verführt. Nach dieser Richtung hin ist indessen grosse Vorsicht geboten, da die fortgesetzte Anwendung des Chloralhydrats Verdauungsstörungen und Gefässlähmungen nach sich ziehen kann. Das häufigste Zeichen der chronischen Chloralvergiftung ist der sog. „Rash", eine namentlich beim Genusse von Alkohol oder heissen Flüssigkeiten auftretende fliegende Röthe und Hitze mit starker Pulsation, besonders am Kopfe und Halse; ferner hat man Hautausschläge, Neigung zu Oedemen und Druckbrand, endlich Zustände von dauernder stumpfer Benommenheit in Folge des Chloralmissbrauches beobachtet, die erst nach dem Aussetzen des Mittels langsam wieder schwinden. Gefährlich und darum gänzlich zu vermeiden ist die Anwendung des Chloralhydrats bei Herz- und Gefässerkrankungen (Fettherz, Myokarditis, Klappenfehler, Atherom u. s. f.); schon nach 5 gr wurden plötzliche Todesfälle gesehen.

Einen ausgezeichneten Ersatz für das Chloralhydrat in allen den Fällen, wo dasselbe bedenklich erscheint oder schlecht ertragen wird,

---

*) Würschmidt, Ueber einige Hypnotica, deren Anwendung und Wirkung bei Geisteskranken. 1888; v. Krafft-Ebing, Wiener Klinische Wochenschrift 1890, 2 und 3.

**) Schüle, Allgem. Zeitschrift für Psychiatrie, XXVIII, 1; Archiv für Psychiatrie V, S. 271; Arndt, ebenda III, S 673.

haben uns Cervello und Morselli im Paraldehyd*) kennen gelehrt. Das Mittel bewirkt in mittleren Gaben von 5 gr, die man ohne Bedenken auf das Doppelte und selbst Dreifache steigern kann, schon nach 10 bis 12 Minuten sehr regelmässig einen tiefen, ruhigen, dem natürlichen durchaus gleichenden, mehrstündigen Schlaf. Die Müdigkeit tritt mit fast unwiderstehlicher Gewalt ein, geht aber, wenn äussere Störungen, Schmerzen und dergl. vorhanden sind, rasch wieder vorüber, so dass wesentlich das Einschlafen, weniger der spätere Schlaf unter dem Einflusse des Mittels steht. Unangenehme Nachwirkungen, Eingenommenheit des Kopfes sind hier äusserst selten, wirkliche Gefahren anscheinend ausgeschlossen. Muss demnach das Paraldehyd als ein überaus werthvolles Schlafmittel bezeichnet werden, so hat es den recht störenden Nachtheil eines sehr widerlichen, kaum zu verdeckenden Geschmackes und Geruches, der wegen der Ausscheidung durch die Lungen noch 12—24 Stunden nach dem Einnehmen zurückbleibt. Die verhältnissmässig angenehmste Form der Darreichung ist die Vermischung mit Wein oder mit einer aromatischen Tinctur, Syrup und Wasser (Umschütteln!). In sehr vereinzelten Fällen wird es übrigens vom Magen in jeder Form zurückgewiesen; man wird dann allenfalls die Darreichung im Klysma (in Oelemulsion) oder als Stuhlzäpfchen (mit 20% Paraffin im Wasserbade vereinigt) versuchen können. Bei längerem Gebrauche kann der Appetit leiden; auch scheint dann eine Gewöhnung an das Mittel einzutreten, die zur Anwendung höherer Gaben nöthigt, ohne jedoch ernstere Nachtheile im Gefolge zu haben. Nur bei ganz ausserordentlichem Missbrauche des Mittels stellen sich Zittern, Abnahme der allgemeinen Ernährung, des Gedächtnisses und der geistigen Leistungsfähigkeit ein, wie v. Krafft-Ebing an Kranken feststellen konnte, die über ein Jahr täglich 30—40 gr Paraldehyd genommen hatten. Einige Male sind auch Zustände beobachtet worden, die genau dem Delirium tremens glichen**).

Das letzte Jahrzehnt hat uns in rascher Folge noch mit einer Reihe mehr oder weniger brauchbarer Schlafmittel bekannt gemacht. Gewisse Vorzüge vor dem Paraldehyd scheint das von v. Mering

---

*) Morselli, gazetta degli ospedali 1883, 4, 5, 6; Referat im Neurolog. Centralblatt II, 9; Berger, Breslauer ärztl. Zeitschr., 1883; Gugl, Zeitschr. f. Therapie, 1883; v. Krafft-Ebing, Zeitschr. f. Therapie, 1887, 7.

**) Reinhold, Therap. Monatshefte, 1887, Juni.

zuerst empfohlene **Amylenhydrat***) zu haben, da es entschieden den Magen weniger belästigt, als jenes, und auch nicht unangenehm riecht, während der Geschmack nach meinen Erfahrungen bei den Kranken mindestens auf den gleichen Widerwillen stösst. Die wirksame Gabe beträgt 2—5 gr in Schüttelmixtur mit Himbeersyrup, Rothwein oder Extract. Liquiritiae.

Alle die genannten Nachtheile fallen fort bei dem von Kast eingeführten **Sulfonal****), welches rasch eine sehr grosse Verbreitung gefunden hat. Das Mittel ist in der That geruchlos, fast geschmacklos und beeinträchtigt die Verdauung erst bei längerem Gebrauche. Dagegen wird es wegen seiner Schwerlöslichkeit verhältnissmässig langsam aufgesogen und wirkt darum nach, so dass grosse Müdigkeit und Schwäche in den Beinen am folgenden Tage nicht seltene Erscheinungen sind. Diese Nachwirkung, die bisweilen noch in der nächsten Nacht Schlaf bringt, kann unter Umständen, bei dauernd erregten Kranken, die man an die Bettruhe gewöhnen will, geradezu erwünscht sein. Bei fortgesetzten hohen Gaben kann nach anfänglich sehr geringer Wirkung bisweilen plötzlich tagelange Schlafsucht auftreten, wahrscheinlich durch raschere Lösung angesammelter Mengen des Mittels. Jedenfalls ist vor dauernder Darreichung ungelösten Sulfonals zu warnen, zumal dabei die Gefahr von Magen- und Darmblutungen, vielleicht auch einer schweren chronischen Blutzersetzung nahe liegt. Grosse Schläfrigkeit, Unsicherheit der Bewegungen, Blässe, Uebelkeit, Erbrechen, Durchfälle und besonders Rothfärbung des Harns durch Hämatoporphyrin***) sind wichtige Warnungszeichen. Es erscheint daher gerathen, das Sulfonal, namentlich bei Verstopfung, niemals längere Zeit hintereinander und nicht in Gaben über 2 gr in Anwendung zu bringen. Am besten giebt man das Mittel 1 bis 2 Stunden vor dem Schlafengehen in grösseren Mengen heisser Flüssigkeit (Thee, Suppe) gelöst.

---

*) Lehmann, Neurolog. Centralblatt, 1887, 20; Schlöss, Jahrb. f. Psychiatrie, 1888, 1, 2; Avellis, Deutsche Medicin. Wochenschr., 1888, 1.

**) Kast, Berl. Klin. Wochenschr., 1888, 16; Therapeutische Monatshefte, 1888, Juli; Cramer, Münchener Med. Wochenschr., 1888, 24; Therapeutische Monatshefte, 1888, 24; ebenda, 1888, 8; Otto, Allgem. Zeitschr. f. Psychiatrie, XLV, 4; Vorster, ebenda XLII, 1; Schedtler, ebenda XL, 3 u. 4.

***) Schulz, Neurol. Centralblatt, 1896, 866; Stokvis, Zeitschr. f. klinische Medicin, XXVIII, 1.

Vor dem Sulfonal hat das Trional*) den Vorzug etwas leichterer Löslichkeit. Es wirkt daher schneller und nicht ganz so lange nach, doch lässt sich sein Einfluss durch feinere Messungen am Abende des nächsten Tages noch deutlich nachweisen. Die psychischen Wirkungen des Trionals bestehen wesentlich in einer bedeutenden Erschwerung der Auffassung und in einer Störung der Bewegungsantriebe, während die Vorstellungsverbindungen und die Muskelkraft nicht beeinflusst werden. Vielleicht haben wir in der angeführten Verbindung von Wirkungen eine gemeinsame Eigenthümlichkeit der Schlafmittel überhaupt vor uns; manche Erfahrungen bei den schon genauer untersuchten Mitteln würden dafür sprechen, ebenso die Thatsache, dass auch das beste Schlafmittel, die Ermüdung selbst, die Auffassung wie die Auslösung von Bewegungsantrieben erschwert. Die Wirkung des Trionals ist in Gaben von 1—2 gr (in heisser Milch oder warmem Rothwein) eine recht sichere. Die unangenehmen Folgeerscheinungen sind verhältnissmässig geringe, doch scheinen nicht nur Belästigungen des Magens und Darms, sondern in vereinzelten Fällen auch ernstere Vergiftungen**) vorzukommen, über deren Zeichen (Ataxie, Zittern, Unbesinnlichkeit, Depression, Reizbarkeit) allerdings noch wenig bekannt ist.

Eine ganze Reihe weiterer Schlafmittel, die sich im ganzen wenig bewährt haben, noch zu wenig erprobt oder durch andere, bessere ersetzt sind, sollen nur noch kurz erwähnt werden. Dahin gehört das schwach und milde wirkende Urethan (3—5 gr in Pfefferminzwasser), das unzuverlässige und ätzende Hypnon (5 bis 10 Tropfen mit Spermacet in Gelatinekapseln), das Ural (2—3 gr), das Chloralamid (2—3 gr), das Tetronal, das Somnal (4—6 gr), die Chloralose (0,5—1 gr), das Pellotin (0,02—0,04 gr), endlich das Methylal, das zwar den Vorzug der subcutanen Anwendbarkeit besitzt, sich aber bisher noch keine weitere Verbreitung in der Behandlung der Schlaflosigkeit zu verschaffen vermocht hat.

Dagegen haben wir als eines sehr milden, in gesunden wie

---

*) Schäfer, Berl. Klin. Wochenschr. 1892, 29; Schultze, Therapeutische Monatshefte, 1891, October; Hänel, Kraepelins Psychologische Arbeiten, II, S. 326; v. Mering, Therap. Monatshefte, 1896, August.

**) Gierlich, Neurol. Centralblatt, 1896, 770.

krankhaften Zuständen häufig genug in Anwendung gezogenen Schlafmittels endlich noch des Alkohols zu gedenken. In nicht zu kleinen, beim Einzelnen natürlich sehr verschiedenen Gaben (etwa 40—60 gr) erzielt er dort, wo die Schlaflosigkeit durch erhöhte Reizbarkeit und Uebermüdung des Gehirns bedingt wird, nicht selten recht befriedigende Erfolge. Auch bei Zuständen innerer Spannung und Niedergeschlagenheit werden die erleichternden und beruhigenden Wirkungen des Alkohols den Eintritt des Schlafes zu unterstützen geeignet sein. Bei hysterischer, neurasthenischer, bisweilen auch bei der Schlaflosigkeit des Greisenalters ist daher zunächst ein Versuch mit diesem Mittel sehr am Platze. Man giebt es je nach den Lebensgewohnheiten und Neigungen des Kranken in Form von Bier, Grog oder Schlummerpunsch. Ausgezeichnete Dienste leistet der Alkohol endlich im Collapsdelirium, namentlich bei Nahrungsverweigerung, schwerer Unruhe und schwachem Pulse. Hier passen die stärkeren Lösungen, namentlich der Cognac, wenn nöthig, als Zusatz zur künstlichen Fütterung.

Sehr heftige, allen anderen Mitteln widerstehende Aufregungszustände, die aus irgend einem Grunde (Verletzungen, Nothwendigkeit eines Eingriffes und dergl.) rasche Beruhigung verlangen, können gelegentlich auch zur Anwendung des Chloroforms führen. Schwächliche, nervöse Personen, Hysterische, Trinker sind jedoch davon ausgeschlossen, weil bei ihnen der Zweck einer Beruhigung nicht erreicht zu werden pflegt und die Betäubung nicht selten grosse Gefahren über sie heraufführt. Weniger gefährlich, aber auch weniger wirksam ist der Ersatz des Chloroforms durch Aether. Die planmässige Anwendung dieses Mittels bei erregten Kranken hat mir indessen, in Uebereinstimmung mit dem psychologischen Versuche, gezeigt, dass die erzielte Beruhigung die eigentliche Betäubung kaum zu überdauern pflegt und somit der Nutzen durchaus nicht die Gefahren und Unannehmlichkeiten für Kranken und Arzt aufzuwiegen vermag. Auch die von Berger zur Bekämpfung von Erregungszuständen empfohlene Einathmung von Bromäthyl (täglich 5—10 gr) hat wegen des unsicheren Erfolges und des abscheulichen Bromgestankes keine weitere Verbreitung gefunden.

Eine letzte Gruppe das Gehirn unmittelbar beeinflussender Arzneimittel wird durch die Bromsalze (Bromkalium, —natrium, —ammonium, —rubidium, —strontium) gebildet. Die eigentliche Wirkungs-

weise derselben ist noch recht dunkel. Umfassende, bei uns ausgeführte Versuche*) haben gelehrt, dass der Einfluss des Broms
auf psychische Vorgänge jedenfalls ein ungemein scharf abgegrenzter
ist. Entgegen der von mir gehegten Erwartung scheint der Vorstellungsverlauf wenig, die Auslösung von Willenshandlungen gar
nicht beeinflusst zu werden, ebenso wenig der Ablauf von Muskelarbeit. Dagegen wird die Leistungsfähigkeit des Gedächtnisses entschieden herabgesetzt. Vor allem aber wurden innere Spannungszustände gemildert oder beseitigt, die im Versuche absichtlich erzeugt
worden waren. An diesem Punkte scheint die noch näher aufzu-
klärende psychische Hauptwirkung des Broms zu liegen. Mit diesem
Ergebnisse steht auch in allgemeiner Uebereinstimmung die Erfahrung, dass die Bromsalze namentlich auf dem Gebiete der Epilepsie und Neurasthenie sehr werthvolle Dienste leisten. Bei
der Epilepsie wirken sie allerdings in der überwiegenden Mehrzahl
der Fälle nur während der Dauer ihrer Anwendung, indem sie die
Zahl und Stärke der Anfälle verringern; mit dem Aussetzen des
Mittels pflegt die Krankheit in der früheren Heftigkeit, bisweilen
sogar in verstärktem Maasse wieder hervorzutreten. Der Erfolg wird
in der Regel mit der Sicherheit des wissenschaftlichen Versuches
erreicht; verhältnissmässig selten bleibt das Leiden gänzlich unbeeinflusst. Ausserdem giebt es indessen, wie ich wiederholt erfahren,
auch vereinzelte Fälle, in denen eine sehr entschiedene und sogar
gefahrdrohende Verschlimmerung und Häufung der Anfälle sich einstellt; schon aus diesem Grunde sollte die Anwendung der Mittel
nicht ohne dauernde ärztliche Ueberwachung durchgeführt werden.
Die sorglose Versendung derselben im grossen an beliebige Laien,
wie sie von der Bielefelder Anstalt aus geschieht, ist jedenfalls in
hohem Maasse gefährlich.

Sehr ausgedehnte Anwendung finden die Bromsalze ferner bei
der einfachen Neurasthenie und der sie so oft begleitenden „nervösen" Schlaflosigkeit; die Beseitigung der inneren Spannung
genügt hier oft, um eine dauernde Beruhigung und Erholung zu
Stande kommen zu lassen. Man giebt die einzelnen Salze oder
die drei erstgenannten in gleichem Verhältnisse gemischt (Erlenmeyer'sches Gemisch) entweder als Schlafmittel in einmaliger voller

---

*) Löwald, Kraepelins Psychologische Arbeiten I, S. 489.

Gabe (3—6 gr) oder aber planmässig steigend und wieder fallend zu 2—6 gr täglich (Pulver in Oblaten oder Lösung). Eine sehr bequeme, den stark salzigen Geschmack verdeckende Form der Anwendung haben wir in dem kohlensauren Bromwasser gewonnen, welches gewöhnlich in einer Flasche 10 gr Bromsalz enthält. Wo die Anfälle zu bestimmten Zeiten (Menses) hervorzutreten pflegen, wird man zweckmässig die höchsten Gaben gerade in diesen Abschnitt fallen lassen, um während der Zwischenpausen herunterzugehen und wo möglich ganz auszusetzen (intermittirende Anwendung). Grössere Gaben der Bromsalze können nämlich bei längerer, ununterbrochener Anwendung schwere Gehirnerscheinungen hervorrufen (Abnahme des Gedächtnisses, Unsicherheit der Bewegungen, Stumpfheit). Das Auftreten von Acneknötchen und Furunkeln sowie starker foetor ex ore giebt das Zeichen zur Unterbrechung; sonst folgen Verdauungsstörungen, fortschreitende Abmagerung, Bronchitis und allmählich die übrigen Erscheinungen des Bromismus. Allerdings hat Féré von Kranken berichtet, die seit Jahren täglich nicht weniger als 16—21 gr Brom zu sich nehmen; auf diese Weise sollen sogar besondere Heilerfolge erzielt worden sein. Ich würde ein derartiges Vorgehen keinesfalls verantworten mögen; vielmehr bin ich der Ansicht, dass auch der Gebrauch mittlerer und kleinerer Gaben nicht länger als einige Monate lang ohne Unterbrechung fortgesetzt werden sollte.

Neuerdings ist statt der gebräuchlichen Bromsalze das Bromäthylformin*) („Bromalin" Merck) empfohlen worden, welches weder Furunkel erzeugen noch die Verdauungsorgane schädigen soll. Die Gabe ist die doppelte der übrigen Bromsalze.

In ähnlicher Weise wie die Krampfanfälle vermögen die Bromsalze auch bisweilen periodisch auftretende Aufregungszustände abzuschneiden, namentlich dann, wenn sie mit den Menses in Beziehung stehen und von kurzer (1—2 wöchentlicher) Dauer sind. Der Erfolg tritt nicht überall, in einzelnen Fällen aber mit grosser Sicherheit ein. Von Wichtigkeit ist hier namentlich die rechtzeitige Darreichung bei den ersten Anzeichen des beginnenden Anfalles, dann aber die Anwendung sehr grosser Gaben. Man giebt 12—15 gr pro die eine Reihe von Tagen hintereinander und geht dann langsam

---

*) Laquor, Neurologisches Centralblatt, 1895, 1.

herunter, natürlich unter beständiger Ueberwachung des Zustandes, im Hinblicke auf die Gefahr plötzlicher Collapse oder bronchitischer Erkrankungen.

Die Bedeutung der Blutversorgung für die Entstehung von Geistesstörungen hat auch einigen Mitteln in die Behandlung des Irreseins Eingang verschafft, die vorwiegend auf das Herz und die Gefässe wirken. So hat man das Amylnitrit wegen seines auffallenden Einflusses auf das Gefässgebiet des Kopfes in solchen Zuständen angewendet, in denen man einen Gefässkrampf vermuthete. Leider hat das Mittel die gehegten Erwartungen nicht gerechtfertigt, da die Wirkungen selbst im günstigsten Falle sehr rasch vorübergehen. Ferner kommt der Digitalis, namentlich in Verbindung mit Opium oder Morphium, nicht selten dort eine beruhigende Wirkung zu, wo Aufregungszustände mit unregelmässigem, frequentem Pulse und Herzschwäche einhergehen (Herzfehler, alte Perikarditis u. s. f.). Wichtiger freilich noch wären Mittel, welche die Beschaffenheit des Blutes zu verbessern vermöchten. Bis heute haben wir von solchen nur das Thyreoidin zu nennen, welches sich durch seine geradezu zauberhafte Wirkung auf das Myxödem rasch so grossen Ruf verschafft hat. Bei anderen psychischen Störungen sind die Erfolge bis jetzt zweifelhaft geblieben. Ich wenigstens habe trotz sehr ausgedehnter Versuche keine ermuthigenden Ergebnisse zu verzeichnen*). Nur beim Kretinismus kann man die übermässige Körperfülle bedeutend und, wie es scheint, auch dauernd herabsetzen; im übrigen beobachtet man höchstens einige verkleinernde Wirkung auf manche Kröpfe. Die psychischen Zustände werden nicht entscheidend beeinflusst, vielleicht bisweilen etwas verschlechtert (Aufregungen), doch lassen sich hier Zufälligkeiten zu schwer ausscheiden.

Brauchbare Erfahrungen über die Behandlung mit anderen Organtheilen liegen auf dem Gebiete der Geistesstörungen bis jetzt nicht vor. Dagegen sollen an dieser Stelle kurz die Bestrebungen Wagners**) erwähnt werden, durch künstlich erzeugtes Fieber Besserung oder Heilung von Geistesstörungen zu erreichen. Die Versuche knüpfen an die Erfahrung an, dass bisweilen Psychosen durch zufällige fieber-

---

*) Amaldi, Rivista sperim. di freniatria, XXIII, 311.
**) Boeck, Jahrbücher f. Psychiatrie XIV, 1, und 2.

hafte Erkrankungen, namentlich das Erysipel, auffallend günstig beeinflusst werden. Um diese gelegentlichen Erfahrungen planmässig nachzuahmen, wurden an einer grösseren Reihe von Kranken Einspritzungen mit fiebererregenden Toxinen, vor allem mit Tuberculin, vorgenommen. Meistens soll es sich um Amentia gehandelt haben. Die Erfolge schienen einigermassen ermuthigend. Allerdings werden alle derartigen Versuche wenig Beweiskraft haben, so lange wir über die Auffassung der behandelten Psychosen und besonders über ihren muthmasslichen weiteren Verlauf noch so im unklaren sind wie heute. Dasselbe dürfte von den neuesten Bemühungen Binswangers gelten, seine „Erschöpfungspsychosen" durch Bakteriengifte (Bouillonculturen von Bakterium coli) zu heilen, ebenso von Albertottis Vorschlag, durch Einspritzungen von Terpentinöl Abscesse und Fieber zur günstigen Beeinflussung geistiger Störungen zu erzeugen.

Fast gänzlich aus der Behandlung der Geisteskranken verbannt sind die früher viel geübten Blutentziehungen, namentlich die allgemeinen, seitdem man erkannt hat, dass psychische Störungen nicht durch „Plethora", sondern weit eher durch Blutentmischungen bedingt werden. Wo starke Wallungen oder Entzündungserscheinungen eine Entlastung des Schädelinhaltes nothwendig erscheinen lassen, können allenfalls einige Blutegel an den Warzenfortsätzen oder an der Nasenscheidewand in Anwendung kommen. Ebenso sind auch die einst sehr beliebten ableitenden Mittel (Blasenpflaster, Unguentum tartari stibiati, Drastica) fast völlig veraltet.

Physikalische Heilmethoden. Unter den physikalischen Heilverfahren, die in die irrenärztliche Thätigkeit Eingang gefunden haben, steht obenan die Wasserbehandlung, insonderheit die Anwendung der Bäder. Zwar sind die barbarischen Douchen und die kalten Sturzbäder, wie sie früher als „revulsive" Mittel beliebt waren, lange ausser Gebrauch gekommen, aber der grosse Werth besonders verlängerter, viele Stunden und selbst Tage dauernder warmer Bäder für die Behandlung erregter Kranker ist ganz unzweifelhaft. Für die manischen und paralytischen, auch für manche katatonischen Erregungszustände kenne ich kein Mittel, das auch nur annähernd sich den Dauerbädern vergleichen liesse. Es ist mir in den letzten Jahren wesentlich mit Hülfe dieser Massregel gelungen, zahlreiche äusserst unruhige Kranke dauernd vor der Isolirung, dem Schmieren und dem Zerreissen zu bewahren; das Bedürfniss nach sog. unzerreissbaren

Kleidern und unausziehbaren Schuhen ist damit bei uns vollständig
verschwunden. Allerdings begegnet man öfters der grossen Schwierigkeit, dass die Kranken, besonders im Anfange, nicht ruhig im Bade
bleiben, sondern hinausdrängen. Durch wiederholte Versuche und
anfängliche Anwendung von Sulfonal oder Hyoscin gelingt es jedoch
allmählich fast immer, die Kranken soweit zu beruhigen, dass sie
gern im Bade verweilen. Die behagliche Wärme des Wassers, die
Freiheit von allen beengenden Kleidungsstücken, endlich das sich
beim Herausgehen sogleich einstellende Unbehagen wirken hier zum
gleichen Ziele zusammen. Bei ängstlichen Kranken pflegen solche
Bäder nichts zu nützen, eher zu schaden, besonders wenn die
Kranken durch Wärterhände festgehalten werden. Mit den durch aus-
geschnittene Deckel oder Segeltuchüberzüge verschliessbaren Wannen
habe ich mich nicht befreunden können. Die Wasserwärme muss
natürlich in den Dauerbädern gleichmässig erhalten werden (etwa
34° C.), was keinerlei Schwierigkeiten bietet. Man kann die Kranken
zu ihrer grösseren Bequemlichkeit im Bade auf durchgespannte
Decken lagern, sie auf kleinen Tischchen essen oder sich sonstwie
beschäftigen lassen (weibliche Kranke in Badehemden). Bäder von
kürzerer, bis etwa halbstündiger Dauer pflegen bei Verstimmungen
und leichten Angstzuständen beruhigend, gegen Abend auch schlaf-
machend zu wirken. Wo Röthung und Hitze des Kopfes auftritt,
verbindet man sie zweckmässig mit gleichzeitiger kühler Berieselung
desselben, mit kalten Umschlägen oder der Anwendung des Eisbeutels. An das Bad selbst schliesst sich dann zur Anregung der
Hautthätigkeit zweckmässig ebenfalls eine kühle Berieselung mit
folgender Abreibung an.

Bei gewissen Kranken werden die Vollbäder oft mit Erfolg ersetzt durch feuchtwarme Einwickelungen des ganzen Körpers,
die indessen ohne Unterbrechung nicht mehr als einige Stunden aus-
gedehnt werden sollten (Collapsgefahr). Namentlich in den schweren
katatonischen Aufregungszuständen ist diese Massregel nicht selten
das einzige, sofort und allmählich auch nachwirkende Beruhigungsmittel; die Kranken lassen sich überraschender Weise meist ohne
Sträuben einpacken. Sanfte Regendouchen, kalte Abreibungen empfehlen sich für nervöse und hysterische Kranke, besonders auch
Onanisten, bei denen noch kalte Sitzbäder hinzugefügt werden. Von
den medicamentösen Bädern sind hauptsächlich nur noch die Senf-

fussbäder im Gebrauch, die bei Neigung zu Blutwallungen nach dem Kopfe bisweilen einen schlafmachenden Einfluss auszuüben im Stande sind. Dem gleichen Zwecke dient die örtliche Anwendung der Kälte am Kopfe in der Form des Eisbeutels. Die Einfachheit und Volksthümlichkeit dieser Massregel spricht entschieden zu ihren Gunsten, wenn man auch gerade in der Psychiatrie vielleicht häufiger von ihrem psychischen (Zwang der Bettlage), als von dem physikalischen Einflusse Erfolg hoffen darf. Beim Bestehen von Menstruationsbeschwerden mit Empfindlichkeit der Wirbelsäule hat man auch die Kältebehandlung dieser letzteren mit Hülfe des eisgefüllten Chapmann'schen Schlauches empfohlen.

Verhältnissmässig beschränkte Anwendung hat die Elektrotherapie*) in der Behandlung der Geisteskrankheiten gefunden. Die vorliegenden Erfahrungen sind daher sehr lückenhaft und kaum zur Aufstellung allgemeiner Grundsätze geeignet. Der faradische Strom scheint vorzugsweise als Erregungsmittel zu wirken. Dem gegenüber erwartet man von der Galvanisation des Rückenmarkes, des Sympathicus, des Gehirns (schwache Ströme, kurze Sitzungen, grosse Elektroden, Leitung längs oder schräg durch den Kopf) namentlich eine „katalytische" Einwirkung auf die feineren Vorgänge im Nervengewebe und einen Einfluss auf das Gefässsystem. Man hat daher vorgeschlagen, bei Zuständen mit erhöhter nervöser Reizbarkeit, Gefässkrampf und dergleichen die Anode (absteigende Ströme), bei bestehenden Lähmungserscheinungen, Stauungen, Oedemen dagegen die Kathode (aufsteigende Ströme) auf Hirn und Rückenmark einwirken zu lassen.

Im allgemeinen werden es natürlich vorzugsweise die mit nervösen Beschwerden einhergehenden Fälle sein, in denen man von der elektrischen Behandlung Erfolg hoffen darf. Hier mag es bisweilen gelingen, durch Beseitigung peripherer Reizursachen, durch Herabsetzung der Erregbarkeit zu nützen. Hysterische Dämmerzustände werden unter Umständen durch planmässige Faradisation günstig beeinflusst; es empfiehlt sich die Anwendung stärkerer Ströme an verschiedenen Stellen der Körperoberfläche oder die allgemeine

---

*) Arndt, Archiv f. Psychiatrie, II; Allgem. Zeitschr. f. Psychiatrie, XXVIII, XXXIV; Erb, Elektrotherapie II, 2. Auflage 1886; Tigges, Allgem. Zeitschr. f. Psychiatrie, XL.

Faradisation. Galvanisation und Faradisation des Kopfes (elektrische Hand) können wegen ihrer hypnotischen Wirkung auch zur Bekämpfung der Schlaflosigkeit gelegentlich in Anwendung gezogen werden. Die besten Dienste leistet die elektrische Behandlung (Galvanisation des Kopfes, allgemeine Faradisation mit der Rolle, elektrische Bäder) unzweifelhaft bei hysterischen und neurasthenischen Kranken. Gerade hier aber wird die Ausscheidung des sicherlich nicht geringen Antheils, welcher dem psychischen Einflusse des Verfahrens zugeschrieben werden muss, vollkommen undurchführbar.

Die zeitgemässeste unter den physikalischen Heilmethoden, die Massage, hat sich ebenfalls nur ein kleines Gebiet der irrenärztlichen Thätigkeit zu erobern vermocht, das sie zudem noch mit der Elektricität bis zu einem gewissen Grade theilen muss. Bei der grossen Mehrzahl der Geistesstörungen passt die Massage nur dort, wo eine selbständige körperliche Anzeige für sie vorliegt. In gewissen Formen des hysterischen und neurasthenischen Irreseins indessen sowie nach manchen Erschöpfungs- und Depressionszuständen vermag die Massage, am besten in Verbindung mit der allgemeinen Faradisation, durch Kräftigung der Muskulatur und Anregung des Stoffwechsels oft recht schätzbare Dienste zu leisten Ihre Rolle in der sogenannten Mastcur wird weiter unten Erwähnung finden.

Diätetische Massregeln. Zwar von langsamerer und weniger durchgreifender, aber darum nicht weniger werthvoller Wirkung, als die aufgeführten Arzneien und Heilverfahren, sind jene allgemeinen diätetischen Massregeln, die keinem besonderen Behandlungszwecke dienen, sondern die Befriedigung der täglichen Lebensbedürfnisse zum Ziele haben. Obenan steht die Sorge für eine passende Ernährung. Jeder Geisteskranke, auch der anscheinend „Vollblütige", bedarf einer regelmässigen, gut bemessenen Zufuhr kräftiger Nahrungsmittel, die nicht selten den wichtigsten Punkt des Behandlungsplanes bildet. Durchaus in den Vordergrund tritt diese Rücksicht, wo schwächende Ursachen, Wochenbett, Blutverluste, fieberhafte Krankheiten der geistigen Störung vorausgegangen sind, und wo Wage und körperliche Untersuchung gesunkene Ernährung, Blutleere, Schwäche, Abmagerung erkennen lassen. Namentlich ist es von Wichtigkeit, schon im Anfange des Leidens, wo der Kranke, von lebhaften Gemüthsbewegungen beherrscht und ohne Esslust, die

Nahrungsaufnahme vernachlässigt, auf ein regelmässiges Einhalten der Mahlzeiten zu achten und jeder beginnenden Verdauungsstörung sogleich entgegenzuarbeiten.

Diese Sorge erstreckt sich oft in gleicher Weise über den ganzen Verlauf der Krankheit fort, wo Verstimmung, Unruhe oder Negativismus den Kranken hindern, das Nahrungsbedürfniss selbst zu befriedigen. Geduldiges, häufig wiederholtes Anbieten des Essens, wenn auch immer nur kleine Mengen genommen werden, führt hier meist zum Ziele. Stets muss die Kost leicht verdaulich und, namentlich in schwierigeren Fällen, möglichst nahrhaft sein, um durch ihren Nutzwerth die Unmöglichkeit einer reichlicheren Zufuhr auszugleichen (Fleischbreisuppen). Unter Umständen ist aus diesem Grunde der Zusatz von Pepton, Nutrose, Somatose oder ähnlichen Stoffen angezeigt. Die so überaus häufige Verstopfung bekämpft man nur durch ganz milde Mittel, namentlich durch Klystiere (Glycerin, Oel), Eingiessungen, nach Umständen durch Massage und Faradisation des Bauches. Unterstützt werden diese Massnahmen durch sorgfältige Regelung der gesammten Lebensweise, mässige Bewegung in frischer Luft, körperliche, keine geistige Anstrengung erfordernde Beschäftigung, vorzüglich Gartenarbeit u. dergl. Sehr zweckmässig erscheint es mir, den Alkohol als Genussmittel aus der Irrenanstalt gänzlich auszuschliessen, da stets eine grössere Zahl von Kranken vorhanden sind, die dieses Schutzes mehr oder weniger dringend bedürfen, namentlich Trinker und Epileptiker, aber auch Paralytiker, Hypomanische, Hebephrene. Nach meinen etwa 6 jährigen Erfahrungen kann ich jene Massregel nur auf das wärmste empfehlen; sie ist leicht durchführbar und wirkt günstig auf den ganzen Geist der Anstalt.

Eine eigenartige Ausbildung hat die Sorge für die Körperernährung in der von Weir Mitchell und Playfair*) eingeführten „Mastcur" (feeding-cure) erhalten. Den leitenden Gesichtspunkt dieses Verfahrens bildet die möglichste Beschleunigung des Stoffumsatzes durch überreichliche Ernährung bei gleichzeitiger lebhafter Muskelarbeit ohne eigene Anstrengung. Den in Bettruhe gehaltenen

---

*) Weir Mitchell, fat and blood, 3. Aufl. 1884; Playfair, Die systematische Behandlung der Nervosität und Hysterie, deutsch von Tischler. 1883; Burkart, Volkmanns Klinische Vorträge, 245.

Kranken werden in sehr kurzen Zwischenräumen grosse Mengen nahrhafter, leicht verdaulicher Esswaaren (Milch, Fleisch, kräftige Suppen) zugeführt, während durch regelmässige, ausgiebige Massage und faradische Reizung die gesammte Körpermuskulatur bearbeitet wird. Dazu kommt als wichtigster Punkt des Heilplanes die völlige Entfernung des Kranken aus den gewohnten Verhältnissen und die bedingungslose Unterordnung unter den ärztlichen Willen. Zweifellos spielt dieser psychische Eingriff bei der ganzen Cur eine äusserst bedeutsame Rolle. Die Erfolge sind in geeigneten Fällen staunenswerthe; man darf solche aber nur auf dem Gebiete der eigentlichen Hysterie und zwar dort erwarten, wo keine tiefgreifende psychische Störung, sondern wo wesentlich dauernde grosse Willensschwäche (Lähmungen) besteht und die Ernährung tief gesunken ist. Es erscheint aber wol möglich, dass der Grundsatz der Ueberernährung in geeigneter Anpassung auch für einzelne Formen des Irreseins, namentlich die Erschöpfungszustände, mit Vortheil in Anwendung gezogen werden kann; so manche Erfahrungen sprechen dafür.

Ganz besondere Berücksichtigung erfordert die diätetische Behandlung der frisch Erkrankten. Hier handelt es sich vor allem um Beruhigung. Das beste Mittel zur Erreichung dieses Zweckes ist die Bettlagerung, die bisweilen schwierig, unter einigermassen günstigen Verhältnissen (ausreichendes, gut geschultes Personal) aber doch meistens durchführbar ist, in manchen Fällen erst nach einer vorbereitenden Badebehandlung. Bei einiger Geduld kann man durch diese harmlose Massregel, welche die Unterschiede in der Behandlung psychisch und korperlich Kranker mehr und mehr verwischt, ganz ausserordentliche Erfolge erzielen. Alle frisch Erkrankten gehören zunächst und unter Umständen für längere Zeit ins Bett. Ferner wird man jene blutleeren und schwächlichen Kranken, die durch ängstliches Herumlaufen ihre Kräfte zu erschöpfen drohen, die Nahrungsverweigerer, endlich die Unruhigen und Erregten so lange wie irgend möglich im Bett zu erhalten suchen, natürlich sämmtlich unter dauernder Ueberwachung. Ohne jeden Zweifel verlaufen die Aufregungszustände aller Art weit milder im Bette, als ausserhalb desselben. In schwierigeren Fällen sinnloser Unruhe, namentlich im Collapsdelirium, in epileptischen und paralytischen Dämmerzuständen, erweisen sich die Betten mit hohen gepolsterten Seitenwänden als ungemein zweckmässig. Ruhige

Kranke, die der Bettruhe bedürfen (Melancholische, Gehemmte, Negativistische), wird man nach einiger Zeit für Stunden täglich aufstehen, in den Garten gehen, im Freien ruhen lassen, um ihnen den Genuss frischer Luft zu gewähren und den erschlaffenden Wirkungen langen Bettliegens entgegenzuarbeiten. Ganser lässt solche Kranke regelmässig massiren.

Allein es giebt immerhin, namentlich in mangelhaft eingerichteten und überfüllten Anstalten, Kranke, bei denen Bett und Bad versagen oder nicht in Anwendung gezogen werden, und die wegen sehr starker Unruhe oder rücksichtsloser Gewaltthätigkeit auch nicht wol in der Gesellschaft Anderer gelassen werden können, ohne sich und ihre Umgebung schweren Gefahren auszusetzen. Andere wiederum (Epileptiker, Katatoniker) werden zeitweise durch ihre Mitkranken derart erregt, dass sie deswegen zweckmässig von ihnen getrennt werden. In solchen Fällen greift man zu dem Nothbehelf der Isolirung im offenen, unter Umständen auch im geschlossenen Zimmer, womöglich nur unter steter Ueberwachung von aussen. Hie und da erscheint auch wol einmal ein Polsterzimmer erwünscht, doch hat diese Einrichtung im ganzen den an sie geknüpften Erwartungen nicht entsprochen, namentlich wegen der Unmöglichkeit, bei unreinen Kranken den Gestank fernzuhalten. Mit der Vertheilung von Matratzen an Boden und Wänden wird man meist auskommen. Die Isolirung ist unter allen Umständen ein Uebel, das man, namentlich Nachts, zum Schutze ruhebedürftiger Kranker vor ihren lärmenden Nachbarn nicht immer wird umgehen können, dessen Dauer aber so kurz wie nur irgend möglich bemessen werden soll. Die Frage, ob sie grundsätzlich und ausnahmslos, auch als vorübergehende Massregel, zu verwerfen ist, wird zur Zeit noch verschieden beantwortet*).

Längere Isolirung wirkt fast immer sehr schädlich und begünstigt die Verblödung der Kranken sowie das Einwurzeln von üblen Angewohnheiten, namentlich Unreinlichkeit, Onanie, Zerreissen und Gewaltthätigkeit. Mit unermüdlicher Geduld müssen daher in jedem Falle immer und immer wieder Versuche gemacht werden, der Isolirung baldigst ein Ende zu bereiten. Sie ist es in erster Linie,

---

*) Wattenberg, Allgem. Zeitschr. f. Psych., LII, 928; Heilbronner, ebenda, LIII, 717; Hoppe, ebenda, LIV, 910.

welche die „Anstaltsartefacte" erzeugt, jene Kranken, die wegen ihrer Verwilderung nach den verschiedensten Richtungen hin den Schrecken der Anstalten bilden. Ich glaube, diese Züge bei periodisch Kranken in neuen Anfällen noch nach Jahren als Andenken an frühere dauernde Isolirung erkannt zu haben.

In dem Heilapparate der älteren Anstalten spielte zur Unschädlichmachung der Kranken und zur Bekämpfung der Aufregung eine grosse Rolle die mechanische Beschränkung durch die Zwangsjacke, Zwangsstühle, Zwangsbetten u. s. f., alles Vorrichtungen, die dazu dienten, den Kranken an dem freien Gebrauche seiner Glieder zu hindern und ihn in einer bestimmten Lage festzuhalten. Es ist namentlich das Verdienst des Engländers Conolly*), auf die Unzweckmässigkeit, ja Gefährlichkeit dieser Zwangsmassregeln mit allem Nachdrucke hingewiesen zu haben. Sie steigern die Unruhe und Aufregung des Kranken, der sich abmüht, sich frei zu machen; sie erbittern ihn gegen seine Aerzte und Pfleger, die meist erst nach hartem Kampfe die verhasste Beschränkung durchzuführen vermögen, und sie verderben das Pflegepersonal, welches im Vertrauen auf die rohe Gewalt kein Bedürfniss empfindet, selbst engere Fühlung mit den Kranken zu gewinnen und dieselben nicht sowol durch die Furcht, als vielmehr durch die kleinen Kunstgriffe des hülfsbereiten Wohlwollens beherrschen zu lernen. Aus diesem Grunde spielt das „Restraint", die mechanische Beschränkung, zwar in schlecht eingerichteten Krankenhäusern und in den häuslichen Verhältnissen, zumal bei der weit verbreiteten übertriebenen Angst vor Geisteskranken, leider noch eine gewisse Rolle — das mustergiltige Anstaltsleben kennt sie so gut wie gar nicht mehr. Wir dürfen heute ohne weiteres sagen, dass die häufigere Anwendung von Zwangsmitteln irgend welcher Art in einer Anstalt mit Bestimmtheit entweder auf schlechte Einrichtungen oder aber auf schlechte Aerzte zurückweist. Nur dort, wo die peinliche Durchführung des No-restraintverfahrens ein grösseres Uebel bedeuten würde, als die Beschränkung selbst, wo z. B. das Leben des Kranken in Gefahr schwebt, wie bei schweren chirurgischen Erkrankungen, unter Umständen auch bei schwierigen Reisen mit sehr gefährlichen und aufgeregten Kranken,

---

*) Die Behandlung der Irren ohne mechanischen Zwang, deutsch von Brosius. 1860; Klinke, Allgem. Zeitschr. f. Psychiatrie, XLIX, 5.

kann die menschliche und ärztliche Berechtigung der Zwangsmittel nicht zweifelhaft sein.

In der Regel wird man mit dem einfachen Festbinden durch Betttücher, Handtücher und dergl. auskommen, manchmal auch mit dem Anlegen eines oder zweier fester, durch Schrauben verschliessbarer Handschuhe. Bei wirklich grosser Gefahr wird man endlich nicht zögern, zur Anwendung der Zwangsjacke zu greifen, doch kann ich z. B. mittheilen, dass ich in den letzten 11 Jahren keinen Fall mehr erlebt habe, in dem diese Massregel nothwendig geworden wäre. Nur ein einziges Mal während dieser Zeit war ich genöthigt, einen sehr unruhigen Kranken wegen lebensgefährlicher Blutungen nach einer Operation mit Tüchern mit Bett festbinden zu lassen. Die Zwangsjacke ist eine vorn geschlossene, hinten verschnürbare Jacke von starkem Segeltuche mit langen Aermeln ohne Oeffnungen, mit Hülfe deren die Arme über der Brust gekreuzt festgehalten werden können. Bei sehr fester Anlegung und langem Liegen derselben entstehen leicht Hautabschürfungen und Druckbrand an den gefährdeten Stellen; sie muss daher öfters gelockert und womöglich täglich einige Stunden abgelegt werden. Kein mechanisch beschränkter Kranker darf ohne beständige Aufsicht gelassen werden; es kommt vor, dass er sich selbst befreit oder gar erdrosselt.

C. Psychische Behandlung.

Besonders der Kampf um die Anwendbarkeit der mechanischen Beschränkung ist es gewesen, der die Ausbildung einer planvollen psychischen Behandlung*) der Geisteskranken angebahnt hat. Je weniger Arzt und Pflegepersonal gegenüber den Aufregungszuständen ihre Zuflucht zur nackten Gewalt nehmen konnten, desto mehr mussten sie darauf bedacht sein, sich durch das Mittel der psychischen Einwirkung Macht über ihre Pflegebefohlenen zu verschaffen. Die Aufgaben dieser Behandlungsweise sind es, einerseits die Krankheitserscheinungen zurückzudrängen, andererseits die

---

*) Reil, Rhapsodien über die Anwendung der psychischen Curmethode auf Geisteszerrüttungen. 1803; Löwenfeld, Lehrbuch der gesammten Psychotherapie. 1897.

gesunden Vorstellungen und Gefühle zu kräftigen und ihnen schliesslich zum Siege über die krankhaften Störungen zu verhelfen. Es liegt auf der Hand, dass sich für die Lösung dieser Aufgaben bei der Mannigfaltigkeit der Persönlichkeiten, die den Angriffspunkt des irrenärztlichen Handelns bilden, ins Einzelne gehende Vorschriften nicht geben lassen, sondern dass jenes Ziel in jedem Falle wieder auf anderem Wege erreicht werden muss, dessen Auffindung und geschickte Verfolgung jeweils der Einsicht und Erfahrung des Arztes überlassen bleibt.

Mit Recht wird daher wegen dieser grossen persönlichen Verantwortlichkeit vom Irrenarzte noch eine Summe besonderer geistiger Eigenschaften gefordert: „wohlwollender Sinn, grosse Geduld, Selbstbeherrschung, eine besondere Freiheit von allen Vorurtheilen, ein aus einer reichen Weltkenntniss geschöpftes Verständniss der Menschen, Gewandtheit der Conversation und eine besondere Neigung zu seinem Beruf, die ihn allein über dessen vielfache Mühen und Anstrengungen hinwegsetzt"*). So ausgerüstet, wird er im Stande sein, dem Kranken nicht nur ein Arzt, sondern zugleich ein Erzieher und Freund zu werden, nicht nur den körperlichen Grundlagen der Geistesstörung seine Aufmerksamkeit zuzuwenden, sondern durch die Macht seiner Persönlichkeit verständnissvoll auch die krankhaften psychischen Erscheinungen selbst zu bekämpfen. Wirkt schon bei körperlichen Erkrankungen der Arzt häufig genug ebenso sehr durch seine persönlichen Eigenschaften wie durch die Arznei, so erweitert sich hier das Feld der psychischen Behandlung selbstverständlich in ganz ausserordentlichem Maasse.

Der oberste Grundsatz in der psychischen Behandlung der Geisteskranken ist Offenheit und unbedingte Wahrheitsliebe. Gerade hier wird von Laien und Aerzten immer wieder schwer gefehlt. Man scheut sich in ganz unsinniger und ungerechtfertigter Weise, einem Geisteskranken zu sagen, dass man ihn für krank hält, während diese Erkenntniss doch die erste Grundlage für die ganze Behandlung und nicht selten für den Leidenden selbst geradezu eine Erlösung bedeutet. Freilich giebt es viele Kranke, die sich selbst für völlig gesund halten, aber auch hier hat das unselige Versteckspiel, welches so häufig mit ihnen getrieben wird, schlechterdings keinen

---

*) Griesinger, Pathol. u. Therapie der psych. Krankheiten, 4. Aufl., S. 583.

Nutzen, da die Kranken ja doch durch die Art, wie man sie behandelt, zu der Erkenntniss kommen müssen, dass man bei ihnen eine geistige Störung vermuthet. Es muss unter allen Umständen für verwerflich erklärt werden, einen Geisteskranken, in welcher Absicht immer, zu täuschen, um ihn zu irgendwelchen nothwendigen Maassregeln zu bewegen (Einnehmen von Arzneien, Verbringung in die Anstalt), zu denen man seine Zustimmung nicht erreichen zu können glaubt. Weit besser ist es, ihm ruhig und freundlich, aber fest zu erklären, was man von ihm will und zu welchem Zwecke. Man wird dabei fast immer sein Ziel schliesslich erreichen. Im äussersten Nothfalle greife man lieber zur Gewalt, der sich besonnene Kranke regelmässig fügen, wenn sie keinen andern Ausweg sehen. Sie werden ein derartiges Vorgehen stets leichter verzeihen, als die List, deren unvermeidliche Aufdeckung sehr gewöhnlich ein unausrottbares Misstrauen im Gefolge hat. Ebenso nothwendig ist es, dem Kranken niemals eine Versprechung zu machen, die man nicht zu halten gesonnen oder im Stande ist. Andernfalls verscherzt man dauernd sein Vertrauen und verliert damit die Grundlage jeder weiteren Behandlung.

Den Wahnideen der Kranken gegenüber wird sich der Arzt stets einfach ablehnend verhalten. Er wird ihnen weder durch scheinbares Zustimmen neue Nahrung geben, noch sie in langen Auseinandersetzungen ausführlich bekämpfen, noch viel weniger aber etwa sie ins Lächerliche ziehen und dadurch die Kranken erbittern. Der Beantwortung in gereiztem Tone gestellter, herausfordernder Fragen weiche man in ruhiger Weise aus, ohne aber dabei den ärztlichen Standpunkt irgendwie zu verleugnen. Ich brauche kaum hinzuzufügen, dass der Grundsatz unbedingter Offenheit durchaus nicht dahin führen darf, ohne zwingenden Anlass hartnäckig jeder krankhaften Aeusserung zu widersprechen, die der Kranke etwa fallen lässt. Vielfach, namentlich bei schwachsinnigen (paralytischen) oder sehr gereizten Kranken wird man sich auf die gelegentliche Feststellung der Krankhaftigkeit des Zustandes beschränken, die geäusserten Wahnideen übergehen, unbeachtet lassen und nur den krankhaften Handlungen entgegentreten, soweit sie eine Schädigung des eigenen oder des Wohles der übrigen Kranken in sich schliessen.

Auch in Bezug auf diesen letzteren Punkt wird es sich in der

Hauptsache darum handeln, nach Möglichkeit die schlimmen Wirkungen derjenigen Krankheitsäusserungen abzuschwächen, die man durch die Behandlung nicht verhüten kann. Zu diesem Zwecke versetzt man den Kranken in eine Umgebung, in welcher die Gefahr des Selbstmordes, der Selbstbeschädigung, der Gewaltthätigkeit, der Zerstörungssucht, Unreinlichkeit u. s. f. durch Ueberwachung und besondere Einrichtungen, so weit irgend angängig, eingeschränkt ist. In dieser Eingeschlossenheit ist der Kranke in Wirklichkeit viel freier, als zu Hause, wo jeder seiner Handlungen wegen der möglichen schweren Folgen sogleich entgegengetreten werden muss. Abgesehen von der Durchführung unumgänglicher ärztlicher Massnahmen lasse man den Kranken recht frei gewähren und erbittere ihn nicht durch kleinliche Bevormundung oder häufige Ermahnungen. Nur die Rücksicht auf ernstere Missstände oder Gefahren wird den Arzt veranlassen, dem Treiben des Kranken freundlich, aber mit Entschiedenheit entgegenzutreten. Er wird dann, wenn es durchaus sein muss und alles gütliche Zureden umsonst geblieben ist, auch vor der Anwendung der Gewalt nicht zurückschrecken, um eine als nothwendig erkannte Massregel durchzuführen. Natürlich soll auch jetzt so schonend wie irgend möglich vorgegangen und jede Anknüpfung zu gütlicher Erreichung des Zieles benutzt werden.

Unter keinen Umständen soll irgend eine vom Arzte angeordnete oder durchgeführte Massregel den Anschein der Disciplinirung tragen. Die Versetzung auf eine andere Abtheilung, die Entziehung des Ausganges, die Isolirung soll durchaus immer nur aus rein ärztlichen Gründen geschehen, um drohendem Unheil zu begegnen. Sobald diese Gründe hinfällig geworden sind, werden auch die durch sie bedingten Anordnungen fallen müssen. Gerade darum ist es verwerflich, die Gewährung kleiner harmloser Vergünstigungen, die Verabreichung von Tabak oder besonderen Verordnungen aufgeregten Kranken zu entziehen oder gar sie mit kalten Bädern und Douchen zu behandeln, um sie zu geordneterem Benehmen zu veranlassen. Solche Erziehungsversuche nützen gar nichts, erbittern aber die Kranken und nähren im Personal die ohnedies noch allzu fest wurzelnde Vorstellung, dass die Kranken schon artig sein könnten, wenn sie nur wollten.

Bei allen mehr oder weniger rasch sich abspielenden Formen der Geistesstörung ist die Aufgabe der psychischen Behandlung wesentlich eine abwartende. Ueberall handelt es sich hier um krankhafte Erregungszustände des Gehirns, die vor allen Dingen Ruhe und immer wieder Ruhe fordern. Der Arzt hat daher in erster Linie für die möglichste Fernhaltung aller äusseren und inneren Reize zu sorgen. Dahin gehören namentlich der Verkehr mit den nächsten Angehörigen, die lebhaften Gefühlsbeziehungen, die aus der täglichen Umgebung, dem Berufe der Kranken, aus langen Unterredungen, Vorhaltungen, ja oft auch aus wohlgemeinten Trostworten entspringen. Auf jede eigentliche Thätigkeit muss verzichtet werden, da das kranke Gehirn zu seiner Genesung durchaus der sorgfältigsten Schonung bedarf. Vielfach erfüllt sich diese Vorschrift ganz von selbst, weil der Kranke zu jeder geordneten oder andauernden Beschäftigung unfähig ist. Bei manischen und erregten paralytischen Kranken, bei denen man die Aeusserungen des Thätigkeitsdranges nicht abschneiden kann, hat man wenigstens dafür Sorge zu tragen, dass alle jene Reibungen und Kämpfe wegfallen, die mit der Berufsthätigkeit unzertrennlich verbunden sind.

Ferner versteht es sich ganz von selbst, dass alle aufregenden Auseinandersetzungen und Mittheilungen in dieser Zeit vollständig vermieden werden müssen. Auch ohne dass man den Kranken geradezu täuscht, wird es fast immer möglich sein, ihn vor allen Nachrichten zu bewahren, die voraussichtlich eine stärkere Erschütterung seines gemüthlichen Gleichgewichtes herbeiführen könnten. Man wartet mit solchen unliebsamen Eröffnungen bis zum Eintritte der Beruhigung, um auch dann den Boden vorher sorgfältig und schonend vorzubereiten. Nur dann, wenn dringende Gefahr besteht, dass dem Kranken eine schmerzliche Nachricht auf keine Weise vorenthalten werden kann, ist es natürlich angezeigt, ihm dieselbe rechtzeitig in der richtigen Form zu überbringen, um einer unvorhergesehenen Entdeckung durch einen unglücklichen Zufall vorzubeugen.

Völlig unmöglich ist es, woran man zunächst denken könnte, den krankhaften Gefühlen und Vorstellungen auf demselben Wege beizukommen, auf dem man die Verstimmungen und Irrthümer der Gesunden bekämpft. Der Traurige, den man auf Bällen und Concerten, auf Reisen oder in lustiger Gesellschaft aufzuheitern versucht, wird nur desto schmerzlicher und peinvoller von allen äusseren Eindrücken berührt; die Bemühungen, aufsteigende Wahnideen durch Vernunftgründe zu widerlegen, bleiben ohnmächtig gegenüber der

Gewalt der inneren Vorgänge, aus denen jene letzteren sich immer von neuem erzeugen. Versetzung des Kranken in eine fremde, ihm gleichgültige und darum reizlose, ruhige Umgebung, in der man ihm Verständniss ohne Neugier, Wohlwollen ohne Aufdringlichkeit entgegenbringt, ist daher das erste Erforderniss für die Besserung seines Zustandes.

Auch im weiteren Verlaufe ist ein entscheidender Einfluss der psychischen Behandlung auf den Verlauf der Krankheit meist nicht erkennbar. Dennoch steht es fest, dass freundlicher, verständiger Zuspruch das Herz des Aengstlichen und Niedergeschlagenen erleichtern, geduldiges, gleichmässiges Entgegenkommen den Gereizten und Erregten beruhigen kann, wenn auch immer nur vorübergehend, ohne Nachhaltigkeit. Vielleicht sind aber diese fortgesetzten Bemühungen nach Ausgleichung der psychischen Schwankungen doch bis zu einem gewissen Grade geeignet, den natürlichen Heilungsvorgang zu unterstützen. Wir dürfen das wenigstens schliessen aus der Erfahrung, dass verkehrte psychische Behandlung, wie sie bisweilen durch Angehörige, schlechtes Personal oder andere Kranke geübt wird, ohne jeden Zweifel die Krankheitszustände nachhaltig verschlimmern kann.

Erst mit dem Beginne einer deutlichen Beruhigung des Kranken erfährt die Aufgabe der psychischen Behandlung eine gewisse Aenderung. So lange die Aufmerksamkeit desselben zwangsweise durch die Störung selbst in Anspruch genommen wird und nur für krankhafte Gefühle und Vorstellungen im Bewusstsein Raum gegeben ist, pflegt er für die Vorgänge der Aussenwelt meist wenig Sinn zu haben. Trotzdem er, der früher vielleicht keine Stunde müssig sein konnte, nun Wochen und Monate lang die Hände in den Schooss legt oder sich in zwecklosem Bewegungsdrange erschöpft, empfindet er doch keine Langeweile, da ihm mit der Fähigkeit auch der Antrieb zu nützlicher Thätigkeit verloren gegangen ist. Jeder Versuch, ihn in diesem Zustande wieder den gesunden Vorstellungen und Bestrebungen zugänglich zu machen, bleibt in der Regel ergebnisslos und kann sogar durch die Erregung, in die er den Kranken versetzt, geradezu schädlich wirken. Allmählich indessen tauchen auch die früheren, gesunden Gefühle und Gedankenkreise wieder hervor, und es gilt daher, ihnen die Aufmerksamkeit des Kranken mehr und mehr zuzuwenden. Je nach seiner Per-

sönlichkeit gestalten sich dabei die Hülfsmittel und die Richtung der
Heilbestrebungen natürlich äusserst verschieden.

Vor allem handelt es sich um die Auswahl einer passenden,
wol anregenden, aber nicht anstrengenden Beschäftigung, da sie
am meisten geeignet ist, die Gedanken des Kranken von den Zuständen des eigenen Innern abzuziehen und in ihm die Theilnahme
an der Aussenwelt, an der gewohnten Thätigkeit wieder zu erwecken.
Unterhaltender Lesestoff, die Lösung leichter geistiger Aufgaben,
Spiele aller Art, Musikübungen, andererseits körperliche Arbeit, die
sich den früheren Beschäftigungen möglichst anpasst, Handwerkerei,
Garten- und Feldarbeit, Leibesübungen, bei Weibern Nähen, Waschen,
Kochen u. dergl. in mannigfachster Abwechselung, dienen in gleicher
Weise der Erfüllung des Behandlungszweckes. Damit können sich
weiterhin Zerstreuungen, Besuche, Spaziergänge, gelegentliche kleine
Festlichkeiten in vortheilhafter Weise verbinden, während geräusch-
volle Vergnügungen, Bälle, Theateraufführungen nach meiner Erfahrung weit mehr Schaden als Nutzen stiften und zu dem Wesen
eines Krankenhauses herzlich schlecht passen.

Ganz die gleichen Aufgaben erwachsen der psychischen Behandlung schon von vornherein bei den langsam sich entwickelnden
Geistesstörungen. Allerdings ist es auch hier häufig nöthig, die
Kranken erst ein wenig zur Ruhe kommen zu lassen, da nicht selten
allerlei Kämpfe und Beunruhigungen der Entdeckung des Irreseins
voraufgegangen sind, aber doch wird es hier immer in erster Linie
darauf ankommen, das Denken und Fühlen des Kranken aus seinen
verkehrten Bahnen abzulenken und für eine gesunde Thätigkeit
wiederzugewinnen. Leider gelingt die vollkommene Lösung dieser
Aufgabe nur allzu selten. Aber auch dann, wenn wir keine Genesung
erzielen, bei der ungeheuren Masse der geistigen Krüppel, ist sorgfältig geleitete, den Kräften des Einzelnen angepasste Beschäftigung
das einzige Mittel, welches den Eintritt des geistigen Verfalles aufzuhalten und dem Kranken noch ein gewisses bescheidenes Maass
von geistiger Regsamkeit zu retten vermag.

Weit weniger Erfolg kann man sich von dem Versuche ver-
sprechen, irgendwie durch besondere psychische Einwirkungen das
Zurücktreten der krankhaften Störungen zu beschleunigen und die
gesunden Vorgänge zu unterstützen. Durch scharfsinnige Ueber-
redungskünste wird man dabei kaum mehr erreichen, als durch das

Leuret'sche „Intimidations-System", welches einstmals jede krankhafte Aeusserung durch die Douche zu unterdrücken und so das
Irresein zu heilen suchte. So pflegte Gudden von einem Kranken
Jacobis zu erzählen, der sich für Gott hielt und durch planmässige
Einschüchterung zur Ableugnung dieses Wahnes gebracht worden war.
Als er „geheilt" die ersten Schritte aus der Anstalt gethan hatte,
drehte er sich um und bedrohte alle seine Peiniger mit den furcht-
barsten Strafen, die auf seines, Gottes, Wink unfehlbar hereinbrechen
würden. Wo die Fähigkeit einer gesunden Beurtheilung durch die
Krankheit dauernd oder vorübergehend aufgehoben ist, wird natürlich selbst die. Verweisung auf den Augenschein machtlos, da sie ja
eben das Urtheil anruft. Aus diesem Grunde beruhen denn auch
die in der Jugend der Psychiatrie bei Hypochondern bisweilen vor-
genommenen Scheineingriffe, um ihnen Thiere und dergl. aus dem
Leibe zu holen, durchaus auf einer naiven Verkennung des Wesens
der Geistesstörung.

Allein es giebt ohne Zweifel Kranke, denen es ein Bedürfniss
und eine Beruhigung ist, sich immer und immer wieder vom Arzte
die krankhafte Natur ihrer Vorstellungen und Gefühle versichern zu
lassen. Da gilt es denn, diesen schwachen Gemüthern den be-
gonnenen Kampf mit der Krankheit zu erleichtern, die Kraftlosen
durch die Aussicht auf kleine Belohnungen zur Arbeit anzuregen
und durch beruhigende Massregeln den Aufgeregten die Selbstbeherrschung zu erleichtern. Geduld, liebevolles Eingehen auf die
einzelne Persönlichkeit, Nachgiebigkeit ohne Schwäche auf der einen,
gleichmässige Festigkeit ohne Starrheit auf der anderen Seite geben
hier die leitenden Gesichtspunkte für die ärztliche Thätigkeit ab.

Ein überaus verführerischer Ausblick schien sich in neuerer
Zeit der psychischen Behandlung des Irreseins durch die staunen-
erregenden Thatsachen der suggestiven Beeinflussung in der Hypnose*) eröffnen zu wollen. Wenn es auf dem angedeuteten Wege
gelingt, über die Wahrnehmungen, die Gedanken, den Willen eines
Menschen nicht nur für den Augenblick, sondern auch für längere
Zeit und sogar ohne sein Wissen eine fast unumschränkte Herr-

---

*) Wetterstrand, Der Hypnotismus und seine Anwendung in der praktischen
Medicin. 1891; Bernheim, Neue Studien über Hypnotismus, Suggestion und
Psychotherapie, deutsch von Freud. 1893; Lloyd Tuckey, Psychotherapie oder
Behandlung mittelst Hypnotismus und Suggestion, deutsch v. Tatzel. 1895.

schaft zu erlangen, so muss ein solches Verfahren gerade für den
Irrenarzt, dem die Beseitigung krankhafter Erscheinungen auf allen
jenen Gebieten anheimfällt, von kaum hoch genug zu schätzendem
Werthe sein. Leider hat die Erfahrung diese Erwartung bisher nur
in geringem Maasse gerechtfertigt. So leicht es gewöhnlich gelingt,
geistig gesunde Menschen dem Einflusse der Hypnose zu unterwerfen
und sie dabei von allem möglichem Schmerz und Unbehagen zu
befreien, so wenig zugänglich erweisen sich zumeist Geisteskranke
für jenes Heilmittel. Die Macht der Suggestion ist hier, wahrscheinlich wegen der häufigen Aufmerksamkeitsstörungen und lebhaften Eigensuggestionen, offenbar eine weit geringere, als unter
gewöhnlichen Verhältnissen. Aus diesem Grunde fällt es nicht nur
im allgemeinen schwerer, Geisteskranke zu hypnotisiren, sondern
der Einfluss des Arztes wird auch fast niemals ein so wirksamer
und namentlich nachhaltiger. So ist es z. B. nicht möglich, in der
Hypnose etwa eingewurzelte Wahnideen auszureden, die wir ja
gewissermassen als dauernde Eigensuggestionen auffassen können.
Dagegen scheinen Sinnestäuschungen, Appetit- und Schlafstörungen
immerhin der hypnotischen Behandlung bis zu einem gewissen
Grade zugänglich zu sein. Ebenso lassen sich bei der Entziehung
des Alkohols und Morphiums so manche Beschwerden überraschend
leicht beseitigen; ausserdem jedoch wird in dem Kampfe gegen
die eingewurzelte Neigung durch das Gebot des einschläfernden
Arztes ein unsichtbarer, aber um so mächtigerer Bundesgenosse gewonnen.

Am nächsten liegt es natürlich, die Suggestionen bei jenen
Formen des Irreseins in Anwendung zu bringen, bei welchen erfahrungsgemäss psychische Wirkungen ohnedies eine herrschende
Rolle im Krankheitsbilde spielen, bei den hysterischen und neurasthenischen Störungen. Ohne Zweifel ist es hier möglich, gelegentlich überraschende Erfolge zu erzielen, wie schon die Paradefälle der
„Heilmagnetiseure“ lehren; im ganzen aber scheinen doch vorzugsweise diejenigen Formen jener Erkrankungen Vortheil von der hypnotischen Behandlung zu ziehen, bei denen die eigentlich psycho-
pathischen Erscheinungen gegenüber den nervösen Beschwerden im
Hintergrunde stehen. Zudem sind gerade hier hindernde Eigensuggestionen sehr häufig, und es besteht immerhin die Gefahr der
Entwicklung autohypnotischer Zustände, wenn dieselbe auch durch

grosses Geschick des Arztes und geeignete Handhabung des Verfahrens meiner Ueberzeugung nach völlig vermieden werden kann. Bei den übrigen Formen des Entartungsirreseins, namentlich den Angstzuständen und dem Zwangsirresein, sind wol oft vorübergehende, aber nur hie und da und nur bei grösster Geduld und Sachkenntniss dauernde Erfolge zu erzielen; auch die bis dahin für unheilbar geltende conträre Sexualempfindung ist in neuerer Zeit nicht ohne Nutzen auf diese Weise behandelt worden.

Wenn nach diesen Erwägungen der Wirkungsbereich der hypnotischen Beeinflussung bei Geisteskranken heute auch ein weit beschränkterer genannt werden muss, als zunächst erwartet werden konnte, so liegt in dem bisher Erreichten doch die dringende Mahnung für den Irrenarzt, sich mit der Anwendung dieses Heilverfahrens auf das eingehendste vertraut zu machen, sei es auch nur, um nicht durch unsachgemässes Vorgehen Schaden anzurichten. Die zweckmässigste und anscheinend ungefährlichste der bisher bekannten Anwendungsformen des Hypnotismus ist ohne Zweifel diejenige der mündlichen Suggestion, wie sie von Bernheim und seinen Schülern geübt wird. Von einer eingehenderen Beschreibung derselben muss hier unter Hinweis auf die angeführten Werke abgesehen werden, vor allem deswegen, weil das ganze Verfahren nicht unbedeutende Anforderungen an die persönliche Gewandtheit und Geistesgegenwart des Arztes stellt und deshalb im einzelnen nur durch die Anschauung erlernt werden kann.

D. Behandlung einzelner Krankheitserscheinungen.

Ein Rückblick auf die ganze Reihe der Behandlungsmittel so verschiedener Art, die dem Irrenarzte zu Gebote stehen, lässt leicht erkennen, dass seine Thätigkeit sich im wesentlichen gegen die Krankheitszeichen richtet, wie das ja bei der ungenügenden Ausbildung unserer Ursachenlehre und den Schwierigkeiten, die Ursachen, selbst wo wir sie kennen, zu beseitigen, kaum anders erwartet werden darf. Nur in den wenigen Fällen, in denen als Entstehungsbedingungen des Irreseins Fieber, örtliche oder allgemeine Krankheiten, Vergiftungen, Neuralgien, Magen- und Darmleiden, Erkrankungen der Nieren oder Geschlechtswerkzeuge, der Schilddrüse, Syphilis u. s. w.

gegeben sind, kann unter Umständen von einer wirklich ursächlichen Behandlung die Rede sein, auf deren Einzelheiten wir hier natürlich nicht einzugehen haben. Dagegen ist es von Wichtigkeit, noch die Behandlung gewisser besonderer, bei verschiedenen Formen des Irreseins wiederkehrender Krankheitserscheinungen einer kurzen Besprechung zu unterziehen.

Zunächst haben wir der psychischen Erregung zu gedenken, deren nachdrückliche Behandlung namentlich dann nothwendig wird, wenn sie eine Erschöpfung des Kranken herbeizuführen droht. Vor allem wird man hier versuchen, die dauernde Bettruhe unter fortgesetzter Ueberwachung durchzuführen. Erweist sich das als unmöglich, so wird man bei manischen und meist auch bei paralytischen Kranken durch die Anwendung warmer Dauerbäder zum Ziele kommen, unter Umständen auch durch feuchtwarme Einwicklungen. Hie und da empfiehlt es sich, die Durchführung solcher Beruhigungsmassregeln durch Arzneimittel vorzubereiten und zu unterstützen. Zu den schwierigsten Aufgaben kann die Behandlung katatonischer Erregungszustände gehören. Bei der Unbeeinflussbarkeit, dem sinnlosen Fortdrängen und dem oft sehr gefährlichen Selbstverletzungsdrange der Kranken misslingt nicht selten die Behandlung im Bette oder im Bad. Gerade hier haben uns bisweilen regelmässige, mehrstündige feuchte Wicklungen zum Ziele geführt, die nach Bedarf in angemessenen Pausen oder mit der Wiederkehr der Unruhe angewendet wurden. Die ersten Male empfiehlt sich eine Vorbereitung durch Betäubungsmittel, besonders durch Trional (1 gr); späterhin lassen sich die Kranken meist gern wickeln und bleiben ruhig liegen. Versagt auch dieses Mittel und werden die Kranken in der Packung unruhig, so bleibt nichts übrig, als sie unter Ueberwachung in ein mit Matratzen ausgelegtes oder gepolstertes Zimmer zu bringen. Arzneimittel pflegen dann ziemlich wirkungslos zu sein, doch mag man Hyoscin mit oder ohne Morphium oder auch Sulfonal, Trional versuchen. Da solche Kranke sich vielfach absichtlich oder unabsichtlich schwer beschädigen, ist unausgesetzte Ueberwachung unerlässlich. Handelt es sich um Angstzustände, so ist Opium und Morphium am Platze, besonders wo unangenehme Empfindungen, Schmerzen und dergl. bestehen. Bromkalium eignet sich mehr für die Zustände innerer Beunruhigung und erhöhter gemüthlicher Reizbarkeit (epileptische Verstimmungen, Neurasthenie, leichte Depressionszustände). Nicht selten leistet gerade die Verbindung beider Mittel recht gute Dienste. Bei sehr heruntergekommenen Personen sieht man womöglich von einer Arzneiverordnung überhaupt ab. Bisweilen wirkt hier als bestes Beruhigungsmittel möglichst reichliche Ernährung, wenn es sein muss, durch die Schlundsonde. Ist die Erregung hauptsächlich die Folge von äusseren erregenden Einwirkungen, so hilft oft schon die Versetzung in eine andere Umgebung, schlimmstenfalls eine vorübergehende Isolirung; in leichteren Fällen kommt man vielleicht mit der einfachen Ablenkung der Aufmerksamkeit, ja unter Umständen mit einem scherzhaften Worte, der Gewährung einer kleinen Vergünstigung über drohende Ausbrüche hinweg. Sehr wichtig ist es für Arzt und Pflegepersonal, derartige Kranke genau zu kennen und sie nach ihrer Eigenart zu behandeln. Bei den meist rasch verlaufenden Erregungen verblödeter Kranker genügt in der Regel die sofortige Bettlagerung; nur ausnahmsweise wird einmal eine Hyoscineinspritzung nöthig.

Für die Behandlung der Schlaflosigkeit wird man regelmässig zunächst mit einfach diätetischen Massregeln auszukommen suchen. Bei chronischen Erkrankungen und kräftigem Körper ist ausgiebige Bewegung im Freien (Holz- und Gartenarbeit), Turnen, Massage am Platze, während bei frischen und leicht erregbaren Kranken stärkere körperliche Anstrengungen meist gerade ungünstig auf den Schlaf wirken. Hier wird man verlängerte laue Bäder mit gleichzeitiger Abkühlung des Kopfes, feuchte Einpackungen, Galvanisation des Kopfes, in geeigneten Fällen vielleicht hypnotische Beeinflussung ins Feld führen können. Mitunter ist auch schon durch Einführung einer Nachmittagsruhe, Sorge für leicht verdauliches, frühzeitiges Abendessen, Vermeidung des Lesens am Abend, Beseitigung von Thee und Kaffee, abendliche Darmentleerung, rechtzeitiges Schlafengehen, ausgiebiges Lüften des Schlafzimmers u. dgl. viel zu erreichen. Muss man zu Arzneien greifen, so versuche man zuerst den Alkohol, dann die Bromsalze in mittleren Gaben; nur im äussersten Nothfalle und nur bei vorübergehenden Erkrankungen soll zu anderen Schlafmitteln, bezw. bei grosser Angst oder lebhaften Schmerzen zu den Narkoticis übergegangen werden, da es sonst sehr schwierig werden kann, die viel mit solchen Mitteln behandelten Kranken wieder an den natürlichen Schlaf zu gewöhnen.

Sehr sorgfältige Beachtung seitens der gesammten Umgebung

erheischt die Neigung zum Selbstmorde, die so häufig bei Angstzuständen, besonders bei gleichzeitiger Bewusstseinstrübung, aber auch
bei ganz einfachen Verstimmungen ohne auffallendere Störung der
Besonnenheit in den Vordergrund tritt. Diese Fälle sind es, welche
die höchsten Anforderungen an die Wachsamkeit und Umsicht des
Anstaltspersonales stellen. Die Gelegenheiten, die dem bisweilen
mit voller Berechnung handelnden Kranken zur Ausführung seines
selbstmörderischen Planes dienen können, sind so überaus zahlreich
und mannigfaltig, dass nur eine gereifte und mit allen Möglichkeiten
vertraute Erfahrung die Aussicht hat, mit Erfolg dem krankhaften
Streben entgegenzuarbeiten. Jeder Nagel, jede Glasscherbe, jedes
Stück Blech kann zum tödtlichen Werkzeuge in der Hand des verzweifelten Kranken werden; jeder unbewachte Augenblick kann Erhängen, Zusammenschnüren des Halses, Verschlucken gefährlicher
Gegenstände, kann die schwersten Verstümmelungen, Herausreissen
der Augen, der Zunge, der Hoden zu Stande kommen lassen, ja ich
habe das Abbeissen der Zunge und ferner Bruch der Halswirbel-
säule in Folge eines mächtigen Stosses mit dem Kopfe gegen die
Wand in Gegenwart des Pflegepersonales erlebt. Glücklicherweise
sind derartige Vorkommnisse nicht häufig, ja es scheint, dass durch
die Anstalt 90% und sogar noch mehr der sonst wahrscheinlichen
Selbstmorde verhütet werden, aber es ist wünschenswerth, sich der
Unglücksfälle zu erinnern, damit sie auch nicht häufiger werden.
Am gefährlichsten sind Melancholiker, da sie ihr Ziel oft mit grosser
Hartnäckigkeit und vieler Ueberlegung zu erreichen suchen, sodann
die Kranken mit manisch-depressivem Irresein ohne stärkere Hem-
mung; aber auch Paralytiker und Katatoniker können, unter Um-
ständen ganz unvermuthet, schwere Selbstmordversuche machen.
Bei den letzteren pflegen diese Versuche mit ausserordentlicher
Thatkraft und ohne jede Rücksicht auf die Umgebung, bisweilen
tagelang fast ununterbrochen, ausgeführt zu werden, während die
Paralytiker gewöhnlich ohne Nachdruck und sehr unüberlegt ans
Werk gehen.

Der Neigung zum Zerstören begegnet man, wo eine Ablenkung durch angemessene Beschäftigung nicht möglich ist, einfach
durch recht widerstandsfähige Ausführung aller beweglichen und
unbeweglichen Gegenstände, die dem Kranken zugänglich sind. Die
Technik hat in dieser Richtung viele zweckmässige Einrichtungen

geschaffen (Fensterscheiben aus ganz dickem Glase, feststehende, unzerstörbare Möbel, Geschirre aus Leder, Hartgummi, Pappe u. dgl.), die hier nicht einzeln besprochen werden können. Freilich lehrt die Erfahrung, dass es bei alten Anstaltsbewohnern einen einigermassen zureichenden Schutz gegen das Zerstören nicht giebt; jeder abgebrochene Löffelstiel, jedes aufgelesene Drahtstückchen, ja jeder im Munde oder in anderen Verstecken aus dem Garten eingeschleppte Kieselstein wird in ihren Händen zum vielseitigen Werkzeuge, mit Hülfe dessen binnen unglaublich kurzer Zeit Löcher in die cementirten Wände gegraben, die festesten Schrauben gelockert, dicke Scheiben zersplittert und tiefe Rinnen in die Balken des Fussbodens gemeisselt werden. Hier hilft nur die Vorbeugung, die durch rechtzeitige, dauernde Ueberwachung und Bettruhe jede längere Isolirung vermeidet und die Ausbildung derartiger Zerstörungskünstler nach Möglichkeit verhindert. Gegen das Zerreissen schützt einigermassen, aber nicht vollständig, die Anwendung von Anzügen, Decken und Matratzen aus starkem Segeltuch. Kranke, die sich entkleiden, bringt man am zweckmässigsten ins Dauerbad, welches weit besser wirkt, als die vielfach noch gebrauchten Kleidungsstücke mit besonderen Verschlüssen; dasselbe Auskunftsmittel wird auch fast immer die nackte Isolirung mit Seegras oder Stroh unnöthig machen, zu der man früher bisweilen bei sehr erregten, zerstörungssüchtigen, gewaltthätigen und körperkräftigen Kranken genöthigt war.

Eine höchst lästige Begleiterscheinung der psychischen Erregung ist bisweilen die Unreinlichkeit und namentlich das Herumschmieren mit den Ausleerungen, weil daraus grosse gesundheitswidrige Missstände hervorgehen. Auch hier ist dauernde Ueberwachung nöthig, die es ermöglicht, den Kranken recht häufig zur Befriedigung seiner Bedürfnisse anzuhalten, andererseits aber sofort einzugreifen, wenn trotzdem eine Verunreinigung geschehen ist. Weiterhin sind reichliches Baden und sorgfältigste Reinigung der Zimmer mit desinficirenden Mitteln die hauptsächlich zu erfüllenden Aufgaben. Ein aufmerksames Wartpersonal kann hier sehr viel leisten. Der sehr üblen Gewohnheit des Schmierens kann durch Vermeidung jeder Isolirung, sorgfältige Beaufsichtigung und durch Dauerbäder vorgebeugt werden. In schwierigen Fällen lässt sich durch passende Auswahl der Kost (möglichst wenig Koth gebende

Nahrungsmittel, besonders keine Pflanzenkost) und regelmässige entleerende Klystiere noch etwas ausrichten.

Besondere Mühe hat man sich vielfach gegeben, die Masturbation zu bekämpfen. Oft verschwindet dieselbe mit der Abnahme der psychischen Erregung von selbst; in anderen, chronischen Fällen bleibt meist jede Behandlung erfolglos. Nicht ohne Werth ist vielleicht die Anwendung des Bromkalium; wichtiger bleibt indessen die diätetische Behandlung, Sorge für ruhigen Schlaf, Vermeidung müssiger Bettruhe, Regelung der Darmentleerung, ablenkende Beschäftigung, ausgiebige Bewegung im Freien bis zur Ermüdung, ferner kalte Waschungen, besonders Sitzbäder, endlich eine aufmerksame, geduldige Ueberwachung und Erziehung.

Zum Schlusse haben wir noch einer äusserst wichtigen Krankheitserscheinung zu gedenken, deren Behandlung nicht selten recht grosse Schwierigkeiten verursacht, der Nahrungsverweigerung (Sitophobie). In erster Linie wird man hier nach körperlichen Ursachen zu suchen haben, namentlich Magen- oder Mundkatarrhen oder Darmträgheit, die man durch geeignete Massregeln, Auswahl der Speisen, Ausspülen des Magens, Mundes oder Darmes, unter Umständen auch durch Arzneimittel zu bekämpfen hat. Nicht viel Erfolg habe ich von dem anscheinend auch nicht ganz ungefährlichen Orexin gesehen, welches zur Anregung der Esslust empfohlen worden ist.

Am häufigsten hat die Nahrungsverweigerung ihren Grund in gemüthlicher Verstimmung oder in mannigfachen Wahnideen, Vergiftungsfurcht, Glauben, nicht bezahlen zu können, das Essen nicht werth zu sein, Wunsch zu verhungern. Der beste Bundesgenosse ist immer der Hunger, der bisweilen nach einigen Tagen der Nahrungsverweigerung sein Recht so stark geltend macht, dass der Kranke dann mit wahrer Gier über die vorgesetzten Speisen herfällt. Er wirkt am verführerischsten, wenn man sich um den Kranken scheinbar gar nicht kümmert, ihn mit dem Essen allein lässt und seine Nahrungsverweigerung möglichst wenig beachtet. Vieles Zureden oder gar Versuche, die Nahrung einzugeben, pflegen den Widerstand rasch sehr erheblich zu verstärken. In anderen Fällen ist es mehr eine gewisse Willenlosigkeit, die den Kranken hindert, die wahnhaften Gegenvorstellungen zu überwinden; er isst, sobald man ihm den Löffel an den Mund führt. Anwendung von Gewalt dabei ist hier wie dort regelmässig vom Uebel. Noch andere Formen der Nahrungsverweigerung kommen durch den Negativismus der Katatoniker sowie durch die Unruhe erregter Kranker zu Stande, welche die Arbeit des Essens fortwährend mit andersartigen Bewegungsantrieben durchkreuzt. Bisweilen wechseln diese Zustände sehr rasch, und derselbe Kranke, der jetzt auf keine Weise zum Essen zu bringen war, nimmt vielleicht nach einer Viertelstunde freiwillig seine Nahrung zu sich, um kurze Zeit darauf wieder allen Versuchungen eigensinnig zu widerstehen. Unermüdliche Geduld und genaue Ausnutzung aller kleinen Vortheile (z. B. Anregung der Nachahmung und des Appetits durch Mitessen) sowie möglichst sorgfältige Auswahl und Abwechselung der Speisen helfen meist über die aufgezählten Schwierigkeiten hinweg.

Allein es giebt Fälle, in denen alle Bemühungen des Arztes nach dieser Richtung hin fehlschlagen und in denen schliesslich, um der drohenden Gefahr der Erschöpfung und des Hungertodes zu begegnen, zur künstlichen, zwangsmässigen Einbringung der Nahrung geschritten werden muss. Der Zeitpunkt, an welchem man zu diesem Auskunftsmittel greift, wird am besten durch die Körperwage bestimmt, weil sie den zuverlässigsten Anhaltspunkt für die Beurtheilung des Ernährungsstandes liefert. Alle Kranken, die ungenügende Nahrung zu sich nehmen, müssen daher häufig, am besten jeden Tag gewogen werden, damit man die Schnelligkeit der Gewichtsabnahme überwachen kann. Am schlimmsten sind diejenigen Fälle, in denen die Kranken von langer Hand anfangen, immer weniger und weniger zu essen, um allmählich ganz aufzuhören; hier ist rasches Einschreiten dringend geboten, weil sonst leicht ein unaufhaltsamer Zusammenbruch erfolgt. Je nach dem Zustande des Kranken wird man spätestens 2—3 Tage nach Beginn der völligen Nahrungsverweigerung, bisweilen auch schon noch früher, mit der künstlichen Fütterung vorzugehen haben. Ist der Kranke kräftig, gut genährt und hört er plötzlich auf, zu essen, so kann man ruhig 6—8 Tage zuwarten. Der grimmige Hunger, der allerdings bei langem Fasten schliesslich ausbleibt, wird dann demselben häufig ohnedies ein Ende machen. Ist die Nahrungsverweigerung keine vollständige, geniesst der Kranke wenigstens noch Wasser, so hat man unter steter Berücksichtigung seines Ernährungszustandes selbst 10—12 Tage ohne Gefahr Zeit, bevor Zwangsmassregeln nöthig sind.

Das Verfahren der künstlichen Fütterung selbst besteht in der Einführung einer Sonde in den Magen, durch welche mittels eines einfachen Trichters lauwarme, passend zusammengesetzte, nährende Flüssigkeiten in denselben befördert werden. Die Einführung geschieht durch den Mund oder durch die Nase, die vorher möglichst von Krusten und Schleim gereinigt werden. Das erstere Verfahren zwingt bei starkem Widerstande des Kranken zu gewaltsamer Eröffnung und Offenhaltung der Zahnreihe durch keilartige Werkzeuge (Heister'sche Mundsperre), die sogar zu Verletzungen führen kann; letzteres Vorgehen macht den Arzt vom Widerstande des Kranken wesentlich unabhängig, misslingt aber leichter. Bei jeder Fütterung muss der Kranke durch sichere Hände zuverlässig festgehalten werden, um unvermuthete störende Bewegungen zu verhindern; die Einführung der aus weichem, biegsamem Stoffe bestehenden Sonde (Jacques Patent oder dickwandiger Gummischlauch) geschieht langsam und ohne die mindeste Gewalt. In der Regel gleitet dieselbe dabei mit Hülfe einer reflectorisch ausgelösten Schluckbewegung glatt in die Speiseröhre hinein; bei sehr widerstrebenden Kranken kann es indessen vorkommen, dass sie von ihrer Bahn nach vorn zu abgelenkt wird und sich im Munde zusammenknäuelt. Hier muss man geduldig wiederholt von neuem versuchen, zum Ziele zu kommen; im Nothfalle bleibt dann immer noch der Weg durch den Mund unter der sicheren Führung des durch eine Metallhülse vor Bissen geschützten Fingers.

Von grosser Wichtigkeit ist es, sich davon zu überzeugen, dass die Sonde den richtigen Weg genommen hat und nicht in den Kehlkopf gelangt ist. Bei gelähmten und sehr unempfindlichen Kranken können nämlich die sonst das Eindringen eines Fremdkörpers in die Luftwege begleitenden Erscheinungen der höchsten Athemnoth und der stürmischen Reflexbewegungen gänzlich fehlen; die Sonde gleitet ohne Störung bis an die Gabelung der Luftröhre, wo sie auf Widerstand stösst. Man hört nun die Athemluft durch die Sonde streichen, doch können bei Luftansammlung im Magen auch Ausathmungsgeräusche entstehen, wenn das Rohr glücklich in diesen letzteren gelangt ist. Das unfehlbare Mittel, sich über die Lage der Sonde zu vergewissern, ist die Auscultation des Magens beim Einblasen von Luft.

Bevor man nun die Nahrung eingiesst, ist es vielfach zweckmässig, den Magen auszuspülen, um die in ihm angesammelten Mengen von zersetztem Schleim und Speichel zu entfernen. Als Nahrungsflüssigkeit wählt man zweckmässig Milch oder Fleischbrühe mit gequirlten rohen Eiern, Zucker und Butter, nach Umständen Zusätze von Wein, Cacao, Fleischpepton, Fleischsaft, Somatose u. dergl.; auch Arzneien können natürlich auf diese Weise mit eingeführt werden. Das Zurückziehen der Sonde geschieht anfangs langsam, in der Gegend des Kehlkopfeinganges schnell; zugleich wird die obere Oeffnung des Rohres verschlossen gehalten, damit nicht unten anhängende Tropfen bei dieser Gelegenheit in die Luftröhre gelangen.

Die künstliche Ernährung wird täglich wenigstens zweimal vorgenommen, am besten Mittags und Abends; jedesmal führt man anfänglich etwas weniger, später aber ungefähr einen Liter Flüssigkeit ein, der man einen möglichst hohen Nährwerth zu geben bemüht sein muss. Man wechselt dabei öfters mit der Zusammensetzung, um Einförmigkeit zu vermeiden. Es gelingt auf diese Weise, nahrungsverweigernde Kranke Wochen, Monate, selbst Jahre lang am Leben zu erhalten, wenn auch natürlich damit nur ein unvollkommener Nothbehelf für die freiwillige Nahrungsaufnahme gewonnen ist. Man wird daher nebenbei immer fortfahren, auf alle Weise die Beseitigung der Nahrungsverweigerung anzustreben.

Eine sehr unangenehme Begleiterscheinung der Fütterung ist das bisweilen auftretende Erbrechen. Schleunige Entfernung der Sonde ist hier wegen der Gefahr des Erstickens durch die heraufgewürgte Nährflüssigkeit durchaus nothwendig. Durch häufigere Wiederholung des Verfahrens, im Nothfalle durch Abstumpfung der Rachenempfindlichkeit mit Hülfe von Narkoticis (Bromkalium, Bepinseln mit Cocain- oder Morphiumlösung), Voranschicken von Eiswasser und Cognac kann man diese Schwierigkeit meist überwinden. Man begegnet indessen, allerdings glücklicherweise selten, nahrungsverweigernden Kranken, die willkürlich erbrechen können und so schliesslich jede Fütterung unmöglich machen. Bei ihnen pflegt begreiflicher Weise auch die Ernährung durch Klystiere, an die man etwa denken könnte, trotz aller Schutzmittel (hohes Einführen der Sonde, Wattetampons) ungenügend zu bleiben.

In neuester Zeit ist die Reihe unserer Kampfmittel gegen die Nahrungsverweigerung noch durch die Einführung der subcutanen

Kochsalzinfusion bereichert worden*). Zunächst ist natürlich dieses aus der chirurgischen Klinik herübergenommene Verfahren geeignet, bei erschöpften Kranken den drohenden Kräfteverfall aufzuhalten. Es erscheint darum überall dort angebracht, wo die Zufuhr anregender Nahrungs- und Arzneimittel aus körperlichen Gründen (schwere Mund- oder Magenleiden) unmöglich ist oder wo eine sehr rasche und ergiebige Füllung des Gefässsystems nothwendig erscheint. Das Verfahren ist das gewöhnliche: 5—700 gr 0,75%iger, auf 37—39° C. erwärmter, sterilisirter Kochsalzlösung lässt man unter geringem Druck mittels Hohlnadel oder Troikart in die subcutanen Lymphräume einfliessen. Meist sind zwei Einstiche (Brust, Rücken, Oberschenkel) erforderlich, die jedoch auch mehrmals wiederholt werden können; die Geschwulst wird durch vorsichtiges Kneten vertheilt. Bei den Versuchen mit diesem Eingriffe hat sich herausgestellt, dass im Gefolge der Kochsalzinfusion mit der regelmässigen Besserung des Allgemeinbefindens auch ein erhöhtes Hunger- und Durstgefühl aufzutreten pflegt, welches die Kranken unter Umständen zu freiwilliger Nahrungsaufnahme veranlasst, namentlich dann, wenn die Verweigerung nicht durch klar verarbeitete Wahnideen, sondern nur durch Verwirrtheit und Unruhe bedingt war. Auf Grund solcher Erfahrungen haben wir in Fällen, in denen keine grosse Gefahr im Verzuge war, statt der Infusionen auch schon Kochsalzklystiere in Anwendung gezogen. Der Erfolg ist kein so plötzlicher und durchgreifender, dafür aber das Verfahren ein wesentlich einfacheres. Kleine Mengen gut erwärmter physiologischer Kochsalzlösung, etwa ein viertel Liter zur Zeit, lässt man unter geringem Drucke langsam möglichst hoch in den Darm hineinlaufen; die Aufsaugung geschieht dann seitens des wasserarmen Körpers regelmässig rasch und vollständig. Auch bei diesem Verfahren pflegt sich ein lebhaftes Durst- und Hungergefühl einzustellen, welches die Besiegung des Widerstandes gegen die Nahrungsaufnahme bisweilen sehr erleichtert.

Weniger erprobt ist bisher das hie und da bereits angewandte Verfahren, auch wirkliche Nährlösungen (Traubenzuckerlösungen, Olivenölemulsionen, mit Formol behandeltes Eiweiss) unter die Haut einzuspritzen, doch erscheint es nicht aussichtslos, unter Umständen

---

*) Ilberg, Allgem. Zeitschr. f. Psychiatrie, XLVIII, S. 620.

auch auf diesem Wege einen verhungernden Kranken wenigstens eine Zeit lang am Leben zu erhalten.

E. Die Irrenanstalt.

Die Gesammtheit aller körperlichen und psychischen Heilmittel findet sich zu einheitlichem Zusammenwirken vereinigt in den mannigfaltigen Einrichtungen der Irrenanstalt. Die Irrenanstalt in ihrer heutigen Gestaltung ist eine Errungenschaft unseres Zeitalters*). In früheren Jahrhunderten liess man harmlose Kranke einfach herumlaufen und begnügte sich damit, die störenden Irren über die nächste Grenze zu treiben oder in Gewahrsam zu nehmen; sie wurden dann in Klöstern, häufiger in Gefängnissen und Zuchthäusern, zusammen mit allem möglichem Gesindel untergebracht, in Käfigen („Dorenkisten") oder aber auch in eigenen, menagerieartigen „Narrenthürmen" eingesperrt, welche meist in der Stadtmauer lagen und an gewissen Tagen von der Menge zur Belustigung besucht wurden. So mancher Kranke endlich fiel wol auch den Hexenprocessen zum Opfer und wurde auf die grausamste Weise zu Tode gemartert oder verbrannt**).

Leider besserte die Ueberwindung dieses finsteren Aberglaubens mehr als ein Jahrhundert lang in dem Loose der unglücklichen Geisteskranken nur wenig. Da man das Irresein im allgemeinen für unheilbar hielt, so waren die Irren nichts, als eine Last, deren man sich auf möglichst einfache Weise zu entledigen suchte. Selten nur wurde einmal ein Geisteskranker in einem Spitale wirklich ärztlich behandelt; meist dienten die an Kranken-, Siechenhäuser u. dergl. angebauten „Tollhäuser" nur zur Aufbewahrung. So wurden sie denn vielfach in schmutzigen, licht- und luftlosen Verliessen zusammengepfercht, an Ketten geschlossen, hungernd und ohne Kleidung der Willkür und der Peitsche roher Wärter (vielfach entlassener Verbrecher!) schutzlos preisgegeben, bis der Tod, barmherziger als die Mitwelt, sie von ihren Leiden erlöste. Selbst nachdem gegen die Mitte des vorigen Jahrhunderts in England die erste eigentliche

---

*) Kirchhoff, Grundriss einer Geschichte der deutschen Irrenpflege. 1890; Snell, Zur Geschichte der Irrenpflege. 1896.
**) Snell, Hexenprocesse und Geistesstörung. 1891.

Irrenanstalt zur Behandlung von Geisteskranken eingerichtet worden war, fand dieses Beispiel nur langsame Nachahmung. Noch um die Wende des Jahrhunderts, als Pinel in Paris das Schicksal der verwahrlosten Geisteskranken zu lindern bemüht war, herrschten fast überall, auf dem Festlande wie in England, in den Narrenhäusern die entsetzlichsten Zustände. Ja, noch 1817 sah sich Hayner, der ehrwürdige Vorkämpfer für die menschliche Behandlung der Irren in Deutschland, veranlasst, auf das feierlichste gegen die Ketten, die Zwangsstühle, die körperlichen Züchtigungen öffentlich Verwahrung einzulegen *).

Nach und nach jedoch kam die Erkenntniss von der Nothwendigkeit einer völligen Neugestaltung der Irrenfürsorge auf ärztlicher Grundlage mit immer wachsender Gewalt zum Durchbruch, und es trat daher in den ersten Jahrzehnten dieses Jahrhunderts in den meisten vorgeschrittenen Ländern an Stelle der einfachen Aufbewahrung die Errichtung wirklicher Heilanstalten, die endlich auch den unglücklichen Irren die Wohlthaten einer ärztlichen, auf die Beseitigung ihres Leidens gerichteten Behandlung zu vermitteln bestimmt waren.

Auch jetzt aber noch krankte die praktische Irrenfürsorge an der Unvollkommenheit der wissenschaftlichen Erkenntniss von dem Wesen der Geistesstörungen. Hauptsächlich der Einfluss gewisser speculativ-psychologischer Auffassungen des Irreseins führte zur Ausbildung eines Behandlungssystems, in welchem eine Reihe ausgesuchter Marterwerkzeuge, der Sack, die Drehschaukel, das Tretrad, der Sarg, die Douchen u. s. w. die Hauptrolle spielten. Die Kranken wurden in der verschiedensten Weise gemisshandelt und gequält, aber nicht mehr aus Rohheit, sondern in der wohlgemeintesten Absicht ärztlicher Beeinflussung**).

Glücklicherweise ist diese Verirrung verhältnissmässig rasch überwunden worden, und die Behandlungswerkzeuge wanderten bald in die Rumpelkammern; dagegen erschien die Anwendung einfacher mechanischer Beschränkung zum Schutze gegen erregte

---

*) Aufforderung an Regierungen, Obrigkeiten und Vorsteher der Irrenhäuser zur Abstellung einiger schweren Gebrechen in der Behandlung der Irren. 1817.
**) Schneider, Entwurf zu einer Heilmittellehre gegen psychische Krankheiten. 1824.

Kranke oder auch zu ihrer psychischen Beeinflussung noch Jahrzehnte hindurch als selbstverständliche Massregel. Lange und schwere Kämpfe hat es gekostet, bis allmählich Conolly's kühne Neuerung mit ihren weitreichenden Folgen für die gesammte Gestaltung der Irrenanstalten überall als selbstverständliche Forderung betrachtet wurde.

Wir dürfen es aber mit Stolz aussprechen, dass die Widerstände gegen den Fortschritt weit weniger bei den Irrenärzten gelegen haben, als in den äusseren Verhältnissen, in der Verständnisslosigkeit und Gleichgültigkeit der Massen, in dem Mangel an verfügbaren Hülfsmitteln. Jahrhunderte lang haben Regierungen und Volk dem Elende der Geisteskranken theilnahmlos zugesehen, und erst, seitdem es Irrenärzte giebt, ist endlich die Bewegung in Fluss gekommen, die uns auf die jetzige Höhe geführt hat. Was wir heute noch hie und da etwa an Missbräuchen und Uebelständen sehen, ist zumeist nicht das Ergebniss von sträflicher Pflichtvergessenheit und Vernachlässigung, sondern es sind die letzten Ueberreste eines kaum überwundenen Zeitalters, in welchem nur die höchsten und erleuchtetsten Geister für die Menschenrechte der Geisteskranken eintraten. Dieselben Irrenärzte, die man jetzt in merkwürdiger Verkennung der geschichtlichen Entwicklung gewissermassen als die geborenen Feinde der Kranken und Gesunden zu brandmarken beliebt, sind es gewesen, welche in mühseliger, aufopferungsreicher Berufsarbeit ihren Pflegebefohlenen die Ketten gelöst haben, in welche sie Rohheit und Unkenntniss so lange geschmiedet hatte.

Die heutige Irrenanstalt ist ein Krankenhaus wie jedes andere, mit dem einzigen, durch den Zustand ihrer Bewohner geforderten Unterschiede, dass Eintritt, Behandlungsart und Austritt nicht vom Belieben des Kranken, sondern unter gewissen Einschränkungen vom Urtheile des sachverständigen Arztes abhängen. Jede Einrichtung der Anstalt dient daher in erster Linie dem Heilzwecke, dessen Erreichung mit allen durch Wissenschaft und Erfahrung gelieferten Hülfsmitteln erstrebt wird. Diese Aufgabe sucht die Anstalt zu lösen, indem sie zunächst den Kranken mit einem Schlage der Einwirkung jener täglichen Reize entzieht, wie sie nur allzu oft in seinem Berufsleben, in der Sorge für das tägliche Brod, in der verfehlten und verständnisslosen Behandlung seitens der Angehörigen und Freunde, ja in dem Spotte und den Neckereien einer rohen Umgebung auf ihn einstürmen. Er findet sich wieder in einem geordneten, vom Geiste der Menschenliebe und des Wohlwollens durchdrungenen Hauswesen, in dem ihn theilnehmendes Verständniss für seinen Zustand, liebevolle Fürsorge für seine Bedürfnisse und vor allen Dingen Ruhe erwartet. Sehr häufig ist daher auch eine sofortige Beruhigung der rasche Erfolg seiner Versetzung in die Anstalt.

Leider verhindern auch heute die immer noch in der Menge und selbst bei Aerzten bestehenden Vorurtheile gegen die Anstalt vielfach die rechtzeitige Durchführung dieser segensreichen Massregel. Es erscheint kaum glaublich, wenn trotz der jetzigen Entwicklung unseres Irrenwesens in weiten Kreisen die ebenso unsinnige wie verhängnissvolle Vorstellung fortlebt, dass ein Kranker erst „reif" für die Irrenanstalt werden müsse, dass sein Zustand sich bei vorzeitiger Aufnahme verschlechtern, dass ihn die Erkenntniss, in der Anstalt zu sein, das Zusammensein mit anderen Kranken rasend machen werde. Damit verbindet sich dann weiter die aller Erfahrung Hohn sprechende Meinung, dass ein Gesunder, der etwa versehentlich in eine Anstalt eingesperrt werde, nun in Folge der schrecklichen Eindrücke sehr bald in Geisteskrankheit verfallen müsse u. s. f. Von einsichtslosen Kranken hören wir diese Ueberlegungen alle Tage vorbringen; sie sind nur der Widerhall jener verderblichen Bestrebungen, die das glücklicherweise schwindende Misstrauen gegen die Irrenanstalten durch urtheilslose Schauergeschichten von neuem aufzuregen suchen. Indem sie dahin drängen, die Aufnahme in die Anstalten durch weitläufige Förmlichkeiten, ja durch Anstrengung eines eigenen „Irrenprocesses" mit Instanzenzug nach Möglichkeit zu erschweren, betrügen sie Tausende hülfsbedürftiger Kranker um die Wohlthat rechtzeitiger Behandlung, ja um die Möglichkeit der Genesung. Denn das hat die Erfahrung auf das unzweifelhafteste erwiesen, dass die Aussicht auf Heilung oder doch Besserung bei Geistesstörungen sich um so günstiger gestaltet, je früher die Verbringung in eine geeignete Anstalt stattfindet.

Nur bei ganz leichten Formen psychischer Verstimmung, bei harmlosen Verrückten, chronischen Schwächezuständen und dergl., und wenn die häuslichen Verhältnisse eine sehr gute Ueberwachung und Pflege gestatten, ist es gerathen, von der Anstaltsbehandlung abzusehen. In allen schwereren, namentlich acuten Erkrankungen jedoch, und ganz unbedingt dann, wenn in der Umgebung des Kranken selbst Schädlichkeiten gelegen sind, oder wenn sich Selbstmordideen, Nahrungsverweigerung, stärkere Aufregung, Unreinlichkeit, Neigung zu Gewaltthätigkeiten einstellen, ist die schleunigste Versetzung aus der Familie in die Irrenanstalt geboten. Das, was die Irrenanstalt derartigen Kranken bietet, kann in der Häuslichkeit nur dann wenigstens annähernd erreicht werden, wenn diese letztere selbst zu einer Irrenanstalt im kleinen umgestaltet wird, wie das vielleicht bei sehr grossen Mitteln ausnahmsweise einmal möglich ist.

Sehr dringend muss vor den vielfachen unverständigen Versuchen gewarnt werden, die herannahende Geistesstörung durch „Zerstreuungen“, anstrengende Reisen, Entziehungs- und Kaltwassercuren abschneiden zu wollen, bevor man sich zu dem einzig richtigen, lange verworfenen Schritte der Verbringung in die Anstalt entschliesst. Die beste Zeit zum erfolgreichen ärztlichen Handeln ist dadurch verloren gegangen, die krankhafte Reizbarkeit zu immer grösserer Höhe und vielleicht zur völligen, unheilbaren Erschöpfung gesteigert worden, so dass der Kranke nach allen den missglückten Versuchen schliesslich schon als geistige Ruine in die Hände des Irrenarztes gelangt. Trotzdem der Schwerpunkt der Behandlung Geisteskranker in der Irrenanstalt gelegen ist, bleibt es daher eine überaus wichtige Aufgabe des Hausarztes, rechtzeitig die Entwicklung der Störung zu erkennen und ohne viel Zeitverlust mit nutzlosem und häufig schädlichem Herumprobiren die Versetzung des Kranken in die für ihn geeignete Umgebung zu veranlassen. Von besonderem Werthe wird es dabei sein, wenn er durch eine sachverständige Krankengeschichte dem Anstaltsarzte Aufschlüsse über den Beginn und bisherigen Verlauf des Leidens zu geben vermag, da ja die Aussagen des Kranken und selbst der Angehörigen über diesen Punkt nicht selten recht wenig zuverlässig sind.

Ueber die Förmlichkeiten, unter denen die Verbringung des Kranken in die Anstalt zu geschehen hat, bestehen in den einzelnen Ländern verschiedenartige Bestimmungen. Regelmässig wird dabei die Einwilligung der nächsten Angehörigen oder die Einweisung durch eine Behörde verlangt, ausserdem ein oder mehrere ärztliche oder amtsärztliche Zeugnisse über das Vorhandensein einer Geistesstörung und die Nothwendigkeit der Anstaltsbehandlung. Vielfach besteht dabei der Grundsatz, dass in Nothfällen die Aufnahme des Kranken durch das Fehlen eines oder des anderen schriftlichen Nachweises nicht verzögert werden soll, sondern der Anstaltsarzt nach Befinden das Recht hat, den Kranken fürsorglich, gegen Nachlieferung der Papiere, aufzunehmen. Im grossen und ganzen geht das Bestreben aller Einsichtigen dahin, die Aufnahmeförmlichkeiten in allen unzweifelhaften Fällen geistiger Störung nach Möglichkeit zu erleichtern. Ich habe sogar Gelegenheit gehabt, 6 Jahre hindurch alle meine Kranken ohne irgendwelche Papiere aufzunehmen, und ich habe keine nennenswerthen Unzuträglichkeiten daraus erwachsen sehen. Freilich ist die Verantwortlichkeit für den Irrenarzt selbst unter diesen Umständen eine viel grössere, als wenn er sich überall auf gesetzliche Vorschriften berufen kann, aber er ist als Sachverständiger auch am meisten dazu befähigt, sie zu tragen, und die Kranken befinden sich dabei ohne Zweifel am wohlsten.

Trotzdem ist natürlich in allen schwierigeren Fällen die vorherige Erledigung aller Förmlichkeiten gerade dem Anstaltsarzte dringend erwünscht, damit wenigstens ein Theil der Last auf fremden Schultern ruht, die ihm aus dem unerquicklichen und undankbaren Festhalten widerstrebender, besonnener Kranker in der Anstalt regelmässig zu erwachsen pflegt. Wir Irrenärzte würden daher vom Standpunkte unserer Bequemlichkeit gegen eine Erschwerung der Aufnahmen in die Anstalten nicht das Geringste einzuwenden haben. Man versuche aber die Durchführung einer solchen „Reform" auch nur ein einziges Jahr lang wirklich in irgend einem Landestheile, so würden die papierenen Verbesserungsvorschläge schneidiger Juristen und ihrer sachverständigen Halbirrenärzte von einem Sturme der Entrüstung über die mangelhafte Irrenfürsorge hinweggefegt werden. Es bedarf nur eines Blickes in unsere Tageszeitungen, um einen klaren Begriff von der Grösse des Unheils zu gewinnen, welches noch jetzt tagtäglich Geisteskranke in der Freiheit über sich und ihre Umgebung heraufbeschwören. Rechtzeitige Fürsorge für diese Unglücklichen könnte ohne Zweifel einen grossen Theil der sich immer wiederholenden Selbstmorde, Familientödtungen, Angriffe, Brandstiftungen, der Geldverschleuderungen und geschlechtlichen Ungeheuerlichkeiten verhüten, die wir als etwas ganz Selbstverständliches hinzunehmen pflegen. Wer den traurigen Muth findet, diese unerschöpfliche Summe menschlichen Elends noch vergrössern zu wollen, der beweist dadurch nur, dass er keine Ahnung von dem zerstörenden Einflusse besitzt, den schon ein einzelner Geisteskranker auf die Familie ausübt, die für ihn zu sorgen gezwungen ist. Gewiss sind nicht alle Geisteskranken gefährlich, aber es giebt wenige, die es nicht einmal werden können. Ich habe daher auch überall die Schwierigkeiten grösser gefunden, unheilbare, halbwegs entlassungsfähige Pfleglinge wieder loszuwerden, als gemeingefährliche Kranke gegen ihren Willen in der Anstalt festzuhalten.

Für die Behandlung des weiteren Verlaufs der geistigen Störung bedarf die Anstalt aller Hülfsmittel, die irgendwie auf eine günstige Entwicklung desselben hinzuwirken im Stande sind. Dahin gehören in erster Linie die in ihrem Fache besonders ausgebildeten Aerzte, über deren sonstige nothwendige Eigenschaften wir schon oben gesprochen haben. Wir dürfen nicht verhehlen, dass wir in diesem Punkte das Erstrebenswerthe noch nicht erreicht haben*). Der Beruf des Irrenarztes, insbesondere des Anstaltsleiters, ist ein recht schwerer und entsagungsvoller. Die Vereinsamung in den meist fern vom Verkehr gelegenen Anstalten, die grosse Verantwortlichkeit, der aufreibende, unausgesetzte Verkehr mit Geisteskranken, die Hoffnungslosigkeit des ärztlichen Thuns in der Mehrzahl der Fälle, die unbefriedigende wirthschaftliche Lage, endlich die Ueberhäufung mit reinen Verwaltungsaufgaben stellen sehr bedeutende Anforderungen an die Berufsfreudigkeit und die geistige Spannkraft. Neigung und Fähigkeit zu wissenschaftlicher Fortbildung, zur Anregung und Erziehung der jüngeren Aerzte werden dadurch in empfindlicher Weise beeinträchtigt. Dazu kommt, dass fast überall die Zahl der an den Anstalten vorgesehenen Aerzte viel zu gering ist, dass ein einziger Arzt nicht selten für 150—200, ja noch mehr Kranke zu sorgen hat. So ist es denn erklärlich, dass auch die vorhandenen Stellen vielfach nur ungenügend oder gar nicht besetzt sind. Ueberlastung des Einzelnen, Erlödtung der Berufsfreudigkeit und rascher Verbrauch der Kräfte sind die unausbleiblichen Folgen.

Fast noch wichtiger, als die Frage einer genügenden ärztlichen Fürsorge für unsere Kranken ist die Beschaffung eines geeigneten Pflegepersonals. Alle Irrenärzte sind darin einig, dass die Lösung dieser Aufgabe zur Zeit ebenso dringend wie schwierig ist. Dem

---

*) Hoppe, Allgem. Zeitschr. f. Psychiatrie LIV, 429.

Pflegepersonal müssen wir unsere Kranken dauernd anvertrauen, ohne dasselbe doch mehr als immer nur vorübergehend überwachen zu können. Mit Recht hat daher Westphal es als das grösste Uebel im Berufe des Irrenarztes bezeichnet, dass er niemals sicher weiss, was mit seinen Kranken geschieht, sobald er den Rücken wendet. Der Beruf des Irrenpflegepersonals erfordert nicht nur ein hohes Maass geistiger und körperlicher Gesundheit, sondern auch ausserordentlich viel Geduld, Opferwilligkeit, Selbstbeherrschung und Verstand. Es ist sicher, dass nur ein sehr kleiner Theil des vorhandenen Personals diesen Anforderungen wenigstens annähernd entspricht, zumal die äussere Entschädigung, die man zu bieten pflegt, in gar keinem Verhältnisse zu der Schwierigkeit der auferlegten Pflichten steht. Aber auch die wirklich tüchtigen und dienstwilligen Kräfte sehen wir regelmässig nach kürzerer oder längerer Dienstzeit erlahmen und sich in der überaus aufreibenden Thätigkeit verbrauchen. Einzelne erfahrene Irrenärzte halten es daher für unzweckmässig, die Irrenpflege überhaupt zu einem Lebensberufe zu gestalten, sondern verlangen die Heranziehung immer neuer Kräfte an Stelle der nach einer Anzahl von Jahren abgenutzten Personen. Ausserdem aber muss jedenfalls die gesammte Lebensstellung des Pflegepersonals erheblich günstiger gestaltet werden, als heute, damit eine weitergehende Auswahl nur der geeignetsten Kräfte möglich ist. Sodann wird die grösste und unausgesetzteste Sorgfalt auf die berufliche Einübung*) und die sittliche Erziehung des Einzelnen zu verwenden sein, wenn wir allmählich auch beim Durchschnitte dasjenige Maass von Tüchtigkeit und Zuverlässigkeit erreichen wollen, welches die Pflege unserer Kranken durchaus erfordert.

Jede Irrenanstalt gliedert sich naturgemäss in eine grössere oder kleinere Zahl verschieden ausgestatteter Abtheilungen für die einzelnen Gruppen der Kranken (Unruhige, Halbruhige, Ruhige, Gebrechliche, Ueberwachungsbedürftige u. s. f.); sie enthält ausserdem die allgemeinen Einrichtungen sonstiger Krankenhäuser. Im übrigen aber drängt die Verschiedenartigkeit der Aufgaben, welche die Irrenanstalt je nach der Eigenart ihrer Bewohner zu erfüllen hat, mit Nothwendigkeit auf eine Arbeitstheilung hin, auf eine verschiedene Aus-

---

*) Mercklin, Centralbl. für Nervenheilk. u. Psychiatrie. 1896, 457.

bildung der Anstalten nach ihren besonderen Zwecken. Freilich ist die früher meist aufrecht erhaltene Trennung derselben in Heil- und Pflegeanstalten als unzweckmässig und undurchführbar fast überall verlassen worden. Anstatt dessen beginnt sich immer mehr die Scheidung zwischen kleineren, leicht erreichbaren, für rasch ver- laufende Fälle, vorläufige Unterbringung und nach Umständen auch für den Unterricht geeigneten Stadtasylen und den grösseren, auf längere Pflege oder dauernde Versorgung eingerichteten, mehr ab- seits gelegenen Irrenanstalten herauszubilden. Den Stadtasylen fällt dabei die Aufgabe zu, aus dem ganzen fortwährend zufliessen- den Krankenmateriale die für die Anstalten passenden Fälle auszu- wählen und sie denselben zu überweisen.

Den wichtigsten Theil jedes Stadtasyls bildet die Wachab- theilung, wie sie zuerst von Parchappe eingerichtet worden ist. In ihr werden alle Kranken untergebracht, die aus irgend einem Grunde (Selbstmordneigung, Nahrungsverweigerung, Unreinlichkeit, körperliche Erkrankung) Tag und Nacht der unausgesetzten Beob- achtung bedürfen. Hierher werden auch die frisch eintretenden so- wie jene unruhigen Kranken versetzt, bei denen die Bettbehandlung durchführbar ist. Bei der Verschiedenartigkeit dieser Kranken be- steht die Wachabtheilung am zweckmässigsten aus einer Reihe grösserer und kleinerer, in freier Verbindung stehender und leicht übersehbarer Säle. Noch besser, aber in kleinen Verhältnissen schwer durchführbar, ist die Einrichtung von zwei oder mehreren Wachabtheilungen je nach der Art der Kranken. Besonders die un- ruhigen Kranken einerseits, die Unreinen andererseits sollten nach Möglichkeit von den ruhigen, selbstmordverdächtigen Kranken ab- getrennt werden. Allerdings hat auch die Anhäufung unruhiger Kranker in demselben Raume wegen der unvermeidlichen gegen- seitigen Störungen ihre grossen Nachtheile. Im ganzen habe ich jedoch die Erfahrung gemacht, dass alle wirklich überwachungs- bedürftigen Kranken unter der Belästigung durch ihre Nachbarn weit weniger leiden, als man vermuthen sollte. Selbst besonnene Melancholiker haben mir öfters die Versetzung aus der Wachab- theilung unter ruhige Kranke abgelehnt, weil sie sich trotz der weit grösseren Unruhe dort wohler fühlten.

Zu jeder Wachabtheilung gehören weiter noch 1 oder 2 von der Abtheilung aus überblickbare Isolirzimmer für besonders schwierige

Kranke. Die Wachabtheilung hat in einem Stadtasyle nach meiner Erfahrung etwa ein Drittel bis die Hälfe aller Kranken aufzunehmen. Sie sollte reichlich mit Bädern versehen sein, wo möglich in mehreren aneinanderstossenden Räumen, die eine gemeinsame Ueberwachung der Kranken gestatten. Unter dieser Voraussetzung kann die Abtheilung für Unruhige sehr klein, die Zahl der Isolirzimmer recht gering sein, und die ganze Anstalt nähert sich dann in allen wesentlichen Zügen einem beliebigen anderen Krankenhause. Dem gegenüber tritt in den grossen Irrenanstalten die Sorge für die Beschäftigung und Unterhaltung der zumeist ruhigen und arbeitsfähigen Kranken in den Vordergrund. Freilich wird auch hier eine Wachabtheilung nothwendig, aber sie kann verhältnissmässig viel kleiner sein. Dafür nehmen die Abtheilungen das Gepräge grosser gemeinschaftlicher Wohnhäuser an; wir finden Spiel- und Gesellschaftsräume, Bibliothek, Werkstätten aller Art, grosse Gärten, Viehwirthschaft, Ländereien.

Je grösser in einer Anstalt die Zahl der chronisch Kranken ist, desto mehr Freiheit der Bewegung wird man ihren Insassen zu gewähren im Stande sein. Mit der Dauer des Irreseins treten meist die heftigeren Erregungen mehr und mehr zurück; die Kranken werden ruhiger, gleichmässiger in ihrem Verhalten, freilich auch schwachsinniger. Gegen die nunmehr drohende Gefahr weiteren geistigen Verfalles giebt es kein besseres Mittel, als die Freiheit, da der eintönige Anstaltsaufenthalt mit seinen abstumpfenden Einflüssen den Fortschritt der Verblödung entschieden begünstigt. Leider ist es nicht immer möglich, die ungeheilten Kranken in ihre früheren Verhältnisse zurückkehren zu lassen. Man wird ihnen daher wenigstens im Rahmen der Anstalt, so weit wie irgend angängig, freie Bewegung und Beschäftigung zu verschaffen suchen. Dieser Wunsch hat allmählich dahin geführt, dass die Mehrzahl wenigstens der neueren Irrenanstalten grundsätzlich auf die früher durchgeführte strenge Absperrung der Kranken verzichtet hat. Ueberall sucht man schon dem Aeusseren der Anstalten in der Umgrenzung durch einfache Hecken, in der Vertheilung der Kranken auf einzelne, als freundliche Villen erbaute Häuser mehr den Anschein etwa einer Arbeiterniederlassung, als eines Irrengefängnisses zu geben. Vielfach hat man auch grosse Abtheilungen der Kranken, bis zur Hälfte oder gar zwei Dritttheilen, ganz frei, bei offenen Thüren wohnen und nach ihrem Belieben auf dem Anstaltsgebiete sich bewegen lassen (Offen-Thür-System). Die günstige Wirkung solcher Einrichtungen auf das Wohlbefinden, die Arbeitsfähigkeit und das gesammte Benehmen der Kranken ist eine ganz ausserordentliche.

Einen überaus bedeutsamen Fortschritt hat die Ausbildung der grossen Anstalten in der neueren Zeit erfahren durch die Entwicklung der sog. Colonien*), in welchen man, soweit wie irgend möglich, die Kranken zu einer freien Beschäftigung mit ländlichen Arbeiten heranzuziehen sucht. In dieser besten und verhältnissmässig billigsten Verpflegungsart dürfte die ganze Frage der Irrenfürsorge auf lange Zeit hinaus ihre endgültige Lösung gefunden haben. Den ersten von Köppe in grösserem Massstabe durchgeführten, überraschend günstig ausgefallenen und bereits vielfach nachgeahmten Versuch einer derartigen Anstalt bietet das Rittergut Alt-Scherbitz in der Provinz Sachsen dar, welches gänzlich durch geisteskranke Arbeiter bewirthschaftet wird. Selbstverständlich ist hier zur Behandlung der frischen Fälle und der vorübergehenden Aufregungszustände noch eine kleinere Centralanstalt mit den für diese Zwecke geeigneten Einrichtungen nothwendig. Werthvoll vor allem ist die coloniale Verpflegungsart für die Unterbringung jener zahlreichen geistigen Krüppel, denen die Krankheit die Möglichkeit einer selbständigen Lebensführung genommen hat. Sie können durch die stete Anregung, welche die Arbeit giebt, lange Jahre hindurch in einem Zustande leidlichen Wohlseins erhalten werden, während sie ohne dieselbe vielleicht rettungslos einer raschen Verblödung anheimgefallen wären. Ich selbst habe Gelegenheit gehabt, Kranke, die Jahre lang in einer grossen geschlossenen Anstalt gelebt hatten, unter dem Einflusse der freieren Bewegung und selbständigeren Beschäftigung in der Colonie auf geradezu überraschende Weise geistig aufleben zu sehen.

Auch noch nach einer anderen Richtung hin haben die Besserungsbestrebungen der letzten Jahrzehnte die praktische Lösung der Irrenfrage wesentlich gefördert. Indem man ausging von dem Muster der belgischen Ortschaft Gheel, deren Bewohner sich seit alter Zeit aus ursprünglich religiösem Anlasse (Cultus der heiligen Dymphna)

---

*) Pätz, Die Colonisirung der Geisteskranken in Verbindung mit dem Offen-Thür-System. 1893.

mit der häuslichen **Pflege Geisteskranker** beschäftigen, hat man auch in Deutschland (Ilten bei Hannover, Bremen, Berlin) den glücklichen Versuch gemacht, eine **familiare Verpflegung***) von Irren unter ärztlicher Aufsicht in ausgedehnterem Maasse einzurichten. Freilich wird sich nicht jede Bevölkerung, und vor allem wird sich immer nur ein kleiner Bruchtheil von Kranken für diese an sich bestechendste Form der Fürsorge eignen. Ohne Zweifel aber ist die familiare Verpflegung als ein werthvolles und in vieler Beziehung unersetzliches Glied in der ganzen Kette von Einrichtungen anzusehen, die das schwere Schicksal unserer Kranken zu erleichtern berufen sind.

Die Aufgabe des Irrenarztes schliesst ab mit der **Entlassung des Kranken aus der Anstalt.** In der Regel soll dieselbe nur nach erfolgter Genesung geschehen, aber es giebt nicht so gar selten Fälle, in denen der langsame Gang der Genesung und ein sehr lebhaftes, allerdings noch krankhaftes Heimweh oder das Drängen der Angehörigen zu einer etwas vorzeitigen Entlassung zwingen, wenn man nicht die Gefahr einer Verschlechterung oder gar eines unvermutheten Selbstmordes auf sich nehmen will. Bei vorsichtiger Auswahl der Kranken und unter günstigen häuslichen Verhältnissen pflegt sich dann die weitere Heilung meist ungestört zu vollziehen. Bisweilen jedoch kommen baldige Rückfälle vor, besonders wenn des Genesenden zu Hause wieder Noth und Sorge, lieblose, rohe Behandlung oder die Gelegenheit zu Ausschweifungen wartet. Gerade für ihn ist aber **Schonung, Vermeidung jeder Ueberanstrengung** und eine **nur ganz allmähliche Einführung** in die alltägliche Berufslast dringend nothwendig. Wohlhabendere schieben daher zweckmässig zwischen die Genesungszeit und den vollen Eintritt in ihre früheren Pflichten einen kurzen Badeaufenthalt, Besuch in befreundeter Familie u. dergl. ein.

Jede Entlassung aus der Irrenanstalt ist zunächst eine **versuchsweise** und wird erst nach einigen Monaten eine endgültige, um die Rückversetzung im Falle einer Verschlimmerung zu erleichtern. Auch ungeheilte und sogar unheilbare Kranke werden aus der Anstaltsbehandlung entlassen, wenn sie keine Angriffspunkte

---

*) Bothe, Die familiare Verpflegung Geisteskranker. 1893; Falkenberg, Allgem. Zeitschr. f. Psychiatrie, LIV, 553.

für die Behandlung mehr darbieten und sich für die Familienpflege eignen oder sich psychische Selbständigkeit genug bewahrt haben, um in günstigen äusseren Verhältnissen kürzere oder längere Zeit ohne besondere ärztliche Aufsicht leben zu können. Es giebt sogar gewisse Gruppen von Kranken, denen an sich der Anstaltsaufenthalt geradezu schadet, wenn auch andererseits mit Rücksicht auf die Umgebung ihre Einschliessung unumgänglich erscheint. Namentlich in solchen Fällen wird jede Wendung zum Bessern, soweit das ohne Gefahr geschehen kann, dazu ausgenutzt werden, dem Kranken die Wohlthaten des Lebens in der Freiheit für längere oder kürzere Zeit wieder zugänglich zu machen.

Register.

A.

Aberglaube 159.
Ablenkbarkeit als Symptom 124. 150. 182.
     „   des Willens 213.
     „   Messung ders. 281.
Abreibungen als Heilmittel 315.
Absynth als Ursache des Irreseins 45.
Acusticusreaction, elektrische 53. 105. 265.
Acusticus, Hyperästhesie dess. 105.
Aether als Beruhigungsmittel 310.
Aethermissbrauch als Ursache des Irre-
    seins 51.
Aetiologie, allgemeine 12.
Affecte s. Gemüthsbewegungen.
Agoraphobie s. Platzangst.
Algolagnie 225.
Alkohol als Ursache des Irreseins 44.
    „   als Schlafmittel 310.
    „   in Irrenanstalten 318.
    „   Kampf gegen denselben 300.
Altersblödsinn 83.
Altscherbitz 351.
Amnesie 128.
    „   retrograde 129.
Amylenhydrat als Schlafmittel 308.
Amylnitrit als Arzneimittel 313.
Anamnese 261.
Angehörige Geisteskranker 261.
Angina als Ursache des Irreseins 35.
Angst als Symptom 102.
    „ Behandlung derselben 332.
Anregbarkeit 181.
Ansteckung, psychische 74.
Anthropophagie 224.
Antipyrin als Ursache des Irreseins 51.
Aphasie, amnestische, als Symptom 130.
Apperception 120.
Apperceptionshallucination 109.

Apperceptionsillusion 100.
Arbeitsfähigkeit, geistige 180.
Arsenvergiftung als Ursache des Irre-
    seins 52.
Arteriosklerose 18.
Arzneimittel 302.
Association s. Vorstellungsverbindung.
Associationscentren 24.
Atropindelirium 53.
Auffassungsfähigkeit, Untersuchung der-
    selben 274.
Auffassungsstörungen 120.
Auffassungstäuschung 110.
Aufmerksamkeit 125.
     „   Ablenkung derselben 124.
     „   Fesselung derselben 126.
Aufmerksamkeitsschwankungen, Unter-
    suchung derselben 275.
Aufnahmeverfahren 345.
Augenerkrankungen als Ursache des Irre-
    seins 53.
Augenspiegeluntersuchung 265.
Auscultation des Kopfes 265.
Ausdrucksbewegungen, Störungen der-
    selben 228.
Ausgänge des Irreseins 248.
Ausschweifungen, geschlechtliche, als Ur-
    sache des Irreseins 57.
Autohypnose, Gefahr derselben 76. 330.
Automatie als Symptom 211.
Autopsie 283.

B.

Bäder als Heilmittel 314.
    „   elektrische 317.
    „   medicamentöse 315.
    „   verlängerte 314.
Bakterium coli als Heilmittel 314.

Basedow'sche Krankheit als Ursache des Irreseins 41.
Beeinflussbarkeit, gemüthliche 188.
„ des Willens, erhöhte 209.
Befehlsautomatie 211.
Begriffsbildung 135.
Behandlung des Irreseins 295.
„ körperliche 302.
„ psychische 322.
„ symptomatische 331.
Belastung, erbliche s. Erblichkeit.
„ organische 94.
Benommenheit 122.
Benzin als Ursache des Irreseins 51.
Beobachtung der Geisteskranken 282.
Berauschtheit während der Zeugung als Ursache des Irreseins 97.
Berührungsfurcht 194.
Beruf als Ursache des Irreseins 90.
Beruflosigkeit als Zeichen des Irreseins 90.
Berufswahl als Vorbeugung des Irreseins 299.
Beschäftigung als Heilmittel 328.
Beschleunigung der psychischen Vorgänge 179.
Beschränktheit, Abgrenzung ders. von geistiger Störung 288.
Beschränkung, mechanische 321.
Besonnenheit 268.
Besserung der Geisteskrankheit durch körperliche Krankheit 251.
Bestimmbarkeit des Willens 210.
Bettbehandlung 319.
Bewegungsdrang 207.
Bewegungsstereotypen 215.
Bewusstlosigkeit 19. 120.
Bewusstsein 119.
„ doppeltes 243.
„ Helligkeitsgrade dess. 120.
Bewusstseinstrübung als Symptom 119. 121.
Biegsamkeit, wächserne 212.
Blasenpflaster als Heilmittel 314.
Blattern s. Variola.
Bleivergiftung als Ursache des Irreseins 51.
Blutandrang als Ursache des Irreseins 16.
Blutentziehungen als Heilmittel 314.
Bluterkrankungen als Ursache des Irreseins 17. 42.
Blutleere als Ursache des Irreseins 17.
Blutstauungen 17.
Blutveränderungen bei Geisteskranken 267.
Blutverluste 17.
Brandstiftungstrieb 227.
Bromaethyl als Heilmittel 310.
Bromaethylformin 312.
Bromalin 312.

Bromsalze als Heilmittel 310.
Bromvergiftung als Ursache des Irreseins 51.
Bromwasser, kohlensaures, als Heilmittel 312.

C.

Cannabinon als Heilmittel 305.
Castration als Ursache des Irreseins 61.
Chapman'scher Schlauch als Heilmittel 316.
Chininvergiftung als Ursache des Irreseins 53.
Chloralamid als Schlafmittel 309.
Chloralhydrat als Schlafmittel 306.
Chloralmissbrauch als Ursache des Irreseins 53.
Chloralose 309.
Chloralrash 306.
Chloroform als Beruhigungsmittel 310.
Chloroformmissbrauch als Ursache des Irreseins 51.
Chlorose als Ursache des Irreseins 40.
Cholaemie als Ursache des Irreseins 41.
Cholera „ „ „ 33.
Chorea „ „ „ 29.
Civilstand, Einfluss desselben auf das Irresein 91.
Cocain als Ursache des Irreseins 50.
Codein als Arzneimittel 303.
Coitus, erster, als Ursache des Irreseins 58.
Coloniales System 351.
Contagion s. Ansteckung.
Cultur, Beziehungen derselben zum Irresein 88.
Cysticerken als Ursache des Irreseins 18.

D.

Dämmerzustand als Symptom 121.
Darmleiden als Ursache des Irreseins 55.
Dauerbad 314.
Dauer des Irreseins 258.
Deckelbad 315.
Degeneration s. Entartung.
Delirium im Dunkelzimmer 53.
„ traumaticum 27.
Denkhemmung 142.
Depression s. Verstimmung.
Desorientirtheit 122.
Diabetes als Ursache des Irreseins 40.
Diaetetik des Irreseins 317.
Diagnostik, allgemeine 260.
Digitalis als Heilmittel 313.

Disciplinirung 325.
Dispositionsfähigkeit 239.
Dissimulation 292.
Doppeldenken als Symptom 109.
Douchen als Heilmittel 314.
Drastica als Heilmittel 314.
Drehschaukel als Heilmittel 342.
Drucksteigerung in der Schädelkapsel als Ursache des Irreseins 17.
Duboisinum sulfuricum 305.
Dunkelzimmer, Delirium in demselben 53.

E.

Echolalie 212.
Echopraxie 212.
Ehe, Beziehungen ders. zum Irresein 91.
Eifersuchtswahn 173.
Eigenbeziehung, krankhafte 162.
Eigensinn 219.
Einbildungstäuschungen 109.
Einförmigkeit des Denkens 147.
Einwickelungen, hydropathische 315.
Einzelhaft als Ursache des Irreseins 72.
Eisbeutel als Heilmittel 316.
Eiterungen, bessernder Einfluss ders. auf das Irresein 251.
Ekelgefühle, Verlust ders. als Symptom 201.
Ekstase 197.
Elektrotherapie beim Irresein 316.
Embolien als Ursache des Irreseins 18.
Emotionspsychosen 68.
Empfindlichkeit, gesteigerte, gegen Alkohol 20.
Encephalitis als Ursache des Irreseins 18.
Encephalopathia saturnina 52.
Endzustände 240.
Entartung, erbliche 94.
Entartungszeichen 97. 264.
Enthaltsamkeit, geschlechtliche, als Ursache des Irreseins 59.
Entlassung aus der Anstalt 352.
Entwicklungsjahre, Einfluss ders. auf das Irresein 80.
Entwicklungsstörungen als Ursache des Irreseins 97.
Epilepsie als Ursache des Irreseins 29.
Erblichkeit als Ursache des Irreseins 92.
    ,, atavistische 93.
    ,, collaterale 93.
    ,, gehäufte 93.
    ,, gleichartige 96.
    ,, mittelbare 93.
    ,, umwandelnde 96.
    ,, unmittelbare 93.
Ergographenversuche 280.

Ergotismus als Ursache des Irreseins 43.
Erhängte, Dämmerzustände bei dens. 17.
Erholungsfähigkeit 182.
Erinnerungsfälschung 132.
    ,, associirende 134.
    ,, identificirende 134.
Erinnerungshallucination 133.
Erinnerungslosigkeit 128.
Erinnerungslücke 128.
Erkennung des Irreseins 260.
Erlenmeyer'sches Gemisch 311.
Ermüdbarkeit, Messung ders. 281.
    ,, als Krankheitszeichen 181.
Ernährung der Geisteskranken 317.
    ,, künstliche 337.
Erregbarkeit, gemüthliche, Herabsetzung ders. 185.
Erregbarkeit, gemüthliche, Steigerung ders. 189.
Erregbarkeit, psychomotorische, Herabsetzung ders. 207.
Erregbarkeit, psychomotorische, Steigerung ders. 209.
Erregung, Behandlung ders. 332.
    ,, motorische 205.
Erscheinungen des Irreseins 101.
Erschöpfung als Ursache des Irreseins 20. 35. 65.
Erschöpfung, chronische nervöse 32.
Erysipel als Ursache des Irreseins 33.
Erysipel, bessernder Einfluss desselben auf Geistesstörungen 251.
Erziehung als Ursache des Irreseins 98.
    ,, Vorbeugung des Irreseins 296.
Euphorie als Symptom 195.
Exhibitionismus 221.

F.

Fabuliren 132.
Familiäre Verpflegung 352.
Faradisation, allgemeine 316.
Fehlreactionen 279.
Fesselung der Aufmerksamkeit 126.
Fetischismus 226.
Feuerarbeiter, Irresein bei dens. 17.
Fieberdelirien 33.
Flagellanten 225.
Flexibilitas cerea s. Biegsamkeit, wächserne.
Fliegenschwammvergiftung als Ursache des Irreseins 50.
Folie à deux 75.
Forensische Psychiatrie 238.
Formoleiweissinfusion 340.
Fütterung, künstliche 337.

G.

Galvanisation des Gehirns 317.
Gedächtniss 127.
Gedächtnissschwäche 129.
Gedächtniss, Störungen desselben 127.
      ,,   Untersuchung desselben 260. 276.
Gedankengang, Ablenkbarkeit dess. 150.
      ,,   Beschleunigung dess. 179.
      ..   Einförmigkeit dess. 147.
      ,,   Hemmung desselben 142.
      ..   Lähmung desselben 142.
      ,,   Störungen desselben 139.
      ,,   Umständlichkeit dess. 148.
      ..   Verlangsamung dess. 178.
      ,,   Weitschweifigkeit desselben 158.
Gefässerkrankungen als Ursache des Irreseins 55.
Gefangenschaft als Ursache des Irreseins 72.
Gefrässigkeit als Symptom 223.
Gefühle 185.
      ,, geschlechtliche 201.
      ,, Störungen derselben 185.
Gehörstäuschung 116.
      ,, einseitige 105.
Gelenkrheumatismus als Ursache des Irreseins 33.
Gemeingefühle, Störungen ders. 199.
Gemüthsbewegungen als Ursache des Irreseins 67.
Gemüthsbewegungen, Untersuchung derselben 280.
Gemüthsbewegungen, krankhafte 190.
Genesungszeit 245.
Genie, Abgrenzung desselben vom Irresein 288.
Genitalorgane, Erkrankungen ders. als Ursache des Irreseins 56.
Geschlecht, Beziehungen desselben zum Irresein 84.
Geschlechtstrieb, Perversitäten desselben 223.
Geschwülste des Hirns 16. 17.
Gesichtstäuschung 115.
Gewöhnungsfähigkeit 183.
Gewohnheitsverbrecher 90.
Gheel 351.
Giftwirkungen auf Rindenzellen 23. 26. 30.
      ,, psychische 30.
Gleichgültigkeit als Symptom des Irreseins 186.
Gravidität s. Schwangerschaft.
Greisenalter als Ursache des Irreseins 83.
Grenzen des Irreseins 285.

Grössenwahn als Symptom 171. 176.
Grundeigenschaften, psychische 180.
      ,,   ,, Untersuchung ders. 281.

H.

Häufigkeit des Irreseins 9. 88.
Haften der Vorstellungen 145.
Hallucination 106.
      ,, der Erinnerung 133.
      .. hypnagogische 104.
      .. psychische 109.
      ,, stabile 104.
Handeln, Störungen desselben 202.
Harnuntersuchungen bei Geisteskranken 267.
Harnveränderungen bei Geisteskranken 42. 56.
Haschisch als Heilmittel 305.
      ,, als Ursache des Irreseins 50
Heilung des Irreseins 248.
      .. mit Defect 254.
      ., unvollständige 252.
Heirathen Geisteskranker 295.
Hemmung, psychomotorische 207.
Herderkrankungen als Ursache des Irreseins 18.
Heredität s. Erblichkeit.
Herzleiden bei Geisteskranken 16. 17. 54.
Hexenprocesse 341.
Hirnanaemie als Ursache des Irreseins 17.
Hirnblutung als Ursache des Irreseins 16.
Hirndruck als Ursache des Irreseins 17.
Hirnerkrankungen, Irresein bei dens. 15.
Hirnerschütterungen 17.
Hirngeschwülste als Ursache des Irreseins 16. 17.
Hirnhyperaemie als Ursache des Irreseins 16.
Humor der Trinker 196.
Hunger als Gemeingefühl 200.
      ,, Einfluss dess. auf psychische Vorgänge 31.
Hydrotherapie 314.
Hyoscin als Heilmittel 303.
Hyoscyamin als Heilmittel 305.
Hyoscyamusvergiftung als Ursache des Irreseins 53.
Hyperprosexie 125.
Hypnon als Heilmittel 309.
Hypnose 210.
      ,, als Behandlungsart 329.
Hypnotica s. Schlafmittel.
Hypnotische Versuche als Ursache des Irreseins 76.

Hypophysis 42.
Hysterie als Folge von Genitalleiden 61.
„ Ursache des Irreseins 29.

I. J.

Jahreszeiten in Beziehung zum Irresein 87.
Icterus gravis als Ursache des Irreseins 41.
Idee, fixe 166.
„ überwerthige 167.
„ unterwerthige 167.
Ideenflucht als Symptom 151. 179.
„ äussere 154.
„ deliriöse 153.
„ innere 154.
„ sprachliche 154.
Illusion 106.
Ilten 352.
Inducirtes Irresein 75.
Infectionskrankheiten als Ursachen des Irreseins 33.
Influenza als Ursache des Irreseins 33.
Infusion, subcutane 340.
Intelligenzprüfung 271.
Interesse 124. 127.
Intermittens als Ursache des Irreseins 33.
„ bessernder Einfluss dess. auf das Irresein 251.
Intimidation 329.
Intoleranz s. Empfindlichkeit.
Intoxikationen s. Vergiftungen.
Jodoformvergiftung als Ursache des Irreseins 53.
Irrenanstalt 341.
Irrenarzt 323. 347.
Irrencolonien 351.
Irrenfürsorge als Vorbeugung 300.
Irresein endogenes 14.
„ exogenes 14.
„ inducirtes 75.
„ menstruelles 60.
Isolirung 320.
Isotonie des Blutes 42.
Juden, Veranlagung ders. zum Irresein 86.

K.

Kachexia strumipriva 41.
Kälte als Behandlungsmittel 316.
Karcinom, s. Krebskachexie.
Katalepsie 212.
Kataraktoperationen als Ursache des Irreseins 53.
Kinder, Irresein derselben 78.

Klangassociationen 140.
Kleiderangst 194.
Kleinheitswahn 171.
Kleptomanie 227.
Klima, Beziehungen dess. zum Irresein 87.
Klimakterium als Ursache des Irreseins 60. 83.
Klimakterium, künstliches, als Ursache des Irreseins 61.
Kochsalzinfusion als Heilmittel 340.
Körpergewicht bei Geisteskranken 247.
Kohlenoxydgasvergiftung als Ursache des Irreseins 52.
Kohlensäurevergiftung als Ursache des Irreseins 40.
Kopfrose s. Erysipel.
Kopfverletzungen als Ursache des Irreseins 19. 20.
Kopfverletzungen, bessernder Einfluss derselben auf das Irresein 251.
Koprophagie 223.
Krankenuntersuchung 260.
Krankheiten, körperliche, als Ursache des Irreseins 33.
Krankheiten, körperliche, bessernder Einfluss auf das Irresein 251.
Krankheitsbewusstsein 269.
Krankheitseinsicht als prognostisches Zeichen 250.
Krankheitsgefühl, Mangel desselben 175.
Krebskachexie als Ursache des Irreseins 40.
Krieg als Ursache des Irreseins 73.
Kunst, krankhafte 235.

L.

Lactation als Ursache des Irreseins 65.
Lähmung des Willens 203.
Lebensalter, Beziehungen desselben zum Irresein 77.
Lebensverhältnisse, allgemeine, Beziehungen ders. zum Irresein 88.
Leichenbefund 283.
Leichenschändung 225.
Leistungsfähigkeit der Geisteskranken 238.
Leuchtgasvergiftung als Ursache des Irreseins 53.
Leukaemie als Ursache des Irreseins 40.
Literatur, krankhafte 235.
Localisation der psychischen Störungen 20.
„ der Wahnideen 168.
„ zeitliche 131.
„ „ Störungen ders. 131.
Lüge, krankhafte 132.
Lues s. Syphilis.

Lungenentzündung s. Pneumonie.
Lungenkrankheiten als Ursache des Irreseins 54.
Lustgefühle, krankhafte 195.
Lustmord 224.
Lyssa als Ursache des Irreseins 34.

M.

Mädchenstecher 224.
Magenerkrankungen als Ursache des Irreseins 55.
Magensaft, Verhalten desselben 268.
Malaria s. Intermittens.
Manieren 216.
Mann, Veranlagung dess. zu Geistesstörungen 84.
Masern als Ursache des Irreseins 33.
Masochismus 225.
Massage als Heilmittel 317.
Mastcur 318.
Masturbation als Ursache des Irreseins 57.
    „   Behandlung derselben 336.
Medicamente s. Arzneimittel.
Meningitis als Ursache des Irreseins 16.
Menschenfresserei bei impulsivem Irresein 224.
Menstrualpsychosen 60.
Menstruationsstörungen als Ursache des Irreseins 59.
Menstruationsstörungen, Einfluss derselb. auf den Verlauf des Irreseins 60.
Merkfähigkeit 127.
    „   Untersuchung ders. 276.
Metasyphilis 39.
Methylal als Schlafmittel 309.
Migräne als Ursache des Irreseins 29.
Mimik der Geisteskranken 228.
Monomanie 166.
Morphium als Heilmittel 302.
    „   als Ursache des Irreseins 49.
Morphiumeuphorie 196.
Müdigkeit 199.
Muskelbewegungen, Untersuchung derselben 279.
Mutacismus 217.
Myxödem als Ursache des Irreseins 41.

N.

Nachahmungsautomatie 212.
Nachtwachen als Ursache des Irreseins 72.
Nahrungsverweigerung, Behandlung ders. 336.
Narkotica als Heilmittel 302.

Narrenthürme 341.
Nationalität, Beziehungen ders. zum Irresein 86.
Negativismus 217.
Neologismen 232.
Nervenkrankheiten als Ursache des Irreseins 27.
Neurasthenie 71.
Neuritis, multiple als Ursache des Irreseins 28.
Neurosen, allgemeine 29.
Nierenerkrankungen als Ursache des Irreseins 41. 56.
No-restraint 321.

O.

Offen-Thür-System 351.
Ohrenleiden als Ursache des Irreseins 53.
Olivenölinfusionen 340.
Onanie s. Masturbation.
Operationen als Ursache des Irreseins 27.
Opium als Ursache des Irreseins 50.
Opium als Heilmittel 302.
Ophthalmoskopie als Untersuchungsmethode 265.
Organerkrankungen als Ursache des Irreseins 53.
Organsaftbehandlung 313.
Orientirung 269.
    „   zeitliche, Störungen ders. 131.

P.

Pachymeningitis interna als Ursache des Irreseins 16.
Papierangst 194.
Paraldehyd als Schlafmittel 307.
Paramnesie 133.
Parasiten im Darm als Ursache des Irreseins 56.
Pellagra als Ursache des Irreseins 42.
Pellotin als Schlafmittel 309.
Perceptionsphantasmen 104.
Personenverwechselung 115.
Pflegepersonal 347.
Phosphorvergiftung als Ursache des Irreseins 52.
Phthise als Begleiterin des Irreseins 257.
    „   als Ursache des Irreseins 37. 54.
Platzangst 194.
Pneumonie als Ursache des Irreseins 33.
Pocken s. Variola.
Polsterzimmer 332.
Praecordialangst 192.

Praedisposition zum Irresein 76.
„ allgemeine 77.
„ persönliche 92.
Prodromalsymptome 241.
Prognose des Irreseins 249.
Prophylaxe des Irreseins 295.
Pseudohallucination 109.
Psychose s. Irresein.
Pubertätsalter, Geistesstörungen dess. 80.
Puerperium s. Wochenbett.
Puerperalmanie 65.
Pulsbild beim Irresein 267.

Q.

Quecksilbervergiftung als Ursache des Irreseins 51.

R.

Race, Beziehung derselben zum Irresein 86.
Rechtspflege, Beziehungen des Irreseins zu ders. 238.
Reconvalescenz 245.
Reflexhallucination 111.
Reflexpsychosen 28.
Reinlichkeit, Störungen derselben 201.
Reizbarkeit, gemüthliche, Erhöhung derselben 189.
Reperception 108.
Restraint 321.

S.

Sadismus 224.
Salicylsäurevergiftung als Ursache des Irreseins 53.
Salzsäuregehalt im Magensafte von Geisteskranken 55.
Säugegeschäft s. Lactation.
Schädelmessung bei Geisteskranken 264.
Scharlachdelirien 33.
Scheinoperationen bei Hypochondern 329.
Schilddrüsenerkrankung als Ursache des Irreseins 41.
Schlaflosigkeit, Behandlung derselben 333.
„ Einfluss ders. auf psychische Vorgänge 32.
Schlafmittel 306.
Schlafsucht 122.
Schlaftiefe, Störung derselben 182.
Schmerz, Fehlen desselben 201.
Schmerzdelirien 28.
Schnauzkrampf 215.

Schnelligkeit des Vorstellungsverlaufes 177.
Schreck als Ursache des Irreseins 17. 68.
Schreckneurose 68.
Schriftstörungen 233.
Schriftwage 234. 279.
Schwangerschaft als Ursache des Irreseins 62.
Schwefelkohlenstoffvergiftung als Ursache des Irreseins 52.
Schwefelwasserstoffvergiftung als Ursache des Irreseins 53.
Schweiss, Giftigkeit dess. beim Irresein 42.
Schwellenwerth 120.
Schwindler, krankhafte 132. 288.
Sectionsergebnisse bei Geisteskranken 283.
Selbstbewusstsein 183.
„ Störungen dess. 184.
Selbstgefühl, gesteigertes 198.
Selbstmord als Symptom 286.
Selbstmordneigung 257.
„ Behandlung ders. 334.
Selbstvergiftung 40.
Septicaemie als Ursache des Irreseins 34.
Serumbehandlung 313.
Sexualempfindung, conträre 223.
Simulation 291.
Sinnestäuschungen 102.
„ elementare 103.
„ Nachweis ders. 269.
Sitophobie s. Nahrungsverweigerung.
Sklerose, multiple 18.
Somnal als Schlafmittel 309.
Sondenfütterung 337.
Spannung, ängstliche 192.
Sphygmographie bei Geisteskranken 267.
Sprachstörung 229.
Sprachverwirrtheit 230.
Stadtasyl 349.
Status praesens, körperlicher 263.
„ „ psychischer 268.
Stehltrieb 227.
Sterblichkeit der Geisteskranken 256.
Stereotypie des Willens 215.
„ der Vorstellungen 145.
Stickstoffoxydul als Ursache des Irreseins 53.
Stigmata hereditatis 97.
Stimmen 116.
Stimmungswechsel 189.
Stoffwechselkrankheiten als Ursache des Irreseins 39.
Stupor 208.
Suggestion, hypnotische 210.
„ à échéance 211.
„ posthypnotische 211.
Sulfonal als Schlafmittel 308.

Sulfonal als Ursache des Irreseins 51.
Symptomatologie des Irreseins 101.
Syphilis als Ursache des Irreseins 37.
    „ bei Paralyse 39.

T.

Tabakmissbrauch als Ursache des Irreseins 50.
Tabes als Ursache des Irreseins 27.
Telepathie 173.
Tetanie als Ursache des Irreseins 29.
Tetronal als Schlafmittel 309.
Thatendrang 206.
Theilnahmlosigkeit als Symptom 186.
Therapie s. Behandlung.
Thermometrie des Kopfes 265.
Thierverwandlung, Wahn ders. 174.
Thrombosen als Ursache des Irreseins 18.
Thyreoidin 313.
Tod als Ausgang des Irreseins 256.
Traubenzuckerinfusionen 340.
Trauma s. Kopfverletzungen.
Tretrad als Behandlungsmittel 342.
Triebe, krankhafte 222.
Triebhandlungen 221.
Trional als Schlafmittel 309.
Tropenklima, Einfluss desselben auf das Irresein 87.
Tuberculin als Heilmittel 313.
Tuberculose als Ursache des Irreseins 37.
Tumoren s. Geschwülste.
Typhus als Ursache des Irreseins 33.
    „ bessernder Einfluss desselben auf Geistesstörungen 251.

U.

Ueberanstrengung als Ursache des Irreseins 70.
Ueberbürdung der Schuljugend 296.
Ueberernährung als Behandlungsmethode 318.
Uebung 180.
Uebungsfähigkeit, Messung ders. 281.
    „   Störungen ders. 180.
Uebungsfestigkeit 180.
Umständlichkeit 148.
    „   der Epileptiker 149.
Unbesinnlichkeit 122.
Unheilbarkeit 255.
Unlenksamkeit 220.
Unlustempfindlichkeit, gesteigerte 190.
Unlustgefühle, krankhafte 190.
Unreinlichkeit, Behandlung ders. 335.

Unruhe 205.
Unsittlichkeit, Abgrenzung ders. vom Irresein 289.
Unterricht, psychiatrischer 301.
Untersuchungshaft als Ursache des Irreseins 72.
Untersuchungsmethoden, klinische 260.
Uraemie als Ursache des Irreseins 41. 56.
Ural als Schlafmittel 309.
Urethan als Schlafmittel 309.
Ursachen der Irreseins 12.
    „   „   „   äussere 14.
    „   „   „   gemischte 66.
    „   „   „   innere 76.
    „   „   „   körperliche 15.
    „   „   „   psychische 66.
    „   „   „   rohe 13.
    „   „   „   wahre 13.
Urtheilsstörungen 159.

V.

Vagabunden, Beziehungen ders. zum Irresein 90.
Variola als Ursache des Irreseins 33.
Verantwortlichkeit 289.
Verbalsuggestion 331.
Verbigeration 231.
Verblödung 256.
Verdauungsstörungen als Ursache des Irreseins 55.
Vererbung s. Erblichkeit.
Verfolgungswahn als Symptom 172.
Vergiftung als Ursache des Irreseins 29. 43.
Verlangsamung der psychischen Leistungen 178.
Verlauf des Irreseins 240.
    „ anfallsweiser 242.
    „ circulärer 244.
    „ fortschreitender 256.
    „ gleichmässiger 242.
    „ periodischer 243.
    „ schwankender 242.
Verleugnung 292.
Verstandesthätigkeit, Störungen derselben 126.
Verstandesthätigkeit, Prüfung ders. 270.
Verstellung 291.
Verstimmung, heitere 195.
    „ traurige 190.
Versündigungswahn 171.
Verwandlungswahn 174.
Verwandtschaft der Eltern als Ursache des Irreseins 98.
Verwirrtheit als Symptom 157.

Verwirrtheit combinatorische 158.
  „   hallucinatorische 158.
  „   ideenflüchtige 157.
  „   stuporöse 158.
  „   traumhafte 157.
  „   zerfahrene 157.
Verzückung 197.
Vision 115.
Volkscharakter, Beziehungen desselben zum Irresein 86.
Vorbeugung 295.
Vorgeschichte 261.
Vorstellungen, Haften derselben 145.
Vorstellungsverbindungen, äussere 139.
  „   innere 139.
  „   prädicative 141.
  „   Statistik derselben 278.
  „   Störungen in der Bildung ders. 135.
  „   Untersuchung derselben 277.
  „   zeitlicher Ablauf ders. 177.
Vorstellungsverlauf s. Gedankengang.

W.

Wachabtheilung 349.
Wärmebestrahlung des Kopfes als Ursache des Irreseins 16.
Wahnidee als Symptom 161.
  „   depressive 171.
  „   exaltirte 175.
  „   fixe 170.
  „   Localisation ders. 168.
  „   hypochondrische 174.
  „   Nachweis derselben 269.
  „   nihilistische 172.
  „   systematisirte 170.
  „   wechselnde 169.
Wahnsystem 170.
Wahlzeit 279.
Wahrnehmung, Störungen ders. 102.
  „   Untersuchung ders. 274.
Wahrnehmungstäuschungen 104.
Wasserbehandlung 314.
Wechselfieber s. Intermittens.
Weib, Disposition desselben zum Irresein 84.

Weitschweifigkeit 153.
Wicklungen, feuchte 315.
Widerstandsfähigkeit, Herabsetzung derselben 20.
Widerstreben 218.
Wille, Störungen desselben 202.
  „   Ablenkbarkeit desselben 213.
  „   Beeinflussbarkeit desselben, erhöhte 209.
  „   Beeinflussbarkeit desselben, verminderte 216.
  „   Bestimmbarkeit desselben 210.
  „   Entgleisung desselben 214.
  „   Stereotypie desselben 215.
  „   Unstetigkeit desselben 213.
Willenlosigkeit 210.
Willensantriebe, Auslösung, erleichterte ders. 207,
  „   erschwerte ders. 200.
  „   Herabsetzung ders. 203.
  „   Steigerung ders. 205.
  „   Untersuchung ders. 279.
Willensfreiheit 209.
Willenssperrung 208.
Wochenbett als Ursache des Irreseins 64.
Wortneubildungen 232.
Wortsalat 230.

Z.

Zahl der Geisteskranken 9.
Zeitmessungen, psychische 177. 275.
Zeitsinn, Störungen desselben 131.
Zerfahrenheit 155.
Zerstörungssucht, Behandlung ders. 334.
Zerstreutheit 125.
Zielvorstellungen 143.
Zopfabschneider 227.
Zuchthausknall 73.
Zunahme des Irreseins 88.
Zurechnungsfähigkeit 239.
Zustände, krankhafte 240.
Zustandsuntersuchung 263.
Zwangsbefürchtungen 193.
Zwangsbewegungen 215.
Zwangshandlungen 220.
Zwangsjacke 322.
Zwangsvorstellungen 144.
Zwillingsirresein 75.